Georg F. Schoemann

Die Lehre von den Redeteilen

Georg F. Schoemann

Die Lehre von den Redeteilen

ISBN/EAN: 9783744668156

Hergestellt in Europa, USA, Kanada, Australien, Japan

Cover: Foto ©ninafisch / pixelio.de

Weitere Bücher finden Sie auf **www.hansebooks.com**

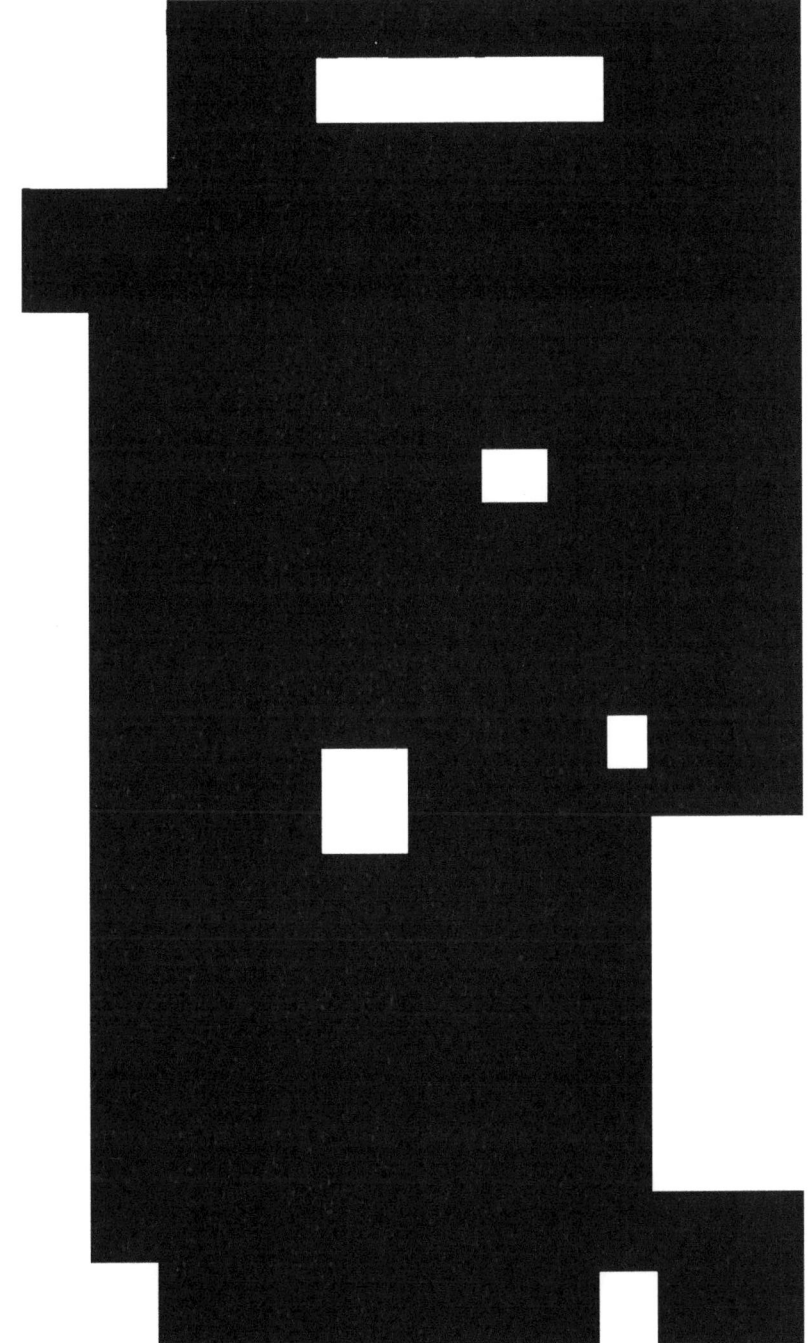

An

Herrn Hofrath Döderlein in Erlangen.

Ich habe gewifs keinen Widerspruch von Dir zu erwarten,
mein verehrter Freund, wenn ich behaupte, dafs die Lehre
von den Redetheilen oder, wie man auch wohl zu sagen
pflegt, von den grammatischen Kategorien, d. h. von der
Eintheilung des in der Sprache vorhandenen Wortschatzes
nach den Classen der Begriffe, zu deren Ausdruck sie
dienen, obgleich seit länger als zweitausend Jahren von
vielen und ausgezeichneten Denkern behandelt, dennoch
keinesweges schon zu solchem Abschlufs gediehen sei, dafs
eine feste und auf richtiger Erkenntnifs beruhende allgemeine Uebereinstimmung stattfinde. Vielmehr hört man
noch oft genug unklare, unbestimmte und einseitige Ansichten, ja nicht selten auch grobe und längst widerlegte
Irrthümer vortragen, und dessen was als wirklich allgemein
anerkannt und sicher begründet angesehen werden dürfte,
ist immer noch weniger als man nach so langen Forschungen
und über einen Gegenstand von so allgemeinem und so
naheliegendem Interesse erwarten sollte. Eine genaue und
gründliche Erörterung der Lehre, wie sie von den alten
Grammatikern ausgebildet und nach ihrem Vorgange durch
die Schule fortgepflanzt ist, darf deswegen nicht für ein

überflüssiges Unternehmen angesehen werden. Die Schrift, die ich Dir hiermit übersende, soll einen Beitrag dazu liefern. Zu ihrer Abfassung und Veröffentlichung bin ich ganz besonders durch die Wahrnehmung bewogen, die sich mir bei den mir obliegenden Prüfungen philologischer Schulamtscandidaten häufiger als ich wünschte dargeboten hat, daſs es vielen auch sonst nicht untüchtigen jungen Philologen in hohem Grade theils an geschichtlicher Kenntniſs der überlieferten Lehre theils an eigener Einsicht von dem Begriff und Wesen der Redetheile zu fehlen pflegt. Und doch ist ohne solche Einsicht eine wahrhaft rationelle Behandlung der Grammatik unmöglich; eine wahrhaft rationelle Behandlung aber die unerläſsliche Bedingung, unter welcher allein die Grammatik für die Bildung und Entwickelung des Geistes fruchtbar werden kann. Nicht weniger wahr aber ist auch dies, daſs, wie in jeder Wissenschaft, so in der Grammatik, nur derjenige wirklich auf den Namen eines Gelehrten Anspruch machen darf, der nicht unbekannt mit ihrer Geschichte ist. Ich hege nun die Hoffnung, daſs ein Buch wie das vorliegende namentlich für die jüngeren Philologen, wenn sie es mit Fleiſs und Nachdenken studiren, in beiderlei Hinsicht nicht ohne Nutzen sein werde: finden auch Andere dies und jenes, was ihnen frommt, so ist es um so besser.

Da es meine Absicht war, die Lehren der alten Grammatiker nicht blos historisch zu referiren, sondern auch ein Urtheil über ihre Richtigkeit oder Unrichtigkeit zu begründen, so bedurfte ich dazu natürlich eines sicheren kritischen Maſsstabes, und solchen konnte nur die richtige Theorie an die Hand geben. Indessen diese Theorie vollständig und in systematischem Zusammenhange der geschichtlichen Darstellung voraufzuschicken erwies sich schon

deswegen als unthunlich, weil dies nothwendig zu vielen
lästigen Wiederholungen oder Verweisungen auf früher Gesagtes geführt haben würde. Das allein Zweckmäfsige war,
bei Behandlung jeder einzelnen Classe von Wörtern soviel
von Theorie vorzutragen, als zur richtigen Beurtheilung
der überlieferten Lehren erforderlich schien. Was für eine
Theorie aber ich meine, brauche ich Dir, lieber Freund,
wohl nicht erst zu sagen. Du weifst ebensogut als ich,
dafs man bei sprachwissenschaftlichen Fragen nicht von
irgend einem anderswoher mitgebrachten, etwa aus dieser
oder jener philosophischen Schule entlehnten System von
Ansichten ausgehen dürfe, sondern nur von einer den
Gegenständen selbst abgewonnenen Erkenntnifs, wie sie
lediglich das Ergebnifs einer Betrachtungsweise sein kann,
welche die Thatsachen rein wie sie sind aufzufassen und
die ihnen zu Grunde liegenden Vorstellungsweisen und
Denkformen, unbeirrt durch irgend welche vorgefafste
Ansichten, zu begreifen versteht, nach dem Vorbilde,
welches uns der grofse Meister echter Sprachwissenschaft.
W. v. Humboldt, aufgestellt hat. — Uebrigens bedarf es
wohl nicht der ausdrücklichen Erklärung, dafs ich weit
entfernt bin von dem Glauben, in Allem, was ich entweder referirend oder erörternd und kritisirend vorgetragen, immer das Richtige getroffen zu haben. Ich sehe
voraus, dafs manche meiner Angaben und Ansichten, wo
sie von den herkömmlichen abweichen, Bedenken erregen
und Widerspruch erfahren werden, zumal da ich mich in
einzelnen Abschnitten, wie namentlich in dem über die
Conjunctionen, wenn ich nicht übermäfsig weitläuftig werden wollte, genöthigt fand, nur die Resultate meiner Untersuchungen einfach hinzustellen ohne sie ausführlich zu begründen. Indessen die Versicherung darf ich geben, dafs

Alles reiflich erwogen sei: und auch wenn ich keine Zu-
stimmung finde, werde ich zufrieden sein, wenn man in
dem, was ich vorgetragen, wenigstens ein fermentum co-
gitationis et cognitionis für die Leser findet. Und darauf
kommt es am Ende doch in Büchern, die zur Belehrung
Anderer geschrieben werden, ganz vorzüglich an, nicht
dafs der Leser überall fertige und ausgemachte Wahrheiten
finde, die er nur so ohne Weiteres anzunehmen habe, sondern dafs er angeregt werde sich die Sachen auch mit
eigenen Augen anzusehen und durch eigenes Forschen und
Nachdenken dann entweder sich von der Richtigkeit des
Vorgetragenen zu vergewissern, oder, wenn er das nicht
kann, selbst das Bessere zu suchen.

Wird nun mein Büchlein nicht überflüssig und un-
brauchbar befunden, so beabsichtige ich ihm noch eine
Anzahl von Abhandlungen folgen zu lassen, in denen ich
einige Hauptpartien der griechischen und lateinischen Grammatik behandeln werde, über welche ich Etwas zum besseren Verständnifs beitragen und die herkömmlichen Lehren
entweder berichtigen oder vereinfachen zu können hoffe,
wie namentlich die Lehre vom Artikel, von den Verbaldiathesen und von den Casus. Es war daher anfangs auch
meine Absicht, die gegenwärtige Schrift auf dem Titel als
ersten Theil grammatischer Untersuchungen zu bezeichnen;
indessen habe ich, im Einverständnifs mit meinem Herrn
Verleger, diese Bezeichnung unterlassen, sowohl aus anderen Gründen als namentlich auch deswegen, weil man
nichts verheifsen darf was man nicht gewifs ist auch leisten
zu können. Und die Leistungsfähigkeit schwindet im Alter:
wer den Siebzigen nahe ist, der thut wohl sich des Hora-
zischen Spruches zu erinnern: vitae summa brevis spem
nos vetat incohare longam, und wessen Zeit und Kräfte

überdies durch allerlei Geschäfte zersplittert werden, der kann nicht immer arbeiten wie und was er möchte. Ob mir für die Jahre, die mir etwa noch übrig sind, die Arbeitsmufse werde zu Theil werden, die ich mir wünsche, um manches Beabsichtigte und Entworfene noch zu vollenden — ϑεῶν ἐν γούνασι κεῖται. Eines anderen Wunsches Gewährung aber ist mir gewifs, und damit will ich diese Zuschrift beschliefsen: dafs die Freundschaft, lieber Döderlein, die Du mir geschenkt hast seit wir uns kennen, mir bis ans Ende bewahrt bleibe.

Greifswald, im October 1861

INHALT.

1. Vorläufige Uebersicht.

Die ersten Anfänge sprachwissenschaftlicher Untersuchungen bei den Griechen gehören dem Zeitalter der Sophisten an, und über ihre Beschaffenheit geben uns einige Platonische Dialogen, besonders der Kratylos, wenigstens im Allgemeinen genügende Auskunft. Wir sehen aus den hierauf bezüglichen Stellen, wie man sich zunächst mit dem Verhältnifs der Sprache zum Geiste und des Wortes zu dem Gegenstande beschäftigt habe, zu dessen Bezeichnung es dient, wie man nach der Richtigkeit der Bezeichnung, d. h. nach ihrer Angemessenheit zu dem Bezeichneten gefragt, und dabei denn auch über den Ursprung der Sprache nachgedacht habe, wenigstens insofern als man die Frage verhandelte, ob den Wörtern ihre Bedeutung durch willkürliche Festsetzung gegeben sei, oder ob ein gewisses natürliches Verhältnifs zwischen dem Laute des Wortes und dem Gegenstande, oder dem Eindruck des Gegenstandes auf die Seele, stattfinde. Anzugeben wie man diese Fragen behandelt und beantwortet habe, liegt nicht in unserer gegenwärtigen Aufgabe. Von eigentlich grammatischen Erörterungen über die einzelnen Wörterclassen in Beziehung auf ihre verschiedenen Functionen in der Satzbildung ist überall bei Plato nur beiläufig die Rede, und Alles was darüber vorkommt, beschränkt sich auf die Bemerkung, dafs einige Wörter zur Bezeichnung der Gegenstände dienen, über die man etwas aussage, andere aber zur Bezeichnung dessen, was man über sie aussage. Ein Wort, welches zu jenem Zwecke dient, heifst ὄνομα, ein Wort, welches den andern Zweck erfüllt, heifst ῥῆμα, und die

1

Verbindung beider ist die Aussage, λόγος[1]). Demnach entspricht also das ὄνομα demjenigen, was heutzutage Nomen substantivum genannt zu werden pflegt, unter dem ῥῆμα aber ist nicht blos das, was die spätere Grammatik so nannte, das Verbum, sondern auch das Nomen adiectivum, ja auch das Appellativum begriffen, insofern es zur Prädikatsangabe über einen durch das ὄνομα bezeichneten Gegenstand dient. Von einer Beschränkung jenes Namens auf diejenige Classe von Wörtern, welche ausschliefslich zur Verbindung eines attributiven Begriffes mit dem einer Substanz verwendet werden und indem sie diese Verbindung, die Copula, durch ihre besondere Form andeuten, vor allen andern als Aussagewörter zu dienen berufen sind, von einer solchen Beschränkung findet sich keine Spur. Auch Διὶ φίλος ist ein ῥῆμα[2]), weil es als Prädikat dient, und macht keinen Unterschied, ob es vermittelst des die Copula ausdrücklicher bezeichnenden und hier nur als Hülfsverbum dienenden ἐστί, oder ohne dies, mit stillschweigender Ergänzung der Copula, als Prädicat eines Subjectes auftritt.

Dafs diese Terminologie für die beiden Satztheile nicht, wie Manche glauben, von Plato zuerst angewandt, sondern schon von ihm vorgefunden sei, kann keinem Zweifel unterliegen. Im Sophisten freilich wird sie dem Theätet als etwas diesem noch Unbekanntes vorgetragen; aber Theätet ist hier als ein Jüngling dargestellt, der sich mit dergleichen Dingen noch gar nicht beschäftigt hat. Dagegen im Kratylus erscheint der Gegensatz zwischen ὄνομα

---

[1]) Soph. p. 261 E. Ἔστι γὰρ ἡμῖν που τῶν τῇ φωνῇ περὶ τὴν οὐσίαν δηλωμάτων διττὸν γένος, τὸ μὲν ὄνομα τὸ δὲ ῥῆμα κληθέν. Τὸ μὲν ἐπὶ ταῖς πράξεσιν ὂν δήλωμα ῥῆμά που λέγομεν, τὸ δέ γ' ἐπ' αὐτοῖς ἐκείνα πράττουσι σημεῖον τῆς φωνῆς ἐπιτεθὲν ὄνομα. P. 262 D: ὅταν εἴπῃ τις ἄνθρωπος μανθάνει λόγον εἶναι φῆς τοῦτον· δηλοῖ γὰρ ἤδη που τότε περὶ τῶν ὄντων ἢ γιγνομένων ἢ γεγονότων ἢ μελλόντων, καὶ οὐκ ὀνομάζει μόνον, ἀλλά τι περαίνει, συμπλέκων τὰ ῥήματα τοῖς ὀνόμασι. διὸ λέγομεν τε αὐτὸν καὶ οὐ μόνον ὀνομάζειν εἴπομεν, καὶ δὴ καὶ τῷ πλέγματι τούτῳ τὸ ὄνομα ἐφθεγξάμεθα λόγον. P. 257 B: ὅταν εἴπωμέν τι μὴ μέγα, τότε μᾶλλόν τί σοι φαινόμεθα τὸ σμικρὸν ἢ τὸ ἴσον δηλοῦν τῷ ῥήματι.

[2]) Cratyl. p. 399 B: οἷον Διὶ φίλος. τοῦτο ἵνα ἀντὶ ῥήματος ὄνομα ἡμῖν γένηται, τό τε ἕτερον αὐτόθεν ἰῶτα ἐξείλομεν καὶ ἀντὶ ὀξείας τῆς μέσης συλλαβῆς βαρεῖαν ἐφθεγξάμεθα. Also Διὶ φίλος ist ein ῥῆμα, macht man aber Δίφιλος daraus, so ist es ein Mannsname, also ein ὄνομα.

und ῥῆμα als ein den Unterredenden, denen diese Art von
Untersuchungen nicht mehr fremd ist, wohlbekannter und
geläufiger. Indessen kommen beide Ausdrücke vielfältig
auch in anderer und allgemeinerer Bedeutung vor, und
zwar bedeutet ὄνομα oft soviel als Wort überhaupt, d. h.
als ein bedeutsames Lautgebilde, ohne Unterschied ob damit
ein Gegenstand benannt oder irgend ein anderer Begriff
ausgedrückt werde. So werden z. B. im Sophisten die verschiedenen Ausdrücke, welche von einem Gegenstande als
Prädicate zur Angabe seiner verschiedenen Eigenschaften
und Beschaffenheiten ausgesagt werden können, also die
Adjectiva, wie λευκός, μέγας, κακός, ἀγαθός, als ὀνόματα
bezeichnet, und einem Gegenstande dergleichen beilegen
heißt ἐπονομάζειν[1]): und nicht weniger werden auch Ausdrücke, welche die verschiedenen Thätigkeiten eines Gegenstandes bezeichnen, wie διηθεῖν, διαττᾶν, βράττειν und
andere Infinitive als ὀνόματα aufgeführt[2]). Diese allgemeine
Bedeutung von ὄνομα ist übrigens bekanntlich niemals aufgegeben worden, auch nicht zu der Zeit, als es längst in
der grammatischen Kunstsprache seine specielle Bedeutung
als Nomen bekommen hatte. Der andere Ausdruck, ῥῆμα,
bedeutet, wo er zuerst gefunden wird, bei Archilochus[3]),
nicht einen einzelnen Satztheil, sondern den ganzen Satz,
den Ausspruch, und kommt in dieser Bedeutung oft genug
theils bei Plato theils bei Andern vor. Es begreift sich
nun aber leicht, wie er ebendeswegen auch vorzugsweise
für denjenigen Satztheil gebraucht wurde, welcher die Aussage über den durch den andern Theil, oder das ὄνομα,
bezeichneten Gegenstand enthält: und ebenso leicht, wie
ein und dasselbe Wort bald ὄνομα bald ῥῆμα genannt werden konnte, je nachdem es einmal entweder als Wort
überhaupt oder auch als Benennung, ein anderes Mal
aber als Prädicatswort in Betracht kam[4]).

---

[1]) P. 251 A: λέγομεν ἄνθρωπον δήπου πόλλ' ἄττα ἐπονομάζοντες,
τά τε χρώματα ἐπιφέροντες αὐτῷ καὶ τὰ σχήματα καὶ τὰ μεγέθη καὶ
κακίας καὶ ἀρετάς, ἐν οἷς πᾶσι καὶ ἑτέροις μορίοις οὐ μόνον ἄνθρωπον
αὐτὸν εἶναι φαμεν, ἀλλὰ καὶ ἀγαθὸν καὶ ἕτερα ἄπειρα.

[2]) Ib. p. 226 B: τῶν οἰκετικῶν ὀνομάτων καλοῦμεν ἄττα που. — τὰ
τοιάδε, οἷον διηθεῖν τε λέγομεν καὶ διαττᾶν καὶ βράττειν καὶ διακρίνειν.

[3]) τὰ μὰ δὴ ξυνίετε ῥήματα. Schol. Aristoph. Pac. v. 603.

[4]) So heißt es z. B. im Sophist. gleich nach der oben Anm. 1 angeführten Stelle p. 257 B. τὸ μή καὶ τὸ οὐ προτιθέμενον τῶν ἐπιόντων

Wir dürfen annehmen, daſs in gleicher Weise wie Plato auch schon Demokrit und Protagoras die beiden Ausdrücke gebraucht haben. Von dem ersteren wissen wir, daſs er ein Buch über die ὀνόματα, ein ὀνοματικόν, und ein anderes über die ῥήματα geschrieben habe[1]). In jenem wird von den Wörtern überhaupt als bedeutsamen Zeichen gehandelt sein, in dem zweiten über ihre Anwendung zur Aussage, gewiſs nicht blos über die später von den Grammatikern eigentlich sogenannten ῥήματα oder die Zeitwörter. Vom Protagoras aber hören wir, daſs er vier Modalitäten der Aussage unterschieden habe, den Wunsch (εὐχωλή), die Frage (ἐρώτησις), die Antwort (ἀπόκρισις), den Befehl (ἐντολή)[2]), und da diese Modalitäten zum Theil durch die Modusformen des Verbum ausgedrückt werden, so ist nicht zu bezweifeln, daſs er auch dieses besonders in Betracht gezogen habe. Einen andern Namen als ῥῆμα konnte er ihm nicht geben; aber daſs er diesen Namen nur von ihm, und nicht, ebenso wie Plato, auch im weitern Sinn gebraucht haben sollte, wird Niemand glaublich finden.

Eine bestimmtere Unterscheidung beider Ausdrücke und Beschränkung derselben auf gewisse Wortarten finden wir zuerst bei Aristoteles. Bei diesem[3]) wird das ὄνομα definirt als φωνὴ σημαντικὴ κατὰ συνθήκην, ἄνευ χρόνου,

---

ὀνομάτων, womit Adjectiva wie μέγα und dgl. gemeint sind, da vorher μὴ μέγα als ῥῆμα bezeichnet worden war. Ueberhaupt kann jedes Nomen oder auch Pronomen ein ῥῆμα heiſsen, ohne Unterschied ob es in einem grammatisch vollständigen Satze als Prädicat auftritt oder nicht, sobald es nur eine prädicative Bedeutung hat, d. h. die Andeutung einer gewissen Eigenschaft und Beschaffenheit des Gegenstandes enthält. So heiſst im Kratylus p. 399 B. das fingirte Wort ἀναθρωπός, woraus ἄνθρωπος verkürzt sei, ein ῥῆμα, weil es die Bedeutung Eines ὅς ἀναθρεῖ ἃ ὄπωπεν in sich hat: ebendort p. 421 B. heiſst ἀλήθεια ein ῥῆμα, weil es eine Beschaffenheit dessen, was damit bezeichnet wird, andeutet. Auch das Pronomen τί ist ein ῥῆμα, Sophist. p. 237 D (τὸ τί τοῦτο τὸ ῥῆμα ἐπὶ ὄντι λέγομεν ἑκάστοτε), weil nur von einem Seienden gesagt werden kann, daſs es Etwas sei; und im Timaeus p. 49 E. gelten τοῦτο, τόδε, τὸ τοιοῦτον als ῥήματα, insofern, wer diese Pronomina gebraucht, damit zugleich ein gewisses Urtheil über die Beschaffenheit der Gegenstände andeutet, wogegen gleich nachher (p. 50) τοῦτο und τόδε auch ὀνόματα heiſsen, indem sie hier blos als Ausdrücke, Worte, bezeichnet werden.

[1]) Diog. L. IX, 48.
[2]) Id. IX, 53. Vgl. Quintil. III, 4, 10. Suid. unt. Πρωταγόρας. Classen, de gramm. gr. primord. (Bonn. 1829) p. 29. Frey, Quaest. Protag. p. 133 ff.
[3]) De interpr. c. 2. Vgl. Poet. c. 20.

ἧς μηδὲν μέρος ἐστὶ σημαντικὸν κεχωρισμένον. Der Zusatz *κατὰ συνθήκην* wird deswegen gemacht, weil Aristoteles die Bedeutung der Wörter als eine natürlich gegebene, durch eine gewisse natürliche Beziehung zwischen dem Laute und dem, was er bedeutet, bedingte für unerweislich erklärt, und sie deswegen nur als etwas auf Uebereinkunft beruhendes angesehn wissen will. *Φύσει,* sagt er, *τῶν ὀνομάτων οὐδέν ἐστιν, ἀλλ' ὅταν γένηται σύμβολον:* ein Satz, den wir hier nicht näher zu erörtern haben. Durch den zweiten Zusatz *ἄνευ χρόνου,* ohne Zeitbedeutung, unterscheidet Aristoteles das *ὄνομα* von dem *ῥῆμα,* dem er die Zeitbedeutung als wesentliches Merkmal beilegt. Endlich durch den letzten Theil der Definition wird das *ὄνομα* als ein untheilbares Ganze bezeichnet, und so von verbundenen Ausdrücken unterschieden, die zwar auch Etwas bedeuten, aber von denen auch jeder für sich seine eigene Bedeutung hat, wie z. B. *καλὸς ἵππος* offenbar einen Gegenstand bedeutet, aber auch jedes für sich allein seine Bedeutung hat. Der verbundene Ausdruck *καλὸς ἵππος* ist deswegen kein blofses *ὄνομα* des Gegenstandes, sondern enthält, wenn auch nicht der Form, so doch dem Wesen nach ein Urtheil oder das Resultat eines Urtheils, und ist insofern einem *λόγος* gleich zu achten[1]). — Die Definition des *ῥῆμα* lautet: *ῥῆμά ἐστι τὸ προσσημαῖνον χρόνον, οὗ μέρος οὐδὲν σημαίνει χωρίς, καὶ ἔστιν ἀεὶ τῶν καθ' ἑτέρου λεγομένων σημεῖον.* Ueber den zweiten Theil der Definition ist nach dem Obigen nichts weiter zu sagen nöthig: er wiederholt, und zwar aus gleichem Grunde, was vorher auch in der Definition des *ὄνομα* gesagt worden. Den Unterschied aber des *ῥῆμα* vom *ὄνομα* bestimmt die Definition dahin, dafs es erstens neben seiner eigentlichen oder Hauptbedeutung auch noch eine gewisse Zeitbedeutung hat (*προσσημαίνει*), zweitens aber, dafs es immer der Ausdruck eines einem Gegenstande beigelegten Prädicates hat. Das *ὄνομα* hat jene Nebenbedeutung der Zeit niemals, was darum ausdrücklich in der Definition desselben hervorgehoben wird. Ausdruck eines Prädicates kann es zwar

---

[1]) Vgl. Rhetor. III, 6 in. *Κύκλος* ist ein *ὄνομα,* wenn aber dafür gesagt wird *ἐπίπεδον ἐκ μέσου ἴσον,* so ist dies ein *λόγος.* Denn, wie es Poet. c. 20 heifst, *οὐχ ἅπας λόγος ἐκ ῥημάτων καὶ ὀνομάτων σύγκειται, ἀλλ' ἐνδέχεται ἄνευ ῥημάτων εἶναι λόγον.*

auch sein, aber es ist es nur unter gewissen Bedingungen, nicht immer, wogegen gerade dies dem ῥῆμα wesentlich ist, dafs es immer Prädicat sei. Beides, dafs es immer Prädicat sei und dafs es die Nebenbedeutung der Zeit habe, zusammengenommen genügt dem Aristoteles zu seiner Definition[1]), und er findet es nicht nöthig näher anzugeben, welcher Art denn die vom ῥῆμα ausgedrückten Prädicate seien, da es sich ja von selbst versteht, dafs es solche sein müssen, welche ein zeitliches Verhalten des Gegenstandes aussagen, da nur bei solchen die Zeitbestimmung, die dem ῥῆμα wesentlich beiwohnt, stattfinden kann. — Indessen wirklich ῥῆμα genannt zu werden verdient ein solches Wort doch nur dann, wenn es auch wirklich dem letzten Theil der Definition entspricht, d. h. wenn es als Prädicatswort fungirt und etwas über einen Gegenstand aussagt, also im Satze: aufserhalb des Satzes für sich allein gilt es, trotz der ihm auch so immer noch beiwohnenden Zeitbedeutung, nur als ὄνομα, aber freilich als ὄνομα nicht im Sinne der obigen Definition, die dem ὄνομα ausdrücklich die Zeitbedeutung absprach, sondern nur in der allgemeineren Bedeutung, wo ὄνομα überhaupt von jedem bedeutsamen Worte gesagt wird. Denn auch in diesem weiteren Sinne wird der Name von Aristoteles nicht weniger als von Plato oder von Späteren oft genug gebraucht[2]). Und ebenso gebraucht er auch den andern Namen ῥῆμα keinesweges immer nur im Sinne der jetzt besprochenen Definition: nicht blos der aus einem Adjectiv und dem als Copula dienenden ἔστι zusammengesetzte Prädicatsausdruck,

---

[1]) Sanctius Minerv. I. c. 12 findet diese Definition sowie (c. 5) die obige des ὄνομα so schlecht, dafs er auch in ihnen einen Beweis gegen die Echtheit der Schrift π. ἑρμηνείας zu haben glaubt. Dafs dies Verdammungsurtheil ungerecht sei, springt in die Augen; was aber die Echtheit der kleinen Schrift betrifft, so mufs man sich allerdings wohl dem Urtheil anschliefsen, welches Prantl, Gesch. d. Logik S. 91 darüber fällt.

[2]) Als Beispiel mag genügen, dafs de interpr. c. 10, 4 das ἔστι, welches kurz vorher §. 2 wegen der auch ihm beiwohnenden Zeitbedeutung ausdrücklich als ῥῆμα bezeichnet worden, doch nun, wo von seiner Function als Copula die Rede ist, als ein Wort bezeichnet wird, welches man ebensogut auch ὄνομα nennen könne. Der Scholiast bemerkt dazu, p. 107 b. 17: τὸ ἔστιν ἢ καὶ τὸ οὐκ ἔστιν αὐτὸ καθ' ἑαυτὸ λεγόμενον ἀληθές μέν τι ἢ ψεῦδος σημαίνειν οὐ πέφυκεν, ὄνομα δὲ ὄν, ὥσπερ καὶ τὰ ἄλλα ῥήματα, δύναμιν ἔχει — κατηγορουμένου τινὸς πρὸς ὑποκείμενον συμπλοκῆς.

wie ἔστι λευκὸς ἄνθρωπος, heifst ein ῥῆμα[1]), sondern in der Metaphysik[2]) heifst es von Zusammensetzungen wie αὐτοάνθρωπος, αὐτόιππος, es wäre hier das ῥῆμα „αὐτό" zugesetzt: offenbar weil es hier bedeutet, dafs dem in Rede stehenden Gegenstande das durch den Gattungsnamen aus-gesagte im eigentlichsten und vollsten Sinne zukomme, und also gleichsam ein prädicativer Zusatz ist.

In der Poetik werden aufser dem ὄνομα und dem ῥῆμα auch noch das ἄρθρον und der σύνδεσμος genannt, und obgleich die Definitionen, die von diesen beiden ge-geben werden, sehr unverständlich sind und die Stelle offenbar corrumpirt ist[3]), so ist doch soviel ersichtlich, dafs beide als φωναὶ ἄσημοι dem ὄνομα und dem ῥῆμα als φωναῖς σημαντικαῖς entgegengesetzt werden. Nämlich σημαντικαὶ φωναί heifsen diejenigen Wörter, welche einen bestimmten Begriff geben, bei welchen also, wie es anderswo heifst, wer sie ausspricht, ἵστησι τὴν διάνοιαν, καὶ ὁ ἀκού-σας ἠρέμησεν[4]), d. h. wer sie ausspricht, der fixirt die Vor-stellung auf etwas Bestimmtes, und der Hörende versteht ihn, weifs was er sich zu denken hat. Dagegen φωναὶ ἄσημοι sind solche, die für sich allein keinen bestimmten Begriff geben, sondern nur in Verbindung mit andern ver-standen werden können, wie es in der That mit den Con-junctionen und Artikeln der Fall ist. Diese Wörter, ob-gleich sie allerdings μέρη τῆς λέξεως, d. h. Bestandtheile des Ausdrucks sind, werden doch darum nicht eigentlich μέρη τοῦ λόγου, Bestandtheile des Satzes selbst, genannt, sondern sie sind nur Bindemittel, um Sätze oder Satztheile mit einander zu verknüpfen[5]). Deswegen werden sie in

---

[1]) De interpr. c. 10, 13.

[2]) Z. c. 16.

[3]) Sie steht im 20. Capitel der Poetik, und wir werden später Ge-legenheit haben auf sie zurückzukommen.

[4]) De interpr. c. 3, 6. Ueber den Ausdruck ἠρέμησεν vgl. Phys. ausc. VII, 3 p. 247 b 10: τὸ γὰρ ἠρεμῆσαι καὶ στῆναι τὴν διάνοιαν ἐπίστασθαι καὶ φρονεῖν λέγομεν.

[5]) Vgl. Dexipp. εἰς τὰς Ἀρ. κατηγ. ἀπορίαι καὶ λύσεις, p. 39 Speng.: οἱ σύνδεσμοι συσσημαίνουσι μετὰ τῶν ἄλλων μερῶν τοῦ λόγου, αὐτοὶ δὲ καθ᾽ ἑαυτοὺς οὐκ εἰσὶ σημαντικοί, ἀλλ᾽ ἐοίκασι τῇ κόλλῃ· διόπερ οὐδὲ λόγου στοιχεῖα αὐτοὺς τιθέμεθα, ἀλλ᾽, εἴπερ ἄρα, μέρη λέξεως· τὸν δὲ λόγον εἶναι φάμεν περὶ τῶν ἄνευ συντάξεως καὶ καθ᾽ ἑαυτὰς σημαι-νουσῶν λέξεων. Aehnlich Ammonius in den Scholien bei Brandis p. 99. Auch Plutarch. Quaest. Plat. c. 10. u. Appulej. doctr. Plat. III. p. 82 ed. Altenb. wo

der Schrift περὶ ἑρμηνείας, wo nur von der Satzbildung
und den dazu wesentlich nothwendigen sprachlichen Mitteln
die Rede ist, nicht berücksichtigt. Später wurde dieser
Unterschied nicht festgehalten: es wurden μέρη τοῦ λόγου
auch die Wörter genannt, die Aristoteles nur als μέρη τῆς
λέξεως gelten liefs. Weil nun aber Einige, von der Aristotelischen Classification der Wörter redend, dem Philosophen
nur drei Redetheile, ὄνομα, ῥῆμα, σύνδεσμος, mit Ueber-
gehung des ἄρθρον, zuschreiben[1]), so hat man dies auch
als Grund geltend gemacht[2]), um die Stelle der Poetik,
wo vom ἄρθρον die Rede ist, für untergeschoben zu erklären. Der Grund ist aber nicht triftig: es ist sehr wohl
möglich, dafs in den Aristotelischen Schriften, welche Jene
gelesen hatten, oder deren sie sich erinnerten, in der That
nur jene drei genannt waren, und dafs Aristoteles sich in
ihnen des Namens σύνδεσμος in allgemeinerer Bedeutung
bedient habe, so dafs er auch das ἄρθρον mit umfasste,
was um so weniger unwahrscheinlich ist, weil wir durch
ein ausdrückliches Zeugnifs belehrt werden, dafs wirklich
Einige das ἄρθρον und den σύνδεσμος zu Einer Classe
gerechnet haben[3]). Dafs Aristoteles in der Poetik dies
nicht festgehalten, sondern beide Arten von Bindemitteln,
das ἄρθρον, welches ein casuelles oder declinables Wort
ist, und den σύνδεσμος im engeren Sinne, der ein indecli-
nables Wort ist, neben einander genannt habe, würde nur
derjenige unglaublich finden können, der sich einbildete,
es sei dem Aristoteles darum zu thun gewesen, eine fest-
bestimmte grammatische Theorie aufzustellen und jeder
in der Sprache vorkommenden Wortart hiernach ein- für
allemal ihren Platz anzuweisen. Das lag aber entschieden
gar nicht in seiner Absicht: er behandelte die Sprache
nicht als Grammatiker, sondern lediglich im dialectischen

---

diese Wörter *vice clavorum et picis et glutinis deputanda* heifsen, eine
Vergleichung, die auch sonst häufig vorkommt.

[1]) Dionys. de comp. verb. c. 2 und der diesem folgende Quintilian,
I. O. 1, 4, 18. Beide nennen neben Aristoteles auch den Theodektes, seinen
und des Isokrates Zuhörer, wodurch Lersch, die Sprachphilos. d. Alten II.
S. 24 zu sehr überflüssigen Conjecturen veranlafst ist.

[2]) Fr. Ritter in s. Ausg. der Poetik S. 223.

[3]) Dionys. a. a. O., wo die χωρίσαντες ἀπὸ τῶν συνδέσμων τὰ ἄρθρα
erwähnt werden, woraus hervorgeht, dafs man sie vorher zusammengeworfen
hatte. Mit welchem Rechte, wird später klar werden.

oder, in der Poetik, im kunstphilosophischen Interesse, und
wir dürfen uns darum an jener Nebeneinanderstellung des
ἄρθρον und des σύνδεσμος ebensowenig ärgern, als wir
ihm einen Vorwurf daraus machen dürfen, dafs er im Gebrauch der Namen ῥῆμα und ὄνομα nicht immer mit
strenger Consequenz seiner einmal gegebenen Definition
gemäfs verfährt, oder dafs er über Wortarten wie Participium, Adverbium, Pronomen, für die es zu seiner Zeit
noch gar keine besondere Namen gab, sich nicht ausgesprochen, sondern uns überlassen hat zu erwägen, zu
welcher der von ihm aufgestellten Classen jedes zu rechnen sei.

Unter den Schülern des Aristoteles scheint sich namentlich Praxiphanes mehr mit eigentlich grammatischen
Untersuchungen beschäftigt zu haben, was sich daraus
schliefsen läfst, dafs er von Einigen neben jenem, und
selbst vor ihm, als Vollender der Grammatik genannt
ward [1]). Wir wissen indessen von seinen sprachwissenschaftlichen Leistungen zu wenig, als dafs wir ein bestimmtes Urtheil über ihren Werth fällen könnten: was
wir aber gelegentlich erfahren — es bezieht sich dies auf
die Classe der σύνδεσμοι, und zwar speciell der sogenannten παραπληρωματικοί oder Expletivconjunctionen [2]) —
deutet auf ganz gesunde Ansichten.

Etwas besser sind wir über die sprachwissenschaftlichen Lehren der Stoiker unterrichtet, welche wirklich
darauf ausgingen, die gesammte Wörtermasse der Sprache

---

[1]) Schol. ad Dionys. Thr. in Bekker. Anecd. II. p. 729: γραμματικὴ
— ἀρξαμένη μὲν ἀπὸ Θεογένους, τελεσθεῖσα δὲ παρὰ τῶν Περιπατη-
τικῶν Πραξιφάνους τε καὶ Ἀριστοτέλους. B's. Text hat παρ' Ἐξιφάνους:
Die Emendation ist einleuchtend und anerkannt. Statt des vorher genannten
Θεογένους hat man Θεοδέκτου vermuthet, was in diesem Zusammenhange
nicht wahrscheinlich ist. Lieber mögen wir an den Rheginer Theagenes
denken, der im 6. Jahrh. v. Chr. lebte und sich u. a. auch mit Homer be-
schäftigte (s. m. Anm. zu Plutarch. Ag. p. 69). Wie weit er sich dabei auf
die Sprache eingelassen haben möge, können wir freilich nicht sagen, und
bei dem weiteren Umfange, in dem die Alten den Namen Grammatik
gebrauchen, konnte möglicher Weise Theagenes ein Grammatiker genannt
werden, auch wenn er sich gar nicht auf die Sprache einliefs. Indessen
ist es doch auch nicht unmöglich, dafs er wirklich auch sprachliche Bemerkungen gemacht habe. — Ueber Praxiphanes vgl. die Monographie von
L. Preller, De Prax. peripatetico. im Index schol. Dorpat. aest. 1842.

[2]) Demetr. de elocut. §. 55.

in der Weise zu classificiren, daſs jedem Worte der ihm
zukommende Platz unter den von ihnen aufgestellten Classen
und Unterabtheilungen derselben angewiesen wurde, wobei
es denn freilich vorkommen konnte oder vielmehr vorkommen muſste, daſs bisweilen ein und dasselbe Wort je nach
seiner verschiedenen Anwendungsweise bald dieser bald
jener Classe zugetheilt wurde, wie es ja auch in der späteren Grammatik nicht selten der Fall ist. Der Stifter der
Schule, Zeno, scheint nicht über die drei Classen des
Aristoteles hinausgegangen zu sein[1]): später trennte man
das ἄρθρον von dem σύνδεσμος, und machte also vier
Classen; dann auch, und zwar wahrscheinlich seit Chrysippus, wurde das ὄνομα in zwei Classen geschieden, den
Eigennamen, welcher nun vorzugsweise ὄνομα hieſs, und
die Benennung, προσηγορία, wozu das Appellativum und
das Adjectivum gehören. Aus welchem Grunde diese Scheidung gemacht wurde, werden wir später sehen; und weswegen es zweckmäſsig gefunden sei, das ἄρθρον, als casuelles Wort, von dem nicht casuellen — oder wenigstens
nicht als casuell erkennbaren — σύνδεσμος zu trennen, ist
von selbst klar. Hinsichtlich des ῥῆμα aber entfernten sich
die Stoiker vom Aristoteles in der Weise, daſs sie darunter
nicht blos die sogenannten Zeitwörter begriffen, sondern
auch andere zur Prädicatsangabe dienende Wörter, die
nicht wegen ihrer anderweitigen Beschaffenheit sich in die
Classe der προσηγορία stellen lieſsen, also namentlich viele
der von den Grammatikern sogenannten ἐπιρρήματα oder
Adverbien. Deswegen wird in den uns überlieferten stoischen Definitionen des ῥῆμα[2]) von der Zeitbedeutung, die
jener als wesentliches Merkmal angiebt, absichtlich nichts
gesagt, sondern blos die prädicative Bedeutung hervorgehoben. Es ist nicht zu bezweifeln, daſs sie nun das
ῥῆμα, und ebenso auch die übrigen Classen, wieder in
mehrere Unterabtheilungen zerlegt haben; aber vollständige
Berichte hierüber liegen uns nicht vor: das Einzelne, was
wir darüber wissen oder vermuthen können, wird in den
folgenden Capiteln bei der speciellen Betrachtung der verschiedenen Redetheile zur Sprache kommen. Für jetzt be-

---

[1]) Weswegen ich dies annehme, wird unten in dem Abschnitt über
die Conjunction gesagt werden.
[2]) Bei Diog. L. VII, 58.

gnügen wir uns mit der Bemerkung, dafs, sowie die stoischen Ansichten nicht ohne vielfachen Einflufs auf die
eigentlich sogenannten Grammatiker waren, so auch umgekehrt die letzteren nicht ohne Einflufs auf die Stoiker,
oder wenigstens auf Einzelne derselben geblieben sind. So
wissen wir namentlich, dafs von Einigen zu den früher
aufgestellten fünf Redetheilen, dem ὄνομα, der προσηγορία,
dem ῥῆμα, dem ἄρθρον und dem σύνδεσμος, noch als
sechster die sogenannte μεσότης hinzugefügt worden sei,
worunter sie den gröfsten Theil der von den Grammatikern
sogenannten ἐπιρρήματα stellten. Noch andere nannten
diesen sechsten Theil πανδέκτης, begriffen aber darunter,
wie es scheint, die sämmtlichen ἐπιρρήματα der Grammatiker.

Das von den Grammatikern, und zwar vorzugsweise
von der Alexandrinischen Schule aufgestellte und zu, wenn
auch nicht allgemeiner, doch vorherrschender Geltung ge-
brachte System der Redetheile ist dasjenige, welches sich
namentlich durch Vermittelung der lateinischen Grammatiker, die sich ihm im Wesentlichen, obwohl nicht ohne
einige Modificationen, anschliefsen, das Mittelalter hindurch
bis auf die neueste Zeit behauptet hat. Es werden nämlich die sämmtlichen Wörter in acht Classen getheilt. Die
Namen derselben sind 1. ὄνομα, wozu sowohl die Eigennamen als die Gattungsnamen und die Adjectiva gehören;
2. ῥῆμα oder das Zeitwort, d. h. das Verbum finitum und
der Infinitiv; 3. μετοχή oder das Participium, welches sie
aus gutem Grunde vom ῥῆμα absonderten und als einen
zwischen diesem und dem ὄνομα in der Mitte stehenden
und etwas von beider Natur an sich tragenden Redetheil
aufführten; 4. ἀντωνυμία, worunter die angesehensten
Schulhäupter nur die Personalpronomina und deren Ableitungen, sowie diejenigen Demonstrativa, die wir als
substantiva zu bezeichnen pflegen, verstanden; 5. ἄρθρον,
worunter von den Meisten nur der protaktische und hypo-
taktische Artikel verstanden wurde; 6. ἐπίρρημα oder das
Adverbium, wozu aber auch die Interjection gerechnet
wurde; 7. πρόθεσις oder die Präposition; endlich 8. σύνδεσμος oder die Conjunction, wozu man aber auch eine
Anzahl von Partikeln zählte, die man in neuerer Zeit nicht
ohne guten Grund von den Conjunctionen abgesondert und

als eine eigene Classe, der nun der Name Partikeln in
Ermangelung eines bessern zur besondern Benennung dient,
aufgestellt hat. Die Veränderungen, die die Lateinischen
Grammatiker mit diesem System vornahmen, bestanden
erstens in einer Berichtigung hinsichtlich des Pronomens,
wo sie sich meistens der von der herrschenden Schulansicht
mit Unrecht verworfenen Lehre anderer griechischer Grammatiker anschlossen, und zweitens darin, dafs sie, ebenfalls
nicht ohne griechische Vorgänger, die Interjection von dem
Adverbium trennten und als eigene Classe aufstellten. So
erhielten sie denn ebenfalls acht Redetheile, da von den
griechischen einer, der Artikel, als in der lateinischen
Sprache nicht vorhanden, bei ihnen ausfallen mufste.

Von welchem griechischen Grammatiker dieses System
zuerst aufgestellt und die einzelnen Redetheile, soviel ihrer
noch keine Namen hatten, benannt worden sind, vermögen
wir nicht zu sagen. Quintilian[1]) nennt den Aristarch als
einen der namhaftesten *auctores* des Systems, und wir mögen
annehmen, dafs dieser es, wenn auch nicht gerade zu
allererst vorgetragen, doch namentlich empfohlen und seine
Annahme in der Schule bewirkt habe. Ganz allgemein
indessen ist es auch nach Aristarch von den griechischen
Grammatikern nicht angenommen worden. Manche wichen
entweder hinsichtlich der Begriffsbestimmungen der einzelnen Redetheile, z. B. der ἀντωνυμία, von ihm ab, oder
auch hinsichtlich der Anzahl der Redetheile selbst, indem
sie z. B. die Classe der ὀνόματα in mehrere Theile schieden, den Infinitiv als besonderen Redetheil neben Verbum
und Participium stellten u. dgl. m. Was hiervon der Beachtung werth scheint, wird unten bei Besprechung der
einzelnen Redetheile erwähnt werden. Hier wollen wir uns
mit der Bemerkung begnügen, dafs auch unter den Römern,
die sich mit sprachwissenschaftlichen Studien beschäftigten,
der erste, von dem wir Genaueres wissen, M. Terentius Varro,
sich jenem Schulsystem nicht anschlofs, sondern einen andern Weg befolgte. Er nahm nämlich vier Redetheile an:
oratio, sagt er[2]), *secanda, ut natura, in quattuor partis:*

---

[1]) 1, 4, 20: Alii tamen ex idoneis duntaxat auctoribus octo partes
secuti sunt, ut Aristarchus.
 [2]) VIII, 44 (23) p. 182 Müll. Vgl. VI, 36 (5) p. 86. IX, 31 (24)
p. 205. X, 17 p. 242.

in eam quae habet casus, et quae habet tempora, et quae habet neutrum, et in qua est utrumque. Man hat diese Eintheilung als eine wunderliche gescholten[1]), weil sie nur auf der äufseren Gestaltung, nicht auf der wirklichen Verschiedenheit hinsichtlich der Bedeutung der Wörter und ihrer dadurch bestimmten Function in der Rede beruhe. Man hat aber nicht bedacht, dafs beides wesentlich mit einander zusammenhängt. Denn eben auf den verschiedenen Bedeutungen und Functionen der Wörter beruht es ja, dafs einige von ihnen Casusformen, andere Tempusformen, andere beides, noch andere endlich keines von beiden haben[2]). Uebrigens erkennt man leicht, dafs diese varronische Eintheilung im Wesentlichen mit der aristotelischen Dreitheilung zusammenfällt[3]) und nur darin von ihr abweicht, dafs das Participium, welches Casus- und Tempusformen zugleich hat, als eigener Redetheil hinzugerechnet ist. Und in der That, sobald man sich streng an die aristotelischen Definitionen hält, geräth man in Verlegenheit, wohin man das Participium zu stellen habe: zum ὄνομα kann man es nicht rechnen, weil es ja nicht, wie dieses, ἄνευ χρόνου ist; aber auch vom ῥῆμα unterscheidet es sich dadurch, dafs ihm die diesem eigenthümliche synthetische, satzbildende Kraft abgeht. — Unmittelbar aber nach jener Viertheilung folgt bei Varro noch eine zweite: *has vocant quidam appellandi, dicendi, adminicu-*

---

[1]) Egger, Apollonius Dyscole (Paris 1854) p. 73: bizarre division, qui repose beaucoup plus sur le caractère extérieur des mots que sur la diversité réelle de leurs rôles dans le langage.

[2]) Darauf deutet auch Varro selbst hin VIII, 10 p. 170. 16 p. 173, wo für *propter* ohne Zweifel *propterea* zu lesen und dies auf das folgende *uti* zu beziehen ist.

[3]) Dafs die pars quae adsignificat casus dem ὄνομα oder vocabulum, die pars quae tempora dem ῥῆμα oder Verbum des Ar. entspreche, welche dieser allein eigentlich partes orationis nenne, sagt Varro selbst VIII, 11 (4) p. 171. Die pars quae neutrum adsignificat enthält den σύνδεσμος, der nicht eigentlich Redetheil ist; aber freilich auch das Adverbium, welches nach Ar. nur zum ὄνομα gerechnet werden kann. Vgl. d. Schol. p. 99 a. 25. — Der von Varro erwähnte Dion, der *res quae verbis significantur in tres partes divisit,* d. h. drei verschiedene Hauptclassen der durch die entsprechende Zahl der Redetheile bezeichneten Begriffe annahm, also eigentlich auch mit Aristoteles übereinstimmte, ist wohl kein anderer, als der Akademiker aus Alexandria, der im J. 698 als Gesandter in Rom war und dort an Gift starb. S. Sterk, grammat. zetemata II p. 9 sq.

landi, iungendi. *Appellandi dicitur, ut homo et Nestor:*
dicendi, ut scribo et lego: iungendi, ut et et que: admi-
niculandi, ut docte et commode, und es ist klar, dafs von
diesen vier Theilen der erste und zweite mit dem ersten
und zweiten der obigen Eintheilung zusammenfallen, der
dritte und vierte aber zusammengenommen dem dritten in
jener entsprechen, so dafs das Participium oder die pars
quae habet utrumque, nämlich et casus et tempora, über-
gangen ist, und man ungewifs darüber bleibt, ob auch
diesem sein Platz unter der pars dicendi zukomme, oder
ob es etwa zu der pars appellandi gehöre. Gewifs hat
auch Varro nicht sagen wollen, dafs beide Eintheilungen
einander entsprechen; und dafs dies jetzt doch so scheint,
ist nur eine Folge der flüchtigen Abfassung und gehört
zu den mancherlei auch sonst hervortretenden Zeichen,
um des trefflichen Müllers Worte zu gebrauchen, hos
libros accelerato et quasi immaturo partu editos esse.
Wenn Varro selbst die letzte Hand an sein Werk gelegt
hätte, so würde er gewifs die Differenz zwischen dieser
zunächst vielleicht nur am Rande von ihm angemerkten
Eintheilung und jener andern nicht unbemerkt gelassen
haben. Hätte er geschrieben *Contra has vocant quidam*
oder *aliter has vocant quidam,* so könnte man allenfalls
die Worte in dem Sinne nehmen: *dagegen* oder *von einem*
andern Gesichtspunkte aus stellen Einige folgende vier auf[1]).

2. Nomen und Verbum.

In dem angeblich ältesten Lehrbuch der Grammatik,
welches den Namen des Dionysius, des Thrakers, führt,
indessen zahlreiche Spuren späterer Umarbeitung an sich
trägt, lautet die Definition des ὄνομα folgendermafsen:
Ὄνομά ἐστι μέρος λόγου πτωτικόν, σῶμα ἢ πρᾶγμα σημαῖνον, σῶμα μὲν οἷον λίθος, πρᾶγμα δὲ οἷον παιδεία,
κοινῶς τε καὶ ἰδίως λεγόμενον, κοινῶς μὲν οἷον ἄνθρωπος,
ἵππος, ἴδιον δὲ οἷον Σωκράτης, Πλάτων. Dem Urheber

---

[1]) Was Lersch II S. 147 f. sagt, genügt nicht den von Müller mit
Recht bemerkten Widerspruch zwischen beiden Eintheilungsarten zu beseitigen.

dieser Definition erschien also die Fähigkeit der casuellen
Flexion wohl als ein wesentliches Attribut des Nomen, wie
es denn in der That dem Nomen im Griechischen, und
ebenso im Lateinischen, zum Theil auch in den verwandten
und abgeleiteten Sprachen mit wenigen Ausnahmen allgemein zukommt: dafs es indessen doch kein wirklich wesentliches und zum Begriff des Nomen nothwendig gehö-
riges sei, ist auch im Alterthum schon von Manchem bemerkt worden[1]), und bedarf heutzutage keines Beweises.
Die Casusformen, wo sie vorhanden sind, dienen nur dazu,
um deutlicher zu bezeichnen, im welchem Satzverhältnisse
das Nomen stehe, d. h. ob es Subject der Aussage sei,
oder als näheres oder entfernteres, den Begriff, sei es des
Verbums, sei es eines anderen Nomen, auf irgend eine
Weise vervollständigendes und näher bestimmendes Object
auftrete: und diese Bezeichnung durch besondere Flexionsformen des Nomen ist zwar ein schätzbarer Vorzug der
flectirenden Sprachen, nothwendig aber ist sie nicht[2]), da
sie sich auch durch andere Mittel, durch die blofse Stellung des Nomen und seine Verbindung mit andern Worten,
ersetzen läfst, weswegen denn auch selbst ursprünglich
flectirende Sprachen die Casusformen entweder ganz oder
doch gröfstentheils aufgegeben haben. Das Wesen des
Nomen besteht darin, dafs es den Begriff eines körperlichen oder unkörperlichen Dinges, einer leiblich vorhandenen oder nur gedachten idealen Substanz anzeige: und
dazu gehört, dafs es die Qualität des Dinges, der Substanz, bezeichne, weil ohne Qualität kein Begriff des Dinges
denkbar ist. So haben denn auch spätere Grammatiker
das πτωτικόν aus der Definition des Nomen weggelassen,
und sich begnügt dies zu definiren als *pars orationis, quae
singularum rerum corporalium vel incorporalium sibi sub-*

---

[1]) Z. B. von Boethius, introd. ad syllog. p. 560 ed. Bas.: non enim
hoc proprium nominum, ut casibus flectantur.

[2]) In dem Büchlein des Dionysius selbst werden nachher die πτώσεις
als παρεπόμενα des ὄνομα aufgeführt, d. h. als *accidentia*, die nicht nothwendig schon im Wesen der Sache liegen und mit ihrem Begriff zugleich
schon gegeben sind, sondern nur ihrem Wesen gemäfs hinzukommen können
und hinzuzukommen pflegen. Es ist offenbar eine fehlerhafte Methode, wenn
schon in die Definition Etwas aufgenommen wird, was der Sache nicht
wesentlich, sondern nur accidentell ist; doch begehn die Grammatiker diesen
Fehler sehr häufig.

iectarum qualitatem propriam vel communem manifestat;
eine Definition, welche Priscian[1]) als vom Apollonius her-
rührend vorträgt. Als Bezeichnungen der propria qualitas
werden die Eigennamen angesehen: mit welchem Rechte,
werden wir später zu untersuchen haben, wenn wir die
verschiedenen Arten des Nomen in Betracht ziehn; Bezeichnungen der qualitas communis sind die appellativa und
adiectiva. Dabei aber verkannten die alten Grammatiker
keinesweges, dafs, sowie es in der Wirklichkeit keine Qualität ohne eine Substanz, ebensowenig als eine Substanz
ohne Qualität giebt, so auch das Nomen nicht die Qualität
rein und für sich allein, sondern nur an und mit der Substanz zugleich, und wenn nicht dies, dann sie selbst als
Substanz gefafst bezeichne. *Proprium est nominis substantiam et qualitatem significare,* sagt Priscian, ebenfalls nach
Apollonius[2]); und wir können dies nicht blos auf diejenigen
Nomina beziehen, welche concrete Dinge bezeichnen, sondern auch auf die abstracta, die Benennungen von Eigenschaften und Beschaffenheiten, insofern auch in diese der
Begriff eines substantiellen Wesens hineingetragen wird.
Wie es sich damit eigentlich verhalte, wird ebenfalls in
einem späteren Abschnitte zu untersuchen sein.

Die Definition des ῥῆμα, die wir jetzt in dem Büchlein des Dionysius lesen, ist diese: ῥῆμά ἐστι λέξις ἄπτωτος
ἐπιδεκτικὴ χρόνων τε καὶ ἀριθμῶν, ἐνέργειαν ἢ πάθος
παριστῶσα: sie rührt aber, nach dem Zeugnifs eines Scholiasten[3]), nicht von dem alten Dionysius selbst her, sondern von irgend einem der späteren Bearbeiter des viel-
gebrauchten Schulbuches. Jener soll das ῥῆμα ganz kurz
nur als λέξις κατηγόρημα σημαίνουσα definirt haben, und
wenn diese Angabe richtig ist, so mufs er es damit als
Aussagewort im eigentlichen Sinne haben bezeichnen
wollen, d. h. als dasjenige Wort, welches vermöge der ihm
beiwohnenden Andeutung der Synthesis oder Copula fähig
sei, entweder in Verbindung mit einem ὄνομα oder, in einzelnen Fällen, auch für sich allein — wie namentlich die
sogenannten Impersonalia — eine Aussage zu bilden. Damit

---

[1]) De duod. vers. Aen. V, 95 p. 1243 P. Vgl. Inst. gr. II, 22 p. 577.
[2]) Priscian. Inst. gr. II, 18. Apollon. de pron. p. 33 B: οὐσίαν σημαίνουσιν αἱ ἀντωνυμίαι, τὰ δὲ ὀνόματα οὐσίαν μετὰ ποιότητος.
[3]) Bekk. Anecd. II p. 672.

würde denn aber der Infinitiv vom ῥῆμα ausgeschlossen
sein, weil, obgleich, wie sich bald zeigen wird, eine gewisse Synthesis von Subject- und Prädicatsbegriff ihm nicht
abzusprechen ist, doch jene Fähigkeit, eine Aussage zu
bilden, ihm abgeht. Wir wissen nun zwar, dafs wirklich
einige alte Grammatiker ihn vom ῥῆμα ausgeschlossen
haben; aber dafs auch Dionysius zu diesen gehört habe,
ist nicht recht glaublich: wir würden, wenn es so wäre,
ohne Zweifel irgend eine bestimmte Nachricht darüber
finden, zumal da die jetzige Fassung des Lehrbuches den
Infinitiv ausdrücklich dem ῥῆμα zuzählt, und dieser Widerspruch gegen die Lehre des alten Dionysius gewifs nicht
unbemerkt geblieben sein würde. Ich möchte deswegen
vermuthen, dafs jene Angabe über seine Definition zwar
nicht eigentlich unrichtig, aber dafs sie doch nicht vollständig sei, und dafs er etwa definirt haben möge: ῥῆμά
ἐστι λέξις ἄπτωτος κατηγόρημα σημαίνουσα, χρόνων τε καὶ
προσώπων καὶ ἀριθμῶν ἐπιδεκτική. Dann würde aber
natürlich auch der Ausdruck κατηγόρημα σημαίνουσα nicht
in dem oben angegebenen Sinne gefafst werden dürfen,
sondern nur im Allgemeinen bedeuten, dafs das Verbum
einen Prädicatsbegriff enthalte; und dies ist mir um so
wahrscheinlicher, weil auch die Stoiker, von denen im
vorigen Capitel die Rede gewesen ist, ihn in diesem Sinne
gebrauchten, denen sich also Dionysius hierin anschlofs,
dann aber durch den von mir vermutheten Zusatz den
Begriff des ῥῆμα enger, als die Stoiker thaten, beschränkte,
so dafs weder Adverbien noch zur Prädicatsangabe dienende Nomina darunter fielen. Auch so freilich könnte
es scheinen, als unterliege die Definition demselben Tadel,
welcher gegen die jetzt in dem Büchlein stehende von
einem Scholiasten erhoben wird, dafs sie nämlich den Infinitiv ausschliefse, der ja keine Person- und Numerusbezeichnung hat, und dennoch zum ῥῆμα gezählt wird.
Indessen dürfte sich dieser Tadel abwehren lassen durch
die Bemerkung, dafs durch den Ausdruck ἐπιδεκτική nur
eine Fähigkeit besagt werde, jene Begriffe zu bezeichnen,
keinesweges aber damit behauptet sei, dafs sie auch wirklich immer durch das ῥῆμα bezeichnet werden. Apollonius indessen, um jede Zweideutigkeit zu vermeiden und
um recht ausdrücklich anzudeuten, dafs die Bezeichnung

der Person und des Numerus nicht dem ῥῆμα überhaupt, sondern nur gewissen Formen desselben zukomme, stellte folgende Definition auf: ῥῆμά ἐστι μέρος λόγου ἐν ἰδίοις μετασχηματισμοῖς διαφόρων χρόνων δεκτικόν, μετ᾽ ἐνεργείας καὶ πάθους, προσώπων τε καὶ ἀριθμῶν παρασιατικόν, ὅτε καὶ τὰς τῆς ψυχῆς διαθέσεις δηλοῖ[1]). Diese Definition besagt also ausdrücklich, daſs die Person- und Numerusbezeichnung dem ῥῆμα nur dann zukomme, wenn es auch die διαθέσεις τῆς ψυχῆς bezeichne, d. h. wenn es auch Modalitätsbedeutung habe; und da die Modalitätsbedeutung nur dem Verbum finitum eigen ist, so liegt darin, daſs auch die Person- und Numerusbezeichnung nur diesem zukomme, und mithin, daſs es auch ein Verbum infinitum gebe, dem ebenso wie jenem die Zeitbedeutung und die eines Thuns oder Leidens, aber ohne Person und Numerus beiwohne. So ist also die Definition in dieser Hinsicht vollkommen ihrem Zweck entsprechend: sie umfaſst sowohl

---

[1]) In Folge eines kaum begreiflichen Miſsverständnisses will K. E. A. Schmidt, Beitr. zur Gesch. der Grammatik S. 354, in der Definition ὥστε für ὅτε lesen, wie auch wirklich bei Zonaras p. 1612 verschrieben ist. Als Grund führt er an, daſs nach der herkömmlichen Lesart die Person- und Numerusbezeichnung von der Bezeichnung der ψυχικὴ διάθεσις abhängig gemacht werde [richtiger: als verbunden damit dargestellt werde], während Apollonius sich das Verhältniſs gerade umgekehrt denke. Das thut Apollonius allerdings: er hält den Ausdruck der Modalität für bedingt durch die Personbezeichnung, weil nur bei Personen eine ψυχικὴ διάθεσις stattfinden könne, und er ist zu diesem Irrthum dadurch veranlaſst, daſs er lediglich die erste Person ins Auge gefaſst hat. Wir werden auf diesen Punkt an einem anderen Orte zurückkommen müssen: für jetzt genügt die Bemerkung, daſs er trotz dessen hier nicht ὥστε sondern nur ὅτε habe schreiben können, da er ja sonst die Bezeichnung der Modalität in Folge der Personbezeichnung als etwas dem Verbum überhaupt zukommendes angegeben und folglich den Infinitiv, der weder Person noch Modalität bezeichnet, ausgeschlossen haben würde, den er doch eben nicht ausschliessen wollte. Was übrigens den Zonaras betrifft, so steht bei diesem das ὥστε zwar auch in der auf die Definition folgenden Erklärung: διὰ τί εἶπεν· ὥστε καὶ τὰς τῆς ψυχῆς διαθέσεις δηλοῖ; ἐπειδὴ τῶν ῥημάτων τὰ μὲν ἔχουσι πρόσωπα, ὡς τὰ ὁριστικά, προστακτικά, εὐκτικά, ὑποτακτικά, ἅτινα καὶ διαθέσεις ψυχῆς ἔχουσι, τὰ δὲ εἰσιν οὕτως χωρὶς προσώπων, ὡς τὰ ἀπαρέμφατα. Ob aber wirklich Zonaras selbst ὥστε geschrieben, oder nur ein Abschreiber so verschrieben habe, ist keinesweges klar. Denn die Erklärung der Definition ist vollkommen passend, auch wenn man ὅτε liest. Daſs übrigens alle sonstigen Erwähnungen jener Definition für ὅτε sprechen (Priscian. VIII, 2 hat dafür quando), erkennt S. selbst an, will aber daraus nur die Folgerung ableiten, daſs die ihm fehlerhaft scheinende Schreibung sehr alt sei.

das verbum infinitum als das finitum; was ihr dennoch fehlt, wahrscheinlich aber nur durch Schuld des Referenten oder des Abschreibers, werden wir im vierten Capitel sehen.

Apollonius hat übrigens selbst anerkannt, dafs die von ihm in die Definition aufgenommenen Stücke dem Verbum nicht alle gleich wesentlich seien. Als das Wesentliche erscheint ihm nur das, was Infinitiv und Verbum finitum mit einander gemein haben, nämlich die durch besondere Flexionsformen unterschiedene Angabe eines Handelns oder Leidens sammt einer gewissen Zeitbezeichnung; die Bezeichnungen des Personverhältnisses dagegen und des damit verbundenen Numerus sowie die der ψυχική διάθεσις oder der Modalität der Aussage sind, wie er ausdrücklich erklärt, der Natur des Verbums nicht wesentlich eigen, sondern werden nur dann hineingelegt, wenn das Verbum auf Personen bezogen wird [1]), d. h. mit anderen Worten nichts anderes als: wenn es im Satze als Aussagewort fungiren soll. Darum nennt er auch den Infinitiv, dem diese Bezeichnungen fehlen und aufser der Angabe des Handelns oder Leidens nur noch die Zeitbezeichnung beiwohnt, τὸ γενικώτατον ῥῆμα, das Verbum im allgemeinsten Sinne. Ihn trotz dem, dafs er nicht als Aussagewort im Satze fungirt, dennoch zum ῥῆμα zu zählen, und demgemäfs die Definition von diesem so einzurichten, dafs sie auch den Infinitiv mitumfafste, lag für ihn wie für die übrigen Grammatiker, die der gleichen Ansicht waren, wahrscheinlich nicht blos in dem so augenfälligen etymologischen Zusammenhange beider: denn dann würde man auch das Participium, dessen etymologischer Zusammenhang mit dem Verbum ebenso augenfällig ist, nicht von ihm abgesondert und in eine eigene Classe verwiesen haben; sondern es kam wohl noch ein anderer, freilich nirgends ausdrücklich ausgesprochener, aber doch, wenn auch vielleicht nicht vom Apollonius, so doch von den älteren Urhebern jenes grammatischen Systems gefühlter Grund hinzu, den wir hier nur vorläufig andeuten wollen, weil wir später genauer davon zu reden haben werden. Der Infinitiv enthält, zwar

---

[1]) De constr. 1 c. 8 p. 32: δυνάμει αὐτὸ τὸ ῥῆμα οὔτε πρόσωπα ἐπιδέχεται οὔτε ἀριθμούς, ἀλλὰ ἐγγενόμενον ἐν προσώποις τότε καὶ τὰ πρόσωπα διέστειλεν — καὶ ψυχικὴν διάθεσιν.

nicht im Deutschen und in anderen neueren Sprachen, aber
wohl im Griechischen und im Lateinischen immer eine Andeutung der Synthesis eines Prädicates mit einem Subjecte,
und unterscheidet sich vom Verbum finitum nur dadurch,
dafs erstens das Subject in dieser Synthesis nur ganz allgemein und unbestimmt angedeutet ist, und zweitens dafs
·er selbst auch als Subject oder Object in einer Aussage
auftreten kann. Jenes erstere, die Andeutung der Synthesis
des Prädicats mit einem Subjecte, unterscheidet ihn wesentlich von dem abstracten Verbalnomen, welches mit
gleichem Rechte ein ὄνομα πράγματος genannt werden
kann, als Apollonius den Infinitiv so nennt: und wie er
sich also hierdurch dem Verbum viel näher stellt, so hat
er mit diesem auch dies gemein, dafs, wenn das ausgedrückte πρᾶγμα auf ein Object bezogen wird, dies in derselben Casusform zu ihm gesetzt wird wie zum Verbum
finitum, wogegen bei dem abstracten Verbalnomen das etwa
anzugebende Object regelmäfsig nur im Genitiv als dem
Casus der Begriffsbestimmung, und nur ausnahmsweise in
einem Objectscasus angegeben wird.

Indem nun Apollonius dasjenige, was das Verbum
finitum vor dem Infinitiv voraus hat, nämlich die Bezeichnung des Personverhältnisses, des Numerus und der Modalität, als nicht wesentlich zum Begriff des Verbums gehörig, sondern nur als παρακολουθήματα[1]), als Consequenzen
der Beziehung des Verbalbegriffes auf bestimmte in einem
der drei Personverhältnisse stehende Subjecte ansieht, nennt
er sie auch Accidenzen oder παρεπόμενα. Aber zugleich
deutet er an, dafs auch in dem, was ihm nun als der
wesentliche Inhalt des Verbums übrig bleibt, nämlich Angabe eines Handelns oder Leidens mit Andeutung des Zeitverhältnisses, doch noch wieder der eigentliche Kern von
den Nebenbedeutungen zu unterscheiden sei. Er deutet es
an, freilich ohne sich näher darüber auszusprechen, dadurch, dafs er die dem Infinitiv mit dem Verbum finitum
gemeinschaftliche Bezeichnung des Handelns oder Leidens, als
zweier verschiedener Arten des πρᾶγμα, und die des damit
verbundenen Zeitverhältnisses nur als παρεμφάσεις, d. h. als

---

[1]) De constr. III c. 13 p. 229, 13. — Ich bemerke, dafs hier v. 11 vor
τῷ παρεπομένῳ ἀριθμῷ die Worte τοῖς προσώποις καὶ ausgefallen sind.

Nebenbedeutungen betrachtet[1]). Sind nun dies nur παρεμ-φάσεις, so bleibt nothwendig als die eigentliche ἔμφασις, der eigentlichste und wesentliche Kern der Bedeutung nur das πρᾶγμα, d. h. der Begriff einer Thätigkeit übrig, die dann entweder als ein Handeln oder als ein Leiden auf-gefasst, in diesem oder jenem Zeitverhältnifs stehend, be-zeichnet werden kann, woraus sich die verschiedenen dem Infinitiv mit dem Verbum finitum gemeinsamen παρεμφάσεις ergeben. Aber solchen reinen Thätigkeitsbegriff ohne alle παρέμφασις bietet uns in beiden alten Sprachen wenigstens keine einzige Wortart dar, auch das abstracte Verbalnomen nicht, dem ja immer aufser dem Thätigkeitsbegriff auch zugleich die Andeutung entweder einer Ausübung der Thätig-keit, eines Handelns, oder eines Unterliegens unter der Thätigkeit, eines Leidens, beiwohnt. Es giebt aber aller-dings Sprachen, in denen wir das finden, was jene nicht haben, nämlich Wortarten, welche den Begriff der Thätig-keit rein und ohne alle Nebenbedeutung der handelnden, leidenden oder medialen Diathese, der Person, des Numerus und des Zeitverhältnisses angeben, und bei welchen also diese Nebenbedeutungen, die jene durch Formbildungen ausdrücken, theils durch die Stellung im Satze, theils durch besondere zu Hülfe genommene Wörter ausgedrückt werden müssen. Eine solche Sprache ist z. B. die chinesische, in welcher ein und dasselbe Wort bald als Nomen bald als Verbum auftritt, und die active oder passive Diathese, das Zeitverhältnifs und die Modalität der Aussage durch hinzu-tretende andere Wörter angedeutet werden. Person- und

---

[1]) De constr. III c. 13 p. 230, nachdem gesagt ist, ἴδιον ῥήματός ἐστιν ἐν ἰδίοις μετασχηματισμοῖς διάφορος χρόνος διάθεσίς τε ἢ ἐνεργη-τικὴ ἢ παθητικὴ καὶ ἔτι ἡ μέση, ὧν πάντων μετέλαβε τὸ γενικώτατον ῥῆμα, λέγω τὸ ἀπαρέμφατον, folgt unmittelbar: ἐπεὶ εἴπερ τῇ φύσει ἦν ἀπαρέμφατον, πῶς ταῦτα παρεμφαίνει; was Egger in seinem Buch über Apollonius p. 155 nicht zu verstehn bekennt, und deswegen eine Corruptel vermuthet. Aber die Stelle ist ganz gesund, und der Gedanke des Ap. bei aufmerksamer Erwägung des Zusammenhanges nicht zu verkennen. Der Infinitiv heifst ἀπαρέμφατον, welche Benennung streng genommen auf Mangel jeder παρέμφασις, also auch der einer handelnden oder leidenden oder medialen Diathese und des Zeitverhältnisses deutet, welche doch dem Infinitiv keinesweges fehlen. Er ist also nicht ἀπαρέμφατον im strengsten Sinne, sondern nur relativ, indem ihm Person, Numerus und Modalitäts-bezeichnung fehlen. Wäre er wirklich seinem Wesen nach ganz ἀπαρέμ-φατον, wie könnte er denn jene παρεμφάσεις der Diathese u. s. w. haben?

Numerusbezeichnung ist entbehrlich, weil sie sich aus der
Verbindung mit dem hinzutretenden Subjectsworte, bei dem
sie angebracht wird, von selbst ergiebt. Aber auch unter
den Sprachen der indoeuropäischen Familie sind viele, die
die früher durch Flexionsformen bewirkten Paremphasen,
wenn auch nicht ganz, doch grofsentheils aufgegeben haben
und durch ähnliche Mittel wie die chinesische Sprache ersetzen. Die Verbaldiathese, welche die griechische Sprache
durch das Medium ausdrückt, kann im Lateinischen nur
in sehr beschränktem Mafse durch das Passivum ausgedrückt werden, in anderen Fällen, und in den Tochter-
sprachen des Lateinischen ebenso wie im Deutschen überall,
nur durch Umschreibung und mit Hülfe des reciproken
oder, wie man jetzt zu sagen pflegt, des reflexiven Pronomens. Für die passive Diathese haben die genannten
Sprachen nur eine Participialform, und müssen sich, wenn
sie eines passiven Verbi finiti oder infiniti bedürfen, mit
Umschreibungen helfen. Für die Zeitverhältnisse haben die
germanischen Sprachen nur zwei Flexionsformen, und
müssen, wenn diese nicht ausreichen, ebenfalls zu Umschreibungen greifen. Das Personverhältnifs und den Numerus drückt die englische Sprache in den meisten Fällen
durch die Form des Verbi gar nicht aus, sondern läfst es
aus der jedesmaligen Verbindung erkennen, ja selbst ob ein
Wort Verbum oder Nomen sei, ist ihm in unzähligen
Fällen an der Form gar nicht anzusehn, sondern kann
ebenfalls nur aus der Verbindung erkannt werden.

Aus diesen Thatsachen ergiebt sich, dafs eine Definition des Verbums, wie Apollonius sie vorgetragen hat, zwar
wohl für das ihm allein bekannte griechische Verbum, aber
keinesweges für das Verbum in allen Sprachen zutreffend
sei; und doch mufs, wenn keine Sprache ohne Verbum ist
und sein kann, auch eine Definition gegeben werden können,
die auf das Verbum in allen Sprachen passe. Eine solche
wird also von allen Paremphasen, die das Verbum in dieser
oder jener Sprache mehr oder weniger hat, gänzlich ab-
sehn und lediglich dasjenige ins Auge fassen müssen, was
alle Verba in allen Sprachen mit einander gemein haben.
Dies Gemeinsame ist aber nichts anderes, als die Fähigkeit
einem Subjecte ein Prädicat zuzutheilen und so eine Aussage, einen Satz zu bilden. Ein Wort, welches diese Fähig-

keit besitzt, wird, insofern es ihr gemäfs verwandt wird,
Verbum genannt werden müssen, mag es immerhin auch
noch in anderer Weise, nämlich als Nomen verwandt werden
können: wir werden dann eben nur sagen, dafs es bald
Verbum bald Nomen sei[1]). Als eine solche allgemeingültige
Definition des Verbums könnte man die stoische betrachten:
ῥῆμά ἐστι λέξις κατηγόρημα σημαίνουσα, welche für das,
was die Grammatiker ῥῆμα nennen, offenbar zu weit ist,
aber absichtlich so weit gefaſst war, um aufser dem ῥῆμα
der Grammatiker auch noch andere Wortarten umfassen zu
können. Indessen in dem Sinne, wie wir oben jene Definition hingestellt haben, ist sie auch von den Stoikern
nicht gemeint worden, weil ihnen in der Sprache, oder in
den Sprachen, die sie kannten, solche Wörter, die bald
als Nomina zu fungiren, bald eine Aussage zu bilden
vermocht hätten, nicht begegneten. Sie wollten vielmehr
mit ihrer Definition nur alle diejenigen Wörter umfassen,
welche ausschliefslich oder vorzugsweise zur Prädicatsangabe dienten, auch wenn sie der synthetischen eine
Aussage bildenden Kraft entbehrten, im Gegensatz gegen
solche, die, wenngleich sie auch zur Prädicatsangabe verwandt werden konnten, doch auch anderweitig, als Nomina,
auftraten und ihre Function in der Prädicatsangabe nur
gleichsam als ein Nebenamt ausübten, was namentlich von
den Adjectiven gilt.

Fassen wir nun aber den Begriff des Verbums so, wie
wie wir ihn eben angegeben haben, dafs es das Aussagewort sei, d. h. dafs es als Prädicat mit einem Subjecte
verbunden einen Satz bilde, und betrachten nun die Verba
in den flectirenden Sprachen, so tritt uns zunächst die
Bemerkung entgegen, dafs diese in das Verbum zu dem
eigentlichen Begriffskern, welcher nichts anderes als der
reine Begriff der jedesmal auszudrückenden Thätigkeit ist,
noch eine Anzahl anderer Begriffe durch Paremphase deswegen hineingelegt haben, weil sie strebten, Alles, was
sich der Wahrnehmung ungetrennt und miteinander darbietet und ungetrennt von einander im Bewufstsein ist,
auch möglichst im Ausdruck zusammenzufassen. Der Wahrnehmung aber bietet sich jede Thätigkeit zunächst immer

---

[1]) Oder auch, dafs es eigentlich keines von beiden sei, und darum
beides werden könne.

als Thätigkeit irgend eines Subjectes dar, von dem sie entweder ausgeübt oder erlitten oder beides wird; daher die Formen für Activ, Passiv und Medium. Das Subject steht zu dem Redenden nothwendig in einem der drei Personverhältnisse, es ist entweder der Redende selbst, oder der Angeredete, oder ein Drittes von beiden verschiedenes; daher die Formen für die Personverhältnisse. Das Subject ist ferner nothwendig entweder Eines oder Mehrere; daher die Formen für den Numerus. Jede Thätigkeit eines Subjectes ist dem Anschauenden oder Darstellenden entweder gegenwärtig oder vergangen oder wird als zukünftig vorausgesehen; daher die Tempusformen. Endlich aber ist auch das Gedankenverhältnifs des Redenden zu dem, was er aussagt, ein verschiedenes, je nachdem er dasselbe entweder als ein Gegebenes nimmt und als solches ausspricht, oder es ausdrücklich nur als ein Vorgestelltes ausgesagt und vom Zuhörer aufgefafst haben will, oder endlich als ein Gewolltes in Form des Befehls ausspricht; daher die verschiedenen Modusformen.

Die Mittel, deren sich die Sprache zur Paremphase dieser im Bewufstsein mit dem Thätigkeitsbegriff verbundenen Beziehungen und Modificationen bedient, sind die Metaschematismen oder Flexionsformen des Verbums; und diese reduciren sich zunächst auf Anfügungen vor oder hinter dem Wortstamm, welcher den eigentlichen Thätigkeitsbegriff enthält, wozu dann aber auch noch Veränderungen des Stammes selbst theils durch Umlaut der Vocale (oder Ablaut), theils durch zugesetzte Consonanten hinzukommen. Das Personverhältnifs bezeichnen Anfügungen am Ende, das Zeitverhältnifs theils Anfügungen zu Anfange (Augment und Reduplication), theils Umlaute des Vocals, theils gewisse Modificationen der zur Bezeichnung der Person und des Numerus dienenden Anfügungen; die Verbaldiathese wird durch ähnliche Mittel bezeichnet, die Modalität endlich vorzugsweise durch Umlaut des sogenannten Bindevocals. Was nun zunächst die Personbezeichnung betrifft, so scheinen schon die alten Grammatiker wenigstens eine Ahnung von Verwandtschaft oder Analogie der Personalendungen mit dem Personalpronomen gehabt zu haben[1]): die neuere

---

[1]) Darauf deutet Apollon. de constr. II, 2 p. 96, 12: ἑκάτεραι γοῦν αἱ κλίσεις (er meint die Casusformen und die Personformen) ἀποστᾶσαι

Sprachwissenschaft hat diese Verwandtschaft über allen Zweifel erhoben. Einige haben sogar die Meinung ausgesprochen, dafs die Personalpronomina ursprünglich gar kein eigenes selbständiges Dasein in der Sprache gehabt, sondern nur als Verbalendungen existirt haben, dann aber später vom Verbum abgelöst und zu selbständigen Wörtern ausgeprägt seien; Andere dagegen finden es wahrscheinlicher, dafs die Verbalendungen aus angefügten Personalpronominen entstanden, die in dieser Anfügung nur ihrer vollen Form mehr oder weniger verlustig gegangen und durch hinzugetretene andere der Zeit-, Diathesen- und Modalitätsbezeichnung dienende Zusätze zum Theil ganz unerkennbar geworden seien. Die Anhänger der ersten Meinung, deren übrigens heutzutage wohl nur noch sehr wenige sein dürften, können nun aber doch schwerlich behaupten wollen, dafs jene Anhängungen ursprünglich bedeutungslos gewesen seien: denn daraus würde folgen, dafs sie ihre Bedeutung als Bezeichnungen des Personverhältnisses durch Uebereinkunft und Verabredung erhalten hätten, was ganz undenkbar ist. Eine gewisse naturgemäfse, wenn auch als solche für uns jetzt nicht mehr erkennbare und erweisliche Bedeutsamkeit der Lautgebilde ist als Ursache und Bedingung der Allgemeinverständlichkeit, wie für die Wortstämme, so auch für die Formbildungen nothwendig anzunehmen; ob indessen, wie die Anhänger der zweiten Meinung zum Theil wenigstens zu wollen scheinen, die Personformen des Verbums aus Anfügungen von vorher schon selbständig gebildeten, in diesen Anfügungen aber gekürzten und mannichfach umgestalteten Wörtern zu erklären seien, ist doch noch die Frage. Es läfst sich auch denken, dafs die Personalendungen des Verbums und die Personalpronomina unabhängig nebeneinander entstanden seien, und dafs die Uebereinstimmung zwischen beiden nur auf jener naturgemäfsen Bedeutsamkeit der Laute beruhe, die dann aber anders in ihrem Verwachsen mit Verbalstämmen, anders

ἐπὶ τὰ ἴδια μόρια, λέγω τὸ ὄνομα καὶ τὸ ῥῆμα, τῷ τέλει συνεχρῶντο κατὰ τὴν κλίσιν, καλὸς καλοῦ καλῷ, γράφω γράφεις γράψει, οὐκ ἀπιθάνως καὶ τῆς ἀντωνυμίας χρησαμένης τῇ ὑποστολῇ τοῦ σ, οὔσῃ διακριτικῇ τρίτου προσώπου, σοί — οἴ, ὡς καὶ λέγεις λέγει. Mehr darüber war wohl im dritten Buche des Rhematikon gesagt, wie aus dem von Bekker S. 377 angeführten Choeroboskos zu schliefsen ist.

aufser demselben in ihrer selbständigen Anwendung behandelt und so oder anders entwickelt und gestaltet wurden.
Zwischen die Personalendung und den Verbalstamm trat
nun aber regelmäfsig noch ein Zwischenglied, der sogenannte Bindevocal ein, der gleichsam als ein Ausdruck der
Copula, der Synthesis zwischen dem Thätigkeitsbegriff und
dem Subjecte betrachtet werden darf, und dessen ursprüng-
licher, im Sanskrit erhaltener Laut *a* sich im Griechischen
und Lateinischen in *e* und *o*, *i* und *u* umwandelte. Wir
mögen in ihm die Bedeutung des Seins erkennen, in
welcher er vielleicht auch aufser Verbindung mit anderen
Verbalstämmen für sich allein mit Personalendungen versehen und so zum Verbum substantivum werden konnte.
Dem Bindevocal aber wurde naturgemäfs auch der Ausdruck der verschiedenen Modalität der Aussage übertragen,
weil die Modalität eben in der verschiedenen Art und
Weise besteht, wie der Redende die Verbindung zwischen
Prädicat und Subject auffafst oder aufgefafst wissen will.
Die Modification, die der Bindevocal zu diesem Behufe er-
fährt, erscheint häufig als eine blofse Dehnung, und diese
kann wohl geeignet scheinen, auf das Gefühl den Eindruck
der dem Conjunctiv oder Optativ eigenen Bedeutung des
Zweifels oder der Erwartung zu machen; aber in der
That ist wohl überall dem Bindevocal ein anderer Laut,
i oder *ia* zugemischt, dessen Bedeutung die des Wünschens,
Wollens, Ausgehens auf Etwas zu sein scheint, und der daher
wohl geeignet war, die Verbindung des Prädicates mit dem
Subjecte als eine nicht wirkliche, sondern von dem Redenden nur angenommen, gewünschte, erwartete anzudeuten.
Der Imperativ, welcher die entschieden geforderte Wirklichkeit jener Verbindung ausspricht, bedurfte solcher Bezeichnung der Modalität durch den Bindevocal nicht, sondern konnte sich begnügen, die Personbezeichnung dessen,
dem die Forderung gilt, ebenso wie der Indicativ anzuschliefsen, wobei denn noch gewisse Verstärkungen und
Zusätze hinzukamen, deren eigentliche Beschaffenheit jetzt
nicht mehr recht erkennbar ist, und deren manche ohne
Zweifel im Laufe der Zeit vielfach abgeschliffen, umge-
ändert oder auch ganz verloren gegangen sind. Zur Bezeichnung der Zeitverhältnisse verwandte die Sprache zunächst Augment, Skr. *a* Gr. *e,* und Reduplication: jenes

wahrscheinlich ein Pronominalstamm mit der demonstrativen Bedeutung des Hinweisens auf etwas Entferntes, also auch auf Vergangenes, und deswegen für das Praeteritum geeignet; die Reduplication aber, in Verdoppelung der ersten Sylbe bestehend, — wofür das Griechische freilich später immer, das Lateinische fast immer, nur den Anfangsconsonanten mit *e* setzte, — wohl geeignet die Thätigkeit als eine vollständig verwirklichte, vollendete und abgemachte zu bezeichnen. Dieser Zuwachs aber, den das Wort vorn bekam, indem er durch die Betonung hervorgehoben wurde, war denn auch die Ursache, dafs die personbezeichnenden Endungen mehrfach abgeschwächt wurden. Endlich die Bezeichnungen der Verbaldiathesen wurden naturgemäfs bei den Personalendungen als den Bezeichnungen des Subjectes angebracht. Dabei ist zu bemerken, dafs eigentlich und ursprünglich nur zwei Diathesen unterschieden wurden, die eine, wo das Subject einfach als befindlich in einer durch den Verbalstamm ausgedrückten Thätigkeit, die andere, wo es als einer Thätigkeit sich hingebend gedacht wurde. Es versteht sich von selbst, dafs wir Thätigkeit in dem weitesten Sinne nehmen, wo auch leiden, sterben, schlafen u. s. w. Thätigkeiten sind. Jenes Sichhingeben des Subjectes erscheint als eine von ihm auf sich selbst reflectirte Thätigkeit, und wird deswegen durch eine Veränderung der Personalbezeichnung angedeutet, welche bestimmt zu sein scheint, die Person als Object und Subject zugleich zu bezeichnen [1]).

----

[1]) Da es hier nur darauf ankam, den Procefs der Verbalbildung im Allgemeinen zu charakterisiren, so können wir uns mit den obigen Andeutungen begnügen. Genauere Erörterungen des Einzelnen, wo sich noch manche ungelöste Fragen darbieten, gehören in das Gebiet der vergleichenden Sprachwissenschaft. Zum Nachlesen mögen, aufser Bopp's Conjugationssystem der Sanskritsprache und desselben vergleichender Grammatik, besonders noch G. Curtius Sprachvergleichende Beiträge. Th. 1. Die Bildung der Tempora u. Modi im Gr. u. Lat. Berlin 1846 und W. Corssen's Recension von Bopp's vgl. Gramm. in den Jahrbüchern f. Philol. u. Pädag. Bd. 68 S. 353—376 empfohlen werden.

3. Priorität des Verbum vor dem Nomen.

Die alten Grammatiker weisen dem Nomen seinen Platz vor dem Verbum an, weil die durch das Verbum ausgesagte Thätigkeit nothwendig ein Subject voraussetze, dem sie entweder beigelegt oder abgesprochen werde, und zu dessen Angabe das Nomen diene[1]). Indessen erkennen sie doch an, dafs eine gewisse Art der Bezeichnung des Subjectes auch schon im Verbum selbst enthalten sei, nämlich in der Personform desselben, welche, wie Apollonius mit Recht sagt, ihrem Wesen nach einem Personalpronomen gleich zu achten ist[2]). Wird im Griechischen und Lateinischen dennoch dem Verbum das Personalpronomen beigesetzt, so geschieht dies nicht deswegen, weil es nicht schon im Verbum selbst enthalten wäre, sondern weil die Bezeichnung der Person, die dieses enthält, im vorliegenden Falle nicht genügt. Im ersten und zweiten Personverhältnifs kann die Angabe des Pronomen neben dem Verbum nur den Zweck haben, die Bezeichnung nachdrücklicher zu machen, als das Verbum selbst sie schon enthält, dessen Personalendung immer nur die Kraft eines tonlosen, enklitischen Pronomen hat. Die dritte Person aber, da Alles, was nicht der Re-

---

[1]) Apollon. de constr. 1, 3 p. 12: τοῦ ῥήματος ἀναγκαίως πρόκειται τὸ ὄνομα, ἐπεὶ τὸ διατιθέναι καὶ τὸ διατίθεσθαι (d. h. ἡ ἐνέργεια καὶ τὸ πάθος) σώματος ἴδιον, τοῖς δὲ σώμασιν ἐπίκειται ἡ θέσις τῶν ὀνομάτων, ἐξ ὧν ἡ ἰδιότης τοῦ ῥήματος, λέγω τὴν ἐνέργειαν καὶ τὸ πάθος. Prisc. XVII, 14. Ante verbum necessario ponitur nomen, quia agere et pati substantiae est proprium, in qua est positio nominum, ex quibus proprietas verbi id est actio et passio nascitur. Dasselbe meint Ammonius ad Arist. de interpr. p. 102, 34: ὅτι μὲν εἰκότως προτετίμηται τὸ ὄνομα τοῦ ῥήματος φανερόν. τὰ μὲν γὰρ ὀνόματα τὰς ὑπάρξεις σημαίνουσι τῶν πραγμάτων, τὰ δὲ ῥήματα τὰς ἐνεργείας ἢ τὰ πάθη· προηγοῦνται δὲ τῶν ἐνεργειῶν καὶ τῶν παθῶν αἱ ὑπάρξεις. Vgl. Choerobosc. in Bekk. Anecd. III p. 1271: προτέτακται τὸ ὄνομα τοῦ ῥήματος, καθὸ τὸ μὲν ὄνομα οὐσίας σημαντικόν, τὸ δὲ ῥῆμα συμβεβηκότος. Dann: ὅτι τὸ μὲν ὄνομα συναναιρεῖ, τὸ δὲ ῥῆμα συναναιρεῖται· καὶ γὰρ ἀναιρουμένου Σωκράτους συναναιρεῖται καὶ τὸ γράφειν αὐτὸν καὶ τὸ τύπτειν. Endlich p. 1272: τὸ μὲν ὄνομα συνεισφέρεται, τὸ δὲ ῥῆμα συνεισφέρει· καὶ γὰρ ἐάν τις εἴπῃ τύπτει ἢ γράφει, πάντως συνεισφέρει καὶ τὴν οὐσίαν ἤγουν τὸν τύπτοντα ἢ γράφοντα. τὰ δὲ συνεισφερόμενα προτερεύουσι τῶν συνεισφερόντων, οἷον τὸ καθόλου φυτὸν προτερεύει τῆς ἐλαίας, ἐπειδὴ συνεισφέρεται. — τὸ δὲ συνεισφέρεται δεῖ νοεῖν ἀντὶ τοῦ συννοεῖται.

[2]) De pronom. p. 29.

dende oder der Angeredete selbst ist, unter ihr befafst
wird, ist mit Recht infinita, *ἀοριστούμενον πρόσωπον*, genannt worden [1]), und ihre Bezeichnung durch das Verbum
scheint nur in dem einzigen Falle genügen zu können,
wenn das Subject, auch ohne genannt zu werden, doch
nicht verkannt werden kann, etwa weil es vor Augen liegt,
so dafs eine hindeutende Geberde es hinreichend bezeichnet, oder weil es vorher schon genannt, also der Vorstellung noch gegenwärtig ist und sich voraussetzen läfst, dafs
der Zuhörer an kein anderes denken werde, oder wenn
die durch das Verbum ausgesagte Thätigkeit von der Art
ist, dafs dabei naturgemäfs oder unter den jedesmaligen
Umständen nur an ein gewisses und kein anderes Subject
gedacht werden kann. So meint Apollonius [2]), dafs bei
Verben der dritten Person wie *ὕει, βροντᾷ, ἀστράπτει* die
Angabe des Subjectes deswegen unterbleibe, weil Jeder
ohnehin dabei nur an den Zeus denke. Indessen auch wer
nicht an den Zeus und überhaupt an gar kein bestimmtes
persönliches Wesen denkt, kann doch *ὕει* u. s. w. sagen
und damit eben weiter nichts ausdrücken wollen, als dafs
das Ereignifs, die Thätigkeit des Regnens vor sich gehe.
Es liegt also dann in dem Verbum keinesweges dies, dafs
die Thätigkeit von irgend einem im dritten Personverhältnifs stehenden Dinge ausgeübt und diesem als Prädicat
zugeschrieben werde, sondern der Begriff des Subjectes und
der Begriff der Thätigkeit sind Eins und dasselbe. Man
nennt daher nicht mit Unrecht dergleichen Verba auch wohl
unpersönliche, verba impersonalia, und der Tadel, den diese
Benennung erfahren hat [3]), beruht nur auf dem Mifsver-
ständnifs, als ob die Urheber derselben jenen Verbis entweder die Personform überhaupt, oder wenigstens die
Möglichkeit abgesprochen hätten, auch als Prädicate mit
bestimmten Subjecten selbst in der ersten und zweiten
Person verbunden zu werden. Sie meinten aber damit
ohne Zweifel nur dies, dafs bei jenen Verbis theils immer,
theils in vielen Fällen keine von der Thätigkeit ver-

---

[1]) Apoll. de constr. II, 5 p. 101, 15. Priscian. XII, 2 p. 578 Hertz.
[2]) De constr. I, 3 p. 12 u. II, 5 p. 101, 16.
[3]) Z. B. schon von Scaliger, de caus. ling. lat. V c. 124. Sanctius,
Minerv. I c. 12 u. III c. 1, gegen den aber Perizonius Anm. 7 zu der ersten
Stelle die Grammatiker in Schutz nimmt.

schiedene Person als Subject zu denken, sondern dafs eben nichts anders als die Thätigkeit selbst das Subject der Aussage sei, wie sich denn auch deutlich genug ergiebt, wenn man die Aussage in analytischer Weise ausspricht, z. B. ὑετός ἐστι für ὕει, wo durch das Verbum substantivum lediglich das Dasein der Thätigkeit ausgesprochen wird, welches das concrete ὕει ebenfalls neben dem Begriff des ὑετός enthält. So bemerkt auch Apollonius[1]), dafs in dem impersonellen μέλει selbst das παρυφιστάμενον πρᾶγμα ἐν εὐθείᾳ νοούμενον liege, d. h. dafs die Thätigkeit selbst als Nominativ, d. i. als Subject zu denken sei, was sich denn auch in analytischer Weise als μελησδών ἐστι aussprechen läfst[2]).

Wir sehen also, es giebt in der Sprache, auch nachdem sie das Nomen und das Verbum als zwei verschiedene Wortarten nebeneinander gebildet hat, doch immer noch einzelne Verba, — wie viel oder wie wenige, ist gleichgültig, — welche zugleich auch Nomina sind, indem sie den Begriff, der sich in nominaler Form als Subject aussprechen liefse, in sich selbst haben und deswegen auch allein zur Aussage genügen können. Nomina dagegen, die für sich allein dazu genügten, giebt es nicht: sie dienen immer nur, entweder das Subject der Aussage, wenn es durch das Verbum allein nicht hinreichend bezeichnet werden kann[3]), was freilich der häufigste Fall ist, oder den in irgend welchem Objectsverhältnifs zu der ausgesagten Thätig-

---

[1]) De constr. III, 32 p. 300, 22.

[2]) Vgl. Planud. in Bachmann. Anecd. II p. 147, der über Il. XXII, 319 ὡς αἰχμῆς ἀπελάμπετ᾽ εὐηκέος ganz verständig bemerkt: οὐκ ἔχει τινὰ εὐθεῖαν οὔτε ἐν τῷ λόγῳ οὔτε ἔξωθεν προσεχῶς νοουμένην λαμβάνεται μέντοι διαλυόμενον ἀντὶ τοῦ λαμπηδὼν ἐξῆει. Und treffend sagt Egger, not. élém. de grammaire comparée p. 84: c'est en quelque sorte un nom, qui prend une terminaison verbale et qui se conjugue. De là vient qu'on a aussi défini les verbes impersonnels des *sujets conjugués*.

[3]) Die rationelle Grammatik des Mittelalters gebraucht den Ausdruck *evocatio* für die Beisetzung des Subjectes bei persönlichen Verbis: sie will damit bezeichnen, dafs der in dem Verbum selbst nur durch die Personalendung, also ganz allgemein, angedeutete Subjectsbegriff gleichsam herausgestellt und durch das Nomen bestimmter angegeben werde, z. B. in *scribit Cicero* bezeichnet *scribit* nur allgemein einen im dritten Personverhältnifs stehenden; dieser Begriff wird nun gleichsam herausgestellt und durch den Namen zu einem bestimmten gemacht. Vgl. die glossa notabilis zum Doctrinale des Alexander Dolensis II v. 16—18.

keit stehenden Gegenstand zu bezeichnen. Wenn nun ohne
Zweifel das Wesen und der Zweck der Rede nicht darin
besteht, Gegenstände blos zu benennen, sondern etwas über
die Gegenstände auszusagen, so muſs der Wortart, welche,
wenn auch jetzt nur noch in wenigen Fällen, beides, Benennung des Gegenstandes und Aussage, zugleich enthält,
der Vorrang vor der bloſsen Benennung zugestanden werden. Aber auch der Entstehung nach hat das Verbum auf
den ersten Platz Anspruch[1]); nicht freilich das schon formell ausgebildete und dem Nomen entgegengesetzte, welches
erst einer späteren Periode der Sprachentwickelung ange-
hört und nicht älter als das ihm gegenüberstehende Nomen
ist, sondern das erste Wort, welches der Mensch sprach,
war wesentlich vielmehr ein Verbum als ein Nomen: es
sprach den Eindruck aus, den der Gegenstand auf den
Menschen machte; der Eindruck aber war die Wirkung
einer Thätigkeit, die der Gegenstand insofern ausübte, als
er den Menschen afficirte und ihn dadurch zum Ausdruck
anreizte. Angenommen z. B. die durch den Gegenstand
bewirkte Affection betraf zunächst das Ohr, war also ein
Laut, etwa *kre* oder *krek,* so sprach der afficirte Mensch,
indem er den Laut nachahmend wiedergab, eben dies aus,
daſs der Gegenstand jenen Laut von sich gebe. Einen

---

[1]) Auch bei alten Grammatikern findet sich die Andeutung, daſs
Manche das Verbum als das Frühere vor dem Nomen angesehen haben.
Schol. Dionys. p. 844, 10: ἄξιον ζητῆσαι, τί δή ποτε τῶν ἁπάντων προ-
έταξε (Διονύσιος) τὸ ὄνομα, τοῦ ῥήματος προγενεστέρου ὄντος τῇ φύσει.
ἀεὶ γὰρ τὰ πράγματα τῶν οὐσιῶν προγενέστερά εἰσιν. Vgl. p. 880, 31.
Ja schon daraus, daſs Apollonius die Voranstellung des Nomen zu rechtfertigen für nöthig hält, läſst sich schlieſsen, daſs nicht Alle ihm den ersten
Platz eingeräumt haben. Was dieser oder jener neuere Philosoph, z. B.
Michelet, Anthropologie und Psychologie S. 370, vorgebracht hat, um dem
Nomen, wenn auch nicht der geschichtlichen Erscheinung,
so doch der Erkenntniſs und Würde nach, den ersten Platz zu
vindiciren, können wir hier unerörtert lassen. Es beruht wesentlich darauf,
daſs in der aristotelischen Kategorientafel die οὐσία den ersten Platz einnimmt. Aber die οὐσία rein als solche ist gar keiner Benennung durch die
Sprache fähig. Alle Benennung bezieht sich auf die Qualität der Substanz,
und wenn M. von ruhenden Qualitäten redet, so ist dagegen zu bemerken,
daſs ruhende Qualitäten auch gar nicht wahrgenommen, also auch gar nicht
durch das Wort ausgesprochen werden konnten, weil Qualitäten, um wahrgenommen zu werden, auf den Wahrnehmenden einen Eindruck machen
müssen, folglich nicht ruhende sein können: denn was Eindruck macht, ist
eben dadurch thätig.

Namen zur Bezeichnung des Gegenstandes hatte er noch nicht: er konnte ihn etwa nur hindeutend bezeichnen, vielleicht mit einer die Hindeutung begleitenden Lautgeberde, wie *hie* oder *da*. Aber solche Lautgeberde, der Keim, aus welchem sich später das Pronomen entwickelte, ist keine Benennung, drückt keine Affection, keine Vorstellung, keinen Begriff aus: es kann statt ihrer auch ein blofses Hinzeigen mit dem Finger genügen. Der Laut *krek* also, auch mit dem blofsen Hinzeigen ausgesprochen, ist seinem Wesen nach eine Aussage: er besagt: das Ding da macht *krek*. Aber eben derselbe Laut, der jetzt als Aussage über das durch Hindeutung bezeichnete Ding diente, konnte unter anderen Umständen auch zur Benennung desselben dienen, wenn er als ein ihm vorzugsweise oder ausschliefslich eigener erschien. Er konnte dann, wenn jenes Ding den Menschen durch eine andere Thätigkeit afficirte und dadurch zum Ausdruck dieser Affection anregte, wie etwa durch seine Bewegung, mit einem diese neue Affection wiedergebenden Laute, etwa *ki,* verbunden werden, um auszudrücken, dafs jenes sonst *krek* machende Ding jetzt *ki* mache, und die beiden Laute *krek ki* verhielten sich nun wie Subject und Prädicat, wie Nomen und Verbum, besagten dasselbe, was in der formell ausgebildeten Sprache κρὲξ κίει besagt.

Wir haben schon im vorhergehenden Capitel bemerkt, dafs es Sprachen giebt, welche gar nicht dazu gelangt sind, Nomen und Verbum durch besondere Formbildung zu unterscheiden, und wir müssen annehmen, dafs auch in denjenigen Sprachen, welche die beiden Wortarten aufs bestimmteste unterscheiden, dies doch erst das Ergebnifs einer späteren Entwickelung gewesen sei, ursprünglich aber auch in ihnen jedes Wort — mit Ausnahme der blofs hindeutenden Lautgeberden — nach Umständen ebensowohl als Nomen wie als Verbum habe fungiren können. Bietet doch auch jetzt noch täglich die Sprachentwickelung des Kindes, bei aller durch den Einflufs der schon formell ausgebildeten Sprache auf dieselbe bedingten Verschiedenheit, die ganz analoge Erscheinung dar. Dem Kinde fehlt nicht blos in Folge seines noch ungeübten Organs die bestimmte und unterscheidende Articulation der Worte, sondern es bedient sich auch unzählige Male Eines Wortes für einen

ganzen Satz, oder verwendet dasselbe Wort bald zur Benennung bald zur Aussage. — Durchmustern wir aber den
Wortschatz der formell ausgebildeten Sprachen, so ist es
freilich sehr oft nicht möglich, erfahrungsmäfsig den Beweis zu führen, dafs dies oder jenes jetzt als Nomen ausgeprägte Wort einst in unentwickelter Gestalt auch als
Verbum existirt habe; wir finden vielmehr eine Menge von
Nominibus, die sich als primäre Bildungen von Stämmen
darstellen, von welchen Verba entweder gar nicht oder nur
als secundäre Bildungen nachweisbar sind; aber unsere
Meinung ist auch keinesweges, zu behaupten, dafs die Ausbildung der Stämme zu Verben überall der Ausbildung zu
Nominibus vorhergegangen sei: wir meinen nur dies, dafs
ursprünglich die noch unausgebildeten Stämme ebensowohl
als Verba wie als Nomina haben verwendet werden können,
weil in allen ein Thätigkeitsbegriff liegt, und dafs sie mithin
auch der Ausbildung nach beiden Seiten hin fähig gewesen
sind, wenn auch diese Ausbildung nicht bei allen ohne Ausnahme erfolgt ist oder nachgewiesen werden kann. Wo aber
diese Ausbildung erfolgte, da war, soviel sich erkennen läfst,
der erste Schritt zur Bildung der Nomina häufig dieser, dafs
zu dem Stamm ein consonantisches Suffix demonstrativer
Bedeutung, der Zischlaut *s*, entweder allein oder mit vocali-
schem Anlaut, wie *as, is, es* hinzutrat; obgleich es auch viele
Nomina giebt, die solches Suffixes entbehren oder es abgeworfen haben. Doch darüber und über den anderweitigen
Bildungsprocefs der Nomina zu reden, liegt nicht in den
Grenzen der gegenwärtigen Aufgabe. Wir fügen daher nur
dies noch hinzu, dafs auch in der schon an ausgebildeten
Nominal- und Verbalformen reichen Sprache fortwährend
die Neigung und Fähigkeit ist, durch bestimmte Formveränderungen Wörter einer Gattung aus Wörtern der andern Gattung zu bilden. Eine zahlreiche Classe der Nomina
sind die Verbalia, und eine zahlreiche Classe der Verba
sind die Denominativa, und wenn dergleichen nicht von
allen gebildet werden, so ist das nur zufällig, d. h. es hängt
von äufseren, nicht im Wesen der beiden Wortarten liegenden Ursachen ab. Aber zwei Uebergänge vom Verbum zum
Nomen kommen ohne Ausnahme vor, das Participium
und der Infinitiv, und von beiden war es unter den alten
Grammatikern streitig, und ist auch unter den Neueren

3

noch nicht entschieden und allgemein anerkannt, zu welchem von beiden Redetheilen sie zu rechnen, oder ob sie nicht als eine oder zwei besondere Mittelclassen anzusehen seien. Von ihnen also müssen wir nun genauer reden.

4. Participium und Infinitiv.

Das Participium enthält denselben Thätigkeitsbegriff wie das Verbum, von dem es abgeleitet ist, mit der gleichen Diathese und entsprechender Zeitbedeutung; aber es spricht den Thätigkeitsbegriff nicht als Prädicat einem Subjecte zu, sondern es dient nur um das Subject oder Object irgend einer anderen Thätigkeit näher zu charakterisiren, indem es dasselbe als in der von ihm bezeichneten Thätigkeit befindlich darstellt. Es ist immer nur Vervollständigung der Subjects- oder Objectsangabe, aber niemals Aussagewort, da es der diesem wesentlich eigenen Kraft der Copula und, was damit zusammenhängt, der Personbezeichnung entbehrt. Soll es nun dennoch dem Verbo zugezählt werden?

Daſs bei dem ältesten Schriftsteller, bei dem wir die ersten Vorspiele grammatischer Unterscheidung der Redetheile finden, bei Plato, des Particips nirgends ausdrücklich gedacht ist, wird Niemand befremdlich finden; aber bei der umfassenden und unbestimmten Bedeutung, welche der Name ῥῆμα bei diesem hat, können wir nicht zweifeln, daſs er das Particip vielmehr zu diesem als zum ὄνομα gerechnet haben würde. Auch Aristoteles, wenn er seiner oben angeführten Definition der beiden Redetheile getreu bleiben wollte, muſste das Participium, weil es ja die dem ὄνομα ausdrücklich abgesprochene Zeitbedeutung hat, zum ῥῆμα rechnen. Er erwähnt des Particips — freilich noch nicht unter diesem Namen — an mehreren Stellen[1]),

---

[1]) Z. B. de interpr. c. 12, 2: οὐδὲν διαφέρει εἰπεῖν ἄνθρωπον βαδίζειν ἢ ἄνθρωπον βαδίζοντα εἶναι. Analyt. pr. 1, 46 p. 51 b. 13: τὸ γὰρ ἐπίσταται τἀγαθὸν ἢ ἔστιν ἐπιστάμενος τἀγαθὸν οὐδὲν διαφέρει, οὐδὲ τὸ δύναται βαδίζειν ἢ ἔστι δυνάμενος βαδίζειν. Metaph. Δ, 7 p. 1017 a 22: οὐδὲν γὰρ διήφέρει τὸ ἄνθρωπος ὑγιαίνων ἐστὶν ἢ τὸ ἄνθρωπος ὑγιαίνει, ἢ τὸ ἄνθρωπος βαδίζων ἐστὶν ἢ τέμνων τοῦ ἄνθρωπος βαδίζει ἢ τέμνει.

PARTICIPIUM UND INFINITIV.

aber nur in seiner Verbindung mit dem als Copula fungirenden Verbum substantivum, um zu bemerken, dafs sich
in jedem Satze die durch ein Verbum ausgesprochene Aussage in die durch ἐστί ausgedrückte Copula und den durch
das Participium ausgedrückten Thätigkeitsbegriff zerlegen
lasse: und hier ist klar, dafs βαδίζων ἐστί ebensogut ein
ῥῆμα heifsen mufste als λευκός ἐστι. Ob er aber in einem
Satze wie dem hesiodischen τὴν μέν κεν ἐπαινήσειε νοήσας,
wo das Particip nur das in dem Verbo allgemein und unbestimmt angedeutete Subject herausstellt und näher charakterisirt, es auch noch für ein ῥῆμα zu erklären geneigt
gewesen sein würde, läfst sich bezweifeln, trotzdem dafs
es doch offenbar eine gewisse Zeitbedeutung hat, wie aus
der Vergleichung mit νοῶν oder νοήσων hervorgeht, und
sich also deswegen unter das ὄνομα, wie dieses definirt
worden ist, nicht mitbefassen läfst. Und dafs in der That
diese Zeitbedeutung den Aristoteles nicht gehindert habe,
das Participium in gewissen Verbindungen auch als ὄνομα
zu betrachten, scheint aus einer Stelle der Topik hervor-
zugehn, VI, 10, wo er sagt: Bei Definitionen ist zu beachten εἰ τῶν ὁμοίων τοῦ ὀνόματος πτώσεων αἱ ὅμοιαι
τοῦ λόγου πτώσεις ἐφαρμόττουσιν, οἷον εἰ ὠφέλιμον τὸ
ποιητικὸν ὑγιείας, ὠφελίμως τὸ ποιητικῶς ὑγιείας καὶ ὠφε-
ληκὸς τὸ πεποιηκὸς ὑγίειαν. Denn hier sind doch ohne
Zweifel diese beiden Participien ebensogut wie die vorher
gesetzten Adjectiva und Adverbia als πτώσεις ὀνομάτων
aufgeführt. Wem dies als eine Inconsequenz erscheint, den
bitten wir zu bedenken, was wir schon oben bemerkt, dafs
eine streng durchgeführte Classification der Wörter, wie
die Grammatiker sie unternahmen, gar nicht in der Absicht
des Aristoteles lag, und dafs jene Definitionen des ὄνομα
und des ῥῆμα nur beiläufig gegeben werden, wobei der
Vorbehalt von Ausnahmen nicht ausgeschlossen sein konnte.

Auch über die Ansichten der Stoiker haben wir keinen
ganz deutlichen Bericht, da der einzige, der etwas aus-
führlicher über sie redet, Priscian, ziemlich verworren und
wohl auch ungenau referirt. Er sagt nämlich zunächst
II, 4, 16: *Secundum Stoicos vero quinque sunt partes, no-*
men, appellatio, verbum, pronomen sive articulus, coniunctio:
nam participium connumerantes verbis participiale verbum
vocabant vel casuale. Also die Stoiker zählten das Parti-

cipium auch zum ῥῆμα, unterscheiden es aber als eine besondere Art desselben durch den Zusatz μετοχικόν oder πτωτικόν: denn so lautete ohne Zweifel bei ihnen was bei Priscian *participiale* und *casuale* heifst. Bei ihrer Definition des ῥῆμα, von der wir im ersten Capitel gesprochen, konnten sie allerdings das Participium, insofern es im Prädicatstheil des Satzes auftritt und sich ihm ergänzend und näher bestimmend einfügt, auch selbst ein ῥῆμα nennen, z. B. in Sätzen wie ὁ ἀνὴρ μαχόμενος ἔπεσεν oder τῷ ἀθλητῇ στέφανος νικῶντι ἐδόθη. Der Beiname μετοχικόν deutet auf eine Zeit, wo der Name μετοχή für das Participium schon eingeführt war. Wann und von wem dies geschehen sei, wissen wir nicht[1]). Es ist möglich, dafs ein Stoiker ihn erfunden, es ist aber auch möglich, dafs die Stoiker ihn von den Grammatikern angenommen haben, und er nicht älter sei, als die grammatische Lehre von den acht Redetheilen, die wir wohl kaum für viel vor Aristarch aufgekommen halten dürfe. Die Frage ist glücklicher Weise von keinem besonderen Belange. — An einer zweiten Stelle aber, XI, 1, sagt Priscian: *Stoici quemadmodum articulum et pronomen unam partem orationis accipiebant — sic etiam participium aiebant appellationem esse reciprocam i. e. ἀντανάκλαστον προσηγορίαν, hoc modo: legens est lector et lector legens, cursor est currens et currens cursor, amator est amans et amans amator. vel nomen verbale, vel modum verbi casualem.* Daraus geht hervor, dafs sie das Participium bald so, bald anders genannt, es bald als eine προσηγορία zu der Classe der Appellativa (also, nach den Grammatikern, der ὀνόματα), bald als eine ἔγκλισις oder Flexionsform[2]) zu der Classe der ῥήματα

---

[1]) Nach Priscian XI, 1 soll Tryphon, der zur Zeit des Augustus lebte, zuerst das Participium als besonderen Redetheil aufgestellt haben, wogegen Lersch, Sprachphilos. II S. 61 nicht ungegründete Bedenken erhoben hat, dem im Wesentlichen auch Velsen, Tryphonis fr. (Berol. 1853) p. 33 beistimmt. Wie dem auch sei, dafs Tryphon den Namen μετοχή erfunden habe, sagt auch Priscian nicht, noch ist es sonst wahrscheinlich.

[2]) Dafs Priscian den griechischen Ausdruck ἔγκλισις durch *modus* übersetzt, mag man tadeln, insofern man dabei an die eigentlich so zu nennenden Verbalmodi denkt, die nur das Verbum finitum hat. Dafs aber diese Bedeutung nicht immer festgehalten werde, sollte doch Einem, der über Geschichte der Grammatik schreibt (Schmidt, Beitr. S. 251), nicht unbekannt sein. Ἔγκλισις bedeutet oft genug nicht die durch den modus ausgedrückte

gerechnet, also seine zwiefache Natur anerkannt haben,
vermöge deren es bald so bald so zu fungiren geeignet war.
Dennoch aber stellten sie es nicht als sechste Classe zu den
fünf übrigen. *Ideo autem,* sagt Priscian, *participium separatim non tradebant partem orationis, quod nulla alia pars
orationis semper in derivatione est nullam propriam posi-
tionem habens nisi participium; ceterae enim partes primo
in positione inventae sunt, ad quam etiam derivativa ad-
aptantur.* Also sie stellten das Participium deswegen nicht
als eigenen Redetheil auf, weil es niemals thematisch, sondern immer nur abgeleitet ist[1]), während alle übrigen
Redetheile thematische Wörter enthalten, denen dann freilich auch abgeleitete wegen der gleichen Function zugezählt werden. Sie begnügten sich demnach das Participium
als eine ἔγκλισις des ῥῆμα zu bezeichnen, welches aber die
Fähigkeit habe, oft auch als προσηγορία, also nicht mehr
als ῥῆμα, zu fungiren. *Quantum ergo ad hoc,* fährt Priscian
fort, *id est quod in primitivis et in sua positione* (d. h. thematisch) *non inveniuntur participia, videntur Stoici bene
fecisse.* Er gesteht also zu, daſs sie Grund gehabt haben,
das Participium dem ῥῆμα zuzuzählen: aber diesem Zu-
geständnifs schlieſst er dann die Mifsbilligung darüber an,
daſs sie es in dem Falle, wo es nicht als ῥῆμα, sondern
als προσηγορία fungirte, nun auch mit diesem Namen benannten: *sed rursus prohibet ea esse nomina temporum di-
versorum assumptio, quae fit in propriis transfigurationibus
ad similitudinem verborum.* Also auch wo das Participium
nicht als ῥῆμα fungirt, hätten sie es doch nicht als προσηγορία bezeichnen, ihm also nicht einen nur den nominibus
zukommenden Namen geben dürfen, weil es ja in seinen
Flexionsformen die dem Nomen fremde Zeitbedeutung hat.
Ich denke es ist klar, der Tadel Priscians — der übrigens
ohne Zweifel hier wie überall nur dem Apollonius gefolgt
ist — geht darauf, daſs die Stoiker auf halbem Wege stehn

---

inclinatio animi, sondern, wie ἔγκλιμα, die Flexionsform, und nur so konnte
Apollonius z. B. III, 6 p. 207, 14 auch von einer ἀπαρέμφατος ἔγκλισις,
die Lat. Grammatiker von modus infinitivus reden, wofür man mit gleichem
Rechte vielmehr überall Verbum infinitum verlangen könnte, als beim Priscian
Verbum participiale für modus verbi participialis.

[1]) Dies heben auch die anderen Grammatiker oft genug hervor, z. B.
Schol. Dionys. p. 896, 29. Planud. in Bachm. Anecd. II, 16.

geblieben sind und statt, wie die Grammatiker, das Participium als eigenen Redetheil entschieden vom ῥῆμα wie
vom ὄνομα zu trennen, sich begnügt haben, es je nach seinen
verschiedenen Functionen im Satze bald als ῥῆμα bald als
προσηγορία zu bezeichnen. Sie nannten es aber auch eine
προσηγορία ἀντανάκλαστος, d. h. nicht ein wiederumge-
bogenes, sondern ein wiederumbiegsames Appellativum: ein Ausdruck, den ein neuerer Schriftsteller über
die Geschichte der griechischen und lateinischen Grammatik nicht zu verstehen bekennt und deswegen — wie
er denn immer mehr zum Tadel als zum Verständnifs und
zur Anerkennung aufgelegt ist — kein Bedenken trägt,
den Priscian eines Mifsverständnisses zu beschuldigen[1]).
Freilich kommt sonst in grammatischen Schriften der Ausdruck ἀντανάκλαστος wie der lateinische *reciprocus* in der
Regel nur von der Zurückbeziehung der Thätigkeit auf ihr
Subject vor, und wird von dem Pronomen gesagt, welches
wir jetzt *reflexivum* zu nennen pflegen; aber offenbar ist
dies nur eine specielle Anwendung der durch die obige
Uebersetzung angedeuteten allgemeinen Bedeutung, wie ja
auch das lateinische *reciprocus* keinesweges blofs von jener
Zurückbeziehung der Thätigkeit auf ihr Subject, sondern
ganz allgemein von wechselnder Hin- und Zurückbewegung
gilt. Indessen hat allerdings Priscian wohl insofern nicht
ganz richtig referirt, dafs er nur die Participien allein
von den Stoikern als ἀντανακλάστους προσηγορίας bezeichnen läfst: sie bezeichneten, denke ich, die Participien gemeinschaftlich mit den ihnen gegenüberstehenden Verbal-
nominen so, weil sie sich gegenseitig mit einander ver-
tauschen lassen, das Participium in ein Verbalnomen, das
Verbalnomen in ein Participium verwandelt werden kann,
wie es aus den von Priscian angeführten Beispielen hervor-

---

[1]) Schmidt, a. a. O. S. 452. Richtig hat den Sinn des Ausdruckes
schon Scaliger verstanden, de caus. l. L. VI c. 141. Wenn er ihn doch
tadelt, so beruht dieser Tadel darauf, dafs in Wahrheit das Particip und
das Verbalnomen nicht so ganz gleichbedeutend sind, um immer reciprocirt
werden zu können. *Cursor*, sagt er, designat nobis naturam ingeniumque
ad currendum, *currens* autem dicit actum currendi nunc. Darin hat Scaliger nicht Unrecht, und wir werden selbst auf diesen Unterschied zurückkommen müssen.

geht. Uebrigens wird jene Benennung des Particips auch von Plutarch bezeugt[1]).

Dafs die Stoiker das Participium in gewissen Anwendungen auch als προσηγορία bezeichneten, mifsbilligt aber Priscian nicht blos wegen der ihm beiwohnenden Zeitbedeutung, die dem Nomen fremd sei, sondern auch, um wieder seine eigenen Worte anzuführen: *quod eos sequuntur casus, quos et verba ex quibus nascuntur, et quod verborum significationes habent, et quod pro verbo ponuntur: quorum nihil est suum nominis*. Das erste von diesen drei Stücken, dafs das Participium mit demselben Casus wie das Verbum construirt wird, folgt daraus, dafs es an der Verbaldiathese Theil hat, weswegen die transitiven oder adverbialen Objecte der Thätigkeit in gleicher Weise wie bei jenem auch bei ihm ausgedrückt werden, während bei dem Nomen verbale das Object, wenn es ausgedrückt werden soll, regelmäfsig nur im Genitiv, als dem Casus der ergänzenden Begriffsbestimmung hinzutritt. Dies aber hat seinen Grund darin, dafs das Participium als solches nur von einer in einem bestimmten Falle wirklich stattfindenden oder stattgefundenen Thätigkeit, gleich dem Verbum, gebraucht und demgemäfs also auch construirt wird, wogegen das Verbalnomen nicht die einzelne Thätigkeit in einem bestimmten Falle, sondern nur die Art der Thätigkeit überhaupt als Eigenschaft eines Subjectes ausspricht[2]), wo dann

---

[1]) Quaesit. Plat. X c. 6, wo zu lesen: οἱ δὲ διαλεκτικοὶ τὰ τοιαῦτα καλοῦσιν ἀνακλάστους [προσηγορίας], οἷον ὁ φρονῶν ἀντὶ [st. ἀπὸ] τοῦ φρονίμου καὶ ὁ σωφρονῶν ἀντὶ [st. ἀπὸ] τοῦ σώφρονος, ὡς ὀνομάτων ἤτοι [st. καὶ] προσηγοριῶν δύναμιν ἔχοντα. Er sagt ἤτοι προσηγοριῶν um das vorhergehende ὀνομάτων zu berichtigen. Denn ὀνόματα waren den Stoikern weder die Participien noch die Adjectiva, sondern nur die Propria. Für ἀνακλάστους auch ἀντανακλάστους zu schreiben, scheint nicht nöthig. Es konnte auch der kürzere Ausdruck in gleichem Sinne gebraucht werden.

[2]) Dafs auch die Verbalnomina die Diathesen des Handelns oder Erleidens nicht unbezeichnet lassen, ist klar, und die Grammatiker bemerken es auch ausdrücklich, z. B. Dionys. p. 637: τοῦ ὀνόματος διαθέσεις εἰσὶ δύο, ἐνέργεια καὶ πάθος, ἐνέργεια μὲν ὡς κριτὴς ὁ κρίνων, πάθος δὲ ὡς κριτὸς ὁ κρινόμενος, was denn die Scholiasten p. 879. 889 mit Recht auf die verbalia beschränken. Auch Apollonius, de adv. p. 571 nennt παθητικὰ und ἐνεργητικὰ ὀνόματα, und als Beispiele der letzteren ψάλτης, λύτης, καθαρτής, der ersteren τόμος. Hierauf beruht denn auch die Möglichkeit, sie, gleich den Participien, mit dem Casus des Verbi zu construiren, und man kann sagen, dafs sie in diesem Falle als Participien oder bisweilen

der näheren Bestimmung wegen die Bezeichnung des Gegenstandes, an welchem die Thätigkeit sich vorkommenden
Falles verwirkliche, im Casus definitivus hinzugesetzt wird.
Μύϑων ῥητήρ, πρηκτήρ ἔργων wird Achilleus heifsen, wenn
er die Eigenschaft besitzt, reden und handeln zu können,
die sich vorkommenden Falles an Worten und Werken bethätigen wird; μύϑους εἰρηκώς, ἔργα πράξας ist er, wenn
er wirklich Worte geredet, Werke verrichtet hat. Dafs bisweilen ausnahmsweise auch Verbalnomina mit dem Casus
der Verba, und umgekehrt Participia mit dem Genitiv construirt vorkommen, ist bekannt[1]). Das sind aber eben nur
einzelne Ausnahmen, die sich leicht erklären lassen und
die Regel nicht umstofsen. — Der zweite der von Priscian
angeführten Gründe, *quod verborum significationes habent,*
ist nun in der That nichts anderes, als was wir eben besprochen haben, nämlich dafs das Participium an der
Verbaldiathese Theil hat und gleich dem Verbo nur von
der wirklich stattfindenden Thätigkeit gebraucht wird,
worauf denn eben auch seine Construction mit dem Casus
des Verbi beruht, so dafs Priscian besser gethan hätte,
dies nicht als zweiten Grund besonders aufzuführen, sondern mit dem ersten, als diesem zu Grunde liegend, zu
verbinden, etwa durch *quandoquidem* oder *quoniam* für *et
quod.* — Der dritte Grund endlich, *quod pro verbo ponuntur,* meint offenbar die ziemlich häufigen Fälle, wo das
Participium für ein Verbum finitum (μετοχὴ ἀντὶ ῥήματος)
steht oder zu stehen scheint, wogegen sich denn freilich
auch einzelne Beispiele finden, wo das Verbalnomen für ein
Verbum zu stehn scheinen könnte, indem nämlich das als
Copula fungirende Verbum substantivum hinzuzudenken
ist [2]), was ebenfalls bei den statt eines Verbi stehenden
Participien in allen den Fällen, wo nicht etwa eine Ana-

---

auch als Infinitive behandelt werden (wie *iustitia est obtemperatio scriptis
legibus*). Wie aber trotz dieser Diathesenandeutung dennoch das Verbalnomen sich von dem Particip unterscheide, wird aus dem im Texte zu
sagenden klar werden.

[1]) Dies bemerkt auch Priscian selbst XI, 1, 5 und XVIII, 2, 18 ff.

[2]) Es ist kaum nöthig zu bemerken, dafs ich Beispiele im Sinne habe,
wie ἀλλὰ μάλ' οὐκ Ἀχιλῆϊ χόλος φρεσίν, ἀλλὰ μεϑήμων. — ἀκεσταὶ δὲ
φρένες ἐσϑλῶν. — στρεπτοὶ δέ τε καὶ ϑεοὶ αὐτοί. Ebensowenig braucht
erinnert zu werden, dafs die Auslassung des Verb. subst. sich nicht auf
solche Verbalnomina beschränkt.

koluthie stattfindet, hinzugedacht werden mufs. Der Unterschied ist nur dieser, dafs das Participium, eben in Folge seiner ihm immer noch in höherem Mafse beiwohnenden Verbalnatur, auch weit häufiger so vorkommt. Und eben diese seine Verbalnatur ist es denn auch, auf welcher nicht blos seine vorher besprochene Construction mit dem Casus des Verbi, sondern auch seine Zeitbedeutung beruht. Obgleich hinsichtlich dieser letztern doch wieder ein nicht zu übersehender Unterschied zwischen ihm und dem Verbum finitum stattfindet. Während nämlich dieses durch seine verschiedenen Tempusformen die Thätigkeit als eine währende und unvollendete (actio infecta, πρᾶξις παρατατική), oder als eine vollendete (actio perfecta, πρᾶξις συντελική) in jede der drei Zeitsphären, Gegenwart, Vergangenheit, Zukunft verlegt, giebt das Participium nur den Begriff der währenden oder der vollendeten oder der noch bevorstehenden Thätigkeit an, hat aber keine Formen, um jede derselben auch in eine oder die andere jener drei Zeitsphären zu verlegen, welche immer nur aus dem Zusammenhange, in dem es steht, d. h. aus der Verbindung mit dem Verbum finitum der Aussage erkannt werden kann[1]). Auch giebt es ja Sprachen genug, z. B. unsere eigene Muttersprache, in welchen das Participium nicht einmal jene Unterschei-

---

[1]) *Singula participia omnia tempora adsignificare* heifst es daher mit Recht bei Sanctius, Min. 1, 15.

[1]) Dies meinte M. Schmidt, Ueber den Infinitiv, S. 5. 6, wenn er dem Particip die Angabe eines momentanen Merkmals zuschrieb: nur hätte er nicht dem Adjectiv die Angabe eines dauernden Merkmals zuschreiben müssen, was nicht mit Unrecht von Humboldt in d. Zeitschr. f. vergl. Sprachforschung II S. 243 getadelt wird. Das Adjectiv ist in dieser Beziehung vielmehr ganz indifferent, d. h. es deutet weder auf die Dauer noch auf das momentane Stattfinden des Merkmals, sondern giebt es lediglich und schlechtweg als dem Gegenstande beiwohnend an. Deswegen ist es auch möglich, dafs es in der That von blos momentanen Verhältnissen eines Gegenstandes gebraucht werde, wie es z. B. in der adverbialen Anwendung der Zeit- oder Ortsverhältnisse angebenden Adjectiva in beiden alten Sprachen häufig genug der Fall ist, z. B. *Ζεὺς χθιζὸς ἔβη κατὰ δαῖτα, Aeneas se matutinus agebat, Αἰδὼς οὐρανία ἀπέπτα,* aber auch sonst unzählige Male vorkommt. Ja selbst solche Nomina, die wir nicht zu den Adjectiven, sondern zu den Substantiven zu zählen pflegen, erscheinen in gleicher adverbialer Anwendung, wie z. B. *Cicero, perpetuus malorum adversarius, aedilis Verrem accusavit, consul Catilinam eiecit.* Auch hier wird die dem Nomen mangelnde Andeutung des zeitlichen Verhältnisses durch die Zusammenstellung mit dem Prädicatsverbo ersetzt.

dung der währenden, vollendeten und bevorstehenden Thätigkeit bezeichnet: wir haben im Deutschen ein actives Participium nur für die während, ein passives nur für die
vollendete Thätigkeit; und ebenso ist es in den verwandten
germanischen und in den romanischen Sprachen. Und dennoch müssen wir sagen, daſs auch diese mehr oder weniger
unvollkommene Zeitbedeutung das Participium wesentlich
vom Nomen unterscheide. Nomen nämlich kann nur dasjenige Wort heiſsen, welches einen Gegenstand nach einer
ihm beiwohnenden Eigenschaft oder Beschaffenheit bezeichnet, mag diese nun eine wesentliche und zum Gattungsbegriff des Gegenstandes nothwendig gehörige, oder eine
unwesentliche und wandelbare, d. h. eine solche sein, die
dem Gegenstande beiwohnen oder fehlen kann, ohne daſs
er deswegen aufhört derselben Gattung anzugehören. Das
Participium aber drückt eine Thätigkeit nicht als eine
Eigenschaft oder Beschaffenheit des Gegenstandes, sondern
nur als ein zeitliches Verhalten desselben aus, es dient
nicht, wie das Nomen, dazu, ihn seiner Gattung oder seiner
speciellen Beschaffenheit nach kenntlich zu machen, sondern
nur ihn in einem Thätigkeitsverhältnisse darzustellen, in
welchem er sich in dem jedesmal in Rede stehenden Falle
befindet oder befand oder befinden wird oder befinden muſs.
Und eben deswegen enthält es auch eine Andeutung des
Zeitverhältnisses, weil jede solche Thätigkeit nothwendig
eine zeitliche ist; das Nomen enthält solche Andeutung
nicht, weil die Qualität, die es ausdrückt, wenn auch
wandelbar, doch nicht als ein nur zeitliches Verhalten des
Gegenstandes, sondern als ein ihn näher bezeichnendes
Merkmal in Betracht kommt.

Daſs also das Participium von den alten Grammatikern
nicht zur Classe des Nomen gezählt wird, ist wohl begründet: untersuchen wir nun, aus welchem Grunde sie
es auch vom Verbum trennten, zu dem sie doch den Infinitiv rechnen zu müssen glaubten. Die oben angeführte Definition des Verbums aus Apollonius würde, wenn sie wirklich richtig überliefert wäre, das Participium nicht nothwendig ausschließsen. Sie besteht aus zwei Theilen, deren
erster das Verbum im Ganzen, der zweite das Verbum
finitum allein betrifft: der erste Theil giebt als die wesentlichen Merkmale des Verbums die Fähigkeit an, ein Han-

deln oder Leiden und die Zeitverhältnisse desselben durch
gewisse Formveränderungen auszudrücken, der zweite fügt
dieser die Fähigkeit der Person - und Numerusbezeichnung
hinzu mit der ausdrücklichen Bemerkung, dafs dem Verbum
diese nur dann beiwohne, wenn es auch die Modalität ausdrücke, d. h. wenn es Verbum finitum sei: und wir haben
gesehen, wie diese Definition absichtlich so eingerichtet ist,
um auch den Infinitiv zu umfassen, von welchem alles gilt,
was der erste, aber nicht was der zweite Theil der Definition besagt. Aber schliefst denn nun jener erste Theil
das Participium wirklich genügend aus? Auch das Participium hat ja die Fähigkeit, ein Handeln oder Leiden und
dessen Zeitverhältnisse durch verschiedene Formen auszudrücken, ebensogut wie der Infinitiv. Es hat vor diesem
freilich die Bezeichnung des Numerus voraus, aber es entbehrt gleich jenem die Bezeichnung der Person und der
Modalität: daraus folgt, dafs es nicht zu der im zweiten
Theil der Definition befafsten Partie des Verbums gehöre,
kein Verbum finitum sei; aber dafs es nicht auch zu der
im ersten Theil befafsten Partie gehöre, folgt noch nicht
nothwendig. Denn es besitzt ja alle in diesem angegebenen
Eigenschaften auch, und dafs es noch eine mehr, nämlich
die Numerusbezeichnung hat, würde es von der Definition
doch wohl nur dann mit Nothwendigkeit ausschliefsen,
wenn die Nichtbezeichnung des Numerus in dieser ausdrücklich ausgesprochen wäre. — Es kann keinem Zweifel
unterliegen, die Definition des Apollonius ist unvollständig
überliefert: es ist ein einziges Wort ausgefallen, durch
dessen Zusatz jeder Zweifel beseitigt wird. Apollonius
schrieb: ῥῆμά ἐστι μέρος λόγου ἄπτωτον ἐν ἰδίοις σχη-
ματισμοῖς διαφόρων χρόνων δεκτικὸν μετ' ἐνεργείας ἢ πάθους κτλ.[1]), und durch dies hinzugesetzte ἄπτωτον war

---

[1]) Auch wird von anderen Grammatikern, die offenbar den Apollonius
vor Augen hatten, das ἄπτωτον nicht ausgelassen, z. B. von Choeroboscus
in Bekk. An. III, p. 1272, wo ausdrücklich bemerkt wird: πρὸς διαστολὴν
τῶν μετοχῶν. Ebensowenig von Priscian II, 4, 18 u. VIII, 1, 1, obgleich
dieser darin fehlt, dafs er den Infinitiv nicht nur einen modus nennt, was sich
nach dem oben S. 36 Anm. 2 gesagten entschuldigen liefse, sondern ihm
selbst auch modos zuschreibt, was sich selbst dann nicht rechtfertigen liefse,
wenn man es dahin auslegen wollte, dafs der Infinitiv verschiedene Modal-
bedeutungen in sich aufnehme und demgemäfs bald den Indicativ bald den
Optativ oder Conjunctiv bald auch den Imperativ vertreten könne.

dafür gesorgt, dafs man das Participium, trotzdem dafs
alle übrigen in diesem Theile der Definition angegebenen
Stücke auch von ihm gelten, doch nicht zum $\dot{\varrho}\tilde{\eta}\mu\alpha$ zählen
konnte, weil es ja kein $\ddot{\alpha}\pi\tau\omega\tau o\nu$, sondern ein $\pi\tau\omega\tau\iota\varkappa\grave{o}\nu$
ist. — Indem es nun ein $\pi\tau\omega\tau\iota\varkappa\acute{o}\nu$, ein casuelles Wort ist,
bekundet es dadurch seine Fähigkeit, in einer Aussage zur
Bezeichnung der durch die Casus ausgedrückten Verhältnisse, also als Subject oder Object des Aussagewortes zu
dienen, eben dadurch aber auch seine Unfähigkeit, selbst
als Aussagewort aufzutreten, was es immer nur scheinbar
kann, indem das Verbum substantivum, also ein Aussagewort, hinzugedacht werden mufs. Aber auch der Infinitiv,
obgleich ihm die Casusformen mangeln, stellt sich doch
in den verschiedenen Casusverhältnissen bald als Subject,
bald als Object einer Aussage dar, und der Mangel der
unterscheidenden Casusform wird in vielen Fällen durch
den zutretenden Artikel ersetzt. Wie unterscheidet er sich
denn nun, wenn er als Subject oder Object auftritt, von
dem ebenso auftretenden Participium? Antwortete man,
dafs dies Letztere, aufser der bestimmten Casusform auch
die Bezeichnung des Numerus vor dem Infinitiv voraus
habe, der immer nur Singular sei, so wäre das allerdings
ganz richtig; aber es würde damit doch eigentlich nur ein
äufserlicher Unterschied angegeben, nicht das verschiedene
Wesen beider Wortarten klar gemacht, aus welchem auch
jener Unterschied entspringt. Dies verschiedene Wesen bezeichnen wir am kürzesten und treffendsten, wenn wir den
Infinitiv mit Apollonius ein $\ddot{o}\nu o\mu\alpha\ \pi\varrho\acute{\alpha}\gamma\mu\alpha\tau o\varsigma$, das Participium dagegen ein $\ddot{o}\nu o\mu\alpha\ \pi\varrho\acute{\alpha}\tau\tau o\nu\tau o\varsigma$ nennen, wobei es
wohl keiner ausdrücklichen Erinnerung bedarf, dafs unter
$\pi\varrho\tilde{\alpha}\gamma\mu\alpha$ und $\pi\varrho\acute{\alpha}\tau\tau\omega\nu$ beides, sowohl das Handeln als das
Leiden zu verstehn sei. Also das Participium stellt einen
Gegenstand als handelnd oder leidend in nominaler Weise
dar, der Infinitiv aber das Handeln oder Leiden selbst:
dies ist aber immer eine Einheit, und darum kann auch
der Infinitiv nur Singular sein; der handelnden oder leidenden Gegenstände können auch mehrere sein, deswegen
bezeichnet das Participium auch den Numerus.

Aber Handeln und Leiden wird in nominaler Weise
nicht blos durch den Infinitiv, sondern auch durch das sogenannte abstracte Verbalnomen dargestellt, und oft stehen

ein solches Verbalnomen und ein Infinitiv so nebeneinander, dafs gar kein Unterschied zwischen beiden zu sein scheint, wie z. B. τεϑνάναι βέλτιον ἢ βίοτος, oder ἐπὶ ξυροῦ ἵσταται ἀκμῆς ἢ μάλα λυγρὸς ὄλεϑρος Ἀχαιοῖς ἠὲ βιῶναι, und Cicero, nachdem er vorher gesagt hat *si caderet in sapientem aegritudo, caderet etiam iracundia*, sagt kurz darauf *cadit igitur in eundem et misereri et invidere*. Was für ein Unterschied dennoch zwischen beiden sei, haben wir schon oben (S. 20) angedeutet. Das Verbalnomen giebt allein den Begriff der ausgeübten oder erlittenen Thätigkeit an, ohne Andeutung des handelnden oder leidenden Gegenstandes, welcher zwar in der Wirklichkeit bei keiner Thätigkeit fehlen, von dem aber abgesehn werden kann, so dafs die Thätigkeit selbst als Gegenstand, als ein substantielles Etwas genommen wird. Soll daher die so ausgesprochene Thätigkeit nun doch als Attribut eines anderen Gegenstandes bezeichnet, oder auch durch Angabe eines ihr unterliegenden Objectes näher bestimmt werden, so tritt die Angabe des Gegenstandes, dessen Attribut sie ist, oder desjenigen, den sie zum Objecte hat, regelmäfsig in demjenigen Casus hinzu, den wir in jenem Falle als den Casus der Angehörigkeit, in diesem als den der ergänzenden Begriffsbestimmung bezeichnen mögen, d. h. im Genitiv. Der Infinitiv trennt dagegen den Begriff der Thätigkeit nicht von dem eines substantiellen Trägers, eines thätigen Subjectes: er enthält immer die Andeutung einer Synthesis zwischen Prädicat, der Thätigkeit, und Subject, dem Thätigen, wenn auch dies Subject nur ganz allgemein und unbestimmt angedeutet wird. Bei ὑγίεια denkt man blos die Gesundheit an sich; bei ὑγιαίνειν denkt man immer, dafs Einer gesund sei. Die ὑγίεια läfst sich nicht blos als ein substantielles, sondern selbst als ein persönliches Wesen denken: der Dichter kann sagen; Ὑγίεια πρεσβίστα μακάρων μετὰ σεῦ ναίοιμι τὸ λειπόμενον βιοτᾶς: in solcher Weise den Infinitiv anzuwenden ist unmöglich. Simonides, welcher sagt: ὑγιαίνειν μὲν ἄριστον ἀνδρὶ ϑνατῷ, konnte dafür auch sagen: ὑγίεια μὲν ἄριστον ἀνδρὶ ϑνατῷ, er würde dann die Gesundheit als ein Ding dargestellt haben, welches dem Menschen gut sei. Jetzt aber sagt er: für den Menschen ist es das Beste, wenn er gesund ist, und hätte dies auch so sagen können: ἄριστόν ἐστιν ὑγιαί-

νειν ἄνδρα θνατόν, das Beste ist, wenn der Mensch
gesund ist, wo denn der in dem Infinitiv nur allgemein
angedeutete Subjectsbegriff durch das dabei gesetzte Nomen
bestimmt angegeben wäre[1]).

Dafs solche Subjectsangabe beim Infinitiv, auch wenn
dieser, wie in dem angeführten Beispiel, das grammatische
Subject zu dem Prädicate ἄριστόν ἐστιν abgiebt, dennoch
nicht im Subjectscasus oder im Nominativ, sondern im
Objectscasus oder im Accusativ auftritt, ist darin begründet, dafs der Infinitiv immer, wenn auch nicht grammatisches Object der Aussage, doch logisches Object des Gedankens ist[2]). Die durch ihn angegebene Verbindung des
Thätigkeitsbegriffs mit einem Gegenstande, die Synthesis
des Prädicates mit dem Subjecte, ist entweder das Resultat
einer Erfahrung, oder Gegenstand einer Behauptung, oder
Inhalt einer Annahme. Dergleichen läfst sich nun auf
zweierlei Art vortragen, entweder als selbständige Aussage,
in Form eines Satzes, also durch das Verbum finitum,
wobei denn ein solcher Satz entweder für sich allein auftreten kann, wie: *en, vincitur civis Romanus; quod fieri
nefas est,* oder durch eine Conjunction mit einem anderen
Satze verbunden, wie: *si vincitur civis Romanus, nefas est.*
Oder aber es läfst sich in unselbständiger Form durch den
Infinitiv aussprechen, der dann entweder als grammatisches
Object von einem Verbum dicendi, sentiendi, cogitandi ab-
hängt, wie *aio, video, indignor vinciri civem Romanum,*

---

[1]) Aus der im Infinitiv liegenden Subjectsandeutung ist es auch zu
erklären, wenn in einem auf ihn folgenden Satz auf dies unausgesprochene
Subject doch ein Pronomen, wie *ipse,* bezogen wird, z. B. *naturae lege
vivere et nihil, quantum in ipso sit praetermittere.* (Cic. de legg. I,
21, 56) *ferias denicales in eos dies conferre ius, ut ne ipsius neve pu-
blicae feriae sint.* (Ib. II, 22, 55.) Ebenso das Personalpronomen, wie
alienum est a iustitia detrahere quid de aliquo quod sibi assumat. (C.
de Fin. III, 21, 70.) wo auch das *assumat* kein anderes Subject hat, als
das im Inf. angedeutete. Vgl. οὐκ ἔστιν ὀρθῶς ἡγεῖσθαι ἐὰν μὴ φρό-
νιμος ᾖ. Plat. Men. p. 97. Man pflegt wohl zu sagen, es sei in dergleichen
Fällen eine Ellipse des Pronom. indef. τινά, *aliquem* zu statuiren. Aber
dies zu setzen war eben deswegen nicht nöthig, weil es im Infinitiv selbst
schon steckte.

[2]) Diese allein genügende Erklärung des von Vielen sehr einseitig und
ungenügend erklärten accusat. c. infin. ist, soviel ich weifs, zuerst von
Schmitthenner, Ursprachlehre S. 161. 2. u. 250 kurz angedeutet, dann von
Andern, wohl unabhängig von jenem, vorgetragen. Vgl. besonders Jacobs in
Heydemanns und Mützells Zeitschr. f. das Gymnasialwesen I, 3 S. 38 f. u. 51.

oder ohne solche grammatische Abhängigkeit sich dennoch als Gegenstand einer Vorstellung, einer Annahme, also als logisches Object darstellt, was sich überall auch durch ein hinzuzudenkendes *fac, cogita, finge* u. dgl. ausdrücklicher bemerklich machen liefse. Wenn Cicero sagt *facinus est vinciri civem Romanum,* so stellt er seinen Zuhörern den Fall, dafs ein römischer Bürger gefesselt werde, als ein Object zur Betrachtung hin, und spricht zugleich über solchen Fall sein Urtheil aus: er hätte auch sagen können *facinus est si vincitur civis Romanus* oder *quod vincitur c. R.,* und *nimiast miseria pulchrum esse hominem nimis* ist soviel als *miseria est, si homo nimis pulcher est:* der Unterschied liegt nur darin, dafs die letztere Ausdrucksweise den Fall in Form einer Aussage hinstellt und ihn als einen gesetzten, angenommenen, vorgestellten durch die Conjunction erkennen läfst, in der ersteren aber das Setzen, Annehmen, Vorstellen des Falles durch den Infinitiv angedeutet wird.

Diese Anwendung des Infinitiv, dafs er sammt seinem Subjecte als logisches Object behandelt wird und demgemäfs auch im Objectscasus auftritt, haben die neueren Sprachen fast gänzlich aufgegeben. Ein Satz wie *nimiast miseria pulchrum esse hominem nimis* ist im Deutschen unmöglich: wir müssen ihn in zwei durch eine Conjunction verbundene Sätze auflösen. Der Infinitiv hat bei uns weit mehr als in den beiden alten Sprachen die Natur eines abstracten Verbalnomen angenommen; er wird deswegen auch flectirt, wenigstens als Genitiv, das Lesen, des Lesens, und nimmt die Angabe seines Subjects oder Objects gleich dem Verbalnomen im Genitiv zu sich, das Lesen der Knaben ist gut, das Lesen der Bücher ist nützlich, wogegen es im Griechischen, auch wenn hier das Casusverhältnifs des Infinitiv durch den zugesetzten Artikel bezeichnet wird, doch unmöglich ist zu sagen τὸ ἀναγιγνώσκειν τῶν παίδων oder τὸ ἀναγιγνώσκειν τῶν βιβλίων, sondern in beiden Fällen der Accusativ stehen mufs, im ersteren, weil der Infinitiv, auch wenn er im Satze als grammatisches Subject erscheint, doch immer als logisches Object genommen wird, im zweiten aber, weil er seine Verbalnatur wenigstens insofern niemals aufgiebt, dafs er nicht die der Verbaldiathese entsprechende Casusform des

näheren oder entfernteren Objectes fordern sollte[1]). Ebenso
bleibt er seiner Verbalnatur auch darin treu, dafs er mit
dem Verbum finitum die Zeitbedeutung, wenn auch nicht
ganz, so doch in gewissem Grade gemein hat, indem er
wenigstens die während und die vollendete Thätigkeit, im
Griechischen auch die bevorstehende Thätigkeit unterscheidet, wogegen er in den neueren Sprachen nur die
während Thätigkeit bezeichnet, die vergangene und bevorstehende aber durch Umschreibungen ausgedrückt werden
müssen.

Was die alten Grammatiker, wenigstens die Mehrzahl
derselben, bewog, den Infinitiv nicht vom Verbum zu trennen
und als eine eigene Wortart hinzustellen, war aber schwerlich
blos die ihm mit dem Verbum gemeinsame Zeitbedeutung
und die durch die Diathese bedingte Structur mit dem
Objectscasus, ebensowenig als seine etymologische Herkunft
vom Verbum; denn alle diese Gründe würden ihnen auch
die Trennung des Particips vom Verbum verboten haben:
der eigentliche Grund, wenn auch nirgends ausdrücklich
ausgesprochen, doch sicherlich wohl gefühlt, lag darin, dafs
der Infinitiv in beiden alten Sprachen mit dem Verbum
auch die synthetische Kraft gemein hat, d. h. dafs er
die Verbindung eines Prädicatbegriffes mit einem Subject-
begriffe andeutet, wenn auch die Bezeichnung des letzteren
nur ganz unbestimmt und allgemein bleibt, und meistens
der Ergänzung durch ein Nomen oder Pronomen bedarf,
was dann, aus den eben entwickelten Gründen, regelmäfsig
im Accusativ hinzutritt. Es hat indessen doch auch im
Alterthum nicht an Grammatikern gefehlt, welche diese
Eigenthümlichkeit ihres Infinitiv weniger beachteten, und
ihn deswegen zwar nicht zum Nomen rechneten, aber doch,
gleich dem Particip, vom Verbum trennten und als eine
besondere Wortgattung aufführten, so dafs sie statt der
herkömmlichen acht Redetheile deren neun oder zehn zählten[2]). Andere Grammatiker rechneten den Infinitiv zwar

---

[1]) Vereinzelte Beispiele der Construction des Infinitiv mit dem Objectscasus finden sich auch im Mittelhochd., wie *ein grüezen die vrouwen;*
häufig im Ital., Span. und Portug.; aber im Neufranz. ebensowenig als im
Neuhochdeutschen. Vg. Diez, Gr. d. Rom. Spr. III S. 197. (210 d. zw. Ausg.)

[2]) Neun oder zehn, je nachdem sie das nomen u. die appellatio als
Eine Classe oder als Zwei nahmen. Priscian. II, 4, 17: *Quidam autem*

weder zum Verbum noch zum Nomen, stellten ihn aber
auch nicht als eigenen Redetheil auf, sondern zogen ihn
zum Adverbium[1]), als eine Unterart desselben, indem sie
unter diesem Namen alle diejenigen Wörter befafsten, die
sich als Ergänzungen und nähere Bestimmungen an das
Verbum anschliefsen und nicht auch zugleich Benennungen
von Gegenständen sind. Die nähere Erörterung hierüber
müssen wir auf ein späteres Capitel versparen: für jetzt
genügt es zu bemerken, dafs der Infinitiv ein Adverbium
in diesem Sinne zwar häufig, aber keinesweges immer ist.
Von den Stoikern endlich haben wir schon früher gesehn,
dafs sie den Begriff des ῥῆμα viel weiter als die Grammatiker fafsten, und dazu alle die Wörter zählten, welche
zur Prädicatsangabe dienen, nur mit Ausnahme derjenigen,
welche, wenn sie auch öfters sich als Prädicatsergänzung .
an ein Verbum anschliefsen, doch ihrer Natur nach nicht
hierauf beschränkt sind, sondern auch, sei es im Appositionsverhältnifs, sei es für sich allein, als Benennungen oder Begriffsbestimmungen eines Gegenstandes dienen. Zu diesen
gehört nun der Infinitiv offenbar nicht, und deswegen hatten
die Stoiker keinen Grund, ihn für etwas anderes als für
eine Art von ῥῆμα zu nehmen, auch wenn sie vielleicht
seine oben besprochene synthetische Kraft nicht deutlich
erkannten. Ja sie sollen den Infinitiv vorzugsweise ῥῆμα
genannt haben, im Gegensatz gegen das Verbum finitum,
welches sie zwar keinesweges von diesem Namen aus-
schlossen, aber doch noch mit anderen specielleren Benennungen, wie κατηγόρημα, σύμβαμα, als satzbildendes Aussagewort unterschieden[2]).

novem dicebant esse partes orationis, appellationem addentes separatim
a nominibus, alii etiam decem, infinita verba seorsum partem ponentes.
Ueber die Trennung des *nomen* und der *appellatio* werden wir später zu
reden haben. Dafs gerade dieselben, die den Infinitiv vom Verbo trennten,
auch jene andere Trennung vorgenommen haben, sind wir durch nichts zu
glauben veranlafst. Die Stellung des Infinitiv wird als zweifelhaft auch von
Choeroboscus angegeben B. A. p. 1274, 29: τὰ ἀπαρέμφατα ἀμφιβάλλεται
εἰ ἄρα εἰσὶ ῥήματα ἢ οὐχί. Ebenso p. 1275, 28.

[1]) Apollon. de constr. II, 12. 13 p. 226 ff. Priscian. VIII, 12, 64. Macrob. de differ. et soc. graeci latinique verbi c. 19. tom. I p. 263 Jan. und
der Anonymus de verbo c. 6, ebend. p. 291.

[2]) Apollon. de constr. I, 8 p. 31: οἱ ἀπὸ τῆς Στοᾶς αὐτὸ μὲν (τὸ
ἀπαρέμφατον) καλοῦσι ῥῆμα, τὸ δὲ περιπατεῖ ἢ γράφει κατηγόρημα
ἢ σύμβαμα. Mit Unrecht hat man, schon Scaliger de caus. l. l. V, 117 und

4

5. Supinum und Gerundium.

Im Sanskrit finden wir einen Infinitiv, der in seiner Bildung dem lateinischen Supinum auf *tum* entspricht (dâ'tum geben, stâ'tum stehen, vê'ttum wissen), also gleich diesem die Form des Accusativ hat, auch in der Construction darin mit ihm übereinstimmt, daſs er ebenfalls den Casus des Verbum finitum zu sich nimmt, also je nach Verschiedenheit der Diathese mit dem Dativ, Accusativ, Ablativ construirt wird, sich aber dadurch von ihm unterscheidet, daſs er selbst nicht, wie dieses, nur im Accusativverhältniſs, sondern auch als Genitiv, Dativ, Ablativ erscheint, und selbst als grammatisches Subject einer Aussage, also im Nominativverhältniſs auftritt[1]). In dieser Hinsicht steht er also dem Infinitiv der beiden classischen Sprachen gleich; und wie sich diese seine Fähigkeit, in verschiedenen Casusverhältnissen aufzutreten, mit seiner Accusativform vertrage, wird aus dem, was im vorigen Capitel über das überall anzuerkennende logische Objectsverhältniſs des Infinitiv gesagt ist, nicht schwer zu begreifen sein. In dem zur Bildung dieses skr. Infinitiv und des lat. Supinum verwendeten Suffix aber ist ohne allen Zweifel ein Pronominalstamm anzuerkennen, derselbe, der auch im lat. Particip perf. pass., in den griechischen

---

nach ihm Andere, dies so verstanden, als hätten sie das verbum finitum nicht doch auch ὁῆμα genannt. Das Gegentheil ist so klar, daſs es gar keines Beweises bedarf. Sie nannten es aber auch κατηγόρημα, weil es fähig ist, als Aussagewort zu dienen, und σύμβαμα insofern es wirklich eine Aussage von einem Subjecte macht. Die weitere Unterscheidung von σύμβαμα, παρασύμβαμα und ἀσύμβαμα gehört nicht hieher. Bemerken aber wollen wir den Unterschied zwischen κατηγόρημα und κατηγορία. Mit letzterem Namen nämlich bezeichneten sie den Thätigkeitsbegriff, der in allen Formen des Verbi derselbe ist, z. B. der des Schreibens in γράφω, γράφεται, γράφειν, γεγράφϑαι, γραφάτω u. s. w. Das bezeugt Suidas, wenn er sagt s. v. ὁῆμα: τὸ ἐκ τῆς ἁπλῶς ὁηματικῆς φωνῆς σημαινόμενον κατηγορία καλεῖται, und der von Schmidt Beitr. S. 352 vorgebrachte Verbesserungsvorschlag κατηγόρημα beruht nur auf einem Miſsverständniſs. Auch Apollonius de adv. p. 538, 28 braucht κατηγορία τοῦ πράγματος in diesem Sinne, und auch bei Aristoteles ist κατηγορία bisweilen nichts anderes als Benennung, z. B. Categ. 5 p. 3 a 37. Phys. II, 1 u. öfter.

1) Vgl. Bopp in den Jahrb. f. wissensch. Kritik, 1840. Bd. II. S. 718.

Verbaladjectiven auf τός und τέος, in den Verbalnominibus beider Sprachen auf της, τυς, *tas* und *tus* zu erkennen ist, und ursprünglich demonstrative Bedeutung hat. Diese tritt im Lateinischen in dem Suffix des Demonstrativpronomen *iste* und in den Adverbien *tum, tam, ita,* im Griechischen aber in den Pronominen τό, τοῦτο, und den pronominalen Adverbien τῇ, τότε recht deutlich hervor, und mit Aspiration des Anlautes auch in den Suffixen θα (ἔνθα), θι, θε oder θεν. Mit der Aspiration ist dieser Pronominalstamm auch zur Verbalbildung verwendet worden: θέω, τίθημι bedeuten ursprünglich nichts anders, als Etwas dahin stellen, dahin thun, so dafs es dem Andern gegenwärtig wird und dafs sich darauf hinzeigen läfst, woraus sich denn die weiteren Bedeutungen ungezwungen erklären, namentlich auch wie τιθέναι so häufig als Synonym von ποιεῖν gebraucht wird, von der Verwirklichung, eigentlich Sichtbarmachung eines Zustandes oder Vorganges, wie etwa ἀγῶνα τιθέναι, einen Kampf anstellen, νηπίους ὄντας τὸ πρὶν ἔννους ἔθηκα, ich machte sie verständig, eigentlich stellte sie als verständige dar. Diese Bedeutung der Verwirklichung dürfen wir dem Pronominalstamm denn auch in seiner Verwendung zur Bildung des skr. Infinitiv, des lat. Supinum und Particip u. s. w. wohl zuerkennen[1]); es liegt in allen diesen Bildungen nichts anders, als dafs die durch den Verbalstamm ausgedrückte Thätigkeit dargestellt, d. h. verwirklicht werde oder zu verwirklichen sei: also z. B. wenn ī das Gehen bedeutet, so bedeutet *itum* oder ἰτόν ein verwirklichtes oder zu verwirklichendes, gethanes oder zu thuendes Gehen, *scrib,* γράφ das Schreiben, *scriptum,* γραπτόν, γραπτέον ein gethanes oder zu thuendes Schreiben[2]). Einer weiteren auch

---

[1]) Dafs der Stamm θα oder θε auch zur Bildung der passiven Aoriste auf θην, sowie der Infinitiv auf θαι diene, ist gleichfalls unverkennbar. Ob die Ansicht, dafs er nichts anderes als der mit der Aspiration versehene Pronominalstamm τε sei, Beifall finden werde, mufs ich abwarten. Mir scheint alles dafür, nichts dagegen zu sprechen.

[2]) Der oscische Infinitiv, wie *moltaum, deikum, akum* ermangelt des im skr. Inf. und lat. Supin. vorhandenen T, und Bopp ist daher geneigt, ihn als ursprünglich verschieden und vermittelst eines andern Pronominalstammes gebildet anzusehn. Ich möchte dagegen die Vermuthung wagen, dafs das T nur ausgestofsen sei, und also jene Infinitive in dieser Hinsicht mit den im Italienischen bisweilen vorkommenden Formen der Participien vergleichen,

auf das declinable Participium passivi und die Verbaladjectiva
und Nomina abstracta eingehenden Auseinandersetzung dürfen
wir uns an diesem Orte wohl überhoben achten, zumal da
Jeder sich diese Bildungen von dem angegebenen Gesichtspunkt aus leicht selbst zu deuten und zu erklären im Stande
sein wird.

Die lateinische Sprache wendet ihr Supinum in zweierlei
Formen an, deren eine die Accusativendung *um,* die andere
die Ablativendung *u* hat. Beide treten diesen Casusendungen
gemäfs immer nur in abhängigem Structurverhältnifs auf,
die erstere nach Verbis, in welchen der Begriff einer Bewegung oder allgemeiner der auf eine Absicht, einen Zweck
gerichteten Handlung liegt, um diesen Zweck zu bezeichnen,
wie nach *ire, venire, mittere, conducere,* bisweilen auch
hortari (wie *neque ego vos ultum iniurias hortor.* Sallust.
fr. hist. 3), und *facere (cohortes ad me missum facias.*
Pompei. bei Cic. ad Att. VIII, 12 B.); die Ablativform aber
vorzugsweise bei Angabe von Qualitäten, die einem Gegenstande nicht schlechthin, sondern nur in einer gewissen
Beziehung, für den Fall, dafs die durch das Supinum ausgedrückte Thätigkeit eintrete, zugesprochen werden, wie
mirabile visu, w u n d e r b a r w e n n m a n e s a n s i e h t.
Auch bei Verben, wie *pudet,* findet dieselbe Beschränkung
statt: *pudet dictu:* e s r e g t s i c h S c h a m i n J e m a n d
f ü r d e n F a l l, dafs e r d i e s o d e r d a s sage oder gesagt habe, wogegen *pudet dicere* auch heifsen kann: e s
h i n d e r t S c h a m, e s z u s a g e n). Selten steht dies Supinum bei Verben der Bewegung, um das W o h e r anzugeben, wie *cubitu surgere* (Cat. R. R. 5) und *opsonatu redire* (Plaut. Rud. II, 2, 5), wogegen nichts häufiger ist als
cubitum ire, opsonatum ire.

Der Name Supinum, den die Grammatiker diesen
Formen gegeben haben, ist wahrscheinlich nur durch ihre
Aehnlichkeit mit dem passiven Particip des Perfects veranlafst, zu dessen Bildung ebenderselbe Demonstrativstamm
wie zu jenem verwendet ist, obgleich es ein grofser Irrthum sein würde zu sagen, dafs eins aus dem andern

---

wie *pago* für *pagato, cerco* für *cercato, tocco* für *toccato.* Denn dafs
im Ital. nur Participien der ersten Conjugation diese Verkürzung zeigen,
macht doch keinen wesentlichen Unterschied.

entstanden sei. Beide sind ganz unabhängig von einander, und haben nur dies gemein, dafs sie die Verwirklichung einer Thätigkeit durch das demonstrative Suffix andeuten, unterscheiden sich aber so, dafs das Participium den der verwirklichten Thätigkeit unterliegenden Gegenstand meint, und sich also der anderweitigen Benennung desselben im Appositionsverhältnifs anschliefst, oder selbst zur Bezeichnung desselben genügt, das Supinum dagegen nur die Thätigkeit selbst als die verwirklichte oder zu verwirklichende angiebt, so dafs, wenn man seinen begrifflichen Gehalt in seine beide Elemente, das der speciellen jedesmal in Rede stehenden Thätigkeit, welches der Verbalstamm, und das der Verwirklichung oder des Thuns, welches der Demonstrativstamm ausdrückt, zerlegen wollte, man sagen könnte, jenes verhalte sich passiv zu diesem, insofern nämlich, als eben die durch jenes ausgedrückte besondere Art der Thätigkeit dem durch dies ausgedrückten Acte des Thuns, der Verwirklichung, unterliegt. Möglich, jedoch nicht wahrscheinlich ist es, dafs eben auch dieses Unterliegen durch den Namen Supinum habe angedeutet werden sollen: die alten Grammatiker wenigstens lassen sich nichts von solcher Auffassung merken, und Priscian sagt ausdrücklich, VIII, 9, 49: *Supina nominantur, quia a passivis participiis, quae quidam supina nominaverunt, nascuntur,* wo denn freilich dies *nascuntur* nur eine auf der Aehnlichkeit der Form beruhende Täuschung beweist. Durch *supinum* übersetzte man das griechische ὕπτιον, welches bekanntlich das Passivum bezeichnet, weil dies das Subject als ein einer Thätigkeit unterliegendes darstellt [1]): man wählte aber lieber diesen Namen, statt *passivum*, weil bei ihm der Widerspruch der Benennung mit der Bedeutung nicht so gar augenfällig und für Jeden erkennbar hervortrat: denn was supinum besage, war nicht Allen bekannt: dafs aber das Supinum in den meisten Fällen nicht passiver, sondern activer Bedeutung sei, lag vor Augen.

---

[1]) Schol. Dionys. p. 886, 23: λέγεται δὲ ἡ μὲν ἐνεργητικὴ διάθεσις πρὸς τῶν φιλοσόφων ὀρθή, ἡ δὲ παθητικὴ ὑπτία, ἐκ τῆς τῶν παλαιόντων μεταφορᾶς. Diog. L. VII, 64: ὕπτια δέ ἐστι τὰ συντασσόμενα τῷ παθητικῷ μορίῳ, οἷον ἀκούομαι, ὁρῶμαι. Das παθητικὸν μόριον ist eine Präposition wie ὑπό, πρός.

In Wahrheit jedoch und seiner eigentlichen Natur gemäfs ist es weder Activum noch Passivum, und weil es keins von beiden ist, so kann es nach Umständen bald das eine bald das andere sein. Es drückt weiter nichts als die Verwirklichung der durch den Verbalstamm angegebenen Thätigkeit aus, ohne alle Andeutung einer Beziehung derselben auf ein sie ausübendes oder erleidendes Subject. Ist die Thätigkeit eine transitive, und wird ihr Object daneben angegeben, so steht dies in demselben Casus, in welchem es beim Verbum finitum steht: *cur te is perditum?* und in diesem Falle stellt sich denn allerdings das Supinum als ein Activum dar. Wird aber das Object nicht angegeben, so ist lediglich aus dem jedesmaligen Zusammenhange zu erkennen, ob ein daneben genannter Gegenstand zu der durch das Supinum ausgedrückten Thätigkeit im activen oder passiven Verhältnifs stehe, und man demnach bei Uebertragung des Ausdrucks in eine das Verbum finitum verlangende Form das Activum oder das Passivum von diesem zu wählen habe. Wenn z. B. bei Martial, XI, 8, 13 von einem Frauenzimmer gesagt wird *quoties placet ire futu-tum,* so ist klar, dafs dies nicht mit *ut futuat,* sondern nur mit *ut futuatur* vertauscht werden könne, und man kann also sagen, dafs hier das Supinum passive Bedeutung habe[1]). Ebenso würden bei Livius XXII, 38, wenn hier die von Einigen[2]) empfohlene Leseart sicher wäre, *milites ubi decuriatum aut centuriatum convenissent,* die beiden Supina in *ut decuriarentur* und *ut centuriarentur* zu verwandeln, folglich als Passiva zu nehmen sein; und ich bin sehr geneigt zu glauben, dafs die handschriftliche Leseart *ad de-curiatum aut centuriatum,* wo wir Verbalsubstantiva statt der Supina haben, den Abschreibern gehöre, denen jene allerdings seltene Anwendung des Supinum befremdlich war[3]).

---

[1]) Priscian. part. XII. vers. Aen. II, 62. p. 473 Keil.: *Sciendum tamen, quod sunt quaedam verba, quorum significatio ad solos mares pertinet, ut futuo. Nemo enim dicit haec futuens, nisi in epicoenis nominibus animalium, ut haec aquila futuens, in quo, quamvis femininum proferamus, tamen marem intelligimus.* Man könnte nun freilich auch an eine Tribade oder, wie die spätere Latinität sagte, eine subigatrix denken; dafs aber die Paulla des Martial nicht zu dieser Classe gehöre, ist klar.

[2]) S. Walch, Emend. Liv. p. 180.

[3]) Wenn, wie ich nicht zweifele, bei Plautus Capt. v. 636 richtig

Uebrigens würde auch von den Verbalsubstantiven gesagt werden können, dafs sie weder active noch passive Bedeutung haben, insofern der dabei genannte Gegenstand bald ausübend bald erleidend sein kann, der centuriatus oder decuriatus des Befehlshabers eine Handlung desselben, der centuriatus oder decuriatus der Soldaten dagegen ein Erleiden derselben ist. Was aber das Supinum betrifft, so tritt dessen passive Bedeutung auch in den freilich ebenfalls seltenen Beispielen hervor, wo dabei ein Subject im Nominativ mit *itur* gesetzt wird, wie *contumelia mihi factum itur* (Cato ap. Gell. X, 14) oder in der Infinitivstructur, wie *mihi istaec videtur praeda praedatum irier* (Plaut. Rud. IV, 7, 16) und *reus damnatum iri videbatur* (Quintil. IX, 2, 88). Dergleichen Structuren beruhen in Wahrheit allerdings auf einem Mifsbrauch[1]); aber dieser Mifsbrauch besteht doch nicht sowohl in der Anwendung des Supinum in passiver Bedeutung, als in der personellen Anwendung des eigentlich nur impersonell zu brauchenden *itur* oder *iri*. Die Umschreibung des fehlenden Inf. fut. passivi durch *iri* mit dem Supinum ist bekannt, und Jeder weifs auch wohl, wie sie eigentlich aussage, dafs damit umgegangen werde, die durch das Supinum ausgedrückte Thätigkeit zu verwirklichen. Ist nun die Thätigkeit eine transitive, so mufs ihr Object im Accusativ dabei stehn, also z. B. *scimus rem publicam perditum iri*, wir wissen, dafs damit umgegangen werde, dafs es im Werk sei, den Staat zu Grunde zu richten, wo denn das Supinum offenbar active Bedeutung hat. Nicht anders aber verhält es sich, wenn statt des Infinitiv das impersonelle *itur* gesetzt wird, und es müfste also auch hier heifsen *itur rem publicam perditum:* es wird damit umgegangen, oder man

---

geschrieben wird: *i dierectum, cor meum, ac suspende te*, und bei Varro Eumen. ap. Non. II, 414. p. 49 Merc.: *apage dierectum a domo nostra —*, so dürfte auch dies *dierectum* für ein passives Supinum zu halten sein von *dierigo*, worüber wohl Rost's von Lindemann ad Pl. Capt. gebilligte Ansicht die richtige ist. Dafs anderswo *dierectus* als Particip. perf. pass. steht, verträgt sich ganz gut damit.

[1]) Das erkannte schon Perizonius zu Sanct. Min. III, 11, 3. p. 472. ed. Amst. 1733. — Uebrigens kommt in unclassischer Latinität auch ein aus Zusammensetzung des *iri* mit dem Supin. gebildeter Infinitiv fut. pass. vor, wie *damnatuiri* f. *damnatum iri*, *debituiri*, *dictuiri* u. dgl. S. Ant. Augustin. Emend. II, 2. Scaliger ad Catull. c. LXXVII, Duker de latin. ICt. p. 314.

geht darauf aus u. s. w. Demgemäfs also auch *reum damnatum itur, contumeliam factum itur*, folglich ebenfalls in der Infinitivstructur *reum damnatum iri videbatur* u. dgl. Doch erkennt man leicht, wie nahe nun der Mifsgriff lag, der in den vorher angeführten Beispielen vorliegt[1]), den man aber doch sicherlich nicht begangen haben würde, wenn man nicht in dem Supinum die Fähigkeit erkannt hätte, auch als Passivum angewandt zu werden.

Mit dem Namen Supinum wird von den alten Gram-matikern sehr gewöhnlich auch dasjenige Verbale benannt, welches sie sonst meistens, und die Neueren immer *Ge-rundium* zu nennen pflegen. Und in der That steht das Gerundium sowohl seinem Wesen als auch seiner Bildung nach dem Supinum sehr nahe. In seiner Endung *dum* ist ebenfalls ein Pronominalstamm demonstrativer Bedeutung unverkennbar, derselbe, der im Griechischen als Suffix in ὅδε, ἐνθάδε, im Lateinischen als Verstärkung des Demon-strativpronomens *i-dem*, und in dem Adverbium *dum*, welches ursprünglich ohne Zweifel mit *tum* gleichbedeutend war (vgl. *interdum*), wenn es auch später vielmehr nur in relativer Bedeutung angewandt wurde, ferner im Deutschen d a, d e r, d a n n, d o r t erscheint, und aus welchem, wie aus dem aspirirten θε das Verbum θέω, τίθημι, so aus ihm δόω, δίδωμι, lat. *do, dare*, deutsch *dún* oder *dón*, die niedersächsische Form für *tuon, tún, thun* hervorgegangen sind[2]). Das im Gerundium der Endung vorangehende *en*

---

[1]) Ein Mifsgriff ähnlicher Art ist es, wenn statt *veneo* (= *venum eo*) auch in passiver Form *veneor* gesagt wurde, was Diomedes I, p. 365 P. aus Plautus anführt, und wovon sich auch der Infin. *veniri* in einer In-schrift findet bei Orelli no. 4388. Vgl. Struve, üb. lat. Decl. u. Conj. S. 85. — Wegen des ebendort von Str. besprochenen *vendor* mag gelegentlich bemerkt werden, dafs *venduntur* bei Justin. XI, 4, 7 vorkommt, und *vendi* bei Ca-pitolin. vit. Pertin. c. 7. Lamprid. vit. Alex. Sev. c. 48. Vgl. noch Lach-mann im N. Rhein. Mus. 3. S. 613 u. zu Lucret. II, 829. p. 121.

[2]) Dafs das lat. *dare* vielfältig die Bedeutung des T h u n s, B e w i r-k e n s hat, ist bekannt: dafs es aber nicht nöthig sei, deswegen ein zwiefaches *do* anzunehmen, wie Mohr, Dialektik d. Spr. S. 9 meinte, habe ich schon in Höfers Zeitschr. f. d. Wissensch. d. Spr. 1. S. 251 bemerkt. Der Grund-begriff ist der des D a r s t e l l e n s und D a r b r i n g e n s, D a r r e i c h e n s u. s. w., aus dem sich sowohl die des Machens als die des Gebens leicht ableiten lassen. Niederdeutsch sagt man: do mi minen stock in de hand für: gieb mir meinen Stock in die Hand. Dafs aber auch διδόναι in Compo-sitis, wie ἀποδιδόναι, bisweilen die ursprüngliche Bedeutung des Thuns,

scheint auf den ersten Blick dasselbe zu sein, welches auch zur Bildung des activen Particips dient; ob dieser Schein trüge oder nicht, und was es in diesem oder jenem Falle mit diesem *en* eigentlich für eine Bewandtnifs habe, ist eine Frage, deren Beantwortung einer weiter vorgeschrittenen vergleichenden Sprachwissenschaft überlassen bleiben mufs. Von jenem demonstrativen *de* aber ist es mir nicht zweifelhaft, dafs es ebenso wie das zur Supinbildung dienende *te* das Thun, die Verwirklichung der durch den Verbalstamm angegebenen Thätigkeit bedeute, also *sed-en-dum*, das Thun des Sitzens, *sta-en-dum*, das Thun des Stehens: das *en* aber mag auf die Tendenz zu diesem Thun, dieser Verwirklichung der Thätigkeit deuten. Von dem Supinum unterscheidet sich das Gerundium zunächst dadurch, dafs es nicht blos in abhängiger Structur im Accusativ- oder Ablativverhältnifs, sondern auch im Genitiv und Dativ, und selbst als Subject der Aussage im Nominativ auftreten kann[1]. Im Nominativ erscheint es aber nur in Verbindung mit dem Verbum substantivum *est, erat* u. s. w., wenn die Verwirklichung der Thätigkeit als etwas mit einer gewissen Nöthigung gefordertes ausgesprochen werden soll. Abgesehen von dieser Bedeutung steht das Gerundium ganz parallel dem impersonell gebrauchten Passivum, *sedetur, statur.* Wie in diesem das Subject eben nur die durch den Verbalstamm angegebene Thätigkeit selbst ist, die durch die Endung als stattfindend bezeichnet wird, *sedetur = sessio fit, statur = statio fit*, ebenso ist im Gerundium das Subject die Thätigkeit, mit dem Nebenbegriff der Tendenz zur Verwirklichung, die durch das Suffix oder die Suffixe *endum* angedeutet, und von der durch das als Prädicat dabei stehende *est* ausgesagt wird, dafs sie eben stattfinde. Ist die Thätigkeit eine transitive, d. h. eine solche, die ihrer Natur nach ein Object aufser sich verlangt, an dem sie vor sich

---

Bewirkens, wie *reddere*, zeigt, ist ebenfalls bekannt. Nicht weniger anerkannt ist es, wie der Demonstrativstamm, aus welchem *tún, dón* hervorgegangen sind, im Deutschen zur Bildung des Praeteritum Impf. u. Particip. verwendet ist. Vgl. L. Meyer in d. Zeitschr. f. vergl. Sprachf. VIII. S. 276.

[1]) Dafs manche Grammatiker, theils alte, wie Priscian de XII vers. Aen. II, 57 p. 472 Keil., theils neuere, wie Zumpt, dem Gerundium den Nominativ nicht zuerkennen wollen, ist ein Irrthum, der keiner besonderen Widerlegung bedarf.

gehe, so wird dies durch ein Nomen in demselben Casus angegeben, in welchem es beim Verbum finitum stehen müfste, wie *agitandum est vigilias* Plaut. Trin. IV, 2, 27, *habendum est compedes* Ter. Phorm. II, 1, 19, *repudiandum est artes* Varr. L. L. IX, 64 (111), *canes paucos et acres habendum* Id. R. R. I, 21¹). Ebendasselbe geschieht, wenn das Gerundium in abhängiger Structur, also in einem Casus obliquus auftritt, wie *non erat ius privatis vocandi senatum*, Liv. III, 38. *Epidicum operam quaerendo dabo.* Plaut. Epid. IV, 2, 35. *spatium ad se colligendum hostes non habebant.* Plaut. ap. Cic. ad Fam. X, 23, 3. *dividendo copias periere duces nostri.* Liv. XXV, 38. Wird aber das Object der transitiven Thätigkeit nicht ausdrücklich angegeben, so bleibt es unentschieden, ob das Subject des Satzes, in welchem das Gerundium steht, sich zu der durch dieses angegebenen Thätigkeit als ausübend oder als leidend verhalte, und diese Frage kann nur durch Erwägung der jedesmaligen Beschaffenheit der Sache und des Zusammenhanges entschieden werden²). In einem Satze wie *frequentia totius Italiae*

---

¹) Die Vergleichung des Gerundium mit dem impersonellen Passivum hat die rationellen Grammatiker des Mittelalters verleitet, die Construction mit dem Objectscasus oder dem Accusativ auch dem letzteren zuzuschreiben, und z. B. den Satz *legitur Virgilium* für ebenso richtig zu erklären, wie das von Priscian. XVIII, 6, 63 gesetzte *legendum est mihi Virgilium*. So sagt das Doctrinale des Alexander de villa Dei: *Matthaeum legitur, Psalmos erit ante legendum.* So wunderlich dies auf den ersten Blick aussieht, so ist es doch keinesweges unvernünftig. Sie argumentirten folgerecht: wenn in *legendum est* der Begriff der zu verwirklichenden Thätigkeit des Lesens den Accusativ zu sich nimmt, so mufs auch der Begriff der stattfindenden Thätigkeit des Lesens in *legitur* den Accusativ zu sich nehmen können. Sie nahmen keine Rücksicht darauf, dafs der Sprachgebrauch der Alten die transitiven Verba in jener impersonellen Anwendung nur dann hat, wenn sie objectlos oder absolut hingestellt werden, sobald aber ein Object der transitiven Thätigkeit angegeben wird, dies dann als grammatisches Subject des nun nicht mehr impersonell, sondern personell gebrauchten Passivums hinstellt. Es kam aber jenen mittelalterlichen Grammatikern auch gar nicht darauf an, gerade so zu reden, wie die Alten geredet hatten: was sie rationell rechtfertigen zu können meinten, das meinten sie auch sagen zu dürfen, mochten es die Alten ihnen vorgesagt haben oder nicht.

²) Vgl. d. Anonym. de verbo c. 8 hinter Macrob. ed. Jan. tom. 1. p. 300: *Cum dicit quis eo ad salutandum vel ad audiendum vel ad videndum vel ad osculandum, quia potest addi et illum et ab illo, si nihil addatur, incertum relinquitur utrum activa an passiva significatione prolatum sit.* Die Beispiele hätten besser gewählt werden können: in der Sache hat der Mann ganz Recht.

Romam venit censendi causa, Cic. Verr. act. I, 18, besagt
das *censendi causa* in der That nichts weiter als *census
causa* oder *ut census fiat:* ob dieser Census von dem Volke
ausgeübt, oder ob das Volk dem Census unterworfen werde,
besagt der Ausdruck nicht; das ist uns anderswoher bekannt; und wenn Varro R. R. I, 20, 2. sagt: *diebus paucis boves
erunt ad domandum proni,* so sagt er dasselbe, was wir
im Deutschen durch das Verbalsubstantiv zur Zähmung
geeignet ausdrücken können, wobei es sich von selbst versteht, dafs die Ochsen sich zu derselben nicht activ, sondern passiv verhalten. Ein *bubulcus ad domandum idoneus*
würde sich activ dabei verhalten müssen. *Cantando rum-
pitur anguis* bei Virgil besagt natürlich nicht, dafs die
Schlange singe, ebensowenig aber, dafs sie gesungen werde,
sondern nichts anders, als was auch durch das Verbalsubstantiv *cantu* ausgedrückt werden könnte: denn *cantando*
ist nicht anders als etwa *dum cantatio fit.* Mehr Beispiele
zu häufen ist nicht nöthig: ich denke, Jedem mufs klar
sein, dafs der ganze in älterer und neuerer Zeit geführte
Streit, ob das Gerundium für ein Activum oder für ein
Passivum zu halten sei, lediglich auf dem Mangel an richtiger Erkenntnifs seines wahren Wesens beruht. Es verhält
sich mit ihm gerade wie mit dem Supinum: beide drücken
zunächst nur die Thätigkeit als eine verwirklichte oder zu
verwirklichende aus, und ob der dabei angegebene Gegenstand der ausübende oder der erleidende sei, ist nur aus
der Beschaffenheit der Thätigkeit und des Gegenstandes zu
erkennen: Gerundium und Supinum selbst sind weder activ
noch passiv, und können eben deswegen bald so bald so
verwandt werden. Wenn überhaupt von einer Passivität
bei ihnen die Rede sein kann, so ist es nur das Verhältnifs des durch den Verbalstamm angegebenen Thätigkeitsbegriffs zu dem durch die Suffixe bezeichneten Begriff des
Thuns, der Verwirklichung: das *sta-* verhält sich als passives Object zu dem *endum* oder *tum.* Dafs das wahre
Wesen des Gerundium dennoch von so vielen verkannt
worden ist, dafs sich auch jetzt immer noch unverächtliche
Grammatiker nicht von der Einbildung losmachen können,
das Gerundium sei eigentlich ein Passivum in gleichem
Sinne, wie das persönliche Verbum finitum, es bedeute also
eigentlich das Erleiden, nicht die Ausübung der Thätigkeit,

dieser Irrthum beruht lediglich oder vorzugsweise darauf, dafs
man es mit dem von den Alten sogenannten Partic. fut. pass.,
dem Gerundivum der Neueren, zusammengeworfen und z. B.
amandum für das Neutrum von *amandus* genommen hat. Das
ist ganz ebenso verkehrt, als wenn man das Supinum *ama-
tum* für das Neutrum von *amatus* erklärte. Das Wahre ist,
dafs die Suffixe *te* und *end* zweierlei Verbalnomina zu bilden
geeignet sind, nämlich theils substantivische, welche nichts
als die verwirklichte oder zu verwirklichende Thätigkeit
besagen, und deswegen in der geschlechtlich indifferenten
Form auf *um* gebildet werden, theils adjectivische, welche
die Thätigkeit als an einem Gegenstande, einem Substrate,
verwirklicht oder zu verwirklichen, oder, was auf dasselbe
hinausläuft, einen Gegenstand als Träger der an ihm verwirklichten oder zu verwirklichenden Thätigkeit darstellen,
und deswegen, gleich anderen Adjectiven, sich in der geschlechtlichen Form dem Gegenstande anschliefsen. Ich
wähle absichtlich den Ausdruck Träger der Thätigkeit,
weil dieser sowohl den ausübenden als den erleidenden
bedeuten kann. Ist die Thätigkeit eine transitive, also eine
solche, welche nothwendig einen leidenden Gegenstand fordert, ohne den sie nicht zu Stande kommen kann, so ist
es natürlich, dafs jenes Verbaladjectiv eben diesen Gegenstand bezeichnet; und weil dies der häufigste Fall ist, so
sagt man deswegen, *amandus, dicendus, legendus* haben
passive Bedeutung. Dafs man aber darum doch nicht berechtigt sei, nun überhaupt alle so gebildeten Verbaladjectiva
für passivisch zu erklären, ist schon allein daraus klar,
dafs dergleichen, ebenso wie die Gerundia, auch von
solchen Verbis intransitivis gebildet werden, von welchen
ein wirkliches personelles Passivum zu bilden unmöglich
ist. Ein Passivum *placeor* giebt es nicht und kann es
nicht geben; und doch sagt Plautus Trin. v. 1159: *pla-
cenda dos quoque est.* Ebensowenig giebt es Passiva
von *adolesco, senesco, nascor, orior* u. dergl., und doch
kommt *oriundus* unzählige Male vor, *ad nascendos ho-
mines* hat Gellius III, 10 aus Varro, und, wenn man
etwa meinen sollte *orior* und *nascor* seien doch eigentlich
Passiva eines verschwundenen Activs *orio* und *nasco,*
auch *longissimum spatium s e n e s c e n d o r u m hominum*
und *modum summum a d o l e s c e n d i humani corpo-*

ris[1]) finden wir ebendort und bei Varro L. L. VI, 11: und wenn man nun die Wahl hat, dergleichen, weil es eben nicht häufig vorkommt, für fehlerhaft, für eine sartago loquendi, mit O. Müller zu erklären, oder es, mit mir, als eine in dem Wesen jener Verbaladjective begründete Anwendung zu betrachten, so dürften doch vielleicht Manche sich lieber auf diese als auf jene Seite zu stellen geneigt sein.

Priscian, VIII, 9, 44, vergleicht die in Rede stehenden Verbalnomina ganz richtig mit den griechischen Bildungen auf τέον und τέος, die ebenfalls ein dem demonstrativen Suffix jener entsprechendes τε erkennen lassen, und sich in der Construction ganz ebenso verhalten. Dem Gerundium *legendum est libros* entspricht ἀναγνωστέον ἐστὶ τὰ συγγράμματα, dem sogenannten Gerundivum *legendi sunt libri* entspricht ἀναγνωστέα ἐστὶ τὰ συγγράματα. Doch unterscheidet sich die neutrale Form auf τέον von dem Gerundium darin, dafs sie nicht, wie dieses, durch verschiedene Casusformen flectirt werden kann, sondern nur als Nominativ oder Accusativ auftritt, und ferner, dafs sie auch pluralisch gebraucht wird, wie z. B. ἐκποτέα ἐστὶ τὴν τρύγα, um etwa die Nöthigung zur Verwirklichung der Thätigkeit als eine wiederholentlich stattfindende zu bezeichnen. Die obliquen Casusformen konnte aber die griechische Sprache deswegen leicht entbehren, weil sie in allen Fällen, wo das lateinische Gerundium in diesen zur Anwendung kommt, den Infinitiv mit dem Artikel verbinden und durch letzteren das Casusverhältnifs bezeichnen kann. Uebrigens hat das griechische Gerundium — denn so dürfen wir es wohl nennen — mit dem lateinischen auch das Schicksal gemein gehabt, in seinem wahren Wesen verkannt und für ein Passivum erklärt zu werden, da es doch in der That weder Activum noch Passivum zu nennen ist, sondern nur die durch den Verbalstamm angegebene Thätigkeit als eine zu verwirklichende bezeichnet, wobei, wenn diese Thätigkeit eine transitive ist, ein dabei in Betracht kommender Gegen-

---

[1]) Vielleicht beliebt es Jemandem, hier *adolescendi* für den Genitiv des Gerundiums zu erklären, und die Construction zu vergleichen mit Structuren wie novarum fabularum spectandi copia, worüber etwa Kritz ad Sall. Catil. p. 144 nachzulesen ist. Ein solches Belieben kann man freilich Keinem verbieten, ist aber nicht genöthigt, irgend welche Rücksicht darauf zu nehmen.

stand als Object dieser Thätigkeit im Accusativ stehen kann, in welchem Falle denn die Thätigkeit sich als eine active auf den Gegenstand einwirkende darstellt, wie in den obigen Beispielen. Wenn es aber bei Lucian Tim. c. 39 heifst: πειστέον, ὦ Ἑρμῆ, καὶ αὖθις πλουτητέον: obtemperandum rursusque ditescendum est: so kann man zwar πειστέον als Passivum nehmen, aber doch nicht auch πλουτητέον, welches vielmehr ein Activum, zugleich aber auch ein Intransitivum ist. Ἀρκτέον heifst nichts anders als Herrschaft mufs ausgeübt werden, ob von Einem oder an Einem, kommt auf den Zusammenhang an; bei Soph. Oed. T. v. 628, wo Oedipus sagt: ἀρκτέον γ᾽ ὅμως, konnte Kreon antworten, wie Hermann wollte, οὔτοι κακῶς γ᾽ ἄρχοντας, wo denn ἀρκτέον für ἄρχειν δεῖ zu nehmen sein würde; er konnte aber auch, wie die überlieferte Lesart ist, οὔτοι κακῶς γ᾽ ἄρχοντος antworten, wo denn jenes gleich ἄρχεσθαι δεῖ ist. Ebenso kann in Aristoph. Lysistrata v. 501 zu σωστέον, ὦ τάν entweder σε als Objectscasus hinzugedacht werden, wo es denn bedeuten würde: ich mufs dich retten, oder σοι als Dativus commodi, wo es denn heifsen wird: es ist dir nothwendig gerettet zu werden oder dich retten zu lassen. Συνεθιστέον πρὸς ἀρετήν kann bedeuten συνεθίζεσθαι δεῖ: aber τοῖς γονεῦσι συνεθιστέον ἐστὶ τοὺς παῖδας πρὸς ἀρετήν ist = οἱ γονεῖς ὀφείλουσι συνεθίζειν τοὺς παῖδας πρὸς ἀρετήν.

Auch das Verbalnomen auf τόν drückt eigentlich weiter nichts als die Verwirklichung einer Thätigkeit aus, und zwar mit der Nebenandeutung ihrer erfahrungsmäfsigen Möglichkeit. Es kann von Verben passiver oder reflexiver Bedeutung gebildet werden, wie εὐεπίθετον ἦν ἐνταῦθα τοῖς πολεμίοις (Xen. Anab. III, 4, 12), was soviel ist als εὔκολον (oder εὐκόλως) ἦν ἐπιθέσθαι, es fand die Möglichkeit leichten Angreifens statt (eigentlich sich leicht an den Platz oder an die Gegner zu machen); es kann aber auch von neutralen Verben gebildet werden, wie τοῖς δ᾽ οὐκ ἐξιτόν ἐστιν (Hesiod. Th. 732): es findet für sie keine Möglichkeit des Herauskommens statt, oder pluralisch, um die wiederholte Möglichkeit anzudeuten, wie οὐκέτι φυκτὰ πέλονται (Il. XVI, 128. Od. VIII, 299. XIV, 489), wo man indessen auch an die transitive Bedeutung von φεύγειν denken, und demgemäfs unvermeid-

liche, unentrinnbare Dinge verstehen kann, in welchem
Falle das adjectivische *φυκτός* zu Grunde liegen würde,
was sich zu jenem verhält wie das Gerundivum zum Gerundium oder das Partic. perf. pass. zum Supinum.

Das dem Gerundium entsprechende Verbalnomen auf
τέον wird von den griechischen Grammatikern öfters *ἐπίρρημα θετικόν* genannt[1]). Mit welchem Rechte sie es als
ἐπίρρημα oder Adverbium ansahen, werden wir später zu
untersuchen haben: der Beiname *θετικόν* soll wahrscheinlich
bedeuten, dafs durch dasselbe in Wendungen wie *ἰτέον ἐστί,
πλευστέον ἐστί* etwas als Gebot aufgestellt werde; wie man
νόμον θεῖναι sagt. *Θετικόν,* heifst es bei Hesychius, *τὸ
ὀφειλόμενον γενέσθαι.* Ein anderer Grammatiker[2]) meint,
θεῖναι sei soviel als *ποιῆσαι, θετικά* also *τὰ πρακτικά:*
wenn er aber hinzusetzt: *ἐὰν γὰρ εἴπω πλευστέον, τέθεικα καὶ ὡρισάμην ὃ δεῖ ποιῆσαι,* so ist ja hier das
τέθεικα offenbar nicht gleich *πεποίηκα,* sondern bedeutet
vielmehr die Aufstellung eines Gebotes, so dafs diese Erklärung mit der obigen des Hesychius zusammenfällt. Zur
Erklärung der lateinischen Benennung sagt ein Grammatiker[3]): *ideo dicitur gerundium, quod nos aliquid gerere
significat:* ich möchte vermuthen, er habe gesagt oder sagen
wollen *gerere debere significat,* und gerundium solle also
nichts anders bedeuten, als was nach der doch wohl nicht
zu verwerfenden Angabe der Griechen *θετικόν* bedeuten
soll. Wenigstens ist diese Erklärung jedenfalls annehm-
licher, als die von späteren Grammatikern ersonnenen,
deren wir schicklicher in einer Anmerkung als hier im
Text Erwähnung thun[4]). Einige dehnten den Namen Ge-

---

[1]) Dionys. p. 642, 16. Phot. u. Suid. unt. *πολεμητία.* Vgl. Ammon.
schol. ad Arist. de interpr. p. 98 a 42: *τὰ ἐπιρρήματα τὰ θετικὰ καλού-
μενα θέσεις καλοῦσι τινές, οἷον γαμητέον, πιστευτέον.*
[2]) Schol. Dionys. p. 950, 24.
[3]) Cledonius p. 1873 P.
[4]) Virgilius Maro in Mai class. auct. V p. 146: *Gerundi autem verba
dicuntur, quae in opere, quod natura non erat suum, aliqua gerunt.* Er
meint damit die active Bedeutung trotz der, wie er es ansieht, passiven
Form. Bei demselben heifsen die Gerundia auch *typica verba, quia ex
praedicto participio* (nämlich dem part. fut. pass.) *typicata sunt.* Anderswo
ist mir diese Benennung nicht vorgekommen. — Ein anderer mittelalter-
licher Grammatiker, der Verfasser der zu Ende des 15. Jahrb. abgefafsten
glossa notabilis zum Doctrinale des Alexander sagt: *Dicitur gerundium
quasi gerens vim duorum, quia significat actionem et passionem: et illo*

rundium auch auf das Supinum aus[1]), vielleicht weil auch
dies, in der Form auf *um*, etwas, was man auszuführen
vorhat, *aliquid gerundum*, bedeutet, und z. B. *opsonatum
ire* soviel ist als *ad opsonandum ire*. Viel gewöhnlicher
aber wird der Name Supinum auch für das Gerundium
gebraucht[2]), und zwar ohne Zweifel deswegen, weil man
auch in dem letzteren eine aus dem sogenannten partic.
fut. passivi, wie in jenem eine aus dem partic. perf. passivi abgeleitete Form zu erkennen meinte. Beide heifsen
Participialia oder *modi participiales*[3]), wobei denn, wie
sich von selbst versteht, der Ausdruck *modus* blos eine
Verbalform bedeuten soll, da von einer Modalitäts-

---

modo supina sunt vel dici possunt gerundia. Man sieht, der Mann leitet
die Endung *dium* von *duo* ab. — Sanctius, Min. III, 7 meint: *Gerunda*
(denn dies hält er für die richtige Benennung) *dicuntur a gerendo vel ge-
rundo, quod a participio gerantur vel gubernentur:* wozu denn Perizonius
mit Recht sagt: *ineptissima est haec ratio,* und sich lieber dem Cledonius
anschliefst. — Der Name *modus gerundivus* findet sich bei Sergius in art.
sec. Donat. p. 1788 P. Neuere haben das sog. Partic. fut. pass., um es vom
Gerundium zu unterscheiden, Gerundivum genannt, und ich finde dies ganz
zweckmäfsig. Denn dafs das, was man so nannte, kein Part. futuri sei, ist
klar; aber auch für ein Partic. praes., wie Haase zu Reisig S. 747 will, darf
es nicht geradezu erklärt werden, wenn es auch häufig genug als ein Surro-
gat dafür verwendet wird, indem nämlich die ihm eigentlich beiwohnende Bedeutung der Tendenz zur Verwirklichung nicht besonders urgirt wird,
und dafür die einer vor sich gehenden Verwirklichung eintritt. Der Unterschied zwischen *mihi liber scribendus est* und *scribendo libro fessus sum*
u. dgl. ist klar; aber man sieht wie leicht es war, das Ger. auch in der
zweiten Weise zu gebrauchen, weil jede vor sich gehende Thätigkeit doch
auch eine Tendenz zur Vollendung, vollständig abgeschlossenen Verwirklichung hat.
[1]) Z. B. Priscian. VIII, 9, 44. Macrob. I. p. 266 Jan. In der mittelalterlichen Grammatik nannte man das Supinum auch *gerundi novissimum,*
wie es z. B. in dem von Mai, class. auct. V. herausgegebenen Probus
p. 290. 292. 297 und öfter der Fall ist. Mai hält diesen Probus wunder-
barer Weise für den alten Berytier, mit dem er nichts als den Namen, den
ihm streitig zu machen kein Grund ist, gemein hat.
[2]) Priscian. de XII vers. Aen. X, 189. p. 505 K. Charis. II. p. 144.
147 u. A.
[3]) Priscian. VIII, 9, 44. Der Anonymus de verbo hinter Macrob. I.
p. 299 Jan. lehrt, dafs beiden aufser dem obigen auch der Name Forma
usurpativa beigelegt sei. Dasselbe sagt Diomedes I. p. 389 P., wo jedoch
nur vom Gerundium die Rede ist, mit dem Zusatz: *dicta quod usu ex-
erceri quodque hoc pacto eloqui demonstrat.* Ohne Zweifel ist zu schreiben
quod quis hoc pacto eloquitur. Der Sinn scheint zu sein, es werde die
Anwendung, die Verwirklichung einer Thätigkeit durch diese Form bezeichnet.

bedeutung, wie sie den eigentlich sogenannten Modis des
Verbums beiwohnt, hier nicht die Rede sein kann. Die
Alten mochten bei participialis wohl nur an die vermeint-
liche Ableitung von Participien denken: in Wahrheit aber
sind wenigstens sowohl das Gerundium als das Supinum
dem Participium darin gleich, dafs sie ebenso wie dieses
eine Mittelgattung zwischen Nomen und Verbum sind und
an der Natur beider theilhaben. Am angemessensten scheint
es, dieser ganzen Mittelgattung den gemeinschaftlichen
Namen Verba participialia zu geben, und dazu denn das
speciell sogenannte Participium, das Supinum, das Gerundium und den Infinitiv als vier Unterarten der Gattung zu
rechnen.

Was den Infinitiv im besondern betrifft, so sind die
Formen desselben in etymologischer Hinsicht zwar noch
keinesweges alle so aufgeklärt, dafs sich darüber etwas
Bestimmtes als ausgemacht und allgemein anerkannt vortragen liefse; indessen mögen doch einige Andeutungen und
Vermuthungen hier gestattet sein. Dafs die lateinische
Infinitivendung *re* ursprünglich *se* sei, und der griechischen
aoristischen Infinitivendung σαι entspreche, scheint keinem
Zweifel unterworfen; was aber dieses *se* oder σαι, und die
damit zu vergleichende Sanskrit-Infinitivendung *sê* eigentlich sei, und ebenso was es mit den passiven Endungen
rier, ri und σθαι für eine Bewandtnifs habe, überlassen
wir einstweilen der vergleichenden Sprachwissenschaft zu
ermitteln, und bemerken nur soviel, dafs in dem σθαι
ebenso wie in θῆναι gewifs wohl das oben besprochene
demonstrative Suffix, dem wir die Bedeutung einer Verwirklichung der in Rede stehenden Thätigkeit zugesprochen haben, zu erkennen sein dürfte. Die griechische
Infinitivendung ειν lautete ursprünglich εμεναι, und dafs
diese Form an das Participium auf μενος erinnere ist
augenfällig und längst bemerkt worden[1]). Das in beiden
erscheinende erste Element ist dasselbe, welches in beiden
alten Sprachen auch zu Bildungen von abstracten Verbalsubstantiven dient: die Endung αι sieht einem Dativ oder
Locativ ähnlich, und man hat nicht ohne Grund be-

---

[1]) Bopp, Vergl. Gr. II. S. 1287. Eine andere Ansicht s. bei Curtius,
de nom. gr. form. Berol. 1842. p. 55. Zeitschr. f. d. A. W. 1844. S. 644 f.

merkt[1]), wie sich namentlich in der homerischen Sprache der Infinitiv so gar häufig als Angabe des Zweckes oder Zieles darstellt, zu welchem etwas gethan wird, wie ἶριν τανύσσῃ τέρας ἔμμεναι — ein Zeichen zu sein, βόας ζεύξῃ τριβέμεναι, die Rinder anschirrt zu dreschen, κύνας ἔτευξε δῶμα φυλασσέμεναι, Hunde, das Haus zu bewachen. Dabei drängt sich die Bemerkung auf, wie unsere Muttersprache, und ebenso die Englische, den Infinitiv mit dieser Präposition zu, to, zu verbinden liebt, und diese Verbindung nicht blos in solchen Fällen braucht, wo die Richtung auf einen Zweck deutlich erkennbar ist, sondern auch nach solchen Verben, die vielmehr das Gegentheil besagen, wie ich scheue mich dies zu thun, ich fürchte zu irren, ich meide es ihn zu sehen, ich lasse nicht ab zu suchen, er zögert zu kommen. Indessen erklärt sich das leicht, wenn man bedenkt, daſs in dergleichen Verbindungen nicht blos die Handlung selbst, sondern auch die Richtung auf die Handlung als der Gegenstand des Zögerns, Ablassens, Meidens u. s. w. bezeichnet werde. Und daſs gerade diese Auffassung so vorherrschend ist und die Ausdrucksweise bestimmt, hat seinen Grund doch wohl nur darin, daſs das Sprachgefühl auch unbewuſst die ursprüngliche Locativbedeutung des Infinitiv, als desjenigen, worauf eine andere Thätigkeit gerichtet ist, festgehalten hat. Stimmt nun hierin unser Infinitiv mit dem griechischen auf εμεναι überein, so giebt er auch ebenso wie dieser seinen Ursprung aus dem Participium, oder wenigstens seine nahe Verwandtschaft mit demselben deutlich zu erkennen. Er lautet jetzt auf en, das Participium auf end, früher auf an, Partic. auf ant oder anter, altsächs. an, Partic. and, goth. an, Partic. ands: und bei der in die Augen fallenden Aehnlichkeit der beiderseitigen Formen kann man nur fragen, ob das Participium aus dem Infinitiv durch Zutritt des demonstrativen Suffixes entstanden, oder umgekehrt der Infinitiv aus dem Particip durch Abwerfung desselben hervorgegangen sei, wie in den nordischen Sprachen selbst das dann übrig bleibende auslautende n abgeworfen und Infinitive auf a gebildet sind. Für die zweite der beiden Ansichten scheint mir nun zu sprechen,

---

[1]) L. Meyer, d. Infinitiv d. homer. Sprache (Götting. 1856) S. 12 ff.

dafs in der That der Infinitiv vielfältig auch noch in der dem Particip entsprechenden Form d. h. mit jenem Demonstrativsuffix versehen erscheint, theils im Mittelhochd. wie z. B. ze sehende (zu sehen), ze gebende (zu geben), theils regelmäfsig im Niederdeutschen, so oft der Infinitiv mit dem Artikel oder mit einer Präposition verbunden oder auch ohne diese als substantivischer Ausdruck der jedesmal gemeinten Thätigkeit gebraucht wird, z. B. dat levend, van deme levende, ere blekend unde stemmen horde ik gheren (ihr Blöken und ihre Stimmen), de Konink bot swighend also vort (der König gebot Schweigen), Beispiele, wie sie der Reineke Vos in Menge darbietet. Auch unser trefflicher Barth. Sastrow, der zwar hochdeutsch schreibt, doch seine eigentliche niederdeutsche Mundart vielfältig durchklingen läfst, sagt: es halff an jme weder vormahnendt noch straffend, und ähnliches häufig. Diese Infinitive sind offenbar dem lateinischen Gerundium analoge Bildungen, dem sie auch in der Anwendung zum Theil entsprechen: sie besagen, wie dieses, das Sichverwirklichen einer Thätigkeit. Vielfältig könnte statt ihrer auch das Verbalsubstantiv auf ung oder, wie es im Niederdeutschen häufig lautet, auf ing, gesetzt werden, und dieses ing oder ung selbst dürfte sich als ein, wenn man will unorganischer, Uebertritt aus end ansehen lassen, wie auch in einigen Volksmundarten das Participium auf ing erscheint, z. B. brinning, glüning, lachening für brennend, glühend, lachend, in Hessen und Thüringen [1]). Dafs die Verbalsubstantive auf ung als Feminina behandelt werden, nicht, wie man erwarten könnte, als Neutra, dürfte sich kaum als ein Argument gegen ihre Entstehung aus dem Infinitiv geltend machen lassen: es ist dies wohl nur in Folge ihrer wesentlichen Begriffsverwandtschaft mit anderen abstracten Nominalbildungen auf heit und keit, wie Schönheit, Leichtigkeit u. dgl., geschehen. Im Englischen ist die Form auf ing, wie sich in dieser Sprache von selbst versteht, geschlechtslos; und sie tritt ebenso häufig als Verbalsubstantiv wie als Participium und als Infinitiv oder Gerundium auf.

---

[1]) Reinwald, Henneberg. Idiotikon I S. IX.

6. Arten der Nomina.

Unter allen Nennwörtern, die sich nicht geradezu als
Ableitungen von Verben erweisen, stehen die Adjective dem
Participium am nächsten, und die grofse Mehrzahl der
Gattungsnamen und der Eigennamen ist aus ihnen hervorgegangen. Das Wesen des Adjectivs, wie des Nennwortes
überhaupt, besteht darin, dafs es die Verbindung eines attributiven Begriffs mit dem Begriff der Substanz nicht, wie
das Verbum, als einen eben jetzt im Geiste vollzogenen
Act, sondern, ebenso wie das Participium, als eine unmittelbar angeschaute Thatsache ausspricht, folglich niemals
eine Aussage bildet, sondern nur zum Subject oder Object
einer Aussage dienen kann. Der Begriff des Attributes,
einer Eigenschaft, einer Beschaffenheit, kurz eines solchen
oder solchen Verhaltens, wird durch den Stamm, der Begriff eines substanziellen Trägers des Attributes durch die
Endung des Adjectivs angegeben. Der Sprachgeist fafst
übrigens jedes Verhalten, jede Eigenschaft, jede Beschaffenheit einer Substanz nicht als ein blos ruhendes, todtes,
sondern als ein lebendiges und energisches Sein und Gehaben derselben auf, was denn öfters auch selbst noch auf
ein transitives Object bezogen, und daher mit dem Objectscasus verbunden werden kann, wie πόδας ὠχύς, os hume-
rosque deo similis. Eine Menge attributiver Begriffe läfst
sich, wenn die Sprache sie auch in Verbalform ausgeprägt
hat, ohne merklichen Unterschied durch Participien wie
durch Adjective aussprechen: Der grünende Baum, der
grüne Baum. Dafs aber nicht alle attributive Begriffe
auch in Verbalform ausgeprägt sind, erklärt sich leicht.
Das Verbum hat wesentlich die Function, das Attribut
unter der Form eines zeitlichen Verhaltens des Subjectes
auszusagen, welches bald als ein jetziges, bald als ein vormaliges, bald als ein künftiges angeschaut und ausgesprochen wird; und so ist es natürlich, dafs man auch
nur solche Attribute in Verbalform ausprägte, die man als
ein zeitliches Verhalten auffafste, wogegen für solche, die
sich nicht als zeitliche und dem Wechsel unterworfene Beschaffenheiten des Gegenstandes darstellten, die nominale

Form genügte, da sich ja, wenn wirklich einmal auch bei
ihnen das Bedürfnifs eintrat, ein zeitliches Verhalten anzugeben, dies durch Hülfe des allgemeinen Zeitwortes, des
Verbi substantivi, welches eben seiner ganz allgemeinen
Bedeutung wegen als Träger eines jeden Attributbegriffes
dienen konnte, erreichen liefs. Umgekehrt aber kann auch
jeder in Verbalform ausgeprägte Attributbegriff eben in
dieser Form im Nothfall auch zur Angabe eines nicht
zeitlichen, sondern bleibenden und stetigen Verhaltens des
Gegenstandes gebraucht werden, weil die Zeitform der
Gegenwart oder des Praesens das, was sie zunächst nur
als gegenwärtig bezeichnet, darum doch nicht von Vergangenheit und Zukunft ausschliefst, und jedes stetige
Verhalten des Gegenstandes eben deswegen auch immer
zugleich mit ihm gegenwärtig ist. Tritt aber das Bedürfnifs, einen zuerst in nominaler Form ausgeprägten Attributbegriff als ein zeitliches Verhalten des Gegenstandes zu
bezeichnen, öfters ein, so besitzt die Sprache auch die
Fähigkeit, aus dem Nomen ein abgeleitetes Verbum, ein
Denominativum zu bilden, wie von *rex regno*, von *dominus
dominor*, von πρῶτος πρωτεύω, u. dgl. Und wieder umgekehrt, wenn das Bedürfnifs fordert, einen zuerst in Form
des Verbums ausgeprägten Attributbegriff in Form eines
Nomen als stetiges Verhalten des Gegenstandes zu bezeichnen, so findet die Sprache auch dazu das Mittel theils
durch manche vom Verbum abgeleitete Nominalbildungen,
theils durch Anwendung des Particips der Gegenwart, eben
weil die Zeitform der Gegenwart auch das Stetige zu bezeichnen geeignet ist. Ein solches als Adjectiv gebrauchtes
Participium pflegt dann aber dasjenige, was es als Participium mit dem Verbum gemein hat, die Structur mit dem
Objectscasus, zu verlieren, und falls nun doch eine Beziehung des in ihm enthaltenen Thätigkeitsbegriffes auf ein
Object angegeben werden soll, den Genitiv als den Casus
der Begriffsbestimmung zu sich zu nehmen [1]). Denn als

---

[1]) Vgl. Priscian. de XII vers. Aen. VI, 122 p. 487: *Necesse est omnia
participia his casibus adiungi, quibus et verba, ex quibus nascuntur. —
nam si ad alium casum transeunt, perdunt vim participii et ad nomina
transferuntur, ut si dicam amans illum, participium est, sin autem
amans illius, nomen est, quod significat ὁ ἐραστὴς ἐκείνου, unde et
comparationem accipit, amantior, amantissimus.* Dafs übrigens nicht blos

Participium dient es zur Bezeichnung der in einem bestimmten concreten Falle ausgeübten Thätigkeit, und hat
deswegen das Object, auf welches sie in diesem Falle wirklich übergeht, naturgemäfs auch im Objectscasus bei sich;
wenn es aber als Adjectiv fungirt, so spricht es nur die
Art der Thätigkeit als eine dem Gegenstande beiwohnende
Eigenschaft aus, und nimmt deswegen, wenn der Begriff
dieser Art von Thätigkeit durch Angabe des Objectes,
worauf sie sich bezieht, bestimmt werden soll, den Casus
der Begriffsbestimmung zu sich.

Auch die Gattungsnamen sprachen ursprünglich alle,
gleich den Adjectiven, Eigenschaften und Beschaffenheiten
der Dinge, also ein Verhalten derselben aus, und viele von
ihnen sind ohne Zweifel unmittelbar aus den Stämmen
hervorgegangen, zum Theil aus solchen, aus welchen sich
entweder gar keine oder nur spätere und aus jenen abgeleitete Verbalbildungen vorfinden, zum Theil aus solchen,
aus welchen Verba und Nomina unabhängig von einander
erwachsen sind. Hierüber im Einzelnen zu entscheiden,
ist oft schwierig, da die vorhandenen Formen der Wörter
nicht mehr die ursprünglichen, sondern vielfach verändert
und abgestumpft sind: für unsern Zweck genügt es, nur
im Allgemeinen auf die Sache hinzudeuten, deren specielle
Erörterung eine Aufgabe der sprachgeschichtlichen und
sprachvergleichenden Wissenschaft ist. Waren nun aber die
Gattungsnamen ursprünglich den Adjectiven darin gleich,
dafs sie Eigenschaften und Beschaffenheiten zugleich mit
der Andeutung eines substanziellen Trägers derselben aussprachen, so fragt sich, wodurch sie denn eigentlich von
den Adjectiven unterschieden und zu Gattungsnamen, d. h.
zu gemeinsamen Benennungen für gewisse Classen von
Dingen geworden sind. Offenbar nur dadurch, dafs die
Eigenschaften und Beschaffenheiten, die sie aussprachen, sich
bei gewissen Classen von Dingen als regelmäfsiges con-
stantes Merkmal fanden, und deswegen die Wörter, die
jene ausdrückten, auch zur ausschliefslichen oder vorzugs-
weisen Bezeichnung solcher Dinge dienten. Bei den meisten

---

die partic. praes., sondern auch die partic. perf. passiver Form so zu Adjectiven werden können, versteht sich von selbst, weil ja das Perf. eigentlich auch ein Praesens actionis perfectae ist, und einen Zustand der Gegenwart bezeichnet.

dieser Wörter ist es übrigens jetzt gar nicht mehr möglich, ihre ursprüngliche Bedeutung zu ermitteln, und mit Sicherheit anzugeben, welche charakteristische Eigenschaften und Beschaffenheiten es eigentlich seien, die durch sie bezeichnet werden. Wenn aber dies unerkennbar ist, so haben dafür die Gattungsnamen die Fähigkeit gewonnen, den ganzen Complex wesentlicher Merkmale, welche den Gattungsbegriff constituiren, der Seele zu vergegenwärtigen, und auch bei solchen, deren ursprüngliche Bedeutung noch wohl erkennbar ist, wird doch jetzt nicht mehr an diese, sondern nur an den Gesammtbegriff der Gattung gedacht. Das Adjectiv dagegen bezeichnet solche Eigenschaften und Beschaffenheiten, welche Dingen verschiedener Gattungen gleichmäfsig zukommen und Dingen derselben Gattung entweder beiwohnen oder fehlen können, ohne dafs der Gattungsbegriff dadurch alterirt wird und die Dinge aufhören derselben Gattung anzugehören. Eben auf diesem Unterschiede der beiden Wortarten beruht es auch, dafs die Sprache den Gattungsnamen einen gewissen geschlechtlichen Charakter gegeben hat, der sich freilich oft nicht durch ihre äufsere Form, sondern nur durch ihr syntaktisches Verhalten zu erkennen giebt, und dem gemäfs sie theils als männliche, theils als weibliche, theils als geschlechtslose oder geschlechtlich indifferente gelten. Man kann vielleicht diese Benennungen tadeln, man kann es in Zweifel ziehen, ob die Sprache, indem sie solche Unterschiede zwischen den Gattungsnamen machte, dabei zunächst von dem Sexualverhältnifs der lebenden Wesen ausgegangen sei; was man aber nicht wird leugnen können ist dies, dafs bei denjenigen Gattungsnamen, die man männliche nennt, die Vorstellung eines kräftigen, energischen, bei denen, die man weibliche nennt, die eines schwachen, unselbständigen, fremder Einwirkung hingegebenen Wesens mafsgebend gewesen sei, während die indifferente oder geschlechtslose Form auf ein weder diese noch jene Vorstellung erweckendes Wesen der so bezeichneten Gegenstände deutet[1]). Wer

---

[1]) Dies darf jetzt wohl als allgemein anerkannt gelten; auch K. E. A. Schmidt, Beitr. z. Gesch. d. gr. u. lat. Gr. S. 267 scheint es anzuerkennen. Um aber doch sein Besserwissen der herkömmlichen Grammatik gegenüber auch hier nicht unbezeugt zu lassen, macht er es dieser S. 262 zum Vor-

nun aber verlangte, daſs ihm dies im Einzelnen demon-
strirt, daſs ihm mit überzeugenden Beweisen dargethan
würde, mit welchem Rechte und aus welchen Gründen die
Sprache gerade dieser oder jener Gattung einen männlichen,
dieser anderen Gattung einen weiblichen, jener dritten einen
indifferenten Gattungsnamen beizulegen befugt gewesen,
und wie es doch zugegangen sei, daſs bei manchen Gegenständen das wirkliche sexuelle Wesen bei der Benennung
unberücksichtigt bleibe, oder daſs von synonymen Benennungen derselben Gattungen die eine als männlich, die
andere als weiblich oder geschlechtslos auftrete, dem würde
nur mit dem verständigen Ausspruch eines alten Auslegers
des Aristoteles zu antworten sein, *οὐ δεῖ πλέον ἐπιζητεῖν
παρὰ τοῦ λόγου, ἢ ὅσον ἐπιδέχεται ἡ τῶν πραγμάτων σα-
φήνεια.* — Aus dem oben angegebenen Unterschiede zwischen den Adjectiven, als Bezeichnungen der wandelbaren
und unwesentlichen, und den Gattungsnamen als Bezeichnungen der Gesammtheit der den Gattungsbegriff wesentlich constituirenden Merkmale folgt nun aber auch, daſs
jene überall neben dem Gattungsnamen zur Anwendung
kommen müssen, wenn es darauf ankommt auſser dem
Gattungsbegriff auch noch diese oder jene besondere Eigenschaft eines Gegenstandes anzugeben, woher sie eben ihren
Namen Adjectiva, gr. *ἐπίθετα,* bekommen haben: es folgt
aber auch dies daraus, daſs sie eben als Adjectiva eines bestimmten besonderen Geschlechtscharakters entbehren müssen, dagegen aber die Fähigkeit haben, mit diesem oder
jenem Gattungsnamen verbunden auch den geschlechtlichen
Charakter desselben anzunehmen, was denn viele von ihnen,

---

wurf, daſs nach ihr die Sprache mehr Geschlechter angebe, als in der Natur
gefunden werden. Er meint nämlich das auſser den dreien noch genannte
κοινόν und das *ἐπίκοινον,* und verkennt also, vielleicht absichtlich, in welchem Sinne die Grammatiker von einem *γένος* der Nomina, nicht der
Dinge, reden, und daſs ihnen *γένος ὀνόματος* nur die Art der Geschlechts-
bezeichnung ist, die sich denn ganz offenbar als eine fünffache erweist, indem einige Nomina Männliches, andere Weibliches, andere Indifferentes bezeichnen, einige die ganze Gattung, in welcher sich die beiden Geschlechter
befinden, bald als Masculinum bald als Femininum behandeln, einige endlich selbst bei Individuen das natürliche Geschlecht unberücksichtigt lassen,
und sie nur mit dem eine der beiden Formen tragenden Gattungsnamen
benennen.

obgleich nicht alle, auch durch Formveränderungen bemerklich machen[1]).

Auch die jetzt gewöhnlich sogenannten Stoffnamen, wie Gold, Silber, Wein, Wasser, Getreide, Weizen, Roggen u. dgl. sind nichts anderes als Gattungsnamen, und bezeichnen die Dinge nach gewissen charakteristischen Eigenschaften, die der ganzen Gattung gemein sind. Der Unterschied der mit solchen Namen bezeichneten Dinge von anderen besteht nur darin, daſs sie sich der Wahrnehmung nicht als bestimmte Individuen, sondern als massenhafte Gesammtheiten darbieten, die freilich auch aus kleinen gleichartigen Individuen bestehen können, wie der Schnee aus Flocken, das Wasser aus Tropfen, das Getreide aus Körnern, wobei aber doch immer nur die Masse in Betracht zu kommen pflegt, die bald gröſser bald kleiner sein kann und doch wesentlich immer dieselbe bleibt. Daher giebt es in der Regel von dergleichen Stoffnamen auch nur Singularformen, und wenn von manchen auch Pluralformen üblich sind, so kommt dies meist daher, daſs mehrere Varietäten oder ein verschiedenes Vorkommen derselben stofflichen Gattung unterschieden werden, die man dann durch den Namen als zu Einer Gattung gehörig, durch den Numerus als Species und Erscheinungsarten derselben bezeichnet. — Noch eine andere Art von Gattungsnamen bilden die Sammelnamen (*collectiva*, περιληπτικά). Auch diese bezeichnen Gesammtheiten von Individuen, aber von solchen Individuen, deren jedes einzelne für sich auch eine eigene selbständige Existenz hat, wie sie bei den durch die Stoffnamen bezeichneten Gesammtheiten entweder überhaupt nicht stattfindet oder wenigstens nicht in Betracht kommt. Insofern nun solcher Gesammtheiten mehrere untereinander ähnliche sind, ist eben diese Mehr-

---

[1]) Sanctius Min. I, 7 p. 55 meint, den Adjectiven dürfe man gar kein genus zugestehen, weil sie immer nur dem genus der dabei stehenden Substantiva accommodirt würden. Er übersieht aber, daſs die Adjectiva in der That nicht blos nur Eigenschaften und Beschaffenheiten, sondern auch ein substanzielles Substrat derselben anzeigen, welches dann entweder männlich oder weiblich oder indifferent sein muſs. Die Verbindung von Substantiv und Adjectiv bezeichnet dasselbe substanzielle Wesen zweimal auf verschiedene Weise: das Adjectiv könnte in solcher Verbindung dieser Bezeichnung freilich auch überhoben sein, aber abgesprochen werden darf sie ihm deswegen doch nicht.

heit als eine Gattung von Gesammtheiten anzusehn, und
der Name, der sie bezeichnet, ist folglich ein Gattungsname. Die Stoffnamen sind ohne Zweifel von charakteristischen Eigenschaften und Beschaffenheiten hergenommen,
durch welche sich die Stoffe unterscheidend hervorthun;
die Sammelnamen aber nur zum Theil, wie etwa ὄχλος,
στρατός, πληθύς, plebs, populus, grex, während anderen
diese Geltung nur durch Uebertragung beigelegt worden
ist, da sie ursprünglich etwas Anderes bedeuteten, wie
δῆμος das angebaute Land, ἀγορά den Versammlungsplatz,
oder sie bezeichnen eigentlich Einzeldinge, die aber, weil
sie für die Gesammtheit wesentlich sind, auch zu ihrer
Bezeichnung verwandt werden, wie die Griechen ἡ ἀσπίς
für die schildbewehrte Schaar, ἡ ἵππος für die Reiterei,
die Römer *vexillum*, *manipulus* für den unter einem Vexill,
einem Manipel vereinigten Haufen sagen, oder endlich sie
gehören zur Classe der weiter unten zu besprechenden
Nomina abstracta, die eigentlich Verhältnisse und Zustände
bezeichnen, dann aber auch zur Bezeichnung der in solchen
Verhältnissen und Zuständen befindlichen Gesammtheiten
gebraucht werden, wie wenn ἡ πολιτεία, *civitas* die Gesammtheit der Bürger bedeuten.

Solche Nomina dagegen, welche nicht dergleichen einer
Gesammtheit gemeinschaftliche Verhältnisse und Zustände,
sondern ein gewisses Verhalten bezeichnen, welches bei
Gegenständen einer und derselben Gattung stattfinden oder
fehlen kann, ohne dafs sie deswegen aufhören, ihrer Gattung anzugehören, sind mit besserem Rechte für eine Art
von Adjectiven, als, wie es gewöhnlich zu geschehen pflegt,
für Gattungsnamen zu erklären. Dafs viele derselben nicht,
wie die Mehrzahl der Adjective, in dreierlei Geschlechts-
formen, sondern nur in Einer, als Masculina oder Feminina, zur Anwendung kommen, macht keinen wesentlichen
Unterschied, und nicht wenige von ihnen haben auch wirklich die Fähigkeit geschlechtlicher Formveränderung, namentlich diejenigen, welche man als *nomina agentis*, ὀνόματα ἐνεργητικά [1]), zu bezeichnen pflegt, weil sie einen
Gegenstand als Ausüber einer gewissen Thätigkeit darstellen. Allerdings sind auch unter den eigentlich so zu

---

[1]) Apollon. de adverb. p. 571, 21.

nennenden Gattungsnamen eine Menge, oder vielleicht alle,
in Wahrheit ursprünglich nichts anders als Thätigkeits-
bezeichnungen, insofern nämlich alle Eigenschaften und
Beschaffenheiten der Dinge auch als Thätigkeiten derselben
aufgefaſst worden sind; der Unterschied aber ist dieser,
daſs die zu Gattungsnamen gewordenen Wörter solche
Thätigkeitsäuſserungen der Dinge bezeichneten, welche als
wesentlich und unzertrennlich mit dem Begriff einer ganzen
Gattung von Dingen verbunden gedacht wurden, wogegen
jene anderen nur ein mit dem Begriff der Gattung nicht
wesentlich verbundenes Verhalten ausdrücken. Haben deswegen die eigentlichen Gattungsnamen auch meist einfache
unmittelbar aus den Stämmen gebildete Formen, die, wenn
ihnen Verba aus denselben Stämmen gegenüberstehen, doch
nicht aus diesen, sondern neben ihnen und unabhängig von
ihnen entstanden sind, so sind dagegen jene anderen vorzugsweise aus Verben abgeleitet, Nomina verbalia, und zu
ihrer Bildung dienen Suffixe, deren Verwandtschaft mit den
zur Bildung der Supina, Gerundia, Participia dienenden
in die Augen fällt, wie in $\vartheta\acute{\epsilon}\tau\eta\varsigma$, $\acute{\rho}\acute{\eta}\tau\omega\rho$, $\delta\omega\tau\acute{\eta}\rho$, dator, actor,
orator; daneben aber auch andere, wie in $\acute{\eta}\gamma\epsilon\mu\acute{\omega}\nu$, $\gamma\rho\alpha\varphi\epsilon\acute{\upsilon}\varsigma$,
$\acute{\alpha}\rho\chi\acute{o}\varsigma$, $\tau\alpha\gamma\acute{o}\varsigma$, promus, coquus, rex, dux u. s. w., worüber
uns in genauere Erörterungen einzulassen dem Zweck der
gegenwärtigen Arbeit fremd ist. — Eine zweite Classe der
ein gewisses Verhalten der Gegenstände zur Thätigkeit aus-
drückenden Nomina, die wir nicht den eigentlichen Gattungsnamen zuzählen, sind diejenigen, welche den Gegenstand
als Product und Ergebniſs einer Thätigkeit darstellen, und
die ebenfalls aus denselben Stämmen wie die Verba, zum
Theil neben diesen, mit einem kurzen bedeutsamen Suffix,
wie $\acute{\epsilon}\rho\gamma o\nu$, $\acute{\epsilon}\pi o\varsigma$, $\mu\tilde{\upsilon}\vartheta o\varsigma$, $\pi\rho\tilde{\alpha}\gamma\mu\alpha$, $\tau\acute{\alpha}\gamma\mu\alpha$, $\delta\acute{\epsilon}\mu\alpha\varsigma$, $\vartheta\acute{\epsilon}\mu\iota\varsigma$, vox,
lex, munus, ordo, fas u. s. w., zum Theil aber aus Verben
gebildet sind. Wenn man die Wörter dieser und der vorher
besprochenen Art Gattungsnamen nennt, so versteht man
unter Gattung alle die Gegenstände, welche in irgend
einer Beziehung — wie hier in Beziehung auf das Verhalten zu einer Thätigkeit — unter eine Kategorie befaſst
werden können, auch wenn das, was sie unter diese Kategorie befaſst werden läſst, etwas ihrem eigentlichen
Gattungsbegriff unwesentliches ist.

Es leuchtet ein, daſs diese beiden Arten der Nomina

ihrem Wesen nach den activen oder passiven Participien
nahe stehn, von welchen sie sich, abgesehn von ihrer Form,
eigentlich nur durch den Mangel der Zeitbedeutung, der
Andeutung eines zeitlichen Verhaltens, unterscheiden. Dagegen dem Infinitiv oder Supinum stehen solche Nomina
zunächst, welche nicht, wie jene, den ausübenden oder
erleidenden, wirkenden oder bewirkten Gegenstand einer
Thätigkeit, sondern die Thätigkeit selbst zu bezeichnen
dienen, die πρᾶξις, nicht den πράκτωρ oder das πρᾶγμα.
Es sind dies die *nomina abstracta*, so genannt, weil sie
den Begriff einer Thätigkeit, eines Verhaltens, einer Eigenschaft oder Beschaffenheit, welche in der Wirklichkeit nicht
anders denn als Attribute substanzieller Dinge vorhanden
sind[1]), von diesen abgezogen und getrennt enthalten, und
selbst unter der Form eines substanziellen Wesens aussprechen. Sie stellen sich theils als unmittelbare, theils
als mittelbare Ableitungen aus denselben Stämmen dar,
aus denen auch Adjectiva, Gattungsnamen und Verba erwachsen sind, mit mannichfaltigen Endungen, deren etymologische Beschaffenheit und Bedeutsamkeit zu ermitteln
die Aufgabe einer künftigen Semasiologie bleibt. Hier
wollen wir uns begnügen zu bemerken, dafs in den so
häufigen Formen auf της und τυς, lat. *tas, tus, tudo, tia,
tio, edo* ohne Zweifel derselbe demonstrative Pronominalstamm zu erkennen ist, den wir bereits zur Bildung von
Verbaladjectiven, Participien, Supinis und Gerundiis verwendet gefunden haben. Es liegt in diesen Endungen also
wohl die Bedeutung eines so oder so Thuns, ὀξύτης,
celeritas, das Schnellthun, βοητύς, das Schreien-
thun, *virtus*, das Kräftigthun, *magnitudo*, das Grofs-
thun, *motio*, das Bewegenthun, *clementia*, das Milde-
thun, *nigredo*, das Schwarzthun, indem nämlich überall
die Eigenschaften und Beschaffenheiten der Dinge als Thätig-
keitsäufserungen aufgefafst wurden. — Aber nicht selten
werden im Griechischen auch Adjectiva und Participien
im Neutrum so gebraucht, dafs man sie als Nomina abstracta betrachten kann, wie τὸ δειλόν, die Feigheit,
τὸ σῶφρον, die Besonnenheit, τὸ πρόθυμον, die Be-

---

[1]) Οὐκ ἐξαρκεῖ ἑαυτοῖς πρὸς οἰκείαν ὑπόστασιν, ἀλλ᾽ ἑτέρας ὑπο-
βάθρας δεῖται πρὸς τὸ εἶναι. Dexipp. p. 70, 16.

reitwilligkeit, τὸ φοβούμενον, die Furcht, τὸ θαρ-
σοῦν, die Kühnheit, τὸ βουλόμενον, der Wille u. dgl.
Die Andeutung des substanziellen Wesens liegt in der Endung: es würde aber eine Bezeichnung desselben nicht
anders als ganz allgemein durch Ausdrücke, die eben nichts
anders, als Wesen, Gehaben, Verhalten besagen, möglich sein. Auch Femininformen einiger Adjectiva sind
durch den Sprachgebrauch zu solchen Abstractis gestem-
pelt worden, wie γηθοσύνη, μνημοσύνη, φιλία, ἔχθρα,
wobei denn offenbar ebenfalls ein dunkel gedachter Sub-
stanzbegriff zu Grunde liegt, den man aber mit der Modification des weiblichen Verhaltens dachte.

Endlich die sogenannten Eigennamen oder Einzelnamen
sind unzweifelhaft alle aus Gattungsnamen oder aus Adjectiven geworden, und bezeichnen also ursprünglich Eigenschaften, Beschaffenheiten, Thätigkeiten. Zu Eigennamen
sind einige von ihnen, aber nur sehr wenige, deswegen
geworden, weil die bezeichneten Eigenschaften diesem oder
jenem einzelnen Gegenstande in so eminentem Grade zu-
kamen oder zuzukommen schienen, dass dieselben vorzugsweise nach ihnen benannt werden konnten, wie etwa der
oberste Gott, der Gott der Götter, deswegen den Namen,
der eigentlich die Himmlischen überhaupt bezeichnet, Ζεύς,
Διεύς, als Eigennamen bekommen hat. Von den übrigen
Götternamen läfst sich ebenfalls mit Zuversicht behaupten,
dafs sie Eigenschaften und Thätigkeiten ausdrücken, wie
man sie den vermeintlichen göttlichen Personen zuschrieb,
und dafs sie als Eigennamen im strengsten Sinne nur dann
angesehen werden dürfen, wenn wirklich nur eine einzige
derartige Gottheit geglaubt wurde, wie der Name sie bezeichnet, was bekanntlich keinesweges unbedingt und ohne
Ausnahme der Fall war: denn ob es nur Einen Poseidon,
Eine Aphrodite, Einen Hermes, ja selbst ob es nur Einen
Zeus oder mehrere gebe, darüber herrschte keinesweges
allgemeine Uebereinstimmung der Ansichten. Dabei ist
übrigens nicht zu vergessen, dafs viele Götternamen schwer
oder gar nicht zu deuten sind, weil sie ursprünglich gar
nicht der griechischen oder lateinischen Sprache angehören,
sondern von Barbaren entlehnt, oder, wenn dies nicht,
doch so sehr von ihrer ursprüglichen Gestalt entfernt sind,
dafs sich diese gar nicht mehr mit Sicherheit erkennen

läfst. Aehnliches läfst sich von den Ortsnamen sagen, deren
manche allerdings deutlich erkennbare appellative Bedeutung haben, und zu Eigennamen bestimmter Oertlichkeiten
nur deswegen geworden sind, weil das, was sie bezeichneten, dort, wo sie dies wurden, einer gewissen Localität,
einem Berge, einem Flusse, vorzugsweise zuzukommen
schien, andere dagegen entweder barbarischen Ursprunges,
aus der Sprache früherer Landeseinwohner, oder doch so
entstellt sind, dafs keine sichere Deutung mehr möglich
ist. Wenn also Priscian (II, 5, 25), der ohne Zweifel hier
wie überall wohl dem Apollonius folgt, vom Eigennamen
sagt: *Proprium naturaliter unius cuiusque privatam sub-*
stantiam et qualitatem significat, so kann man jenes *natu-*
raliter nur in dem Sinne gelten lassen, dafs es ursprünglich und naturgemäfs sich so verhalten habe, so wenig es
sich auch von allen erkennen und nachweisen läfst. Dies
ist denn ohne Zweifel auch der Grund, weswegen andere
Grammatiker in der Definition der Eigennamen weder des
naturaliter noch der *qualitas* gedenken, sondern sich begnügen zu sagen, wie wir in dem Büchlein des Dionysius
lesen: *κύριόν ἐστι τὸ τὴν ἰδίαν οὐσίαν σημαῖνον*, d. h. der
Eigenname bezeichnet das Einzelwesen. Bei Apollonius
heifst es freilich einmal[1]): *ἡ τῶν ὀνομάτων θέσις ἐπενοήθη*
εἰς ποιότητας κοινὰς ἢ ἰδίας, ὡς ἄνθρωπος, Πλάτων: aber
damit soll offenbar auch nichts anderes gesagt werden,
als dafs ursprünglich, wie die Gattungsnamen die charakteristische Qualität der Gattung, so die Eigennamen die
des Einzelnen zu bezeichnen gedient haben, nicht dafs sie
dies wirklich auch jetzt noch thun. Vielmehr erkennt
Apollonius selbst das Gegentheil ausdrücklich an[2]), indem
er speciell von den Personennamen, die von Adjectiven
hergenommen sind, wie z. B. Ἀρίσταρχος, bemerkt, dies
sei eine ἐξ ὑστέρου γενομένη συμβολικὴ μετάθεσις, eine
auf Uebereinkunft beruhende spätere Uebertragung des
Namens ohne Rücksicht auf die ursprüngliche Bedeutung.
Und dafs es so mit allen Personennamen sich verhalte,
konnte ja Keinem verborgen sein, wenn er etwa einen
Schwächling Κράτερος, einen Stammler Εὐαγόρας, einen

---

[1]) De constr. II, 7 p. 103, 13.
[2]) Ibid. II, 31 p. 187, 6.

Knirps *Magnus* und einen Dickwanst *Macer* nennen hörte[1]):
wie denn auch der platonische Kratylos dem Hermogenes
die eigentliche Berechtigung zu diesem Namen abspricht,
weil er zu seinem Wesen nicht passe.

Diese Beschaffenheit der Eigennamen war es ohne Zweifel,
was die Stoiker, und zwar zuerst wohl den Chrysippus[2]),
veranlaſste, sie nicht blos als eine besondere Art der Nomina anzusehn, was ja auch die Grammatiker thun, sondern sie als einen eigenen Redetheil für sich aufzustellen,
dem er den Namen ὄνομα ausschliefslich beilegte, und dagegen die Gattungsnamen und Adjectiva nicht ὀνόματα,
sondern προσηγορίας nannte. Denn nach der stoischen
Ansicht von der Sprache mufste er allerdings jene als eine
von allen anderen Wortgattungen sich dadurch wesentlich
unterscheidende betrachten, dafs sie allein einer willkür-
lichen Uebereinkunft ihre Geltung verdankten, während bei
allen übrigen eine natürliche Causalbeziehung zwischen
dem Worte und dem Begriff stattfand, die Lautgebilde von
Natur eine gewisse Bedeutsamkeit hatten, welche eben
der Grund war, dafs der eine Begriff durch dieses, der
andere durch ein anders lautendes Wort ausgesprochen
wurde. Für die Trennung der ὀνόματα als einer eigenen Wortgattung wurden dann von Manchen auch noch
andere Gründe angeführt, die aber freilich theils ganz
auſserwesentlich, theils entschieden unrichtig sind, und
deswegen von den Gegnern leicht zurückgewiesen werden
konnten.

Wir lassen nunmehr noch einige Angaben über die
Lehren der alten Grammatiker von der Eintheilung der
Nomina folgen, soviel davon der Beachtung werth scheint.

Die schon oben S. 14 angeführte Definition des ὄνομα

---

[1]) Vgl. was Priscian über die Homonymie bei Personennamen sagt,
II, 5, 25: *cum evenit ut multi eodem nomine proprio appellentur, for-
tuitu et sola voce, non etiam intellectu communis alicuius substantiae vel
qualitatis hoc fieri solet.*

[2]) Diogenes L. VII, 57 nennt hierfür ihn und seinen Schüler, den Ba-
bylonier Diogenes. Dafs die älteren Stoiker nur vier Redetheile annahmen,
wissen wir aus Dionys. Hal. de comp. verb. c. 2 und Anderen. — Wenn
die Definition bei Diogenes L. §. 58 wirklich authentisch ist: ὄνομά ἐστι
μέρος λόγου δηλοῦν ἰδίαν ποιότητα, so müssen wir das δηλοῦν von der
durch Uebereinkunft festgesetzten, nicht von der naturgemäſsen Bedeutung
verstehen. Ueber ποιότητα s. unten.

bei Dionysius unterscheidet als die durch dasselbe bezeichneten Gegenstände σώματα und πράγματα, und meint, wie
die beigesetzten Beispiele zeigen, mit dem ersten dieser
beiden Ausdrücke körperlich existirende Dinge oder Substanzen (an unkörperliche, rein geistige Substanzen dachte
der Urheber dieser Definition wohl nicht), mit dem andern
die Eigenschaften, Beschaffenheiten, Thätigkeiten, die von
dem körperlichen Substrate durch Abstraction abgesondert
und für sich gedacht, selbst wie substanzielle Dinge genommen werden. Die Definition unterscheidet ferner κοινῶς
und ἰδίως λεγόμενα; dafs die letzteren die Eigennamen
sind, ist klar; alle übrigen sind also κοινῶς λεγόμενα,
d. h. kommen nicht Einem Individuum, sondern vielen gemeinschaftlich zu, was offenbar sowohl von den Adjectiven
und Gattungsnamen als von den abstracten Beschaffenheits-
und Thätigkeitsnamen gilt: denn auch diese lassen sich als
Gattungsnamen für gewisse Arten von Beschaffenheiten und
Thätigkeiten betrachten. Ob übrigens diese Definition wirklich von dem alten Dionysius herrühre, kann hier füglich
unbesprochen bleiben; doch finde ich keinen triftigen Grund
sie ihm abzusprechen. — Spätere Grammatiker haben den
Begriff von σῶμα und πρᾶγμα unter den Gesammtbegriff
der οὐσία zusammengefafst. Τῶν οὐσιῶν, sagt ein Scholiast zu Dionysius, p. 843, 25, αἱ μέν εἰσιν αἰσθηταί, αἱ
δὲ νοηταί: jene sind die σώματα, diese die πράγματα, die
substantivirten Beschaffenheiten und Thätigkeiten: und auch
bei Dionysius selbst wird in der Definition der κύρια und
der προσηγορικὰ der Ausdruck οὐσία gebraucht: κύριόν
ἐστι τὸ τὴν ἰδίαν οὐσίαν σημαῖνον, οἷον Ὅμηρος, Σωκράτης,
προσηγορικὸν δὲ τὸ κοινὴν οὐσίαν σημαῖνον, οἷον ἄνθρωπος,
ἵππος. Die von Diogenes Laert. VII, 58 angeführte stoische
Definition beider Arten sagt nicht οὐσίαν, sondern ποιότητα, und Apollonius bemerkt einmal[1]), dafs die Nomina
beides, die οὐσία und die ποιότης bezeichnen, obwohl er
anderswo auch nur die ποιότης genannt zu haben scheint.
Denn dafs die von Choeroboscus in Bekk. Anecd. p. 1177
vorgetragene Definition, ὄνομά ἐστι μέρος λόγου ἑκάστου
τῶν ὑποκειμένων σωμάτων ἢ πραγμάτων κοινὴν ἢ ἰδίαν

---

1) De pronom. p. 33 (293). Vgl. Priscian. II, 4, 18: Proprium est nominis, substantiam et qualitatem significare.

ποιότητα ἀπονέμουσα, aus Apollonius geflossen sei, ist deshalb wahrscheinlich, weil sich ganz dieselbe auch bei Priscian. II, 5, 22 findet: *Nomen est pars orationis, quae unicuique subiectorum corporum seu rerum communem vel propriam qualitatem distribuit.* Der Ausdruck *rerum* entspricht zwar dem griechischen *πραγμάτων* nicht ganz genau; aber die lateinische Sprache bot eben keinen besser entsprechenden dar[1]): die *subiecta, ὑποκείμενα,* sind die jedesmal in Rede stehenden Gegenstände, die nun entweder *σώματα* oder *πράγματα,* oder nach dem o. a. Scholiasten *οὐσίαι αἰσθηταί* oder *νοηταί* sind. Da es aber keine erkennbare *οὐσία* ohne *ποιότης* giebt, und zum Begriff jeder *οὐσία* nothwendig gehört, dafs ihre *ποιότης* erkannt werde, so wird die Function des Nomen, die ja eben darin besteht, uns den Begriff eines Gegenstandes zu vergegenwärtigen, ganz richtig in die Angabe oder Andeutung der *ποιότης* gesetzt. Die Stoiker vermieden aber *οὐσία* zu sagen, weil sie in ihrer Schulsprache diesen Ausdruck vielmehr für den qualitätlosen Stoff, die *ἄποιος ὕλη* gebrauchten[2]), als für den so oder anders qualificirten, wie er allein zur erfahrungsmäfsigen Wahrnehmung kommen und durch Nomina benannt werden kann. Sie sagten daher lieber *ποιότης,* weil sich diese gar nicht anders als mit einem substanziellen Wesen verbunden oder selbst als substanzielles Wesen denken läfst[3]). Dasselbe meint auch Apollonius, wenn er sagt, das Nomen bedeute *οὐσίαν μετὰ ποιότητος,* wofür er indessen wohl besser *ποιότητα μετ' οὐσίας* gesagt hätte. Die Grammatiker aber, welche in der Definition des Nomen blos von der *οὐσία* reden, nehmen diesen Ausdruck offenbar im Sinne der aristotelischen Kategorienlehre, wo *οὐσία* selbst schon die bestimmt qualificirte Substanz ist, und zwar *πρώτη οὐσία* das Einzelwesen[4]), *δευτέρα οὐσία* die

---

[1]) Priscian. de XII vers. Aen. III, 70: *Quamvis enim quidam grammatici incorporalia soleant res dicere, tamen vera ratione omnia quae sunt, sive corporalia sive incorporalia, res possunt nominari.* Er weifs also sehr gut, was Sanctius Min. l. c. 5 extr. den Grammatikern übersehen zu haben vorwirft.

[2]) Diog. L. VII, 150: *οὐσίαν δέ ϟασι τῶν ὄντων ἁπάντων τὴν πρώτην ὕλην.* cf. Schol. ad Arist. Cat. p. 45 a. Brand.

[3]) Dafs den Stoikern auch die *ποιότης* ein *σῶμα* war, ist wohl bekannt, braucht aber hier nicht weiter berücksichtigt zu werden.

[4]) Simplic. bei Brandis p. 50 a: *πρώτας μὲν τὰς ἀτόμους οὐσίας* (die

Gattung, die sich zwar in jedem Einzelwesen, aber in
jedem mit individuellen Zuthaten verbunden darstellt, und
rein von allen Zuthaten in keinem Einzelnen erscheint.
Richtig spricht diese Meinung Theodorus Gaza aus, wenn
er sagt, p. 521: ἔστι δὲ κύριον τὸ τῆς πρώτης καὶ κατὰ
μέρος οὐσίας σημαντικόν, οἷον Σωκράτης, Πλάτων, προση
γορικὸν δὲ τὸ τῆς δευτέρας καὶ καθ᾽ ὅλον οὐσίας, οἷον
ἄνθρωπος, ἵππος [1]).

Die nicht zur Classe der Eigennamen [2]) gehörigen
Nomina wurden von Verschiedenen auf verschiedene Weise
eingetheilt. Zunächst berichtet Quintilian I, 4, 20, dafs
Einige neben dem *nomen*, d. h. dem *proprium*, nicht blos
das *vocabulum*, der προσηγορία entsprechend, sondern auch
noch die *appellatio* aufgestellt, und das *vocabulum* als Benennung einer körperlichen sichtbaren und tastbaren Sache
(*corpus visu tactuque manifestum*) wie Haus, Bette, die
appellatio aber als Benennung der nicht sichtbaren oder
nicht tastbaren Dinge, wie Wind, Gott u. dgl., wozu wir
denn überhaupt wohl alle res incorporales rechnen müssen,
definirt haben. Eine andere Angabe finden wir bei Diomedes I p. 320 K. (306 P.), welcher, nachdem er die herkömmliche Definition des Nomen vorgetragen hat, hinzufügt: *sed ab hac definitione Scaurus dissentit: separat
enim a nomine appellationem et vocabulum, et horum trina
definitio est talis: Nomen est, quo deus aut homo propria*

Individuen) ἔθετο, δευτέρας δὲ τὰς κοινὰς καὶ ἁπλᾶς, διότι πρώτοις τοῖς
συνθέτοις καὶ ἀτόμοις, ἔπειτα τοῖς ἁπλοῖς κοινοῖς ἐπιβάλλομεν. Vergl.
Dexipp. p. 54, 16 Sp.: πρὸς ἡμῖς τὰ καθέκαστα πρῶτα· πρώτοις γὰρ
τούτοις προσβάλλομεν.

[1]) Planudes in Bachm. Anecd. II p. 113, 32: τὰ ὀνόματα τὰ οὐσίαν
ἢ ποιότητα κοινὴν ἢ ἰδίαν σημαίνοντα. Wenn Pl. so schrieb, so scheint
er haben sagen zu wollen, dafs es gleichgültig sei, ob man οὐσίαν oder
ποιότητα sage. Er schrieb aber vielleicht οὐσίαν καὶ ποιότητα, wie Apollonius.

[2]) Beiläufig bemerke ich, dafs der deutsche Ausdruck, welcher den
Namen als dem Einzelnen eigen bezeichnet, dem griechischen κύριον ὄνομα,
dem lateinischen *nomen proprium* nicht recht entspricht, indem diese vielmehr sagen wollen, dafs diesen Benennungen der Name ὄνομα eigentlich und vorzugsweise zukomme, weswegen denn auch die Stoiker ihn
von diesen allein gebrauchten, die übrigen nicht ὀνόματα, etwa mit dem
Zusatz προσηγορικά, wie die Grammatiker, sondern nur προσηγορίας nannten.
Auch Varro L. L. VIII, 45, 80 nennt *nomen* nur den Eigennamen, die
übrigen aber *vocabula;* beide zusammen heifsen ihm *nominatus.*

duntaxat discriminatione pronuntiatur, cum dicitur ille Iupiter, hic Apollo, item Cato iste, hic Brutus; appellatio vero est communis similium rerum enuntiatio specie nominis, ut homo, vir, femina, mancipium, leo, taurus. — — *Vocabulum est, quo res inanimales vocis significatione specie nominis enuntiamus, ut arbor, lapis, herba, toga et his similia.* Wenn Scaurus, ein namhafter Grammatiker unter Hadrian, wirklich so definirt hätte, so würde er die Benennungen der unkörperlichen Dinge ganz aufser Acht gelassen haben. Wahrscheinlich hat aber Diomedes schlecht referirt, und Scaurus nicht anders gedacht als die von Quintilian erwähnten Grammatiker, die freilich auch unlogisch genug verfuhren, wenn sie, wie es scheint, die unkörperlichen Dinge, die οὐσίας νοητάς, wie die Nomina abstracta sie bezeichnen, mit den nur nicht sichtbaren oder tastbaren, wie Luft und Wind, zusammenwarfen. Da übrigens diese Eintheilung keinen allgemeineren Eingang gefunden hat, und vermuthlich nur von lateinischen Grammatikern ohne griechische Vorgänger[1]) ersonnen ist, so ist es um so weniger der Mühe werth, länger dabei zu verweilen.

In dem Büchlein des Dionysius werden nicht weniger als vierundzwanzig verschiedene εἴδη oder Species der Nomina aufgezählt, und zwar so, dafs den beiden ersten, dem κύριον und dem προσηγορικόν, die übrigen alle als coordinirte und von ihnen unabhängige Unterabtheilungen der Gattung angeschlossen werden. Wenn man sich dies auch hinsichtlich der ersten dieser übrigen, der ἐπίθετα oder *adiectiva*, vielleicht gefallen lassen könnte, so erkennt man doch gleich bei den beiden folgenden, dem πρός τι ἔχον oder, wie es Priscian übersetzt, dem *ad aliquid dictum*, und dem ὡς πρός τι ἔχον oder *quasi ad aliquid dictum*, d. h. den Nominibus, welche relative oder gewissermafsen

---

[1]) Bei Priscian. II, 4, 17 wird zwar, nachdem vorher des *nomen* und der *appellatio* als von Einigen besonders aufgestellter Redetheile gedacht ist, hinzugesetzt: *his alii addebant etiam vocabulum et interiectionem apud Graecos, quam nos adhuc servamus* —, aber, wenn die Lesart überhaupt richtig ist, so ist doch möglich, dafs das *apud Graecos* sich nur auf die Interjection beziehe. Denn dafs wirklich auch griechische Grammatiker diese vom ἐπίρρημα getrennt und als eigenen Redetheil aufgestellt haben, erhellt aus der Polemik des Apollonius gegen sie, worüber wir später zu reden haben werden. Vielleicht aber sind die Worte *vocabulum et* ganz zu tilgen. Eine Handschrift hat dafür das freilich auch falsche *articulum*.

relative Begriffe bezeichnen, das Fehlerhafte dieser Eintheilung: denn die Beispiele beider Arten, wie πατήρ, υἱός,
φίλος, δεξιός, νύξ, ἡμέρα, θάνατος, ζωή sind ja offenbar
nur wieder Unterarten der προσηγορικά oder ἐπίθετα. Und
bei der folgenden Art, dem ὁμώνυμον, bemerkt auch der
Verfasser selbst, dafs Homonyme sowohl unter den κυρίοις
als unter den προσηγορικοῖς vorkommen. Mehr anzuführen
ist nicht nöthig. Priscian, der II, 5, 27 gröfstentheils dieselben Species aufzählt, hat den Fehler vermieden, indem
er von ihnen bemerkt: *fere omnes in nominibus inveniuntur
appellativis;* und unter diesen nennt er denn zuerst die
Adjectiva, die also richtig als eine Unterart der Appellativa oder προσηγορικά, nicht, wie bei jenem, als eine neben
ihnen bestehende Art betrachtet werden. Dieselbe Ansicht
finden wir denn auch bei der Mehrzahl der übrigen Grammatiker[1]), und die stoische Definition der προσηγορία, als
μέρος λόγου σημαῖνον κοινὴν ποιότητα, schliefst ebenfalls
offenbar die Adjectiva nicht aus, da die Qualitäten, welche
die Adjectiva bezeichnen, ja auch nicht ἴδιαι, diesem oder
jenem Individuum ausschliefslich eigene, sondern κοιναί,
d. h. mehreren gemeinschaftlich zukommende sind, mögen
sie nun die wesentlichen Qualitäten gleichartiger Dinge
sein, wie die durch die Gattungsnamen angedeuteten, oder
mögen sie unwesentliche und wandelbare sein, die den
Dingen verschiedener Gattungen zukommen und den Dingen
Einer Gattung beiwohnen oder fehlen können, wie diejenigen welche die Adjectiva bezeichnen.

Eine Entgegensetzung von Substantiven und Adjectiven,
wie die neueren Grammatiker sie machen, von denen einige
selbst soweit gegangen sind, beide als zwei verschiedene
Redetheile aufzustellen, ist den alten Grammatikern, sowohl
den griechischen als den lateinischen, durchaus fremd, bei
denen sich auch weder der Name *substantivum* noch der
entsprechende ὄνομα οὐσιαστικόν findet, den unter uns
früher Thiersch aufstellte, aber in der neuesten Ausgabe
seiner Grammatik stillschweigend wieder beseitigte. Indessen
findet sich allerdings eine Annäherung an jene Entgegensetzung bei Priscian II,5,25 u. III,2,3, wo er sagt: *adiectiva*

---

[1]) Vgl. Donat. p. 1744. P. Serg. ad art. Don. p. 1839. Charis. II, 6
p. 152. 156. Keil. vgl. p. 533. Diomed. I p. 323.

iure sunt appellata quae illis nominibus, quae substantiam significant, adiiciuntur. Der Ausdruck *substantia* ist offenbar hier, wie sonst bei den Grammatikern, im Sinne der aristotelischen Kategorienlehre zu verstehn; und wenn man ihn so versteht, so sind *nomina quae substantiam significant* natürlich nur entweder die Eigennamen, welche die πρώτη οὐσία, oder die Gattungsnamen, welche die δευτέρα οὐσία, bezeichnen. Nimmt man dagegen *substantia* im weiteren Sinne für substanzielles Wesen überhaupt, so haben auch die Adjectiva Anspruch darauf Substantiva zu heifsen. Denn es ist ja augenscheinlich ganz verkehrt, wenn man sagt, die Adjectiva bezeichnen nur Eigenschaften und Beschaffenheiten. Sie bezeichnen vielmehr immer daneben auch ein substanzielles Substrat derselben, nur freilich ganz allgemein und unbestimmt, so dafs sie dieses substanzielle Substrat weder als Einzelwesen noch als Angehöriges einer geschlossenen Gattung kenntlich machen, und deswegen in der Regel sich einem anderen Nomen, welches dies thut, also einem Eigennamen oder Gattungsnamen anschliefsen, um den Begriff desselben noch um ein Merkmal zu bereichern. Τὸ ἐπίθετον, sagt ein alter Grammatiker[1]), καὶ κατηγορικὸν ὑπ' ἐνίων καλεῖται διὰ τὸ πάντη κατηγορεῖν κυρίων ἢ προσηγορικῶν, und nachher: διαφέρει οὖν προσηγορικοῦ ἐπίθετον, ὅτι τὸ μὲν αὐτοτελές, οἷον ἄνθρωπος, τὸ δὲ ἕτερον δεόμενον ἐπαγωγῆς, οἷον ἀγαθὸς ὁ δεῖνα. Die hier gemachte Unterscheidung des ἐπίθετον von dem προσηγορικόν nimmt zwar den letzteren Ausdruck in beschränkterem Sinne nur für Gattungsnamen, während nach der echten und alten Bedeutung des Wortes auch das Adjectivum zu den προσηγορικοῖς gehört; aber wenn man sich diese Beschränkung gefallen läfst, so ist es allerdings nicht unrichtig, das προσηγορικόν (d. h. hier den Gattungsnamen) dem Adjectiv gegenüber als ein αὐτοτελές zu bezeichnen. Denn der Gattungsname giebt den bestimmt geschlossenen Begriff der Gattung des Gegenstandes und befriedigt insofern, wogegen beim Adjectiv zwar ein substanzielles Wesen angedeutet wird, aber auf eine so allgemeine und unbestimmte Weise, dafs wir in der Regel dadurch allein nicht befriedigt werden, sondern eine bestimm-

---

[1]) Schol. Dionys. p. 864, 25.

tere Angabe durch einen Gattungsnamen oder Eigennamen, wenn wir sie nicht von selbst ergänzen können, dazu verlangen. Dasselbe scheint Macrobius[1]) anzudeuten, wenn er nomen positivum und accidens entgegensetzt: jenes in dem Sinne als Gattungsnamen, der für sich allein den hinreichend bestimmten Begriff eines Gegenstandes giebt, dieses als Adjectiv, welches nur eine accidentelle Eigenschaft oder Beschaffenheit eines unbestimmten Gegenstandes, oder vielmehr einen unbestimmten Gegenstand als Träger einer solchen Eigenschaft oder Beschaffenheit andeutet. Der Name Substantivum aber findet sich, wie gesagt, bei den alten Grammatikern nirgends. Er gehört ohne Zweifel den rationellen Grammatikern des Mittelalters, die damit die Propria und die Gattungsnamen als Bezeichnungen der πρώτη und δευτέρα οὐσία, der substantia prima und secunda nach der aristotelischen Kategorienlehre auszeichneten.

Der Ausdruck ἐπίθετον, in der Bedeutung eines den Gegenstand näher charakterisirenden Beinamens, kommt bei Aristoteles — und wohl bei ihm zuerst — mehrmals vor, namentlich in der Rhetorik III c. 2 u. 3. Die Beispiele, wie Καλλίας ὁ μητραγύρτης oder μητροφόντης, πατρὸς ἀμύντωρ von Orestes und Alkmäon gesagt, und οἱ τῶν πόλεων βασιλεῖς νόμοι, zeigen dafs er darunter keinesweges die von späteren Grammatikern vorzugsweise sogenannten Adjectiva, sondern alle solche Appellativa versteht, welche zu der anderweitigen Benennung eines Gegenstandes hinzutreten können, um durch Angabe eines ihm beiwohnenden Verhaltens, einer Eigenschaft oder Beschaffenheit seinen Begriff dem jedesmaligen Zweck gemäfs näher zu bestimmen. In demselben Sinne braucht Dionysius von Halicarnass den Ausdruck, und nennt demgemäfs ein und dasselbe Wort bald ἐπίθετον bald προσηγορικόν, je nachdem es entweder sich dem Eigennamen oder einer anderweitigen Benennung des Gegenstandes anschliefst, oder allein als dessen Bezeichnung auftritt (der dann immerhin auch zur gröfseren Verdeutlichung noch eine anderweitige Benennung folgen kann)[2]);

---

[1]) Sat. I, 4 p. 219 Zeun.
[2]) De comp. verb. c. 5 p. 82 Schaef.: ἠξίουν τὰ μὲν ὀνοματικὰ προτάττειν τῶν ἐπιθέτων, τὰ δὲ προσηγορικὰ τῶν ὀνοματικῶν, τὰς δὲ ἀντωνυμίας τῶν προσηγορικῶν. Die ὀνοματικά sind nicht, wie die lat. Uebersetzung will, Substantiva, sondern Nomina propria. »Ich meinte,« sagt D., »der

ja auch im ersteren Falle, wo es in der That als ἐπίθετον
fungirt, bleibt es immer doch auch ein προσηγορικόν, wie
z. B. in dem Pindarischen Verse, ἐπί τε κλυτὰν πέμπετε
χάριν, das Verbaladjectiv ein προσηγορικὸν ἐπικείμενον μόριον genannt wird[1]). Nicht anders ist es bei Apollonius[2]),
der ein jedes Nomen, welches sich als näher bezeichnendes
Beiwort an ein anderes anschliefsen kann, ein ἐπιθετικόν
nennt, dabei aber einige als vorzugsweise epithetische bezeichnet, nämlich solche, die weder Eigennamen noch
Gattungsnamen sind, also weder ein Einzelwesen noch eine
bestimmt geschlossene Gattung von Dingen andeuten, sondern von einer unbestimmten Menge verschiedenartiger
Dinge gelten können und deswegen für sich allein nicht
genügen, um einen Gegenstand zu bezeichnen, sondern nur
geeignet sind, sich einer anderweitigen Bezeichnung desselben als Ergänzung und fernere Begriffsbestimmung anzuschliefsen, was, wie man sieht, gerade die im engeren
Sinne so zu nennenden Adjectiva sind, obgleich keinesweges nur sie allein. Wie z. B. dem Apollonius in dem

---

Eigenname müsse dem als Epitheton zu ihm gesetzten Nomen vorangehn,
z. B. Φωκίων ὁ στρατηγός, dagegen müsse ein Nomen dem Eigennamen
vorangehn, wenn es nicht als Epitheton stehe, sondern durch den dabei
genannten Eigennamen nur die bestimmtere Angabe des in Rede stehenden
Gegenstandes bezweckt wird, wie ὁ στρατηγός Φωκίων (der Feldherr,
nämlich Phokion).« In einem Beispiel dieser Art ist also ὁ στρατηγός nicht
Epitheton. Uebrigens giebt D. dies nur als seine frühere Meinung an, die
er später selbst als irrig erkannt habe.
[1]) Ibid. c. 22 p. 314.
[2]) Die Hauptstellen sind de constr. I, 3 p. 20, wo Wörter wie ὁ γραμ-
ματικός, ὁ ῥήτωρ, wenn sie zur Angabe des charakteristischen unterscheidenden Merkmals eines durch einen Eigennamen bezeichneten Gegenstandes
dienen, als κατ' ἐπιθετικὴν ἔννοιαν fungirende bezeichnet werden. Ferner
ib. c. 12 p. 41, wo ὁ φιλόσοφος dem Namen Δίων zugesetzt eine ἐπιθε-
τικὴ πρόσθεσις heifst, und p. 42, wo von einem Ausdruck wie Αἴας ὁ
μέγας gesagt wird, dafs der Artikel dem Gegenstande das ἐπίθετον als
ihm eigenthümlich zukommend beilege (συνιδιάζει). Ebendort p. 41, 26:
τὰ ἐπιθετικὰ τῶν ὀνομάτων διὰ πλείονος ὕλης χωρεῖ, d. h. sie können
einer unbestimmten Masse verschiedener Gegenstände zukommen: und c. 40
p. 81, 15: τὰ ἐπιθετικώτερον ἀκουόμενα φέρεται ἐπὶ τὰ ὑποκείμενα, d. h.
schliefsen sich naturgemäfs an ein Subject an, wie de adverb. p. 530, 21:
ἐπιθετικὸν ὄνομα πάντως ἀπαιτεῖ ᾧ ἐπίκειται, wovon nur solche ausge-
nommen werden, die ausschliefslich blos von Einem Subjecte gesagt werden,
wie τερπικέραυνος vom Zeus, ἐννοσίγαιος vom Poseidon. Endlich de pron.
p. 32: τὰ ἐπιθετικὰ ἢ πηλικότητα ἢ ποσότητα ἢ διάθεσιν ψυχῆς δηλοῖ
ἤ τι τοιοῦτον.

homerischen Verse *οὕνεκα τὸν Χρύσην ἠτίμασεν ἀρητῆρα*
dies letzte Wort ein *ἐπιθετικόν* heifst[1]), so ist es auch ganz
in seinem Sinne, wenn Charisius[2]) sagt: *sunt etiam quae
a Graecis ἐπιθετικά dicuntur, quae quibuscunque personis
adiiciuntur laudandi gratia vel vituperandi; laudandi, velut*
  Lausus equum domitor debellatorque ferarum;
vituperandi,
    et ipse doli fabricator Epius.

Eine Entgegensetzung aber der *προσηγορικά* und *ἐπίθετα* als zweier coordinirter Arten des Nomen, wie das
Büchlein des Dionysius sie hat, bei welcher *προσηγορικά*
nur die Gattungsnamen, *ἐπίθετα* nur die Adjectiva sind,
kommt weder bei Apollonius, noch sonst bei den besseren
Grammatikern vor. Von diesen im engeren Sinne sogenannten *ἐπιθέτοις* wird aber nun auch noch eine Definition
bei Dionysius gegeben, die ganz so aussieht, als ob nicht
einmal alle Adjectiva dazu gerechnet werden sollten, sondern nur eine gewisse Art derselben: *ἐπίθετον δέ ἐστι τὸ
ἐπὶ κυρίων ἢ προσηγορικῶν ὁμωνύμως τιθέμενον καὶ δηλοῦν ἔπαινον ἢ ψόγον. λαμβάνεται δὲ τριχῶς, ἀπὸ ψυχῆς,
ἀπὸ σώματος καὶ ἀπὸ τῶν ἐκτός.* Hiernach würden also
Adjectiva wie *δεξιός, ἀριστερός, ἴσος, ὅμοιος, μέγας, μικρός,*
kurz alle die weder Lob noch Tadel enthalten, auch nicht
ἐπίθετα heifsen dürfen, was offenbar verkehrt ist und keiner
Widerlegung bedarf[3]). Wohl aber scheinen die Worte *ὁμωνύμως τιθέμενον* einer Erklärung zu bedürfen, da das,
was jüngst als Erklärung vorgebracht ist[4]), in der That
nichts erklärt und gar nicht zur Sache gehört. Der Grammatiker will ohne Zweifel damit andeuten, dafs ein und

---

[1]) De constr. I, 32 p. 66, 23.
[2]) II p. 155 Keil. cf. Diomed. I p. 323.
[3]) Man sieht, was in vielen Fällen gilt, ist mit Unrecht als allgemein
giiltig hingestellt, ein Fehler, den die alten Grammatiker oft genug begehn,
und dem wir hinsichtlich der *ἐπίθετα* auch in den o. a. Stellen des Charisius und Diomedes begegnen. Besser definirt Priscian. II, 5, 28 das Adjectivum: *quod adiicitur propriis vel appellativis et significat laudem
vel vituperationem vel medium vel accidens unicuique,* und vorher §. 25:
*adiectiva autem ideo vocantur, quod aliis appellativis, quae substantiam
significant, vel etiam propriis adiici solent ad manifestandam eorum
qualitatem vel quantitatem.* Dafs er auch hier vorzugsweise dem Apollonius folge, ist kaum zu bezweifeln. Vgl. d. o. a. Stelle de pron. p. 32.
[4]) Schmidt, Beitr. S. 238.

dasselbe Adjectiv vielfältig, je nachdem es mit diesem oder
jenem Eigennamen oder Gattungsnamen verbunden wird,
auch eine verschiedene oder verschieden modificirte Bedeutung hat: denn, um es mit Waitz' Worten [1]) zu sagen,
ὁμώνυμος dicitur vox quae ad duas res relata duplicem
sensum admittit. So ist z. B. μέγας in Verbindungen wie
Ἀλέξανδρος ὁ μέγας etwas anders als in μέγας ἵππος, oder
βαϑύς mit νοῦς etwas anders als mit ποταμός, ϑερμόν
mit ἔργον etwas anders als mit λουτρόν u. s. w.; und daſs
dies die Homonymie sei, die der Grammatiker im Sinne
hat, kann zum Ueberfluſs noch Aristoteles beweisen [2]), der,
nachdem er bemerkt, ἀγαϑόν bedeute bisweilen τὸ ἐν καιρῷ,
bisweilen aber die Quantität, das Reichliche oder Genügende, hinzufügt: ὥστε ὁμώνυμον τὸ ἀγαϑόν, und dann,
zu einem zweiten Beispiel, ὀξεῖα in Verbindung mit φωνή,
mit μάχαιρα und mit γωνία: οὐ γὰρ ὡσαύτως ἐπὶ πάντων
τὸ αὐτὸ λέγεται. Dasselbe meinen die lateinischen Grammatiker [3]), wenn sie sagen: *quaedam mediae potestatis sunt,
quae significationem a coniunctis sumunt:* denn es läſst
sich allerdings nur aus der jedesmaligen Verbindung mit
dem Substantiv erkennen, in welchem Sinne das Adjectiv
zu nehmen sei: sie thun aber wohl daran, daſs sie dies
doch nicht so schlechthin von allen Adjectiven aussagen,
obgleich es allerdings bei sehr vielen der Fall ist.

Die übrigen bei Dionysius aufgezählten Unterabtheilungen der Nomina im einzelnen zu besprechen, ist nicht
der Mühe werth. Wir begnügen uns mit der Bemerkung,
daſs sie auf ganz anderen Eintheilungsprincipien beruhen
als die drei obigen, und daher ihnen nicht coordinirt sind,
sondern sich vielfältig mit ihnen kreuzen, und ferner, daſs
mehrere der als Nomina aufgeführten Wörter, wie die ἐρω-
τηματικά, ἀόριστα, ἀναφορικά, ἐπιμεριζόμενα, nach richtiger
Erkenntniſs ihres Wesens gar nicht hierher gehören, sondern den Pronominibus zugezählt werden müssen, über die
wir bald zu reden haben werden. Vorher jedoch ist es
zweckmäſsig, einen Blick auf das Verbum substantivum
zu werfen.

---

[1]) Zu Aristot. Organon I p. 271.
[2]) Topic. I, 13, 11 oder 15 p. 107 a.
[3]) Charis. II p. 156, 14. Diomed. I p. 323, 3.

7. Das Verbum substantivum.

Ein alter Erklärer des Aristoteles[1]) sagt, das Verbum substantivum wird homonymisch gebraucht, indem es entweder blos das substanzielle Dasein des Subjectes aussagt, oder ein anderes einer der übrigen Kategorien angehöriges Prädicat mit ihm verbindet, in welchem Falle es denn mit diesem gleichsam verschmilzt und also ebenfalls als derselben Kategorie angehörig betrachtet werden kann: mit anderen Worten, das Verbum substantivum hat verschiedene Bedeutungen, je nachdem es als Verbum existentiae ($\acute{\varrho}\tilde{\eta}\mu\alpha$ $\acute{\nu}\pi\alpha\varrho\varkappa\tau\iota\varkappa\acute{o}\nu$) für sich allein das Prädicat darstellt, oder als logische Copula und Träger eines anderen Prädicatsbegriffes auftritt. Das ist nun allerdings nicht unrichtig; aber eben weil es Verbum existentiae ist, hat es auch die Fähigkeit, als Träger anderer Prädicatsbegriffe zu dienen, die ja alle nichts anderes als verschiedene Formen, Modificationen und Beziehungen der Existenz des Subjectes enthalten. Und selbst als Verbum existentiae giebt es zu dem Begriff des blofsen Daseins wenigstens insofern noch einen adverbialen Nebenbegriff, als es dasselbe unter die Kategorie der Zeit stellt, es als gegenwärtig, vergangen oder zukünftig bezeichnet. In jener anderen Function aber, wo es nur die Stelle der logischen Copula zu vertreten scheint, ist es offenbar der geringere, weniger bedeutende Theil des Prädicates, weswegen es denn auch in der Aussprache gegen die anderen Prädicatstheile zurückzutreten, seine eigene Betonung aufzugeben, bisweilen selbst ganz weggelassen zu werden pflegt. Und zwar findet das Aufgeben der Betonung regelmäfsig, die Weglassung des Verb. subst. meistens nur dann statt, wenn das Stattfinden des Prädicates schlechthin und ohne bestimmtere Zeitbezeichnung anzugeben ist, also wo das eigentlich zeitlose Präsens eintritt oder eintreten müfste, wogegen das Präteritum oder Futurum, welche den Zeitbegriff bestimmter hervorheben, selten ausgelassen werden und immer ihre Betonung behaupten. Und eben dies gilt denn auch für die Modal-

---

[1]) Dexipp. p. 42 Speng.

formen, durch welche das Prädicat dem Subjecte nicht
schlechthin beigelegt, sondern, zugleich die Modalität der
Aussage ausgedrückt wird: der Conjunctiv, Optativ, Imperativ, auch des Präsens, geben ihre Betonung niemals auf
und werden höchst selten ausgelassen. So oft dagegen
das Verbum substantivum als Verbum existentiae seine
volle Bedeutung hat, kann es auch im Präsens weder ausgelassen werden, noch seine Betonung verlieren.

Daſs ein solches Verbum, welches den nackten Begriff
des Seins, nur auf Person- und Zeitverhältniſs bezogen
und mit Modalitätsandeutung verbunden, aussagt, und dadurch fähig wird, auch als Träger anderer concreter Prädicatsbegriffe zu dienen und als logische Copula zwischen
einem in nominaler Form ausgedrückten Prädicatsbegriff
und dem Subjecte verwandt zu werden, schwerlich zu den
frühesten Schöpfungen der Sprache gezählt werden dürfe,
bedarf wohl keines Beweises. Die Sprache bildete ohne
Zweifel zu Anfang nur Wörter zum Ausdruck von Vor-
stellungen, welche durch die Wahrnehmung der Dinge er-
zeugt waren, und der Wahrnehmung bietet sich überall
nur ein concretes, ein so oder anders qualificirtes Sein
der Dinge dar; die Idee eines nackten qualitätlosen Seins
ist erst Sache einer späteren Abstraction. So lehrt denn
auch die vergleichende Sprachwissenschaft, daſs sehr viele,
und wohl die meisten Sprachen es gar nicht zu einem
eigentlich so zu nennenden Verbum substantivum gebracht
haben[1]), und daſs auch in denjenigen, die ein solches wirklich besitzen, dieses ursprünglich ebenfalls eine concrete
Bedeutung gehabt, eine gewisse Art des Verhaltens, also
eine Art von Thätigkeit des Subjectes ausgedrückt habe,
aber freilich eine sehr allgemeine und unbestimmte, die
deswegen um so leichter auch ganz zurücktreten und verdunkelt werden konnte. Von den im Griechischen und
Lateinischen als Präterita des Verbi substantivi dienenden
Formen ἔφυν, πέφυκα, fui ist est klar, daſs ihnen eigentlich und ursprünglich die Bedeutung eines Werdens, Wach-
sens, Entstehens beiwohnt, und sie also eigentlich das
Subject als ein so oder so Gewordenes bezeichnen, was
denn aber in ihrer Anwendung nicht weiter berücksichtigt

---

[1]) Vgl. Steinthal, Gramm. Log. u. Psychol. S. 185.

wurde. Dasselbe gilt von unserem dem gleichen Stamme
angehörigen bin, bist, welche uns selbst als Präsens
dienen (wie auch ἔφυν nicht selten ganz einem Präsens
gleich gilt), während als Präteritum eine andere, wohl
ebenfalls ursprünglich ein Wachsen und Werden bedeutende
Form was, war, gebraucht wird[1]). Auch γίγνομαι, dessen
eigentliche concrete Bedeutung im Präsens und Futurum
festgehalten wird, erscheint im Aorist und im Imperfect
nicht selten als blofses Verbum substantivum. Von dem
Präsens, welches skr. asmi, gr. ἐσμί (εἰμί), lat. esumi (esum,
sum), goth. im lautet, ist es weniger deutlich, ob ihm ebenfalls eine concrete Bedeutung, und welche, zuzuschreiben
sei. Man könnte vielleicht annehmen, dafs es ursprünglich
aus zwei Pronominalstämmen erwachsen sei, von denen
der eine nur die demonstrative, auf den Gegenstand, als
da befindlich, hindeutende Kraft habe[2]), der andere aber
das Personverhältnifs des Gegenstandes bezeichne, und dafs
es so aus der Bedeutung des Da-seins in die des blofsen
Seins übergegangen sei. Andere halten das as für gleichbedeutend mit âs, welches sich setzen oder sitzen bedeute[3]), und das ist wenigstens wahrscheinlicher, als die
von unserem trefflichen Haase wohl mehr im Scherz als
im Ernst vorgetragene Ansicht, die ursprüngliche Bedeutung sei eigentlich das Essen[4]). Im Arabischen wird
das Verbum substantivum durch kana vertreten, welches
Stellen bedeutet[5]), und als Transitivum den Accusativ
regiert, so dafs die Araber für: er ist ein guter Mann,
vielmehr sagen: er stellt einen guten Mann (dar).
Dafs auch im Lateinischen[6]), und mehr noch in den
Töchtersprachen desselben, das Stehen, stare, estar, esteir,
ester, être, die Bedeutung des Verbi substantivi übernimmt,

---

[1]) Nach Andern ist die ursprüngliche Bedeutung bleiben, wohnen.
S. Heyse, System der Sprachwissensch. S. 394.
[2]) Ueber den Stamm a, woraus a-smai (huic), a-smât (hoc)
u. s. w. s. Bopp. Vgl. Gr. Zweite Ausg. II S. 169.
[3]) Max Müller, Essai de mythologie comparée S. 45, nach Bopp, Vgl.
Gr. erste Aufl. S. 737. Dagegen Heyse a. a. O.
[4]) Vortr. in der 18. Philologenversammlung zu Breslau, abgedr. in
Prutz D. Museum v. 1857 no. 51 S. 911.
[5]) Nicht stehn, wie Heyse a. a. O. angiebt.
[6]) Vgl. Ruperti ad Sil. Ital. II, 639.

ist bekannt¹), und man kann damit die ähnliche Anwendung des Kommens für Werden, die sich bisweilen im Griech. (ἔϱχομαι) und Lat. (venire)²), ganz gewöhnlich im Ital. (venir), im Franz. (devenir)³) und im Engl. (become) findet, vergleichen.

Während aber bei allen diesen Verben die eigentliche concrete Bedeutung nichts weniger als verschwunden ist, ist sie den mit dem skr. asmi zusammenhängenden εἰμί und sum, und dem deutschen bin und was, wenn sie eine solche, wie wir doch wohl annehmen dürfen, vormals gehabt haben, so gänzlich abhanden gekommen, dafs sie durchaus nicht mehr zu erkennen ist. Diese Verba sind also, soweit die Sprachgeschichte sie verfolgen kann, wirklich nichts als Verba substantiva, und bilden so eine eigene Gattung, allen anderen Verbis, die wir Attributiva nennen, gegenüber. Aber als Verba haben sie mit den Attributivis alles das gemein, was eben das Verbum als Aussagewort charakterisirt, die Andeutung der Synthesis durch Person- und Numerusbezeichnung, die Zeitbedeutung und die der Modalität. Auch die Fähigkeit, ein Particip und einen Infinitiv zu bilden, mufs das Verbum substantivum ebenso gut wie das Attributivum haben, indem es ja möglich ist, dafs entweder zur Bezeichnung des Subjectes oder Objectes einer Aussage es erfordert wird oder genügt, dasselbe als ein Seiendes in nominaler Weise (durch ein Particip) anzugeben, oder auch das Sein eines Gegenstandes selbst Subject oder Object einer Aussage werden kann, wofür der Infinitiv die Ausdrucksform ist. Aber auch für sich allein und abgesehen von irgend einem substanziellen Substrat kann der Begriff des Seins selbst substantivirt, und demgemäfs in Form eines abstracten Verbalnomens ausgesprochen werden, wie das griechische οὐσία ist, dem die Lateiner essentia nachgebildet haben, und wofür die deutsche Sprache sich mit den ganz als abstracte Verbalnomina behandelten Infinitiven Sein und Wesen behilft. Wenn aber

---

¹) Den Inf. être will Diez II, 211 n. A. nicht von stare, sondern von essere ableiten, was mir weniger wahrscheinlich ist. Vgl. Orelli, Altfranz. Gr. S. 95.

²) Vgl. Wex, Beitr. z. Krit. des Soph. Oed. auf Kol. (Schwerin 1837) S. 9. Hofm. Peerlk. zu Horat. p. 96. Schmidt zu Juvenal. p. 171.

³) Vgl. A. Fuchs, d. Romanischen Sprachen S. 346.

aus Verbis attributivis, oder aus ihren Stämmen, weil sie
bestimmte concrete Bedeutung haben, auch Nomina appellativa zum Ausdruck der besonderen Qualitäten des Gegenstandes gebildet werden, so lassen sich dergleichen vom
Verbum substantivum nicht füglich denken, weil eben das
blofse nackte Sein keine unterscheidende Qualität eines
Gegenstandes ist[1]).

8. Die Pronomina.

Wir haben schon früher bemerkt, dafs neben den attributiven Begriffen von Eigenschaften, Beschaffenheiten,
Thätigkeiten, welche in Verbindung mit der Andeutung
eines substanziellen Substrates oder auch selbst als Substanzen dargestellt den eigentlichen materiellen Inhalt der
Verba wie der Nomina ausmachen, auch mancherlei Beziehungen und Verhältnisse, unter welchen die Dinge angeschaut und gedacht werden, durch Formveränderungen
bezeichnet zu werden pflegen, die sich mehr oder weniger
deutlich als solche erkennen lassen, welche durch Hinzufügung gewisser bedeutsamer Lautgebilde zu dem Verbal-
oder Nominalstamm entstanden sind. Aber nicht blos in
dieser Gestalt, als angefügt an solche Stämme, sondern
auch als selbständig ausgebildete Wörter treten uns dergleichen Lautgebilde entgegen, die nicht die Eigenschaften,
Beschaffenheiten, Thätigkeiten der Dinge ausdrücken, sondern nur ihre Beziehungen und Verhältnisse bezeichnen,
und also Wörter ohne eigentlichen materiellen Inhalt sind.
Man hat die Wörter dieser Art wohl Formwörter ge-

---

[1]) Diejenigen, welche nach Niebuhrs Vorgange, R. Gesch. 3. Aufl. Th. I
S. 578, in *consul, praesul, exsul* der zweiten Sylbe die Bedeutung eines
der ist zuschreiben, müssen an ein von *sum* (*esum*) abgeleitetes Appellativum (Adjectivum) *sul* oder *esul*, oder vielleicht in voller Form *esulus* gedacht haben, was, abgesehn von der aller Analogie entbehrenden Form, aus
dem im Text angegebenen Grunde ganz unglaublich ist. *Consul* ist ohne
allen Zweifel mit *consulo* (alt *conso*) eines Stammes, in *praesul* ist die
zweite Sylbe von *sal*, dem Stamm von *salio*, in *exsul* von *solum* abzuleiten, und die Gleichheit der drei ist nur eine lautliche bei ganz und gar
verschiedener Bedeutung. Ueber *consul* vgl. meine Opusc. acad. III p. 414.
Die neueste Erklärung nimmt *consules* für zusammen Springende
oder Tanzende. Mommsen R. G. I S. 242 der dritten Ausg.

nannt, entweder weil man annahm, dafs sie aus abgelösten
und selbständig ausgebildeten Flexionsformen entstanden
seien, oder weil das, was sie bezeichnen, die Anschauungs-
und Denkformen sind, unter welchen die Dinge vom Subjecte aufgefafst und dargestellt werden[1]). Jene Annahme
läfst sich nur von einigen wenigen Wörtern dieser Art
mit einigem Scheine, von keinen mit Zuversicht behaupten[2]), und wenn also die Benennung Formwörter
in diesem Sinne genommen werden soll, so mufs sie ab-
gelehnt werden. In der anderen Bedeutung umfafst sie
nicht nur diejenigen Wörter, welche die zwischen den
Dingen selbst wirklich stattfindenden und von dem Subjecte nur aufgefafsten und angedeuteten Verhältnisse, sondern auch solche, welche die lediglich der Denkthätigkeit
des Subjectes angehörigen Beziehungen, die logischen Verhältnisse, die Modalitäten der Aussage anzeigen. Mit diesen
letzteren haben wir es für jetzt noch nicht zu thun: für
die ersteren aber scheint es angemessen, statt jenes um-
fassenderen Namens den specielleren und genauer bezeichnenden Verhältnifswörter zu gebrauchen. Es sind dies
aber dieselben, welche die Grammatik herkömmlich *Pronomina* und *Pronominalia* nennt, und dadurch schon andeutet, dafs sie zwar nicht eigentlich Nomina sind, aber
doch einige Aehnlichkeit mit Nominibus haben. Weil nämlich Verhältnisse nur zwischen Dingen unter sich oder zum
Subjecte stattfinden können, und kein Verhältnifs denkbar
ist ohne ein in demselben stehendes Ding, so ist klar, dafs,
wie in den Nominibus die beiden Elemente der Bedeutung,
eines Dinges (einer Substanz) und eines Attributes (einer
Qualität), mit einander vereinigt sind, so auch in den Ver-
hältnifswörtern beides, die Andeutung eines Dinges und die
seines Verhältnisses, mit einander verbunden sein müssen,
sei es dafs das Ding als ein in dem oder jenem Verhältnisse stehendes bezeichnet, sei es dafs dem Verhältnisse
selbst durch eine ähnliche Abstraction, wie wir sie bei den
Qualitätsbezeichnungen gefunden haben, eine Art von sub-
stanziellem Wesen geliehen wird. Die Nomina benennen
die Dinge nach ihren Qualitäten, die Pronomina bezeichnen

---

[1]) Vgl. Becker, Organism. d. Spr. §. 48. Heyse, Syst. S. 149.
[2]) Vgl. was oben S. 25 über die Personalpronomina gesagt ist.

sie nach ihren Verhältnissen; jene geben den Begriff des Dinges an, diese deuten auf das Ding nur hin als auf ein in diesem oder jenem Verhältnisse befindliches und von dem, der dieser Hindeutung folgt, zu erkennendes. Sie können deswegen auch Deutewörter genannt werden[1]).

Das primitive Deutewort war nichts anderes als ein bedeutsamer Laut, eine Lautgeberde mögen wir es nennen, mit welchem die körperliche Geberde der Hindeutung auf einen Gegenstand als den hier, da, dort befindlichen begleitet wurde[2]). Es war ein vocalischer Laut, je nach den verschiedenen Graden der Nähe oder Entfernung des Gegenstandes so oder anders modificirt, mit starkem oder schwachem Hauch, mit diesem oder jenem consonantischen Anlaut, besonders mit dem dentalen, aber auch mit dem gutturalen ausgesprochen. Aus solcher Lautgeberde erwuchs das in nominaler Weise organisirte Pronomen, indem die Bezeichnung der casuellen Verhältnisse, des Numerus, zum Theil auch des Genus durch verschiedene Flexionsformen hinzutrat. In einfachster Form erscheint es uns im griechischen ἵ und ἱ[3]), ἕ, ἕο, ἑοῖ, im lateinischen *is*, *eius*, *hi - c*, *huius* u. s. w., und wir werden sehen, wie im Griechischen sich auch in der späteren Sprache noch Spuren der ursprünglich ganz allgemeinen auf kein bestimmtes Personverhältnifs bezüglichen Demonstrativbedeutung jener Formen

---

[1]) Schon Perizonius zu Sanct. Min. p. 19 bemerkt ganz richtig: *mihi videntur pronomina vi suae significationis demonstrare rem, at adiectiva describere.* — Indische Grammatiker nennen das Pronomen *sarvanamat* (allgemeiner Name); »eine Benennung,« sagt Schmitthenner S. 123, »die insofern richtig ist, als sie der Sache ihr wahres Wesen abgewinnt, aber doch dialektische Nichtigkeit in sich trägt, indem der allgemeine Name an sich kein Name ist.« Indessen wenn Name im allgemeinen Sinne jedes Wort heifst, wodurch ein Gegenstand kenntlich gemacht wird, so kann auch das Pronomen wohl ein allgemeiner Name heifsen, insofern es, unter Umständen freilich, jeden Gegenstand auf gewisse Weise kenntlich zu machen dient, nämlich wenn die Gegenstände in ihren Anschauungs- und Darstellungsverhältnissen vorliegen. Ueberhaupt ist ja jedes Wort eigentlich nur unter Umständen verständlich.

[2]) Herkömmlich pflegt die Betrachtung der Pronomina mit dem personale zu beginnen; dafs aber das demonstrativum das frühere sei, kann keinem Zweifel unterliegen und ist richtig von M. Schasler erkannt worden, de orig. et form. pron. pers. (Berol. 1846) p. 9 u. 46. Auch J. H. Voss zum Hymnus auf Demeter S. 37 äufsert sich in gleichem Sinne.

[3]) Es genügt hierüber auf Ahrens zu verweisen, in der Zeitschr für vgl. Sprachw. VIII S. 343.

erhalten haben. Es ist blos ein Anschauungsverhältnifs, welches durch sie bezeichnet wird: sie deuten auf einen Gegenstand als solchen hin, welcher der Anschauung näher oder entfernter gegenwärtig sei, und diese Anschauung ist entweder eine sinnliche oder eine geistige, die Hindeutung ist, wie Apollonius sich ausdrückt, entweder eine δεῖξις τῆς ὄψεως oder eine δεῖξις τοῦ νοῦ[1]).

Eine besondere Modification dieser allgemeinen Hindeutung ist es, wenn sie den Gegenstand nicht blos als gegenwärtig bezeichnet, sondern zugleich auch näher das Verhältnifs andeutet, in welchem er zu den Subjecten der Darstellung, d. h. zu dem Redenden und dem Angeredeten steht. Dies Verhältnifs — wir mögen es das Darstellungsverhältnifs nennen — ist nothwendig ein dreifaches: der Gegenstand, auf welchen hingedeutet wird, ist entweder der Redende selbst, oder der Angeredete, oder ein dritter von beiden verschiedener. Die herkömmliche Benennung für dieses Darstellungsverhältnifs ist Πρόσωπον oder *Persona,* und die dasselbe andeutenden Pronomina heifsen deswegen *personalia.* Der Name ist offenbar von der Bühne hergenommen und pafst eigentlich nur für den Redenden und den Angeredeten, wird dann aber auch auf den von beiden verschiedenen Gegenstand übertragen, selbst wenn dieser gar kein persönliches Wesen, sondern eine Sache ist[2]). Jene anderen auf den Gegenstand, ohne Rücksicht

---

[1]) Apollon. de constr. II, 3 p. 99. Die Hindeutung auf den Gegenstand als einen der Anschauung näher gegenwärtigen heifst ἡ πλησίον δεῖξις, auf den entfernteren ἡ πόρρω δεῖξις. Etym. M. p. 321, 31. Etym. Gud. p. 175, 10.

[2]) Apollon. de pron. p. 22 meint, der Name πρόσωπον sei deswegen gewählt, weil er einen Gegenstand bezeichne, auf den sich hinzeigen lasse und der ein gewisses geistiges Verhalten haben könne: ἐπιτήδειον γὰρ τοῦτο (τὸ πρόσωπον) δεῖξιν σωματικὴν καὶ ψυχικὴν διάθεσιν παραστῆσαι. Dafs aber die ψυχικὴ διάθεσις mit dem Personverhältnifs gar nichts zu thun habe, springt in die Augen. Apollonius hat bei seiner Erklärung namentlich die Personformen des Verbums im Sinn, die er ebenfalls mit der Bezeichnung der ψυχικὴ διάθεσις, d. h. der Modalität der Aussage, in Verbindung bringt, de constr. I, 8 p. 31, 26 u. III, 13 p. 229, 27: ein Irrthum, über den wir an einem anderen Orte genauer zu reden haben werden. Einstweilen vgl. die darüber gegebene Andeutung oben S. 18 und in der Abh. Animadv. ad gr. vett. plac. de adverb. Gryph. 1859 p. 14. — Uebrigens wird der Begriff des Personverhältnisses von Apollonius, anderen unrichtigen Definitionen gegenüber, richtig angegeben de constr. III, 25 p. 254, 4 und 259, 14. Vgl. Priscian. XII, 3, 13 u. Choerobosc. in Bekk. Anecd. III p. 1279.

7

auf das Darstellungsverhältnifs, blos als auf einen der leib-
lichen oder geistigen Anschauung gegenwärtigen hindeutenden Pronomina heifsen mit Recht *demonstrativa:* es ist
aber unrichtig, wenn man, wie es öfters geschehen ist,
diese Demonstrativa als Pronomina nur der dritten Person
ansieht. Allerdings kommen sie am häufigsten von Gegenständen im dritten Personverhältnifs zur Anwendung; aber
es ist doch keinesweges unmöglich oder unerhört, dafs der
Redende auch sich selbst oder den, zu welchem er redet,
durch ein Demonstrativum bezeichne, wie bei Terenz, *tibi
erunt parata verba, huic homini verbera,* dies *huic homini*
auf den Redenden selbst deutet, also für *mihi* steht, und
tu si hic sis aliter sentias soviel ist als *tu si ego sis:* um
gar nicht von Verbindungen wie *ego is sum, qui — tu is
es, qui —* zu reden, wo das zu *is qui* gehörige Verbum
immer in der ersten oder zweiten Person steht[1]), oder von
Wendungen wie πάρεσμεν οἴδε, oder Anreden wie ὦ οὗτος
und dgl. Das Richtige ist offenbar dies: die Demonstrativa
deuten gar kein Personverhältnifs an, sind also in dieser
Hinsicht indifferent, können daher in jedem Personverhältnifs zur Anwendung kommen[2]), treten aber aus einleuch-
tenden Gründen bei weitem am häufigsten im dritten
Personverhältnifs auf.

Liegt ein Gegenstand der Anschauung nicht so gegenwärtig vor, um durch blofse Hindeutung kenntlich und
unterscheidbar bezeichnet werden zu können, so kann natürlich, wenn von einem solchen die Rede ist, kein demonstratives Pronomen gebraucht werden: es bedarf die
Sprache für diese Art des Anschauungsverhältnisses, oder
für die undeutliche und unbestimmte Vorstellung eines
Gegenstandes, einer besonderen Form des Pronomens, die
eben deswegen das unbestimmte oder *Pr. indefinitum* heifst.
Ist aber die Andeutung des unbestimmten Gegenstandes
zugleich mit dem Ausdruck des Begehrens verbunden, dafs
eine bestimmtere Auskunft über ihn erlangt werde, welches

---

[1]) Auch im ahd. kommt dies vor, z. B. *dú dér spreitis* (qui pandis),
fater dú dér inthebis (qui contines), was Grimm III S. 18 aus Notker
anführt.

[2]) *Promiscua atque omnis personae sunt,* sagt G. I. Vossius, de analog. IV, 2 extr. und G. II. Ursinus, gramm. instit. IV, 1, denen Perizonius
zu Sanct. Min. p. 19 (ed. Amstel. 1733) mit Unrecht widerspricht.

Begehren sich als Frage nach ihm ausspricht, so tritt das
Fragepronomen, *Pr. interrogativum* ein. Vielfältig dient
ein und dasselbe Wort sowohl als Indefinitum wie als
Interrogativum, und wird nur durch die Verschiedenheit
der Betonung, meist auch der Stellung im Satze, unterschieden: als Indefinitum, wo der Gegenstand als ein unbestimmter lediglich angedeutet wird, tritt das Pronomen
ohne besondere Betonung auf und lehnt sich enklitisch an
ein vorhergehendes Wort an; als Interrogativum, wo es
das Verlangen des Redenden nach Bestimmung des Unbestimmten auszudrücken hat, wird es scharf betont und
drängt sich gern an die Spitze des Satzes: τίς παρεγένετο;
gegen παρεγένετό τις: *quis adfuit?* gegen *adfuit quis:* Wer
ist dagewesen? gegen es ist wer dagewesen. Eine
schon bei alten Grammatikern vorkommende[1]) und bei den
Neueren ziemlich allgemein verbreitete Meinung will, dafs
das Interrogativum das frühere, das Indefinitum das spätere
sei. Man scheint also zu glauben, dafs ursprünglich das
Bedürfnifs, einen Gegenstand als einen unbestimmten zu
bezeichnen, nicht anders eingetreten sei, als wenn zugleich
auch das Verlangen nach Bestimmung des Unbestimmten
gefühlt und ausgedrückt wurde: man habe also in einer
früheren Sprachperiode einen Satz wie es ist wer dagewesen gar nicht gebraucht, sondern sei erst später
dahinter gekommen, das Fragepronomen mit veränderter
Betonung als anwendbar auch zur schlichten Bezeichnung
des unbestimmten Gegenstandes zu erkennen. Dafs dies
wenig glaublich sei, springt wohl in die Augen: um so
mehr aber mufs man begierig sein, die Gründe für die
Priorität der interrogativen Bedeutung des Pronomens zu
erfahren; aber statt der Gründe werden uns nur Behaup-
tungen geboten über die vermeintlich erkannte Bedeutsamkeit der Laute, mit welchen in der indoeuropäischen
Sprachfamilie diese Pronomina beginnen. Es sind dies
nämlich Gaumen- oder Kehllaute, im Skr. *ka, kas,* lat.
quis, qui, goth. *hvas, hvo, hva,* ahd. *huer, huaz,* woraus
später mit Abwerfung des charakteristischen Gutturals *wer,*

---

[1]) Z. B. Schol. Dionys. p. 873, 15: ἔχει δὲ τὴν γένεσιν τὸ ἀόριστον
ἀπὸ τοῦ ἐρωτηματικοῦ. — Unter den Neueren hat sich meines Wissens
nur Ahrens in der Zeitschr. f. vgl. Sprachw. VIII S. 336 gegen die herrschende Ansicht erklärt.

was geworden, und nun soll „der in den am weitesten
zurückgelegenen Organen gebildete Gaumenlaut
die aus der Tiefe der Seele, aus der inneren Bewegung des Geistes entspringende Frage ausdrücken und die unruhige Bewegung des Ge-
müthes gleichsam malen[1])." Wenn aber Einer dagegen sagte, der Gaumenlaut drücke die in der Tiefe der
Seele liegende Dunkelheit, die Ungewifsheit über den zu
bezeichnenden Gegenstand aus, den man, weil man ihn
bestimmt und deutlich zu bezeichnen nicht vermöge, auch
nicht mit dem hindeutenden Zungenlaute, der den demonstrativen Pronominen eigen ist, sondern mit dem dunkleren

---

[1]) Heyse, System S. 119. Man mag hiermit vergleichen, was J. Grimm
über die naturgemäfse Bedeutsamkeit des Anlautes der Pronomina demonstr.
u. interrog. sagt, Gr. III S. 1 d. 3. Aufl.: »Das Interrogativum beginnt mit der Tenuis des Kehllautes, und das eigentliche
Demonstrativum mit der des Linguallautes. Dies darf als
sehr naturgemäfs angenommen werden. Unter allen Lauten
der Menschenstimme ist keiner so fähig, das Wesen der
Frage, die gleich im Beginn des Wortes gefühlt sein will,
auszudrücken, wie das *K,* der vollste Consonant, den die
Kehle vermag. Ein blofser Vocal würde zu unbestimmt ver-
hallen, und das Labialorgan kommt dem gutturalen an Stärke
nicht bei. Zwar das *T* kann mit gleicher Kraft hervorgebracht werden wie das *K,* allein es wird weniger ausgestofsen als ausgesprochen und hat etwas Festeres; es eignet
sich daher zum Ausdruck der ruhigen, ständigen und vor
sich hinweisenden Antwort. *K* forscht, erkundigt, ruft; *T*
zeigt, bedeutet und erwiedert.« Unmittelbar darauf räumt indessen
Gr. selbst ein, dafs die Sprachgeschichte zeige, wie die besprochene Anwendung jener beiden Laute keinesweges constant sei, sondern auf mehr-
fache Weise gestört und abgeändert erscheine, und wie namentlich in der
Frage statt des K nicht nur das labiale P, sondern auch das entgegengesetzte T eintrete. Daraus geht wenigstens hervor, dafs im Sprachgeiste das
Bewufstsein jener angenommenen naturgemäfsen Bedeutung der beiden Laute
nicht gerade besonders stark und lebendig gewesen sein könne. Daneben aber
dürfte zu fragen sein, wenn das K wegen der Kräftigkeit seines Klanges
vor anderen Lauten zur Frage geeignet schien, sollte es denn eben aus
demselben Grunde nicht auch geeignet sein, die Aufmerksamkeit des Hörenden anzurufen, zur Beachtung eines Gegenstandes, auf welchen der
Redende hindeutet, aufzufordern, also im demonstrativen Sinne gebraucht
zu werden? — Ich bin soweit wie irgend Einer davon entfernt, eine ursprüngliche natürliche Bedeutsamkeit der Laute in Abrede zu stellen; aber das
stelle ich in Abrede, dafs wir jetzt noch im Stande sind, diese naturgemäfse
Bedeutsamkeit mit Sicherheit zu erkennen, und behaupte deswegen, dafs, wenn
einer sich einbildet sie erkannt zu haben, und darauf dann Schlüsse baut,
er nothwendig Gefahr läuft Hirngespinnste für Thatsachen anzunehmen.

Kehl- oder Gaumenlaute bezeichne und so gleichsam die nur dunkel in der Seele liegende, aber nicht zur objectiven Anschaulichkeit gelangte Vorstellung gleichsam malend andeute: sollte diese Ansicht der Sache nicht ebenso plausibel als jene sein? Betrachten wir aber die erfahrungsmäfsigen Thatsachen, so sind diese wohl geeignet uns zu überzeugen, wie mifslich es sei, in Fragen dieser Art sich von dergleichen Ansichten und Meinungen leiten zu lassen. Ich will nicht davon reden, dafs in einigen italischen Mundarten statt des *qu* ein *p* eintrat (*pis* f. *quis*), welches denn doch einen wesentlich anderen Charakter zu haben scheint, indem es vorn im Munde, nicht hinten durch Kehle und Gaumen gebildet wird: denn man wird diesen Einwand damit abfertigen, dafs man dies für eine nach gewissen Lautgesetzen erfolgte mundartliche Umwandelung des ursprünglichen Kehllautes erklärt aus einer Zeit, wo das Gefühl für die naturgemäfse Bedeutsamkeit der Laute nicht mehr lebendig war. Auch das griechische τίς, mit dem sonst nur den Demonstrativen eigenen Anlaut, wofür man vielmehr κίς erwarten sollte, meint man ja mit leichter Mühe beseitigen zu können, indem man es für nichts als eine anomale Entartung, also für eine eigentlich fehlerhafte Form erklärt. Bedenklicher aber ist jedenfalls, dafs in den italischen Sprachen jener angeblich von Natur zur Andeutung, sei es der Unbestimmtheit, sei es der Frage geeignete Kehllaut sich gerade im Gegentheil auch als Ausdruck der bestimmtesten Demonstration auf ein deutlich und unmittelbar Vorliegendes und Angeschautes erweist, theils in Formen wie *ecce* (*ekke*) und *cedo* (*kedo*) = her da! theils als Suffix um die demonstrative Kraft zu verstärken, wie *hi-c* und im oscischen auch als Präfix in *exac* und *exeic*, welche Formen doch wohl nichts anderes als *ecce hac* und *ecce heic* sind[1]). Man wird also schwerlich umhin können, in *ka, ko* auch einen demonstrativen Pronominalstamm

---

[1]) Vgl. was ich über diese oscischen Pronomina in der Höferschen Zeitschr. f. d. Wissensch. d. Sprache I S. 254 gesagt habe. Dazu Opusc. ac. III p. 422 Anm. 39 u. Corssen, über Ausspr. u. s. w. des Lat. I S. 271. II S. 355. — Dafs auch *cis, citra* hierher gehöre ist klar: ebenso dafs die italienischen Demonstrativa *quello* und *questo* aus *co - ello* und *co - esto*, also aus dem demonstrativen Präfix mit *ille* und *iste* entstanden sind; endlich die französischen *ce, celui, ici* u. dgl.

anzuerkennen[1]), zu dem wir auch das griechische κεῖνος, ἐκεῖνος ziehen werden, und der im Lateinischen mit einem labialen Nachklang verbunden, also zu *qu* geworden, im Gothischen und Altdeutschen aber aufserdem mit der blofsen Aspiration vertauscht ist, *hw*, wenn nicht vielleicht gerade die Aspiration das Ursprüngliche und der Kehllaut nur aus Verdichtung derselben entstanden ist. Dafs aber dieser demonstrative Pronominalstamm auch in dem Pronomen indefinitum und dem aus diesem hervorgegangenen und nur durch Betonung und Stellung unterschiedenen interrogativum erscheint, wird man weniger befremdlich finden, wenn man folgende schon an einem anderen Orte[2]) von mir vorgetragenen Punkte in Erwägung zieht. Zunächst die so häufige Anwendung der Demonstrativa zur Bezeichnung von Gegenständen, die entweder dem Redenden selbst nicht mit Bestimmtheit gegenwärtig sind, oder die er wenigstens dem Zuhörer bestimmt zu vergegenwärtigen nicht vermag oder nicht nöthig findet. *Εἰ τὸ καὶ τὸ ἐποίησεν οὐκ ἂν ἀπέθανεν ὁ ἄνθρωπος* (Demosth. de cor. p. 308), *si hoc et hoc (hoc vel illud) fecisset* — wenn er dies und das (dies oder jenes) gethan hätte —. Hier deuten die Demonstrativa, auch wenn der Redende wirklich an bestimmte Dinge denken sollte, doch für den Zuhörer keinesweges auf eben diese und keine anderen hin, sondern sie veranlassen ihn nur, an Dinge überhaupt als Objecte des Verbums, folglich an Dinge solcher Art zu denken, wie es der jedesmaligen Beschaffenheit der Aussage gemäfs ist; welche aber von der unendlichen Menge der unter diese Kategorie fallenden, bleibt ganz ebenso unbestimmt, als wenn der Redende etwa gesagt hätte: *εἰ*

---

[1]) Mit Corssen, a. a. O. II S. 355. — Eingedenk des in einer vorigen Anmerkung ausgesprochenen Bekenntnisses will ich hier eine Ansicht andeuten, die ich im Texte vorzutragen Bedenken hege. Die mit dem Kehllaute oder der statt seiner eintretenden oder vielleicht auch ihm selbst zu Grunde liegenden Aspiration beginnenden Pronomina deuteten ursprünglich auf den dem redenden Subjecte zunächst gegenwärtigen oder im Sinne liegenden Gegenstand; die mit dem Linguallaute beginnenden dagegen wiesen den Angeredeten, die zweite Person, auf den Gegenstand als einen auch ihm vor Augen liegenden oder sonst zunächst gegenwärtigen hin. Dafs im Lateinischen das *hic* zur ersten, das mit dem lingualen Suffix versehene *iste* zur zweiten Person in Beziehung stehe, ist ja wohl allgemein anerkannt.

[2]) In der Zeitschr. f. d. Wissensch. d. Spr. I S. 247.

ἐποίησεν οὐκ οἶδ' ὅ τι, *si nescio quid fecisset*, wenn er
ich weifs nicht was gethan hätte. Soll das Demonstrativum als solches, d. h. als Hindeutung auf einen bestimmten Gegenstand verstanden werden, so gehört dazu
nothwendig, dafs der Gegenstand der sinnlichen oder geistigen Anschauung des Hörenden vorliege, auf welchen nur
hingewiesen zu werden braucht um ihn unzweideutig, diesen
und keinen anderen, erkennen zu lassen. Ist aber dies
nicht der Fall, so dient das Pronomen lediglich als Träger
eines numerischen und casuellen Verhältnisses von Gegenständen solcher Art, wie sie die jedesmalige Beschaffenheit
der Aussage zu denken veranlafst, und hört also in der
That auf, wirkliches und wahres Demonstrativum zu sein.
Die ausgebildete Sprache bedient sich dieser Ausdrucksweise freilich nur dann, wenn von mehreren unbestimmten
Gegenständen in copulativer (der und der), disjunctiver
(der oder der) oder distributiver (ὁ μέν — ὁ δέ) Form
die Rede ist: versetzen wir uns aber in ein früheres Alter
der Sprache, wo es noch keine eigene Pronominalform zur
Bezeichnung des Unbestimmten gab, so werden wir es
wohl natürlich finden, dafs man sich auch in allen anderen
Fällen des Demonstrativs dazu bediente, da ja nothwendig
die jedesmaligen Umstände dem Zuhörer sofort klar machen
mufsten, ob wirklich von einem bestimmten oder nur von
einem unbestimmten Gegenstande die Rede sei. — Das
Pronomen τὶς schien alten Grammatikern aus dem ursprünglichen ἴ mit vorgesetztem τ hervorgegangen, und
den von Apollonius[1]) dagegen vorgebrachten Grund, dafs
dann das ς der Endung nicht zu erklären sei, wird heutzutage Niemand für triftig gelten lassen. Das anlautende
τ aber als aus einem „gelegentlichen" Uebergang aus
κ entstanden anzusehen ist gar kein zwingender Grund
vorhanden, zumal da auch die ursprünglich nur fragende
oder indefinite Bedeutung dieses κ selbst nichts weniger
als unzweifelhaft ist. Waren beide Anlaute demonstrativ,
so konnte die eine Sprache diesen, die andere jenen wählen:
und da die Möglichkeit, ein Demonstrativum auch zur Bezeichnung des Unbestimmten zu verwenden, vernünftiger
Weise nicht bestritten werden kann, so ist es auch nichts

---

[1]) De pronom. p. 35.

weniger als unglaublich, dafs τὶς aus einem ursprünglich
demonstrativen da der zu dem unbestimmten wer, einer,
jemand, und dann weiter mit geschärfter Betonung zu
dem fragenden wer geworden sei[1]). Das Bedürfnifs einer
eigenen Form für die unbestimmte und fragende Bezeichnung bewirkte dann, dafs der Sprachgebrauch das Pronomen τὶς ausschliefslich hierfür verwandte und die ursprüngliche Demonstrativbedeutung ganz fallen liefs. Und
ähnlich werden wir auch über die mit dem Kehllaute und
hinzutretenden Labial anlautenden lateinischen und deutschen Pronomina quis[2]), hwer, urtheilen dürfen, bei denen
vielleicht eben dieser Labial dazu diente, die Verwendung
der Pronomina als indefinita und interrogativa auch lautlich anzudeuten, ihre ursprüngliche Form und demonstrative Bedeutung aber so gänzlich aufgegeben worden ist,
dafs wir sie nur vermuthen aber nicht mehr nachweisen
können. Indessen ein vormaliges Demonstrativum cis (kis)
neben ce (ke) ecce (ekke), ein his neben hier anzunehmen
dürfte doch wohl nichts weniger als allzukühn sein, auch
wenn sich nicht der Accusativ hina, der Dativ himma
wirklich noch fänden.

Ein der griechischen Sprache eigenthümliches Indefinitum ist ὁ δεῖνα, immer so mit dem bestimmten Artikel
verbunden, welches namentlich dann gebraucht wird, wenn
der Redende zwar die Vorstellung eines bestimmten Gegenstandes hat, diesen aber dem Zuhörer bestimmt anzugeben
entweder nicht Willens oder nicht im Stande ist, z. B. bei
einer Person, deren Namen er nicht weifs oder vergessen
hat. Man kann den Ausdruck wohl mit dem in Deutsch-
land hier und da in solchem Falle gebrauchten der Dings
da vergleichen. Das anlautende d würde dann vielmehr
eigentlich als demonstratives Suffix zu ὁ gehören, und
ὁδεῖνα als verschmolzen aus ὅδε ἶνα anzusehen sein. Denn

---

[1]) Auch Grimm Gramm. III S. 2 ist derselben Meinung. »Sicher,« sagt
er, »war ursprünglich τὶς auch nichts anderes als ein Pr. demonstrativum.«

[2]) In dem aus qui (oder quis) gebildeten Indefinitum quidam ist das
Suffix ohne allen Zweifel demonstrativ (vgl. Bopp, Vergl. Gr. II S. 142).
Dies mufs auch denen, welche noch an der ursprünglich demonstrativen
Bedeutung des quis oder kis zweifeln, wenigstens klar machen, dafs Indefinitum und Demonstrativum sich wohl mit einander vertragen; und so
werden sie denn vielleicht auch noch zu der Einsicht gelangen, dafs wirklich jenes nur aus diesem geworden sei.

dafs ἵνα ursprünglich ein aus dem Pronomen ἵ gebildetes Ortsadverbium ist, weifs Jeder, und dafs es nicht blos die später allein übliche relative, sondern anfangs auch demonstrative Bedeutung gehabt, nicht blos wo sondern auch da bedeutet habe, kann keinem Zweifel unterliegen und wird von den alten Grammatikern zu Il. X, 127, wo es noch so erscheint, ausdrücklich anerkannt[1]).

In dem Anschauungsverhältnifs, welches durch das Indefinitum und Interrogativum bezeichnet wird, kann auch ein solcher Gegenstand stehen, der aus einem anderen Gesichtspunkte betrachtet in dem entgegengesetzten steht und demgemäfs durch ein Demonstrativum angedeutet wird; und so finden wir denn nicht selten beide Pronomina neben einander. Wer z. B. sagt: ἀλλ᾽ ἥ δ᾽ ὑπαδῶν ἐκ δόμων τις ἔρχεται (Eur. Alc. 134), der bezeichnet die Heraustretende durch das Demonstrativum als sichtbar gegenwärtig, durch das Indefinitum aber als eine ihm anderweitig unbekannte Person, und wer da fragt: τίς δ᾽ οὗτος κατὰ νῆας ἀνὰ στρατὸν ἔρχεται οἷος (Il. X, 82), der zeigt an, dafs ihm der Herankommende, auf den er als gegenwärtig sichtbar durch das Demonstrativum hindeutet, doch seiner Person nach unbekannt sei und er darüber, durch Angabe des das Individuum bezeichnenden Eigennamens, Kunde verlange [2]).

---

[1]) Diese ebenfalls schon früher in der Zeitschr. f. d. Wissensch. d. Spr. I S. 248 von mir vorgetragene Ansicht über die Entstehung des ὁ δεῖνα wird von Pott, Zahlsystem S. 153 gebilligt. Ahrens in d. Zeitschr. f. vergl. Spr. VIII S. 344 nimmt statt des ἵνα ein zwar sehr wohl mögliches, aber doch nicht nachweisbares εἴν gleicher Bedeutung an.

[2]) Apollonius de constr. I, 37 p. 73, wo er die homerische Stelle anführt, sagt darüber: διὰ τῆς ἀντωνυμικῆς συντάξεως (d. h. durch die Verbindung des Demonstr. mit dem fragenden τίς, welches ihm, wie wir unten sehen werden, keine ἀντωνυμία ist) τῆς μὲν οὐσίας ἐπιλαμβανόμεθα, τῆς δὲ ἐπιτρεχούσης ἰδιότητος κατὰ τὴν τοῦ ὀνόματος θέσιν οὐκέτι. d. h. wir erkennen zwar das Dasein des Gegenstandes, aber nicht seine Individualität, die uns erst der Eigenname angiebt. (Bei Planudes in Bachm. Anecd. II p. 133, wo das ganze Raisonnement des Apollonius in etwas anderer Fassung und klarer vorgetragen wird, heifst es: τὴν μὲν οὐσίαν νοοῦμεν, οὐ μὴν τὴν ἰδιότητα τῆς ποιότητος, ἥτις τῷ ὀνόματι σαφηνίζεται.) Dagegen bei der ὀνοματικὴ σύνταξις, d. h. wenn das τίς mit einem Eigennamen, wie τίς Τρύφων ἐστί oder λέγεται, verbunden wird, τὴν οὐσίαν ζητοῦμεν τοῦ ὑποκειμένου, d. h. wir verlangen zu dem Eigennamen, der möglicher Weise mehreren Individuen zugehören kann, auch noch den bestimmten substanziellen Träger desselben zu erfahren, den uns dann ein Pronom. de-

Jeder Gegenstand ferner, auch der vorher ein unbestimmter war, wird dadurch, dafs etwas über ihn ausgesagt
wird, zu einem wenigstens in dieser Hinsicht bestimmten:
denn er ist durch das über ihn Ausgesagte jetzt der Anschauung wenigstens insofern gegenwärtig, als er eben der
Besprochene ist. Wird nun im Verfolge der Rede etwas
Weiteres über ihn ausgesagt, so wird er durch ein demonstratives Pronomen bezeichnet werden können, welches,
weil es dazu dient, die Vorstellung des vorher besprochenen
Gegenstandes wieder zurückzurufen, das anaphorische
oder relative, d. h das wiederholende Pronomen heifsen
kann. Für den Fall, dafs derselbe Gegenstand, der vorher
das grammatische Subject der Aussage war, im folgenden
Satze ebenfalls wieder als Subject zu denken ist, werden
diejenigen Sprachen, welche schon durch die Endung des
Verbums das Subject in einem der drei Personverhältnisse
deutlich und bestimmt genug bezeichnen, damit auch im
folgenden Satze ausreichen und eines Pronomens nur dann
bedürfen, wenn etwa der Begriff der Person besonders
hervorgehoben werden soll. Dies gilt nicht blos für das
erste und zweite Personverhältnifs, wo auch der erste Satz
einer besonderen Subjectsbezeichnung durch das Personal-

---

monstr. oder person. angiebt: *ἐγώ ἢ οὗτος ἤ τι τῶν συζύγων*, welche
Pronomina, nach Apollonius' später näher zu beleuchtenden Ansicht, nur
die *οὐσία* andeuten, d. h. auf den Gegenstand als einen daseienden hinzeigen,
wobei denn aber eben durch dies Hinzeigen der, dem der Gegenstand gezeigt
wird, sich in den Stand gesetzt findet, das, was nöthig ist um ihn als einen
bestimmten zu erkennen, selbst wahrzunehmen. Dies ist der Sinn der folgenden Worte des Ap.: *ταύτην γὰρ (τὴν οὐσίαν) μόνον αἱ ἀντωνυμίαι*
ἐμφαίνουσι, τῆς ὑπ' αὐτῶν δείξεως συνεξηγουμένης τὰ παρεπόμενα; oder,
wie Planudes es ausdrückt, *ἡ ἀπόδειξις καὶ τὰ συμβεβηκότα αὐτῇ συσση-*
μαίνει. Dafs in der That die Personalia neben der Hindeutung auf den
Gegenstand auch noch etwas mehr, nämlich eben das Person- oder Darstellungsverhältnifs anzeigen, ist hier unbeachtet gelassen, aber für die Haupt-
sache auch gleichgültig. Ich weifs aber nicht, weswegen Egger, Apoll. Dysc.
p. 77, in dieser Stelle des Apoll. einen Widerspruch findet mit dem, was
Priscian II, 4, 18 sagt: *proprium est nominis substantiam et qualitatem*
significare, und deswegen den Text für verdorben hält. Dasselbe was
Prisc. sagt auch Apollonius de pron. p. 33: *οὐσίαν σημαίνουσιν αἱ ἀντω-*
νυμίαι, τὰ δὲ ὀνόματα οὐσίαν μετὰ ποιότητος. Aber wenn auch das
Nomen beides bedeutet, so kann doch in einzelnen Fällen über das bestimmte Individuum, dem diese *οὐσία μετὰ ποιότητος* zukommt, Ungewifsheit sein, welche durch die Frage *τίς Τρύφων ἐστί* oder *λέγεται* ausgesprochen, und durch die Antwort *οὗτος* oder *ἐγώ* gehoben wird.

pronomen nur ausnahmsweise bedarf, sondern auch für das
dritte Personverhältnifs, wo im ersten Satze das Subject
nothwendig entweder durch ein Nomen oder durch ein
Pronomen zu bezeichnen ist. Auch hier genügt, so oft
über die ·Identität des Subjectes kein Zweifel entstehen
kann, im zweiten Satze die im Verbum selbst schon enthaltene Personbezeichnung. Daher ist es gekommen, dafs
im Griechischen das schlichte Personalpronomen der dritten
Person ἵ im Nominativ fast gänzlich aus dem Sprachgebrauch verschwunden ist[1]), statt dessen dann, wenn doch
eine Bezeichnung des Subjectes durch ein Pronomen zweckmäfsig scheint, andere Demonstrativa, wie ὁ, ὅγε, οὗτος
gebraucht werden. Im Lateinischen findet in diesem Fall
das dem ἵ etymologisch verwandte *is* oder *hi-c* Anwendung. — Wenn dagegen der wiederholt zu denkende Gegenstand in einem der durch oblique Casus auszudrückenden
Objects- oder Adverbialverhältnisse steht, so sind zu seiner
Bezeichnung nothwendig die Casus obliqui der Personalpronomina erforderlich. Die griechische Sprache hat für die
erste Person im Singular sogar zwei verschiedene Formen,
eine zweisylbige und betonte, und eine einsylbige enklitische;
auch für die zweite Person gab es wenigstens bei den Doriern
zwei verschiedene Accusativformen, eine nachdrückliche und
betonte, σέ, und eine enklitische, τύ, und alle übrigen Pronominalformen werden, wenigstens im Singular, überall bei
gleichem Buchstabengehalt doch verschieden betont, je nachdem sie mit Nachdruck hervorgehoben werden oder nicht.
In dem Verhältnifs der Reciprocität oder, wie wir jetzt
genauer zu sagen pflegen, im Reflexivverhältnifs, wo das
Subject zugleich als näheres oder entfernteres oder adver-
biales Object seiner eigenen Thätigkeit zu bezeichnen ist,
sollen nach der Lehre der alten Grammatiker nur die nicht

---

[1]) Die Grammatiker erwähnen den Nominativ öfters; angeführt wird
nur ein Beispiel aus Sophokles bei Apollon. de pron. p. 70 u. Schol. Vict.
ad Il. X, 410, welches nach Dindorfs wahrscheinlicher Verbesserung lautet:
ἢ μὲν ὡς ἵ θᾶσσον, ἢ δ' ὡς ἵ τέκοι παῖδα. In zwei Stellen des Plato
hat ihn J. Bekker statt des handschriftlichen ἕ hergestellt, weil der constante
Sprachgebrauch dort den Nominativ verlangte. Die erste ist Symp. p.175c:
μετὰ δὲ ταῦτα ἔφη σφᾶς μὲν δειπνεῖν, τὸν δὲ Σωκράτη οὐκ εἰσιέναι. τὸν
οὖν Ἀγάθωνα κελεύειν μεταπέμψασθαι τὸν Σωκράτη, ἵ δὲ οὐκ ἐᾶν. Die
andere ib. p. 223 B: τὸν μὲν οὖν Ἐρυξίμαχον — καὶ ἄλλους τινὰς ἔφη
ὁ Ἀριστόδημος οἴχεσθαι ἀπιόντας, ἵ δὲ ὕπνον λαβεῖν καὶ καταδαρθεῖν.

enklitischen Formen des Personalpronomens zur Anwendung kommen, eine Lehre, die indessen weder durch den
Sprachgebrauch bestätigt wird noch rationell begründet
ist[1]). Aber während im ersten und zweiten Personverhältnifs die Identität des Objectes mit dem Subject, auch
ohne durch besondere Betonung markirt zu sein, sich durch
das Personalpronomen allein immer unzweideutig zu erkennen giebt, ist dies im dritten Personverhältnifs nicht
der Fall, weil ja in diesem Verhältnifs nicht blos das Subject, sondern alle anderen Dinge aufser dem Redenden und
dem Angeredeten stehen. Wenn z. B. gesagt wird: φιλεῖ
δε ἑ πᾶς τις ἀνήρ, so kann das ἑ möglicher Weise das
Subject selbst bezeichnen = jedermann liebt sich; es
kann aber auch ein von dem Subject verschiedenes Object
bezeichnen, wie in dem homerischen φιλεῖ δέ ἑ μητίετα
Ζεύς. Hier ist also die Bezeichnung der Identität allerdings Bedürfnifs, welches nun nicht blos durch die Betonung (φιλεῖ δὲ ἓ πᾶς τις ἀνήρ)[2]), sondern noch ausdrücklicher durch Zusammensetzung des Personalpronomens
mit einem recht eigentlich so zu nennenden Identitätspronomen befriedigt wird, ἑαυτόν, ἐμαυτόν, σεαυτόν[3]). Und
diese zusammengesetzten Formen dienen nun ausschliefslich
für das Reflexiwerhältnifs, wogegen aufser demselben, so
oft eine blofse Hervorhebung und Entgegensetzung der
durch das Pronomen bezeichneten Person gegen andere
erfordert wird, jenes Identitätspronomen nur neben das
Personalpronomen gestellt, nicht aber damit componirt

---

[1]) Vgl. Apollon. de constr. II, 19 p. 139. Hermann. Opusc. 1 p. 319.
Spitzner ad Il. XI, 383. Es ist indessen anzuerkennen, dafs die Griechen in
solchem Falle allerdings die betonten Formen, wodurch die Identität des
Objectes mit dem Subjecte schärfer markirt wird, vorzugsweise gebrauchen,
womit es auch zusammenhängt, dafs so oft die zusammengesetzten Formen
ἐμαυτόν, σαυτόν, ἑαυτόν gebraucht werden, wo nach unserem Gefühl die
einfachen und tonlosen genügen würden. S. Krüger ad Dionys. p. 65 und
ad Xenoph. Anab. II, 3, 21.
[2]) Vgl. Apollon. de constr. II, 20 p. 147, 14 ff. Spitzner ad Il. I, 114.
[3]) Bei Homer wollen die namhaftesten alten Grammatiker und nach
ihrem Vorgange auch die Neueren die zusammengesetzten Formen gar nicht
dulden, was wir auf sich beruhen lassen können. Nur dagegen, dafs man
diesen Kanon auch auf alle anderen alten Epiker anwende und diese oder
jene widerstrebende Stelle gewaltsam ändere, wollen wir Einspruch erheben.
Vgl. Opusc. ac. II p. 504.

wird [1]). Als Reflexivpronomina der ersten und zweiten Person werden übrigens nicht blos die Formen ἐμαυτοῦ und σαυτοῦ, sondern auch ἑαυτοῦ, und häufiger noch im Plural ἑαυτῶν für ἡμῶν αὐτῶν oder ὑμῶν αὐτῶν gebraucht: denn für diese Plurale giebt es keine componirten Formen. Man pflegt dies für einen Mifsbrauch anzusehen, zu dem man zuerst im Plural gegriffen habe um die lästigeren Formen zu vermeiden, und der dann allmählig auch im Singular angenommen sei: und allerdings findet sich namentlich im Singular diese Anwendung erst in den von der Classicität sich schon entfernenden Monumenten der Schriftsprache [2]). Es ist indessen sehr glaublich, dafs im Volksmunde, und namentlich in den litterarisch weniger gebrauchten Mundarten jene Formen von jeher so üblich gewesen und von den Schriftstellern nur deswegen vermieden seien, weil man sie wirklich nur für Formen der dritten Person ansah. Und dafür würden sie auch ohne Zweifel angesehen werden müssen, wenn es wirklich feststände, dafs das Pronomen ἵ, ἕο, ἕ von Hause aus und ursprünglich nichts anderes als Pronomen der dritten Person gewesen sei. Aber sollte es denn wirklich so ganz unglaublich sein, dafs es ursprünglich ein ganz allgemeines

---

[1]) So lehrt Apollon. de constr. II, 24 p. 173. In unseren Ausgaben wird dies öfters vernachlässigt, und Schaefer scheint es nicht gewufst zu haben, wenn er Appar. crit. II p. 356 zu Demosth. de cor. p. 319, 6 den Unterschied zwischen ἐμαυτόν und dem dort allein richtigen ἐμὲ αὐτόν nur darin findet, dafs dies letztere den Gegensatz schärfer hervorhebe.

[2]) Etwa von Isokrates an. Bei früheren finden sich in den Hdschr. nur wenige zweifelhafte und meist leicht zu emendirende Stellen der Art. Vgl. Bonitz zu Plat. Protag. p. 10. Zu beachten ist auch die Bemerkung von Fritzsche zu Aristoph. Thesm. v. 234, dafs αὐτοῦ für ἐμαυτοῦ oder σαυτοῦ doch nur dann gebraucht werde, wenn auf die genaue Bezeichnung des bestimmten Personverhältnisses weniger ankomme. — Uebrigens ist die Anwendung des Reflexivs für alle drei Personen auch in vielen anderen indoeuropäischen Sprachen üblich, wie Pott, Zählmethode S. 240 bemerkt, mit Verweisung auf Grimm, IV S. 319. In der Volkssprache am Rhein und Main kann man hören: mer bedanke sich (wir bedanken uns), mer habe sich gesetzt (wir haben uns gesetzt) u. dgl., und auch im Simpliciss. III, 7 findet sich: weil wir sich still halten mufsten, und VI, 19: so hätten wir sich vor die allerglückseligsten Kerl geschätzt. — Endlich wenn im Lat. die passivische Endung der ersten Person r ihren Ursprung dem Reflexivpronomen verdankt, wie jetzt mit Bopp, vgl. Gr. §. 476, wohl allgemein angenommen wird, also z. B. moveor eigentl. = moveo se ist, so erkennen wir auch hier die allgemeine Bedeutung des Reflexivum.

Demonstrativum ohne alle Rücksicht auf das Personverhältnifs gewesen und auf die dritte Person erst später beschränkt worden sei, da für die erste und zweite Person
besondere Formen vorhanden waren? Und wenn dies nicht
als unmöglich verworfen werden kann, so wird man auch
wohl die fernere Möglichkeit zugeben müssen, dafs es seine
ursprüngliche allgemeine Bedeutung auch späterhin nicht
ganz verloren, sie wenigstens in dieser Zusammensetzung
mit dem Identitätspronomen bewahrt habe, so dafs ἑαυτοῦ
u. s. w. hinsichtlich der Person indifferent war und also
auch für die erste und zweite gebraucht werden durfte,
sobald sich aus dem Zusammenhange der Rede das rechte
Personverhältnifs unzweideutig erkennen liefs.

Das Identitätspronomen αὐτός ist ein Compositum aus
zwei Pronominalstämmen, deren letzter die blos demonstrative Bedeutung, der erste aber die der Wiederholung
des Vorgestellten hat[1]). Es kann daher auch zur schlichten
und nachdrucklosen abermaligen Bezeichnung eines Gegenstandes verwandt werden, und dient zu diesem Zweck,
wenn ein vorher sei es durch ein Nomen sei es durch
ein Pronomen bezeichneter Gegenstand dritter Person im
Verfolg der Rede als näheres oder entfernteres oder ad-
verbiales Object wiederum zu bezeichnen ist. Für Gegenstände im ersten und zweiten Personverhältnifs dienen zu
diesem Behufe natürlich die obliquen Casus der Personalpronomina; das Personalpronomen der dritten Person aber
ist auch in den obliquen Casus, namentlich im Singular,
mehr und mehr aufser Gebrauch gekommen und wird durch
die Casus von αὐτός vertreten, welche dann ganz dem lateinischen *eius, ei, eum,* dem deutschen ihm, ihn entsprechen, und unter welchen der auf eine kurze Sylbe
ausgehende Accusativ αὐτόν eben der Nachdrucklosigkeit
wegen auch selbst enklitisch gesprochen wurde, und nur
die auf lange Sylben ausgehenden Casus ihren eigenen Ton
bewahrten[2]). — Im Nominativ dagegen behauptet αὐτός
immer die Kraft einer ausdrücklichen und nachdrücklichen

---

[1]) *Aὖ* und *αὖτε* als Adverbia in der Bedeutung von wiederum,
abermals sind unverkennbar in αὐτός: aber auch das lat. *autem* und das
deutsche aber gehören zu demselben Stamm.
[2]) Vgl. Apollon. de constr. II, 18 p. 135. Herodian. ap. schol. II. XII,
204. Lehrs, Quaestt. ep. p. 124. Auch die heutigen Griechen gebrauchen

Wiederholung: es hebt hervor, dafs eben der in Rede
stehende Gegenstand und kein anderer zu denken sei, es
setzt ihn anderen entgegen, sondert ihn von anderen ab,
und dient in dieser Function ebenso wie die anderen Demonstrativpronomina keinesweges nur im dritten sondern
auch im ersten und zweiten Personverhältnifs. Es versteht
sich aber von selbst, dafs auch die obliquen Casus des
αὐτός von dieser Art der Anwendung keinesweges ausgeschlossen sind. Die lateinische Sprache hat für diesen
Zweck ein ebenfalls aus zwei Stämmen zusammengesetztes
Pronomen *ipse* (*is-pse*), dessen zweiter offenbar mit dem
griechischen ψέ (äolisch für σφέ) identisch ist[1]), und also
auch zum Beweise der ursprünglich allgemeinen auf kein
bestimmtes Personverhältnifs beschränkten Kraft dieses Demonstrativs dienen mag. Ein zweites gleichfalls aus zwei
Stämmen gebildetes Pronomen, *idem*, kommt dann zur
Anwendung, wenn ein unter verschiedenen Kategorien, aus
verschiedenen Gesichtspunkten, in verschiedenen Beziehungen und Verhältnissen erscheinender Gegenstand als
dennoch wesentlich Einer, als Er und kein Anderer,
zu bezeichnen ist, und indem nun diese seine Einheit
gleichsam als ein Unterscheidungszeichen gegen andere
gelten kann, stellt sich das Pronomen insofern auf gleiche
Linie mit den zur unterscheidenden Bezeichnung der Gegenstände dienenden Adjectiven. In Sprachen, die den Artikel
besitzen, werden solche unterscheidende Bezeichnungen
durch den ihnen vorangestellten Artikel eng mit dem
Nomen des Gegenstandes verbunden[2]), und so wird denn

αὐτόν, und ebenso die gekürzten Formen τὸν, τοῦ, τῷ in dieser Anwendung
meist enklitisch, obgleich darin keine allgemeine Uebereinstimmung herrscht.

[1]) Dies erkannte schon G. J. Vossius, Etymol. p. 270. Jetzt darf es
wohl als allgemein angenommen gelten. Ich will aber bei dieser Gelegen-
heit auch an das deutsche selb, selbst erinnern, aus se-lib (lib =
Person), wo ebenfalls dasselbe Pronomen auf jede der drei Personen bezogen wird. — Im Englischen *myself, thyself, ourselves, yourselves* wird
self ganz als Substantiv behandelt und die Beziehung auf die Person durch
das Possessivpronomen bezeichnet. Die Neugriechen sagen τὸν ἑαυτόν μου
für ἐμαυτόν, wo der Genitiv ebenfalls possessive Bedeutung hat. -

[2]) Die rationelle Begründung der Anwendung des Artikels für diesen
Fall mufs einer Abhandlung über den Artikel vorbehalten bleiben, mit der
ich das nächste Heft dieser Untersuchungen zu eröffnen gedenke. — Im
Deutschen wird das oben angeführte selb in dieser Verbindung mit dem
Artikel ganz wie ein Adjectiv flectirt, derselbe oder auch derselbige.

auch im Griechischen das Identitätspronomen, wenn es zu
jenem Zwecke dient, also dem *idem* gleich gilt, mit dem
Artikel versehen: ὁ αὐτὸς ἀνήρ ist = *vir idem*, dagegen
ὁ ἀνὴρ αὐτός oder ἐγὼ αὐτός = *vir ipse, ego ipse*.

Dem Identitätspronomen gegenüber steht dasjenige
Wort, welches die Identität leugnet, die Nichtidentität
ausspricht, ἄλλος, *alius;* und wenn jenes mit Recht ein
Pronomen genannt wird, so folgt daraus dafs auch dieses
so genannt werden müsse. Denn es wird ja dadurch, dafs
ein Gegenstand blos als nicht identisch mit einem anderen
bezeichnet wird, durchaus keine Beschaffenheit desselben
angezeigt — wie durch ein Nomen —, sondern lediglich
ein Anschauungsverhältnifs, unter welchem er sich in Beziehung zu einem anderen Gegenstande darstellt. Und dafs
auch unter den alten Grammatikern manche dies erkannt
und demgemäfs ἄλλος und *alius* zu den Pronominen gerechnet haben, erhellt aus der Polemik des Apollonius
gegen sie, die wir weiter unten zu beleuchten haben
werden.

Die bisher besprochenen Pronomina, sofern sie lediglich eine Substanz, ohne Angabe ihrer Qualität, nur als
in einem gewissen Anschauungs- oder Darstellungsverhält-
nisse stehend bezeichnen, können *Pronomina substantiva*
heifsen. Dies gilt auch von αὐτός, ἄλλος, *idem, alius,*
wenn sie für sich allein durch Andeutung des durch sie
ausgedrückten Verhältnisses, welches wir ja auch als Anschauungsverhältnifs zu betrachten haben, zur Bezeichnung
des Gegenstandes dienen; wenn sie dagegen die Identität
oder Nichtidentität dem anderweitig bezeichneten Gegenstande nur als eine näher bezeichnende gleichsam attributive Bestimmung hinzufügen, so dürfen wir sie *Pronomina
adiectiva* nennen. Eben derselbe Name gebührt aber auch
einer anderen Classe der Pronomina, zu denen wir nun
übergehen.

Nicht blos die Gegenstände selbst lassen sich ohne
Angabe ihrer Beschaffenheit lediglich durch Andeutung des
Anschauungsverhältnisses, in welchem sie stehen, kenntlich
bezeichnen, sondern dasselbe gilt auch von den Beschaffenheiten der Gegenstände, insofern auch diese nicht durch
Benennung, wie die Adjectiva sie enthalten, sondern nur
nach dem Anschauungsverhältnifs bezeichnet werden, in

welchem der Redende sie auffafst und auf sie hindeutet.
Da aber Beschaffenheiten nicht an und für sich, sondern
nur an einem substanziellen Gegenstande wirklich vorhanden sind, so folgt daraus, dafs sie auch in einem Anschauungsverhältnisse nur als solche stehen können, die
sich an einem Gegenstande befinden, und dafs daher eine
Bezeichnung von Beschaffenheiten durch Andeutung des
Anschauungsverhältnisses nur in der Art möglich ist, dafs
zugleich auch die Bezeichnung des substanziellen Trägers
derselben mit gegeben werde, der nothwendig auch in demselben Anschauungsverhältnisse stehen mufs. Also sind die
Beschaffenheitsbezeichnungen auch zugleich Bezeichnungen
von Gegenständen; aber während die Substantivpronomina
den Gegenstand nur als Substanz bezeichnen, bezeichnen
die jetzt in Rede stehenden ihn nur als Träger der Beschaffenheit, hinsichtlich welcher er in diesem oder jenem
Anschauungsverhältnifs steht. Die Anschauungsverhältnisse
nun sind natürlich dieselben, die wir bei den Substantiv-
pronominen zu unterscheiden haben: d. h. die Beschaffenheit
ist entweder der sinnlichen oder geistigen Wahrnehmung
unmittelbar gegenwärtig, so dafs eine blofse Hindeutung
darauf genügt, oder sie wird mittelbar dadurch vergegenwärtigt, dafs sie als einer schon bekannten entsprechend
bezeichnet wird, was durch correlative Pronomina wie τοῖος
— οἷος, talis — qualis geschieht; oder die Beschaffenheit
ist unbestimmt und läfst sich nur als solche bezeichnen,
oder sie ist zugleich fraglich, oder endlich es genügt sie
blos als nicht entsprechend (nicht identisch) einer anderen
anzudeuten (ἀλλοῖος). Da aber die Beschaffenheiten durch
Pronomina nur angedeutet, nicht benannt werden, so kann
es auch keine besonderen Pronomina für die Mannichfaltigkeit der einzelnen Beschaffenheiten geben, sondern nur für
die beiden allgemeinen Kategorien, unter welchen nothwendig alle begriffen sind, die der Qualität und der Quantität. Aber auch hierfür sind nicht in allen Sprachen wirklich Pronomina vorhanden. Im Griechischen sind sie es, im
Deutschen nur zum Theil, und wir müssen uns oft mit Sur-
rogaten durch Umschreibung behelfen, im Lateinischen giebt
es Demonstrativa, Relativa und Interrogativa für Qualität
und Quantität, aber Indefinita eigentlich nur für die letztere (aliquot, aliquantus), während es für die Qualität kein

8

entsprechendes *aliqualis* giebt, sondern man sich hier mit
qualis[1]) oder mit dem zusammengesetzten *qualis qualis* oder
qualiscunque behelfen, oder auch *aliquis,* welches eigentlich
ein Substantivpronomen ist, als Adjectivpronomen für die
unbestimmte Qualität gebrauchen muſs. Auch dem griechischen ἀλλοῖος steht im Lateinischen kein entsprechendes
gegenüber. Uebrigens versteht es sich von selbst, daſs
ebenso wie die durch Adjectiva ausgedrückten Eigenschaften
und Beschaffenheiten durch Abstraction selbst substantivirt,
und Nomina abstracta für sie gebildet werden können, dasselbe auch dann möglich sein muſs, wenn sie nur durch
Pronomina bezeichnet werden. So entstehen aus ποιός,
ποσός die Abstracta ποιότης, ποσότης, aus *qualis qualitas,*
aus *quantus quantitas.*

Qualitäts- und Quantitätsverhältnisse können bei Gegenständen jeder Art in Betracht kommen; ein anderes Verhältniſs, welches weniger allgemein, aber doch häufig in
Betracht kommt, ist das der Angehörigkeit des einen zum
andern. Die flectirenden Sprachen bezeichnen dies dadurch,
daſs sie den Gegenstand, zu welchem ein anderer in dem
Verhältniſs der Angehörigkeit steht, neben diesem in einer
gewissen Flexionsform, im Genitiv, angeben, also, wenn
jener Gegenstand durch ein Pronomen zu bezeichnen ist,
den Genitiv des Pronomens setzen. Weil nun aber die
Angehörigkeit auch eine Art von Attribut des angehörigen
Gegenstandes ist, so lag es nahe, das Verhältniſs auch in
Form eines Adjectivs auszudrücken, welches man von dem
Namen oder der Bezeichnung des Gegenstandes bildete, zu
welchem jener andere in dem Angehörigkeitsverhältnisse
steht, z. B. Νεστορέη ναῦς für Νέστορος, Τελαμώνιος υἱός
für Τελάμωνος, und demgemäſs also auch πατὴρ ἐμός für
ἐμοῦ, φίλος ἡμέτερος für ἡμῶν. Sind nun diese Adjectiva
von Pronominen gebildet, so sind sie natürlich auch selbst
pronominaler Art: sie sind nicht Benennungen, sondern
nur Bezeichnungen des Verhältnisses durch Formbildung
aus einem Verhältniſswort. Und so stimmen denn auch

---

[1]) *Quale* als Indef. (ποιόν) hat Seneca ep. 117: *Prius aliquid esse
debet, deinde quale esse.* Auch bei Cicero Acad. I, 7, 28: *Quum ita mo-
veatur illa vis, quam qualitatem appellant — materiam ipsam totam
penitus commutari putant, et illa effici, quae appellant qualia,* entspricht
dies *qualia* dem gr. ποιά.

alle Grammatiker darin überein, die aus den Pronominen gebildeten Possessiva ebenfalls Pronomina zu nennen, wogegen die aus Nominibus gebildeten mit Recht auch nur der Classe der Nomina zugezählt werden. — Noch eine specielle Art von Angehörigkeit, die landsmannschaftliche, wird im Griechischen und Lateinischen durch Pronominalbildungen (die s. g. ἐθνικαὶ παραγωγαί) bezeichnet, ἡμεδαπός, ὑμεδαπός, ἀλλοδαπός, nostras, vestras, cuias. Die griechischen Formen[1]) werden mit Wahrscheinlichkeit für Composita aus den Pronominen mit der Präposition ἀπό gehalten[2]), wie auch die analogen von einem Nomen (παντοδαπός) oder einem Adverbium (τηλεδαπός) gebildeten; Andere denken vielmehr an ein altes δάπος, wovon auch δάπεδον und ἔδαφος komme, noch Andere endlich sehen die Endung als eine blofse Paragoge ohne eigentliche Bedeutung an[3]).

Es bleibt nun noch übrig einen Blick auf die geschichtliche Entwickelung der Lehre vom Pronomen bei den Alten zu werfen. Der erste, bei dem wir dasselbe als einen besonderen Redetheil wenigstens angedeutet finden, ist Aristoteles, der, wie schon im 1. Capitel bemerkt ist, in der Poetik neben dem ὄνομα und dem ῥῆμα noch den σύνδεσμος und das ἄρθρον nennt, anderswo aber das letztere unter dem σύνδεσμος mitbegriffen zu haben scheint. Dafs unter diesem, wenn das ἄρθρον davon unterschieden wurde, die Conjunction und wohl auch die Präposition verstanden sei, kann keinem Zweifel unterliegen. Ueber das ἄρθρον ist leider die Definition in der Poetik so augenscheinlich verdorben, dafs aus ihr kein sicheres Ergebnifs zu gewinnen ist, und die bisherigen Versuche die Stelle zu verbessern und zu erklären sind nichts weniger als befriedigend[4]). Ich halte es für wahrscheinlich, dafs zu schreiben sei: ἄρθρον δέ ἐστι φωνὴ ἄσημος, ἣ λόγου ἀρχὴν ἢ τέλος ἢ διορισμὸν δηλοῖ, οἷον τὸ „ἣ μέν" καὶ τὸ „ὅπερ" καὶ τὸ

---

[1]) Sie endigen bisweilen auch auf ης, wie ἀλλοδαπής, παντοδαπής. S. Bast ad Gregor. Cor. p. 891.

[2]) Buttmann. Lexil. I S. 125 u. 302.

[3]) Apollon. de pron. p. 38 sq. Vgl. Etym. M. p. 68, 2. 429, 4. Phot. p. 435, 27. Phryn. p. 56 Lob. Thom. M. s. v.

[4]) Man vergl. aufser den Herausgebern der Poetik etwa noch Classen, de gr. gr. primord. p. 56 ff. Geppert, die gramm. Kategorien p. 12. Egger, hist. de la critique chez les Grecs p. 144.

„αὐτά“.) ἡ φωνὴ ἄσημος, ἢ οὔτε κωλύει οὔτε ποιεῖ φωνὴν μίαν σημαντικὴν ἐκ πλειόνων φωνῶν, πεφυκυῖα τίθεσθαι καὶ ἐπὶ τῶν ἄκρων καὶ ἐπὶ τοῦ μέσου. Die von mir statt der in den Ausgaben stehenden Worte φημί.und περί (wofür in den Handschriften nur die Buchstaben φ.μ.ι und π.ε.ρ.ι gefunden werden, in einigen aber gar nichts steht) als Beispiele des ἄρθρον gesetzten Formen ἡ μέν und ὅπερ enthalten zwar neben dem Pronomen, welches eigentlich allein stehen sollte, auch noch Conjunctionen; aber daſs Aristoteles die beiden Bestandtheile nicht genau unterschieden hat, wird man nicht auffallend finden, wenn man damit eine Stelle der Rhetorik vergleicht, wo ἐγὼ μέν und ὁ δέ ebenfalls ohne Unterscheidung der beiden Bestandtheile als σύνδεσμοι angeführt werden [2]). Und auch bei einem späteren Grammatiker [3]) ist zu lesen: „ὁ μέν“ καὶ „ὁ δέ“ σύνδεσμοι ἀρσενικοῦ ὀνόματος ἔναρθροι· „ἡ μέν, ἡ δέ“ ἔναρθροι ὁμοίως. Man erinnere sich dabei, daſs, wie im Sprechen beide Bestandtheile auf das engste verbunden sind, so auch die scriptura continua der Alten sie nicht getrennt darstellte. Auf jene Beispiele paſst nun aber die Definition ganz gut: das Pronomen giebt den Anfang eines Satzes an, wie ἡ μὲν ἄρ' ὣς εἰποῦσ' ἀπέβη, es steht am Ende des Satzes, wie ὅς κε θεοῖς ἐπιπείθηται μάλα τ' ἔκλυον αὐτοῦ, es scheidet den Satz in zwei Theile, wie λέξω τορῶς σοι πᾶν ὅπερ χρῄζεις μαθεῖν: es kann also, wie es in der zweiten Definition heiſst, sowohl ἐπὶ τῶν ἄκρων, an beiden Enden des Satzes, als ἐπὶ τοῦ μέσου, in der Mitte stehen, und es verbindet weder die mehreren Wörter, vor denen es steht, zu einer Einheit der Bedeutung, noch widerstrebt es solcher Verbindung. — Auch in der Rhetorik an Alexander [4]) heiſsen die Pronomina ἄρθρα, und behielten,

---

[1]) Für das von mir geschriebene τὸ αὐτά, wofür auch αὐτὸ oder αὐτοῦ u. dgl. stehen könnte, liest man in d. Hdschr. τὰ ἄλλα.

[2]) Rhetor. III, 5 in.: τὸ ἑλληνίζειν ἐστὶν — ἐν τοῖς συνδέσμοις, ἂν ἀποδιδῷ τις ὡς πεφύκασι πρότεροι καὶ ὕστεροι γίγνεσθαι ἀλλήλων, οἷον ἔνιοι ἀπαιτοῦσιν, ὥσπερ ὁ μέν καὶ ὁ ἐγώ μέν ἀπαιτεῖ τὸν δέ καὶ τὸν ὁ δέ.

[3]) Etymol. Gud. p. 427, 50.

[4]) C. 25 p. 51 Sp.: τὸ δὲ προσέχειν τοῖς ἄρθροις, ὅπως ἐν τῷ δέοντι προστιθῆται, ἐπὶ τῶνδε ὅρα· οὗτος ὁ ἄνθρωπος, [ὃς] τοῦτον τὸν ἄνθρωπον ἀδικεῖ. νῦν μὲν οὖν ἐγγινόμενα τὰ ἄρθρα σαφῆ ποιεῖ τὴν λέξιν, ἐξαιρεθέντα δὲ ἀσαφῆ ποιήσει. Das ὅς vor τοῦτον fehlt in d. Hdschr.; die Wahrscheinlichkeit der Verbesserung ausführlich zu erweisen ist wohl kaum nöthig.

wie wir gleich sehen werden, diesen Namen noch lange Zeit, bis ihn die alexandrinischen Grammatiker auf den noch jetzt so genannten Artikel sammt dem entsprechenden Relativum beschränkten. Ohne Zweifel deutet der Name auf die Satzverbindung durch Pronomina in correlativer Anwendung, wo sie, gleich Gelenken, zwei Satzglieder zu einem Ganzen verbinden; obgleich freilich diese Anwendung nicht die einzige ist [1]). Die Stoiker, welche den Namen beibehielten, rechtfertigten ihn damit, dafs sie sagten, auch in seiner anderweitigen Geltung werde das Wort ἄρθρον nicht blos für das die Glieder verbindende Gelenk, die συμβολή τῶν κώλων, sondern auch für das Glied selbst gebraucht, und so dürfe man auch bei den Pronominen nicht allzustreng nur auf die eigentliche Bedeutung sehen [2]); sie erkannten also die wesentliche Gleichartigkeit der Pronomina, auch derer, die nicht unter einander correlativ sind.

Von wem der Name ἀντωνυμία zuerst eingeführt sein möge, ist nicht zu ermitteln. Dafs er den alexandrinischen Grammatikern angehöre, dürfen wir auch ohne ausdrückliche Zeugnisse annehmen, und wenn es sich kaum bezweifeln läfst, dafs die herkömmliche Lehre von den acht Redetheilen besonders durch Aristarchs Auctorität fast allgemeine Geltung erlangt habe, so kann auch der Name ἀντωνυμία und die Trennung des Pronomens vom ἄρθρον wenigstens nicht für jünger als Aristarch angenommen werden. Den Namen übrigens mag immerhin schon Zenodot gebraucht haben [3]), wenn er auch ebensowenig als die Stoiker das ἄρθρον als einen besonderen Redetheil von der ἀντωνυμία trennte. Auch die Stoiker verwarfen diesen Namen nicht, betrachteten aber mit Recht den im engeren Sinne sogenannten Artikel als eine Unterart der ἀντωνυμία und nannten ihn wahrscheinlich ἀντωνυμία ἀρθρώδης [4]); aber der allgemeine Name ἄρθρον wurde von ihnen doch

---

[1]) Spätere Grammatiker, auch Apollonius, verkannten diesen Grund des Namens und suchten eine andere Erklärung, worüber künftig in der Abhandlung über den Artikel zu reden sein wird.

[2]) Apollon. de pron. p. 4 B.

[3]) Wie Lersch vermuthet II S. 57.

[4]) Dies läfst sich aus Priscians Uebersetzung *articularia pronomina* entnehmen, II, 4, 16. Ueber die von Diog. L. VII, 39 referirte Definition des ἄρθρον, die nur von dem Artikel im engeren Sinne verstanden werden kann, wird in der Abhandlung über diesen zu reden sein.

vorzugsweise als Benennung der ganzen, Pronomen und
Artikel in sich begreifenden Wortclasse gebraucht, und wir
hören, dafs sie dem eigentlichen Artikel auch den unterscheidenden Beinamen ἀοριστῶδες gegeben haben[1]), natürlich nur hinsichtlich solcher Anwendungen, wo er wirklich
einen Gegenstand ohne genauere Bestimmtheit bezeichnet,
wie etwa ὁ νικήσας στεφανώσεται = ὅστις ἂν νικήσῃ —[2]).
Uebrigens ist auch bei den Grammatikern der Name ἀντωνυμία nicht sofort nach seiner Erfindung zu allgemeiner
Anwendung gelangt. Einige wollten lieber ἀντώνυμον dafür sagen; Komanos, ein etwas älterer Zeitgenosse des
Aristarch, zog ἀντωνομασία vor, eine Form, die auch bei
Dionys. de comp. verb. c. 2 in mehreren guten Handschriften
steht. Dionysodorus aus Trözen nannte die Pronomina πα-
ρονομασίας, gewifs nicht um sie als abgeleitete Wörter zu
bezeichnen, wie Apollonius[3]) ihn offenbar absichtlich mifs-
versteht, sondern als Wörter, welche beinahe als Benennungen dienten und statt dieser gebraucht würden in Fällen,
wo den Gegenstand zu benennen nicht möglich oder nicht
nöthig wäre. Endlich Tyrannio, ein Grammatiker zur Zeit
des Cicero[4]), nannte die Pronomina σημειώσεις, und wollte
damit wahrscheinlich ausdrücken, dafs sie die Gegenstände,
statt sie zu benennen, nur gleichsam signalisirten. Leider
ist uns keine Definition eines dieser älteren Grammatiker
überliefert worden, aus der sich erkennen liefse, welche
Wörter sie unter die mit diesem oder jenem der angeführten Namen benannten Classe begriffen, welche ausgeschlossen haben. Nur vom Aristarch hören wir beiläufig,
dafs er gesagt habe, die ἀντωνυμίαι seien λέξεις κατὰ
πρόσωπα σύζυγοι, d. h. Wörter, welche nach der Personbedeutung zusammengeordnet würden, so dafs z. B. ἐγώ
und ἡμεῖς, σύ und ὑμεῖς, οὗ und σφῶν, so sehr sie auch

---

[1]) Apollon. de pron. p. 4 B. de constr. I, 34 p. 68, 17. Priscian. l. l.
u. XI, 1.
[2]) Auch Apollonius nennt das ἄρθρον ὑποτακτικὸν in Sätzen wie
ὃς μεθύει, βλάπτεται ein ἀόριστον μόριον, de adverb. p. 532, 3. 582, 30.
[3]) De pron. p. 2 A.
[4]) Wahrscheinlich der ältere der beiden gleichnamigen Grammatiker
dieser Zeit, Tyrannio aus Amisus, in der Schrift περὶ τῶν μερῶν τοῦ
λόγου. S. H. Planer, de Tyrannione grammatico. (Progr. des Joachimsth.
Gymn. Berlin 1852) S. 29.

lautlich verschieden sind¹), dennoch als Casus eines Pronomens gelten. Eine eigentliche Definition oder Begriffsbestimmung ist damit freilich nicht gegeben, obgleich
Apollonius es so zu nehmen scheint. Die Einwendung
aber, die er nun dagegen vorbringt, sie passe vielmehr
auf das Verbum, ist eben kein Beweis seines gerühmten
Scharfsinnes. Denn dafs die Verbalformen nach der Personbedeutung ohne Rücksicht auf ihre lautliche Beschaffenheit
zusammengeordnet seien — und etwas anderes kann doch
der Ausdruck κατὰ πρόσωπα σύζυγοι nicht bedeuten sollen
— wird nicht leicht Jemand zugeben, zumal da es ja auch
Verbalformen ohne Personbedeutung giebt, nämlich den
Infinitiv, den Apollonius selbst als das γενικώτατον ῥῆμα
betrachtet wissen will. Auch hat er selbst an einem anderen Orte²) jene Definition des Aristarch gegen einen
ähnlichen Tadel des Habron ausdrücklich in Schutz genommen. Uebrigens läfst sich nicht zweifeln, dafs jener
unter den ἀντωνυμίαις nur die Personalpronomina, mit
Einschlufs der als Pronomina der dritten Person betrachteten Demonstrativa, und die von den Personalpronominen
abgeleiteten Reflexiva und Possessiva begriffen, die Indefinita aber und Interrogativa ebenso wie die adjectivischen
Pronomina ausgeschlossen habe, wie es auch später die
herkömmliche Ansicht der Schule war.

Der Name ἀντωνυμία aber fand auch nach Aristarch
nur allmählig allgemeinen Eingang. Nicht nur der Athener
Apollodorus, ein etwas jüngerer Zeitgenosse Aristarchs,
nannte die Personal- und Demonstrativpronomina ἄρθρα
δεικτικά, sondern dasselbe soll auch noch der sonst als
Anhänger der aristarchischen Schule genannte Thraker
Dionysius gethan haben, obgleich wir in dem unter seinem
Namen auf uns gekommenen Büchlein keine Spur davon
finden, sondern hier den Namen ἄρθρον nur, dem späteren
Sprachgebrauch gemäfs, von dem eigentlich sogenannten
Artikel, dem ἄρθρ. προτακτικόν und ἄρθρ. ὑποτακτικόν,
gebraucht sehen. Man kann dies als einen der vielen Be-

---

¹) Daher sagen die Grammatiker, die κλίσις dieser Pron. κατὰ πτῶσιν
καὶ ἀριθμὸν sei θεματική. Schol. Dionys. p. 906, 10. 909, 32. 910, 1.
Vgl. Planud. in Bachm. Anecd. II p. 143, wo aber v. 6 διαφορᾷ in ἀνα-
φορᾷ zu ändern, und v. 18 μή vor μιᾷ φωνῇ einzuschieben ist.
²) De constr. II, 5 p. 100, 19. Vgl. Priscian. XVII, 9, 60.

weise späterer Umarbeitung betrachten, die das Büchlein
erfuhr und nothwendig erfahren mufste, um fortwährend
in den Schulen als Handbuch für den Unterricht benutzt
werden zu können; indessen ist doch auch eine andere
Ansicht möglich. Wenn nämlich Dionysius die Pronomina
und die Artikel als eine Wortclasse betrachtete, so würde
er sich hierin ganz an die Stoiker angeschlossen, aber von
der Ansicht der Schule entfernt haben, die seit Aristarch
acht Redetheile zählte, so viele aber nur dann zählen konnte,
wenn sie die Artikel, von den Pronominen getrennt, als
eigenen Redetheil aufführte. Dionysius hätte also nicht
acht, sondern nur sieben Redetheile annehmen müssen.
Dies ist mir höchst unwahrscheinlich: ich halte es für viel
wahrscheinlicher, dafs er sich in diesem Punkte an die
Tradition der Schule gehalten, und etwa nur gelegentlich
in Erörterungen über das Wesen und die Function der
Pronomina und mit Beziehung auf die bei den Stoikern
übliche Benennung derselben gesagt habe, sie könnten
auch ἄρθρα δεικτικά heifsen. Will man aber dies nicht
annehmen, sondern, gestützt auf das freilich nicht sonder-
lich ins Gewicht fallende Zeugnifs eines späteren byzantinischen Grammatikers [1]), sich vielmehr zu dem Glauben
entschliefsen, dafs Dionysius wirklich, wie die Stoiker,
Artikel und Pronomina als einen Redetheil betrachtet
habe, so dürfte man auch wohl noch einen Schritt weiter
gehen, und annehmen, dafs er nicht alle ἀντωνυμίας, sondern nur die eigentlich sogenannten Demonstrativa, wie
οὗτος, ὅδε, ἐκεῖνος, als ἄρθρα δεικτικά bezeichnet, die
Personalia dagegen, obgleich eine δεῖξις auch ihnen nicht
abzusprechen ist [2]), doch nicht ἄρθρα sondern nur ἀντωνυμίας genannt habe. Dafs sich dies rationell sehr wohl
würde rechtfertigen lassen springt in die Augen: Bedenken

---

[1]) Schol. Dion. p. 672, 14: οἱ τεχνικοὶ μέμνηνται Διονυσίου τοῦ
Θρακός, καὶ λέγουσιν ὅτι — συνῆπτε τὸ ἄρθρον καὶ τὴν ἀντωνυμίαν.
Es ist sehr möglich, dafs diese Angabe der Techniker nur auf einer Folgerung aus den Worten des Apollonius beruhe. Bei diesem aber ist das καὶ
nicht zu übersehen: Ἀπολλ. ὁ Ἀθ. καὶ ὁ Θρ. Διον. καὶ ἄρθρα δεικτικὰ
τὰς ἀντωνυμίας ἐκάλεσαν. Es deutet wohl an, dafs beide Grammatiker
jene Benennung als eine, die neben anderen auch passend sei, bezeichnet
haben.
[2]) Vgl. Apollon. de constr. II, 9 p. 112, 24. ib. c. 2 p. 97, 13. 23.
I, 27 p. 57, 24.

dagegen könnte nur dies erregen, dafs Apollonius, dem wir jene Notiz über Dionysius verdanken, allerdings so redet, als ob dieser alle ἀντωνυμίας ohne Ausnahme auch ἄρθρα δεικτικά genannt habe. Ob nun die Auctorität eines möglicher Weise ungenau gefafsten gelegentlichen Zeugnisses oder die von der Beschaffenheit der Sache selbst hergenommenen Gründe gröfsere Beachtung verdienen, mag der eigenen Beurtheilung eines Jeden überlassen bleiben. Gewifs aber ist, dafs diejenigen irren, welche meinen [1]), Dionysius habe nicht blos die jetzt in dem nach ihm benannten Buche zu den Nominibus gezählten Indefinita und Interrogativa sammt den adjectivischen Pronominen der Qualität und Quantität, sondern auch die eigentlichen Demonstrativa οὗτος u. s. w. von den ἀντωνυμίαις getrennt und unter die Nomina gerechnet.

Die Definition des Pronomens, die wir jetzt in dem Büchlein des Dionysius lesen, lautet so: ἀντωνυμία ἐστὶ λέξις ἀντὶ ὀνόματος παραλαμβανομένη, προσώπων ὡρισμένων δηλωτική. Ob sie wirklich vom Dionysius ganz ebenso gegeben, oder von einem der späteren Bearbeiter statt der echten eingerückt sei, ist mit Sicherheit unmöglich zu entscheiden. Sie entspricht aber offenbar der Ansicht, die wir als die vorherrschende bei den späteren Grammatikern finden, und auch Apollonius [2]) giebt im Wesentlichen dieselbe, nur mit einem auf die eigenthümliche Form der Personalpronomina bezüglichen Zusatz: ὁριστέον, sagt er, τὴν ἀντωνυμίαν ὧδε· λέξιν ἀντ' ὀνόματος προσώπων ὡρισμένων παραστατικήν, διάφορον κατὰ τὴν πτῶσιν καὶ ἀριθμόν, ὅτε καὶ γένους ἐστὶ κατὰ τὴν φωνὴν ἀπαρεμφάτος. Der Zusatz ist für die Begriffsbestimmung eigentlich gleichgültig: er besagt nur, dafs einige Pronomina das Genus nicht durch besondere Formen unterscheiden, und dafs diese auch in der Casus- und Numerusbezeichnung eigenthümliche Verschiedenheiten zeigen, was, wie man sieht, auf ἐγώ, σύ, ἵ und die dazu gehörigen Formen gekt. Uebrigens schliefst die Definition durch die Worte ὡρισμένων προσώπων παραστατική die Indefinita und Inter-

[1]) Wie Classen p. 85 u. Lersch II p. 97. Vgl. dagegen meine Opusc. acad. III p. 250 u. 257.
[2]) De pron. p. 10.

rogativa aus, umfafst also nur die Demonstrativa, zu denen
ja die Personalia auch gehören: ob sie aber nur die als
substantivische, nicht auch die als adjectivische zu bezeichnenden Pron. demonstrativa qualitatis und quantitatis
befasse, hängt davon ab, wie man das $\dot{\alpha}\nu\tau$' $\dot{o}\nu\dot{o}\mu\alpha\tau o\varsigma$ versteht, worüber alsbald zu reden sein wird. Apollonius
schliefst sie aus, und auch in dem Büchlein des Dionysius
finden wir sie nicht als Pronomina, sondern als Nomina
aufgeführt; aber dafs keineswegs alle griechischen Grammatiker diese Ansicht theilten, erhellt aus der Polemik,
mit welcher Apollonius die Andersdenkenden bekämpft.
Seine Polemik richtet sich namentlich gegen diejenigen,
welche auch die Indefinita und Interrogativa, und ebenso
$\ddot{\alpha}\lambda\lambda o\varsigma$, zu den Pronominibus zählten: erweist sich, was er
gegen diese vorbringt, als nicht stichhaltig, so wird eben
damit zugleich auch die Ausschliefsung der adjectivischen
Pronomina qualitatis und quantitatis und ihre Versetzung
unter die Nomina als unzulässig erkannt werden. Er be-
wegt sich nun aber mit seiner Argumentation in einem
offenbaren Cirkelschlufs, indem er das Wesen des Pronomens darin setzt, dafs es bestimmte Gegenstände bezeichne, und daraus dann folgert, dafs Wörter, die dies
nicht thun, auch nicht Pronomina seien[1]): er setzt also
als erwiesen voraus, was seine Gegner eben leugneten,
geht von einer Definition der Pronomina aus, die wohl
in seiner Schule als richtig gelten mochte, die aber die
Gegner mit Recht verwarfen, und zu der ihn auch der
Name $\dot{\alpha}\nu\tau\omega\nu\upsilon\mu\dot{\iota}\alpha$ keinesweges berechtigte. Denn dieser
besagt ja weiter nichts, als die Function jener Wörter,
zur Bezeichnung von Gegenständen anstatt der Nomina
einzutreten, und sowenig es nun zum Wesen der Nomina
gehört, nur bestimmte Gegenstände zu benennen, ebensowenig darf als zum Wesen der Pro-Nomina gehörig an-

---

[1]) De pron. p. 33 C: $\dot{\epsilon}\gamma\dot{\omega}$ δ' $o\dot{\iota}\mu\alpha\iota$ $\pi\tilde{\alpha}\sigma\alpha\nu$ $\lambda\dot{\epsilon}\xi\iota\nu$ $\mu\tilde{\alpha}\lambda\lambda o\nu$ $\dot{\alpha}\nu\tau\omega\nu\upsilon\mu\dot{\iota}\alpha\nu$
$\pi\alpha\rho\alpha\delta\epsilon\chi\vartheta\tilde{\eta}\nu\alpha\iota$ $\tilde{\eta}\pi\epsilon\rho$ $\tau\dot{o}$ $\tau\dot{\iota}\varsigma$ $\kappa\alpha\dot{\iota}$ $\tau\dot{\alpha}$ $\tau\tilde{\eta}\varsigma$ $\tau o\iota\alpha\dot{\upsilon}\tau\eta\varsigma$ $\sigma\eta\mu\alpha\sigma\dot{\iota}\alpha\varsigma$ $\dot{o}\nu\dot{o}\mu\alpha\tau\alpha$, $\lambda\dot{\epsilon}\gamma\omega$
$\delta\dot{\epsilon}$ $\tau\dot{o}$ $\pi o\tilde{\iota}o\varsigma$, $\pi\dot{o}\sigma o\varsigma$. $\tau\dot{o}$ $\gamma\dot{\alpha}\rho$ $\dot{\epsilon}\nu\alpha\nu\tau\iota\dot{\omega}\tau\alpha\tau o\nu$ $\tau\alpha\tilde{\iota}\varsigma$ $\dot{\alpha}\nu\tau\omega\nu\upsilon\mu\dot{\iota}\alpha\iota\varsigma$, $\dot{\alpha}\dot{o}\rho\iota\sigma\tau\dot{\alpha}$
$\dot{\epsilon}\sigma\tau\iota\nu$, $\alpha\dot{\upsilon}\tau\tilde{\eta}\varsigma$ $\dot{o}\rho\iota\zeta o\dot{\upsilon}\sigma\eta\varsigma$ $\pi\rho\dot{o}\sigma\omega\pi\alpha$. $\epsilon\dot{\iota}\tau\epsilon$ $\gamma\dot{\alpha}\rho$ $\pi\upsilon\sigma\mu\alpha\tau\iota\kappa\tilde{\omega}\varsigma$ $\epsilon\dot{\iota}\tau\epsilon$ $\dot{\alpha}\pi o\varphi\alpha\tau\iota\kappa\tilde{\omega}\varsigma$
(scr. $\dot{\alpha}\pi o\varphi\alpha\nu\tau\iota\kappa\tilde{\omega}\varsigma$) $\lambda\alpha\mu\beta\dot{\alpha}\nu o\iota\tau o$, $\sigma\alpha\varphi\dot{\epsilon}\varsigma$ $\ddot{o}\tau\iota$ $\dot{\alpha}\dot{o}\rho\iota\sigma\tau\alpha$. $\dot{o}$ $\gamma\dot{\alpha}\rho$ $\pi\upsilon\nu\vartheta\alpha\nu\dot{o}\mu\epsilon\nu o\varsigma$
$\dot{\epsilon}\nu$ $\tilde{\omega}$ $\pi\upsilon\nu\vartheta\dot{\alpha}\nu\epsilon\tau\alpha\iota$ $\dot{\alpha}\gamma\nu o\epsilon\tilde{\iota}$, $\tau\dot{o}$ $\delta\dot{\epsilon}$ $\dot{\alpha}\gamma\nu o o\dot{\upsilon}\mu\epsilon\nu o\nu$ $o\dot{\upsilon}\chi$ $\dot{o}\rho\iota\sigma\tau\dot{o}\nu$· $\ddot{o}$ $\tau\epsilon$ $\lambda\dot{\epsilon}\gamma\omega\nu$
$\dot{\alpha}\pi o\varphi\alpha\tau\iota\kappa\tilde{\omega}\varsigma$ (scr. $\dot{\alpha}\pi o\varphi\alpha\nu\tau\iota\kappa\tilde{\omega}\varsigma$) $\tilde{\eta}\lambda\vartheta\dot{\epsilon}$ $\tau\iota\varsigma$ $o\dot{\upsilon}\kappa$ $\dot{\epsilon}\pi\dot{\iota}$ $\tau\iota\nu\alpha$ $\gamma\nu\omega\rho\iota\zeta\dot{o}\mu\epsilon\nu o\nu$
$\dot{\alpha}\pi\epsilon\rho\epsilon\dot{\iota}\delta\epsilon\tau\alpha\iota$.

geschen werden, dafs sie nur bestimmte Gegenstände bezeichnen. Dafs aber die Nomina appellativa, die ja nur
Gattungsbegriffe, und die Adjectiva, die nur Eigenschaften
und Beschaffenheiten angeben, keine Benennungen bestimmter Gegenstände sind, erkennt freilich Apollonius
auch selbst an; er thut aber nun den Machtspruch, dafs
die Pronomina auch gar nicht statt der Appellativa oder
Adjectiva, sondern allein statt der N. propria einträten[1]),
und dafs ein nicht durch ein N. proprium sondern durch
ein appellativum angegebener Gegenstand nur dann auch
durch ein Pronomen bezeichnet werde, wenn er durch die
Aussage vorher schon zu einem hinlänglich bestimmten
geworden sei, so dafs die Bezeichnung durch ein Demonstrativum genüge. Gegen diese Art zu argumentiren bedarf es keiner Widerlegung[2]). Ganz von derselben Beschaffenheit aber ist auch, was er gegen diejenigen vorbringt, welche ἄλλος zu den Pronominen zählten. Sein
Hauptargument ist auch hier wieder, dafs durch ἄλλος
kein bestimmter Gegenstand bezeichnet werde[3]), beruht
also lediglich auf der allzuengen Definition des Pronomens,
die ihm als die allein richtige erscheint. Was er dann
weiter hinzufügt, ist alles gleich gehaltlos. Ich will es
aber doch anführen, weil es als Beispiel dienen kann, wie
hartnäckig manchmal der Scharfsinn ist, um sich gegen
die Wahrheit zu verschliefsen und einen hergebrachten und
schulmäfsigen Irrthum nicht aufzugeben. Also erstens, die
auf ος ausgehenden Pronomina werden öfters durch ein an-
gehängtes ι verstärkt, wie οὑτοσί, ἐκεινοσί, aber ἄλλοσί
wird nie gesagt. Das kommt aber blos daher, dafs ἄλλος
nicht, wie jene, ein Demonstrativum ist, und deswegen

---

[1]) Ib. p. 32 A. Vgl. Schol. Dionys. p. 906, 19 ff. Priscian. II, 4, 18.
XII, 1, 1.

[2]) Beiläufig noch dies: Apollon. sagt a. a. O.: τὰ ἐπιθετικὰ ἢ πηλικότητα ἢ ποσότητα ἢ διάθεσιν ψυχῆς δηλοῖ ἤ τι τοιοῦτον· αἱ δὲ ἀντωνυμίαι οὐδενὸς τούτων παρασταικαί, μόνον δὲ οὐσίας. Diese Behauptung,
dafs das Pronomen blos die οὐσία bezeichne, kommt öfter vor und wird
auch von Priscian wiederholt. Sie ist aber falsch, auch wenn man dabei
blos an die Personalpronomina denkt: denn auch diese bezeichnen ja nicht
die Substanz allein, sondern auch das Darstellungs- oder Anschauungsverhältnifs, in welchem sie steht, und durch dessen Bezeichnung allein sie
kenntlich gemacht werden kann.

[3]) De pron. p. 41 B.

auch jenes demonstrative ι nicht annehmen kann. Dafs
auch $\alpha\dot{v}\tau\acute{o}\varsigma$, welches doch die Schule als Pronomen anerkannte, dieses ι nicht annehme, bemerkt Apollonius selbst,
und erklärt dies daraus, dafs $\alpha\dot{v}\tau\acute{o}\varsigma$ nicht demonstrativ,
sondern anaphorisch (oder relativ) sei: er hätte also auch
anerkennen müssen, dafs ein ähnlicher Grund bei $\ddot{\alpha}\lambda\lambda o\varsigma$
obwalten könne, ohne dafs es deswegen weniger Pronomen
zu sein brauche als das ihm gegenüberstehende $\alpha\dot{v}\tau\acute{o}\varsigma$. —
Ferner: $\alpha\dot{v}\tau\acute{o}\varsigma$ werde epitagmatisch mit andern Pronominen
verbunden, wie $\dot{\varepsilon}\gamma\grave{\omega}~\alpha\dot{v}\tau\acute{o}\varsigma$, $\dot{\varepsilon}\varkappa\varepsilon\tilde{\iota}vo\varsigma~\alpha\dot{v}\tau\acute{o}\varsigma$, aber niemals mit
$\ddot{\alpha}\lambda\lambda o\varsigma$. Daraus folgt aber nicht, dafs $\ddot{\alpha}\lambda\lambda o\varsigma$ kein Pronomen
sei, sondern nur, dafs es eine andere Art von Pronomen
als jene sei, und zwar ein solches, welches dem $\alpha\dot{v}\tau\acute{o}\varsigma$
als Gegensatz gegenüberstehe und deswegen nicht mit ihm
verbunden werden könne. — Weiter: die mit $\alpha\dot{v}\tau\acute{o}\varsigma$ com-
ponirten Pronomina, wie $\dot{\varepsilon}\mu\alpha\nu\tau\acute{o}v$, $\dot{\varepsilon}\mu\alpha\nu\tau\tilde{\omega}$ deuten auf Identität des Objects mit dem Subject, das mit $\ddot{\alpha}\lambda\lambda o\varsigma$ com-
ponirte $\dot{\alpha}\lambda\lambda\acute{\eta}\lambda\omega v$ aber auf Verschiedenheit beider, oder,
um es mit des Apollonius eigenen Worten zu sagen: $\alpha\acute{\iota}$
$\sigma\acute{v}v\vartheta\varepsilon\tau o\iota~\tau\tilde{\omega}v~\dot{\alpha}v\tau\omega v\upsilon\mu\iota\tilde{\omega}v~o\dot{v}~\mu\varepsilon\tau\alpha\beta\alpha\tau\iota\varkappa\alpha\acute{\iota}~\dot{\varepsilon}\mu\alpha\nu\tau\acute{o}v~\varkappa\alpha\acute{\iota}$
$\dot{\varepsilon}\mu\alpha\nu\tau\tilde{\omega}\cdot~\tau\grave{o}~\delta\grave{\varepsilon}~\dot{\alpha}\lambda\lambda\acute{\eta}\lambda\omega v~\dot{\varepsilon}v~\mu\varepsilon\tau\alpha\beta\acute{\alpha}\sigma\varepsilon\iota~\pi\rho o\sigma\acute{\omega}\pi\omega v$. Hier
ist nun schwer abzusehen, wie daraus, dafs dies so sei,
ein Grund gegen die Pronominalnatur des $\dot{\alpha}\lambda\lambda\acute{\eta}\lambda\omega v$ hergenommen werden könne. Es ist aber auch gar nicht ein-
mal ganz richtig, dafs $\dot{\alpha}\lambda\lambda\acute{\eta}\lambda\omega v$ eine $\mu\varepsilon\tau\acute{\alpha}\beta\alpha\sigma\iota\varsigma~\pi\rho o\sigma\acute{\omega}\pi\omega v$
oder ein rein transitives Objectsverhältnifs andeute: es
bezeichnet vielmehr ein reciprokes (dies Wort im Sinne
der Alten genommen), ebensowohl wie die zusammengesetzten Personalpronomina, nur mit dem Unterschiede, dafs
diese die absolute Identität der Objecte mit den Subjecten
ausdrücken, weswegen sie auch eben mittels des Identitäts-
pronomens gebildet werden, $\dot{\alpha}\lambda\lambda\acute{\eta}\lambda\omega v$ dagegen das gegen-
seitige Objectsverhältnifs verschiedener Subjecte unter ein-
ander, weswegen es denn auch ganz naturgemäfs so ge-
bildet ist, dafs das die Verschiedenheit bezeichnende $\ddot{\alpha}\lambda\lambda o\varsigma$,
mit einem casus obliquus von sich selbst zusammengesetzt,
die jedesmal in Rede stehenden Gegenstände einerseits als
Subjecte, andererseits als Objecte zu bezeichnen dient. —
Ferner: Die Pronomina können nicht mit Präpositionen
componirt werden; von $\dot{\alpha}\lambda\lambda\acute{\eta}\lambda\omega v$ aber werden Composita
wie $\delta\iota\acute{\alpha}\lambda\lambda\eta\lambda o\varsigma$, $\pi\alpha\rho\acute{\alpha}\lambda\lambda\eta\lambda o\varsigma$, $\dot{\varepsilon}\pi\acute{\alpha}\lambda\lambda\eta\lambda o\varsigma$ gebildet: folglich

sei es kein Pronomen. Hier hätte Apollonius sich erinnern sollen, dafs alle diese Composita nur technische Ausdrücke späterer Bildung sind, die man sich erlaubte, um weitläuftige und unbequeme Umschreibungen zu vermeiden. Aus dem gleichen Grunde und mit gleichem Rechte hätte ein Philosoph möglicher Weise auch Composita wie δίαντος und ἔναντος bilden können[1]) um ein durch sich selbst daseiendes oder ein in sich selbst beschlossenes Wesen zu bezeichnen, ohne dafs deswegen αὐτός aufhören würde ein Pronomen zu sein. — Endlich: die Pluralgenitive der Pronomina werden mit οὐδείς u. dgl. ohne Artikel verbunden, die der Nomina nehmen den Artikel zu sich: man sage οὐδεὶς ὑμῶν, οὐδεὶς αὐτῶν, aber nicht οὐδεὶς πολιτῶν, sondern οὐδεὶς τῶν πολιτῶν: ebenso nicht οὐδεὶς ἄλλων, sondern οὐδεὶς τῶν ἄλλων: folglich sei auch ἄλλος kein Pronomen, sondern ein Nomen. In der That aber folgt daraus, dafs man wohl οὐδεὶς ὑμῶν oder οὐδεὶς αὐτῶν, aber nicht οὐδεὶς ἄλλων sagt, nur dies, dafs die demonstrative oder anaphorische Bedeutung, die jene Pronomina haben, dem ἄλλος nicht beiwohnt, und dafs deswegen der Artikel bei ihm erforderlich ist. Auch das als Pronomen anerkannte αὐτός, wenn sein Pluralgenitiv mit οὐδείς zusammengestellt wird, widerstrebt keinesweges der Verbindung mit dem Artikel: man kann οὐδεὶς τῶν αὐτῶν ohne Zweifel ebensogut sagen, als οὐδεὶς τῶν ἄλλων, wenn nicht Keiner von ihnen, sondern Keiner von eben denselbigen, im Gegensatz zu Anderen, gemeint ist. Der Artikel dient, um den Begriff der Identität, der in αὐτός liegt, als unterscheidende Bezeichnung der in Rede stehenden Gegenstände zu markiren, ebenso wie er in οὐδεὶς τῶν ἄλλων den durch ἄλλος ausgedrückten Begriff der Nichtidentität, also der Verschiedenheit, als die für den jetzigen Zweck hinreichend unterscheidende Bezeichnung der Gegenstände markirt.

---

[1]) Auch ἐνιαυτός wird von den Alten, nach Platons vielleicht nicht ernstlich gemeintem Vorgange, und von manchen Neueren als ein Compositum von αὐτός mit der Präposition ἐνί angesehen. S. Plat. Crat. p. 410 D. Etym. M. s. v. Diese Etymologie ist nun freilich mit Recht von den Meisten verworfen; aber dafs in den oben besprochenen Ableitungen ἡμεδανός, ὑμεδανός die Präpos. ἀπό anzuerkennen sei, scheint doch keinesweges verwerflich.

Die lateinischen Grammatiker haben, wenigstens gröfstentheils, sich mit Recht der von Apollonius und seiner Schule mit so schlechten Gründen bekämpften Ansicht angeschlossen, und alle jene Wörter, durch welche die Gegenstände oder die Beschaffenheiten und Eigenschaften der Gegenstände nicht wirklich benannt, sondern nur als in diesem oder jenem Anschauungs- oder Darstellungsverhältnifs stehend bezeichnet werden, nicht Nomina sondern Pronomina genannt. Einige unterschieden jedoch *Pronomina* und *Provocabula* in ähnlicher Weise, wie man auch Nomina und Vocabula unterschied, wovon in einem früheren Capitel die Rede gewesen ist[1]). Diesen waren also Pronomina nur diejenigen, welche anstatt der Nomina d. h. der Eigennamen eintreten können, mithin die Personalia, dieselben, die nach Apollonius allein auf den Namen ἀντωνυμία Anspruch haben: Provocabula dagegen die übrigen, die nur als Stellvertreter von Vocabulis, also von Gattungsnamen oder Adjectiven dienen. Beide aber, die Pronomina und die Provocabula, wurden unter dem Gesammtnamen Articuli zusammengefafst, offenbar nach dem Vorgange der Stoiker, bei welchen, wie wir oben gesehen haben, der Name ἄρθρον ebenfalls alle Pronomina befafste. Es waren aber nur die Aelteren, die sich dieser Nomenclatur bedienten: wir können mit Sicherheit nur den Varro nennen[2]). Die Späteren gebrauchen den Namen Articulus vom Pronomen nur dann, wenn es sich an ein daneben stehendes Nomen anschliefst, wie *hic vir,* in welchem Falle es auch wohl *pronomen articulare* genannt wird[3]). Sie scheiden ferner die sämmtlichen Pronomina in zwei Hauptclassen, *finita* und *infinita:* jene waren nur die personalia, welche immer bestimmte Gegenstände bezeichnen; die infinita zerfielen wieder in *generaliter infinita,* welche Gegenstände jeder Art in unbestimmter Weise, oder auch nur durch Andeutung ihrer Qualität oder Quantität bezeichnen, also das indefinite und interrogative *quis,* und die correlativen Adjectivpronomina *talis, qualis, tantus, quantus, totus, quotus:* und in *minus quam finita,* worunter die zur de-

---

[1]) S. ob. S. 82.
[2]) De L. L. VIII, 45. 50. X, 18. 19. 30.
[3]) Donat. p. 1753. Serg. ad art. Donat. p. 1785. 1848. Cledon. p. 1867. 1906.

monstrativen Bezeichnung gegenwärtiger Gegenstände sich an ein Nomen anschiefsenden und die zur anaphorischen Bezeichnung vorher genannter oder bekannter Gegenstände dienenden gehören. Eine genauere Kritik dieser in unseren Quellen nur ganz kurz vorgetragenen Classification[1]) würde wohl manches näher zu bestimmen und zu berichtigen finden; wir halten es aber nicht für erforderlich näher darauf einzugehen. Nur dies mag noch bemerkt werden, dafs Priscian sich in der Lehre vom Pronomen als Gegner gegen die von den früheren lateinischen Grammatikern anerkannte Theorie erklärt, und sich hier, wie auch sonst überall, an Apollonius anschliefst.

9. Die Zahlwörter.

Die Zahl ist ein aus der Zusammenfassung mehrerer Gegenstände hervorgehender Verhältnifsbegriff, — des Verhältnisses der Mehrheit zur Einheit; — die Zahlwörter sind demnach Verhältnifswörter wie die Pronomina, und es liegt deswegen der Irrthum nahe, sie auch selbst als eine Art von Pronominen zu betrachten und Zahlpronomina, *pronomina numeralia,* zu nennen[2]). Allerdings haben sie mit den Pronominen dies gemein, dafs sie die Gegenstände nicht benennen, sondern nur ein Verhältnifs derselben angeben; aber dies Verhältnifs ist dadurch wesentlich von dem Anschauungs- oder Darstellungsverhältnifs, welches jene andeuten, verschieden, dafs durch Andeutung desselben niemals die Benennung des Gegenstandes selbst oder seiner qualitativen oder quantitativen Beschaffenheit ersetzt werden kann; es wird dasselbe auch durch das Zahlwort nicht, wie jene Verhältnisse durch das Pronomen, blos angedeutet, sondern es wird bestimmt benannt, wobei aber die Gegenstände selbst, die in diesem Verhältnisse stehen, gänzlich unbestimmt bleiben. Deswegen also, weil die Zahlwörter die Gegenstände selbst ganz unbestimmt lassen,

---

[1]) Am vollständigsten bei Serg. ad Donat. p. 1785.
[2]) So nennt sie z. B. Hermann, de em. rat. gr. gr. p. 130. Auch Vossius, de analog. IV, 9, sagt: *Ad provocabula quoque, non ad nomina pertinent, quae numerum ordinemve significant.*

also nie die Benennung derselben ersetzen können, sind
sie auch nicht Pronomina zu nennen: sie müssen vielmehr
selbst Nomina, Benennungen heifsen[1]), aber nicht Benennungen von Dingen, sondern nur Benennungen des Verhältnisses einer Mehrheit von Dingen zur Einheit.

Indessen nicht alle Wörter, die ein solches Verhältnifs
im Allgemeinen benennen, sondern nur diejenigen, die es
genau und scharf bestimmt angeben, haben Anspruch darauf
Zahlwörter genannt zu werden. Wo nur allgemein und
unbestimmt eine gröfsere oder kleinere Mehrheit angegeben
wird, wie durch Alle, Viele, Wenige u. dgl., da findet
allerdings auch Angabe eines Verhältnisses zur Einheit
statt, aber welches Verhältnifs dies eigentlich sei und
wie es sich von anderen ebenfalls unter denselben allgemeinen Begriff einer gröfseren oder geringeren Mehrheit
fallenden als gerade dies und kein anderes unterscheide, bleibt unbestimmt. Nur wo das Verhältnifs genau
und bestimmt erkannt wird, haben wir eine Zahl, und
Wörter wie Alle, Viele, Wenige sind demnach zwar
Mehrheitswörter, aber Zahlwörter dürfen sie nicht heifsen[2]):
die Zahlwörter bilden also eine eigene und besondere Classe
unter den Mehrheitswörtern.

Aus dem aufgestellten Begriff der Zahl ergiebt sich,
dafs die Einheit, als das Entgegengesetzte der Mehrheit,
in der That keine Zahl ist, und dafs man also strenge
genommen von keiner Einzahl reden, und das die Einheit bezeichnende Wort kein Zahlwort nennen sollte, obgleich dies gewöhnlich zu geschehen pflegt. Weil in jeder
Zahl Einheiten enthalten sind, beim Zählen der Begriff der
Einheit nothwendig vorausgesetzt wird, so lag der Mifsbrauch nahe. Die Sprache selbst aber scheint dagegen zu
protestiren, indem sie zur Bezeichnung der Einheit Wörter
verwendet, die von wesentlich anderer Natur und Beschaffenheit sind als diejenigen, welche wirklich Zahlwörter zu heifsen verdienen. Die Einheit wird durch
Wörter bezeichnet, die anerkanntermafsen pronominaler

---

[1]) *Omnia numerorum significativa appellativa sunt,* sagt Priscian.
de XII vers. Aen. II, 58. Vgl. Inst. gr. XIII, 6, 32: *omnia numerorum
nomina sine dubio ab omnibus nomina accipiuntur.*

[2]) Priscian freilich de XII vers. Aen. a. a. O. nennt auch *omnis* ein
Nomen speciei numeralis.

Natur sind¹); die Zahlwörter dagegen sind gewifs sämmtlich nicht pronominale, sondern nominale Bildungen.

Da jedes für sich seiende Ding, jedes Individuum, welches sich als solches der Anschauung darbietet, und auf welches demgemäfs hingedeutet werden kann, sich als Eins darstellt, so ist es begreiflich, wie das Pronomen, welches auf den Gegenstand hindeutet, auch da zur Anwendung kommen konnte, wo es darauf ankam ihn als Einen zu bezeichnen. Darauf ankommen aber mufste es namentlich dann, wenn unter einer vorliegenden Mehrheit von Gegenständen jeder von dem andern abzusondern und für sich zu bezeichnen war: es mufste dann auf jeden durch ein deutendes Pronomen hingezeigt werden, und so diente dies Pronomen denn auch zur Bezeichnung der Einheit²). Dafs wirklich alle Wörter, welche die Sprachen zu dieser Bezeichnung verwenden, ursprünglich Demonstrativpronomina sind, ist heutzutage von der vergleichenden Sprachwissenschaft allgemein anerkannt, so sehr freilich die jetzt vorhandenen Formen zum grofsen Theil unkenntlich und von den eigentlich sogenannten Demonstrativen verschieden geworden sind. Man mufs aber dabei erwägen, dafs die Sprachen anfangs eine gröfsere Mannichfaltigkeit demonstrativer Lautgeberden oder Pronominalstämme hatten, wodurch die Möglichkeit gegeben war, für die verschiedenen Zwecke und Modificationen der Demonstration auch verschiedene Pronominalgebilde zu wählen; eine Möglichkeit, deren sich der feine Sprachsinn gerne bediente, und so denn auch gewisse Pronominalformen ausschliefslich für diese den Gegenstand unter einer Mehrheit durch Hindeutung aussondernde Demonstration gebrauchte, während andere Formen für andere Arten der Hindeutung dienten³).

¹) Aus Priscian. Inst. XIII, 6, 32 sehen wir, dafs auch von alten Grammatikern *unus*, und ebenso die weiter unten zu besprechenden *alter, uter, solus*, zu den Pronominen gezählt sind, mit Berufung auf ihre der Analogie der Pronomina folgenden Casusbildungen, die allerdings zur Bestätigung der richtigen Ansicht dienen können.

²) Vgl. m. Abhandl. üb. die Pronomina in der Höferschen Zeitschr. f. d. Wissensch. d. Spr. I, S. 258 f.

³) Erwähnung oder gar Beurtheilung der mancherlei Versuche, die mannichfaltigen Formen des Einheitspronomens etymologisch zu erklären würde selbst für eine ausschliefslich auf Etymologie gerichtete Arbeit eine schwer zu bewältigende Aufgabe sein: für die gegenwärtige Schrift genügt es, nur die allgemein anerkannte Wahrheit auszusprechen.

Und da nun die Bezeichnung eines Gegenstandes als Eines
ihn in jeder anderen Beziehung ganz unbestimmt läfst,
weder seine Qualität noch ein spezielles Anschauungsverhältnifs andeutet, so ist es sehr natürlich, dafs dies
ihn lediglich als Einen bezeichnende Wort vielfältig auch
ganz als Pronomen indefinitum verwendet wurde; eine
Anwendung, deren Anfänge sich schon im Griechischen
und Lateinischen erkennen lassen, die aber in den neueren
Sprachen ganz allgemein geworden ist[1]).

Hinsichtlich der eigentlichen Zahlwörter, von Zwei
an, sind die Ansichten bis jetzt noch nicht so einstimmig,
indem Einige wenigstens für Zwei und Drei auch einen
pronominalen Ursprung, aus dem Pronominalstamm der
zweiten Person, angenommen haben, Andere dagegen diese
gleich allen übrigen aus Nominal- oder Verbalstämmen
von concreter, materieller Bedeutung entstanden denken,
so schwer oder unmöglich es auch ist, diese Stämme
mit Sicherheit nachzuweisen. Das Zahlwort für Zwei
scheint einem Stamm anzugehören, der die Bedeutung des
Trennens und Spaltens, der für Drei einem anderen, der
die des Ueberschreitens hatte. Die Fünfzahl, skr. *pancan*,
hat man nicht unwahrscheinlich mit *pāni*, Hand, in Verbindung gebracht, die Zehnzahl skr. *dasan*, gr. δέκα, mag
an den Stamm von δέχομα, δέχομαι und δείχνυμι erinnern,
zu dem vielleicht auch δάχτυλος, *digitus* gehört. Sicher
freilich sind diese Etymologien ebensowenig als die der
anderen Zahlwörter, über welche eine Menge von weit
auseinandergehenden, zum Theil geistreichen und anspre-
chenden, zum Theil abenteuerlichen Vermuthungen vorgebracht sind und künftig werden vorgebracht werden: ein
Geschäft, welches wir den Etymologen von Profession überlassen wollen. Wir begnügen uns mit der unleugbaren
Bemerkung, dafs, sowenig es auch zu bezweifeln ist, dafs
allen Zahlwörtern ursprünglich ein concreter attributiver
Begriff beigewohnt habe, der auf irgend eine Weise zur
stellvertretenden Bezeichnung des Zahlbegriffes geeignet
war, doch dieser Begriff bald gänzlich in Vergessenheit
gerathen sei, so dafs nun die Zahlwörter zu blos con-
ventionellen Beziehungen wurden, die dann natürlich um

---

[1]) Auch das griech. Indefinitum ἁμός oder ἁμός wird von Ahrens
in d. Zeitschr. f. vgl. Spr. VIII, S. 339 für ursprünglich = εἷς erklärt.

so leichter den gröfsten und mannichfaltigsten Verwand-
lungen unterlagen, je mehr der eigentliche begriffliche
Gehalt, durch den die Form hätte festgehalten werden
können, verschwunden war. Conventionelle Bezeichnungen
aber dürfen wir die Zahlwörter von Hause aus nennen,
weil die Wahl dieses oder jenes attributiven Wortes zur
Bezeichnung der Zahl nicht auf der eigentlichen naturgemäfsen Bedeutsamkeit der Laute beruhte, sondern durch
die Wahrnehmung der an diesem oder jenem Gegenstande
besonders hervortretenden Zahlverhältnisse veranlafst wurde:
eine Wahl, die natürlich vorzugsweise die den Menschen
zunächst liegenden Gegenstände traf, doch aber nicht eine
eigentlich naturgemäfse und unwillkürliche, sondern eine
solche war, über die man sich unter einander verständigen
und verabreden mufste[1]). Um so beachtenswerther ist die
grofse Uebereinstimmung der Sprachen unseres indo-euro-
päischen Stammes in den Zahlwörtern, da sie einen Beweis giebt, dafs schon in der allerfrühesten Zeit vor dem
Auseinandergehen der verschiedenen Zweige dieses Stammes
die Wahl festgestellt gewesen sei. Uebrigens geht aber
diese Uebereinstimmung nur bis Hundert. Tausend bezeichnen die verwandten Sprachen mit radikal verschiedenen Wörtern, skr. *sahasra*, gr. χίλιοι, lat. *mile*, goth.
thusundi.

Die Zahl besteht aus einer Zusammenfassung von
Einzelnen, die sich als eine Reihe betrachten lassen, in
welcher Eins auf das Andere folgt. Der Platz, den jedes
Einzelne in der Reihe einnimmt, wird bestimmt durch die
Anzahl der ihm vorangehenden: wird es selbst mitge-
rechnet, so ergiebt sich die nächstgröfsere Zahl, und deswegen kann es, hinsichtlich seines Platzes in der Reihe,
nach dieser Zahl bezeichnet werden. Zu dieser Bezeichnung dient nun ein von dem Zahlworte gebildetes Adjectiv,
welches deswegen Ordnungs- oder Reihenzahlwort genannt
wird. Z. B. das Adjectiv der Achte bezeichnet den Gegenstand, welcher in der Reihe sieben vor sich hat und selbst
hinzugerechnet die Anzahl auf Acht bringt. Der Platz

---

[1]) Nicht unpassend sagt Ewald, Lehrb. d. Hebr. Spr. S. 568 der 6. Aufl.:
»Sie sind wie Eigennamen, die eine bestimmtere Bedeutung durch den Sprachgebrauch erhalten haben.«

des die Reihe beginnenden Gegenstandes aber, weil dieser allein noch keine Zahl giebt, kann auch nicht durch ein derartiges Ordinalzahlwort bezeichnet werden; ebensowenig aber ist dazu eine von dem Einheitspronomen gebildete Ableitung tauglich, weil durch solche kein Platz unterscheidend bezeichnet werden könnte, da die Einheit ja Jedem in der Reihe zukommt. Es tritt also hier ein von einem Ortsadverbium gebildetes Adjectiv ein, skr. *pratamas* aus *pra*, gr. πρῶτος aus πρό, lat. *primus*, aus *prae* mit Umlaut, goth. *fruma*, ahd. *erister* aus adv. *ér*, eher, welches mit *ár*, früh, zusammenhängt.

Wie alle übrigen Nomina unter gewissen Bedingungen durch Pronomina vertreten werden können, so auch die Zahlwörter. Eine Mehrheit kann nicht blos durch ein Zahlwort benannt, sondern auch statt dessen durch unmittelbare Hindeutung oder durch Verweisung auf eine andere bekannte Mehrheit in correlativer Weise bezeichnet werden. Hierzu dienen im Griechischen die auch für die stetige Quantität dienenden Adjectivpronomina ὅσοι, τόσοι, τοσοῦτοι, im Lateinischen die speziell für die discrete oder Zahlquantität ausgeprägten *quot, tot, totidem*. Ebenso kann der Platz des Einzelnen in der Reihe durch unmittelbare Demonstration oder durch Correlation bezeichnet werden; im Griechischen findet sich hierfür nur ein Relativum, ὁπόστος, im Lateinischen auch ein demonstratives *totus* dem relativen *quotus* gegenüber. Endlich läfst sich auch sowohl die Anzahl als der Platz in der Mehrheit als unbestimmt oder als fraglich bezeichnen, wozu im Griechischen ποσοί, πόσοι, ὁπόσοι, ὁποσοιοῦν, πόστος, ὁποστοσοῦν, im Lateinischen *aliquot, quot, quotus, quotumus* und mit satzverbindender Kraft *quotquot, quotcunque, quotuscunque* dienen. Wir können diese Wörter Zahl- und Ordinalpronomina nennen. Der deutschen Sprache fehlen die entsprechenden Bildungen, und sie mufs sich dafür mit Umschreibungen behelfen.

Pronominalen Ursprungs sind auch mehrere Wörter, welche den Begriff der Einheit in gewisse Beziehungen zu dem der Mehrheit setzen. Zunächst nämlich kann der Begriff der Einheit im Gegensatz gegen die Mehrheit hervorgehoben werden, wozu freilich das blofse Einheitspronomen mit schärferer Betonung genügen kann, die Sprachen aber

doch auch eigene Formen gebildet haben, wie das deutsche
allein, dessen Zusammensetzung (all — ein) augenscheinlich ist, das lateinische *solus*, aus demselben Pronominalstamm, dem auch die von den Grammatikern bezeugten
Formen *sum, sos, sas*, f. *eum, eos, eas*, und die Partikeln
si und *sic* angehören, das griechische μόνος oder μοῦνος,
welches letztere die ältere Sprache allein kannte, und
welches wir nicht anstehen dürfen, als gleichen Stammes
mit dem latein. *unus* zu betrachten, wenn wir auch den
gewiſs nicht zufälligen consonantischen Anlaut nicht mit
Sicherheit zu erklären vermögen. — Das Eine im Gegensatze zu einem anderen, aber unter die gleiche Kategorie
mit ihm fallenden Gegenstande bezeichnet das gr. ἕτερος
von demselben Stamme wie ἕις. Es bedeutet eigentlich
noch einen, nur daſs wir im Deutschen dieses nur dann
sagen, wenn schon vorher Einer angegeben ist, wogegen
ἕτερος auch ohne solche vorhergegangene Angabe stattfindet, so oft nur an Eins von zweien zu denken ist. Indessen hat der Sprachgebrauch dies nicht so strenge festgehalten, daſs ἕτερος, namentlich der Plural ἕτεροι, nicht
auch auſser jenem Falle, also ganz synonym von ἄλλος,
ἄλλοι auftreten könnte, wie auch im Lateinischen das entsprechende *alter* bisweilen, obgleich seltener, sich nicht auf
jenen Gegensatz von Einem zu noch Einem beschränkt
findet, und in den Töchtersprachen des Lateinischen, ital.
altro, franz. *autre*, ganz an die Stelle von *alius* getreten
ist. Aus der angegebenen Grundbedeutung aber erklärt
es sich, daſs *alter* oft auch als Ordinalzahlwort für *secundus*,
der Zweite, eigentlich der Folgende, gebraucht ward,
wie denn auch goth. *anthar*, ahd. *andar*, mhd. *ander* statt
des von *tvai, zwene, zwei* abgeleiteten Wortes dienen, und
selbst im nhd. der andere nicht selten für der zweite
gesagt wird.

Das Eine als begriffen in einer Mehrheit, als ein
zwar zu unterscheidendes aber doch in demselben Aus-
sageverhältniſs, als Subject oder Object, stehendes bezeichnen
die beiden classischen Sprachen, wenn jene Mehrheit die
allerkleinste, also Zwei ist, durch ἑκάτερος, *uterque*, wenn
sie eine gröſsere ist, durch ἕκαστος, *quisque*, welchen oft
auch noch das Einheitspronomen vorgesetzt wird, εἷς
ἕκαστος, *unus quisque*. Die Griechischen sind aus dem

Einheitspronomen und einem anderen Pronominalstamm,
aus welchem auch das Pron. indef. und interrog. hervorgegangen sind, gebildet. Demselben Stamm gehören auch
die lateinischen Formen an: *uterque* steht für *cuterque*[1]).
Uter ohne das Suffix ist Indefinitum und Interrogativum,
wie das gr. *κότερος* oder, mit dem labialen Anlaut statt
des gutturalen, *πότερος*.

Wird dagegen von dem Begriff der Mehrheit ausgegangen und in ihr die dazu gehörigen Einzelnen unterschieden, so haben die Sprachen auch hierfür eigene Formen,
jedoch nur für den Fall, dafs die Mehrheit die allerkleinste,
also nicht über Zwei ist. Es werden, wenn diese entweder
vorher durch das Zahlwort angegeben ist oder als bekannt
vorausgesetzt werden kann, die in ihr begriffenen Einzelnen
im Griechischen durch *ἄμφω* oder *ἀμφότεροι* bezeichnet,
durch jenes, wenn beide zusammen, durch dieses, wenn
jedes für sich gemeint ist. Die lateinische Sprache hat
nur das dem *ἄμφω* entsprechende *ambo:* für *ἀμφότεροι*
fehlt die Form und mufs durch *uterque* vertreten werden.
Die Etymologie ist nicht mit Sicherheit anzugeben. Einige
haben *ἄμφω* als aus *ἅμα δύω*, und auch das deutsche
b e i d e als aus *dueide,* also ebenfalls aus dem Zahlworte
für z w e i, entstanden angesehen; eine Ansicht, die ich
weder vertreten noch bestreiten will.

Endlich ganz der lateinischen Sprache eigenthümlich
sind die sogenannten *Distributiva* oder *Dispertitiva,* welche
eine bestimmte oder unbestimmte Mehrheit in bestimmte
Theile zerlegen, deren jeder entweder selbst auch eine
Mehrheit enthält oder nur Eins ist. Für den letzteren Fall
dient *singuli*, an dessen pronominalem Ursprunge nicht gezweifelt werden kann, für den ersten die von Zahlwörtern
abgeleiteten Bildungen *bini (duini), terni, quaterni* u. s. w.
Im Griechischen und Deutschen giebt es solche Distributiva nicht: nur *singuli* läfst sich bisweilen, aber keinesweges immer, durch *ἕκαστος*, J e d e r, auch durch E i n -
z e l n e übersetzen; für die übrigen müssen Umschreibungen
gebraucht werden.

---

[1]) Vgl. Bopp II p. 206. Corssen II p. 261 f.

10. Die Adverbia.

Wenn sich die Aufgabe der Sprache darauf beschränkte, über die nach ihren Merkmalen benannten oder nach ihren Verhältnissen bezeichneten Gegenstände etwas auszusagen, d. h. ihnen irgend ein Attribut, ein Verhalten, ein Thun oder Leiden, eine Eigenschaft oder Beschaffenheit zuzusprechen, so würden die bisher behandelten Wortgattungen dazu ausreichen und keine anderen aufser ihnen nöthig sein. Denn zur Angabe der Gegenstände selbst genügen die Nomina, zu ihrer andeutenden Bezeichnung die Pronomina, zur Angabe eines thätigen oder leidenden Verhaltens die Verba, und jede andere Art von Attributen, wenn sie nicht durch ein Verbum ausgedrückt werden kann, läfst sich in nominaler Form durch das als Copula fungirende Verbum substantivum als Prädicat mit dem Subjecte verbinden. Also was die älteste Sprachphilosophie als die wesentlich nothwendigen Theile der Rede erkannte, das ὄνομα und das ῥῆμα, das ist in jenen, welche alle entweder als ὀνόματα oder als ῥήματα fungiren, vollständig enthalten. Aber die Aufgabe der Sprache erstreckt sich weiter: sie mufs im Stande sein, dem Subjecte ein Prädicat nicht blos zuzusprechen, sondern auch abzusprechen; sie mufs die verschiedenen Modificationen, unter welchen ein Attribut dem Subjecte zugesprochen oder abgesprochen wird, die schlichte Angabe, die Behauptung und Versicherung, die blofse Möglichkeit, den Zweifel, die Ungewifsheit, den Wunsch und Willen, kurz die Modalität der Aussage auszudrücken vermögen. Ferner, da alle unsere Anschauungen an die Form von Raum und Zeit gebunden sind, und jedes über die Dinge ausgesagte Verhalten nothwendig in irgend einem räumlichen und zeitlichen Verhältnifs steht, so darf es der Sprache auch an Mitteln zu deren Bezeichnung nicht fehlen. Drittens, da die Eigenschaften und Beschaffenheiten der Dinge gar mannichfaltiger näherer Bestimmungen in Beziehung auf Qualität und Quantität unterliegen, so mufs die Sprache auch diese zu bezeichnen im Stande sein. Dazu kommt viertens, dafs es Begriffe giebt,

die nur in Verbindung mit einem anderen und in Beziehung auf einen anderen ganz und richtig gefafst werden
können, und es würde also ein Mangel der Sprache sein,
wenn sie solche Verbindungen und Beziehungen nicht auch
bezeichnen könnte. Endlich, da ebenso auch verschiedene
Aussagen, sei es über einen Gegenstand, sei es über
mehrere, in Beziehung zu einander stehen können, so wird
es an sprachlichen Mitteln zu deren Bezeichnung ebenfalls
nicht fehlen dürfen. Einige dieser Bedürfnisse nun befriedigt die Sprache, wenigstens bis auf einen gewissen
Grad, durch blofse Formveränderungen der Nomina oder
der Verba. Solche sind bei den Verbis die Modus- und
Tempusformen, jene um die Modalität der Aussage, diese
um das Zeitverhältnifs des Ausgesagten anzudeuten, bei
dem Nominibus theils die Casusformen, die das Verhältnifs
des durch das Nomen ausgedrückten Begriffes entweder
zu einem anderen Nomen oder zum Verbum bezeichnen,
theils die Steigerungsformen und andere Ableitungen, wie
die Amplificativa und Deminutiva, die eine gewisse qualitative und quantitative Modification des Begriffes andeuten. Aber diese Mittel sind theils selbst für die angegebenen Zwecke nicht immer ausreichend, theils lassen
sie andere Bedürfnisse ganz unbefriedigt, für die es also
andere Mittel geben mufs. Von denjenigen Mitteln nun,
deren sich die Sprache zur Verbindung von Satztheilen
oder ganzen Sätzen bedient, und welche schon Aristoteles
unter dem Namen σύνδεσμοι dem ὄνομα und dem ῥῆμα
zugesellte, kann erst im folgenden Capitel gehandelt werden. In dem gegenwärtigen haben wir es mit denen zu
thun, welche von den Grammatikern ἐπιρρήματα oder Adverbia genannt werden, und deren Function darin besteht, dafs sie entweder die Modalität der Aussage, oder
die örtlichen und zeitlichen Bestimmungen des Ausgesagten,
oder die qualitativen oder quantitativen Modificationen der
Attribute anzugeben dienen. Sie zerfallen demgemäfs in
folgende Classen: 1. Modalitätsadverbien. 2. Ortsadverbien. 3. Zeitadverbien. 4. Qualitätsadverbien. 5. Quantitätsadverbien. Als Modalitätsadverbien
werden übrigens zum Theil auch solche Wörter verwandt,
welche ihrer ursprünglichen Bedeutung nach zu einer anderen Classe gehören, oder solche, die eigentlich gar nicht

Adverbien sind. Deswegen ist es zweckmäfsig, ihre Betrachtung bis zuletzt zu verschieben. Wir beginnen also mit den Ortsadverbien.

Das örtliche Verhältnifs, unter welchem das Sein oder das Verhalten eines Gegenstandes angeschaut wird, läfst sich entweder in pronominaler Weise bezeichnen oder in nominaler Weise angeben: die Ortsadverbien sind also entweder pronominalen oder nominalen Ursprungs. Pronominal sind die hindeutenden für das hier, da, dort, her, hin u. s. w., und diesen hindeutenden stehen natürlich, ebenso wie den Pronominibus, auch relative, indefinite und interrogative gegenüber. Der Form nach sind diese Adverbia in den beiden classischen Sprachen unverkennbar theils ganz mit den Casusformen der Pronomina zusammenfallend, wie *hac, ea, eo, qua, quo,* αὐτοῦ, τῇ, τῇδε, οὗ, theils erscheinen sie als den Casusformen analoge Bildungen, oder, wie die vergleichende Sprachkunde lehrt, sie sind Ueberbleibsel von Casusformen aus einer früheren Bildungsperiode der Sprache, welche sich nur noch in den Adverbien erhalten haben. Einige werden durch besondere Suffixe gebildet, wie *in-de, un-de, in-ter, in-tus, i-bi, u-bi,* ἔν-θα, ἔν-θεν, ὅ-θι, πό-θι, ἐκεῖ-θεν, ἐκεῖ — σε, die wir ebenfalls als Pronominalstämme zu betrachten haben, und die dazu dienen, der anderweitigen Ortsbezeichnung die Andeutung des ruhenden Seins (wo) oder der Bewegung (von wo oder wohin) hinzuzufügen. Auch das lateinische *c* in *hic, illic, huc, illuc, hinc, illinc* ist ein Suffix demonstrativer Bedeutung, aus welchem sich aber auch ein eigenes Ortsadverbium *cis* gebildet hat, welchem ein anderes *uls* (*ols* mit dem Pronomen *ollus* = *ille* zusammenhängend) gegenübersteht. Aus diesen beiden werden dann aber auch adjectivische Formen gebildet, *citer, citerior, citimus, ulter, ulterior, ultimus,* deren Ablative *citra, citro, ultra, ultro* wieder als Adverbia fungiren.

Ortsadverbia nominaler Bedeutung können natürlich von Nominibus nur dann gebildet werden, wenn diese selbst eine locale Bedeutung haben, wie οἴκοι von οἶκος, πεδοῖ von πέδον, *domi* von *domus, humi* von *humus.* Dazu kommen zahlreiche Bildungen durch die Suffixe θι, θεν, φι, lat. *tus,* wie οἴκοθι, οἴκοθεν, θύρηφι, *caelitus, fun-*

ditus, welche mit Recht von den Grammatikern zu den
Adverbien gezählt werden.

Zu den Ortsadverbien gehören aber auch die sogenannten Präpositionen, die zunächst räumliche, dann aber
auch andere unter dem Bilde von räumlichen aufgefaſste Verhältnisse des Seins oder der Thätigkeit eines Gegenstandes
zu einem anderen ausdrücken. Präpositionen (προθέσεις)
hat man sie deswegen genannt, weil sie in der Regel der
Angabe des Gegenstandes, zu welchem der andere in dem
durch sie ausgedrückten Verhältnisse steht, voraufzugehen
pflegen und nur ausnahmsweise hinterher folgen. Nicht
selten aber werden sie auch ohne Angabe solches Gegenstandes (des Complementes zu dem Verhältniſsbegriff) angewandt, wenn derselbe entweder nicht bestimmt angegeben oder in dem jedesmaligen Zusammenhange ohnehin
erkannt werden kann, so daſs seine Angabe unnöthig ist.
Meistens jedoch werden in diesem Falle andere vollere
Bildungen desselben Stammes, aus dem die Präposition
gebildet ist, gebraucht, wie im Griechischen κάτω f. κατά,
ἄνω f. ἀνά, μεταξύ f. μετά, im Lateinischen *subtus* f. *sub,*
extra f. *ex, intra* f. *in,* die man dann nicht mehr Präpositionen, sondern Adverbien nennt, auch wenn wirklich
noch das Complement bei ihnen angegeben wird, wie κάτω
γῆς, *extra urbem:* obgleich hierin keine Uebereinstimmung
unter den Grammatikern stattfindet. — Die adverbiale
Natur der Präpositionen aber offenbart sich namentlich
darin, daſs sie sich leicht mit Verbis und anderen Attributivis zu einem Compositum verbinden. In manchen
Sprachen erscheinen sie fast immer nur mit Verben componirt, im Lateinischen kommen wenigstens manche nur
in der Composition vor, wie *amb, dis, re, se,* und werden
deswegen *praepositiones inseparabiles* genannt, und im Deutschen haben einige ihre vollere Form in der Zusammensetzung so abgeschliffen, daſs sie kaum noch zu erkennen
ist, wie eben dieses er in erkennen (f. ur, us, aus)
be (f. bei), ver (f. vor).

Es ist aber aufmerksam darauf zu machen, daſs die
Präpositionen in der Composition mit Verbis keinesweges
immer nur das Verhältniſs des Subjectes der durch das
Verbum ausgedrückten Thätigkeit zu einem äuſseren Gegenstande derselben angeben, wie es auſserhalb der Compo-

sition regelmäfsig der Fall ist, sondern dafs das Verhältnifs vielfältig ein ganz anderes ist. Oft ist es nur ein
Verhältnifs des einen der im Verbum selbst enthaltenen
Bedeutungselemente zum andern, des Subjectes nämlich,
welches durch die Endung angedeutet wird, zu der speziellen Thätigkeitsform, welche neben dem allgemeinen
Thätigkeitsbegriff in dem Verbum steckt und welche wir
das innere Verbalobject nennen mögen. Wenn z. B. ὑπνόω
soviel ist als schlafen thun (einen Schlaf thun, etwa
ὕπνον ποῖειϑαι) so ist ἀφυπνόω = ich komme aus dem
Schlafe, ich erwache, und die Präposition drückt also
das Verhältnifs des Subjects zu dem inneren Verbalobject,
dem Schlafe aus. Ebenso ist es mit ἀπαλγεῖν, ἀπολοφύ-
ρεσϑαι, und lat. *desipere, desperare, debellare,* wobei aber
zu bemerken, dafs dergleichen Composita öfters zugleich
das Fertigsein mit einer Thätigkeit andeuten, von der man
eben deswegen abläfst[1]). — Bei transitiven Verbis ferner
giebt die Präposition öfters das Verhältnifs an, in welches
das Object zu dem im Verbum enthaltenen Thätigkeitsbegriff versetzt wird, wie ἐκκαλύπτειν τι, etwas aus der Ver-
hüllung heraus versetzen, *develare aliquem = velo exuere,*
und umgekehrt ἐγκαλύπτειν, *investire.* — Ist die Thätigkeit
eine solche, die von mehreren Subjecten zusammen ausgeübt wird oder von der mehrere Objecte zusammen be-
troffen werden, so kann das Verhältnifs, in welchem jene
Subjecte oder Objecte dabei stehen oder in welches sie dadurch versetzt werden, durch eine mit dem Verbum com-
ponirte Präposition angedeutet werden, wie συνέρχεσϑαι,
συνέχειν, συνδεῖν, συλλέγειν, *convenire, complecti, compre-
hendere, colligere,* in welchen Verbis die Präposition offenbar eine ganz andere Beziehung hat, als etwa in συμπολε-
μεῖν, συναγορεύειν τινί, *colloqui, conversari cum aliquo.*
Bisweilen endlich bezieht sich die Präposition auf den vorhergegangenen Zustand des Subjectes oder Objectes, aus
welchem dieselben durch die vom Verbum ausgesagte Thätigkeit heraus versetzt werden, wie ἐξεγείρειν, wobei ἐξ
ὕπνου oder dgl. hinzugesetzt werden kann, aber nicht nothwendig ist, sowenig wie bei *excitare,* ferner *evigilare, ex-
pergisci* u. dgl.; und ἀποκινδυνεύειν, ἀποτολμᾶν, ἀποϑρα-

---

[1]) Vgl. m. Anm. zu Plutarch. Cleom. p. 241.

σύνεσθαι und ähnliche sind auch nur so zu erklären, dafs sie ein Uebergehen aus einem vorherigen Zustande der Vorsicht oder Muthlosigkeit in den durch die Verba ausgesagten andeuten. — Diese Beispiele dürfen hier, wo es auf vollständige Behandlung der Sache nicht abgesehen sein kann, genügen, um auf die grofse Mannichfaltigkeit der in den Verbis compositis obwaltenden Beziehungen der Präpositionen aufmerksam zu machen[1]). Nicht weniger mannichfaltig, ja noch mannichfaltiger sind sie in der Composition mit den Nominibus. Haben die Nomina selbst einen Thätigkeitsbegriff in sich, so kann man sie gewissermafsen mit Participien vergleichen, und so finden also ebendieselben Beziehungen, wie bei den Verbis, auch bei ihnen statt. Aber öfters ist der Thätigkeitsbegriff, dessen Beziehung die Präposition andeutet, gar nicht in dem Nomen selbst enthalten, sondern dieses giebt nur den Begriff eines Objectes an, und der Begriff der Thätigkeit mufs hinzugedacht werden, was denn freilich nur dann geschehen kann, wenn nichts als der ganz allgemeine des S e i n s oder s i c h v e r h a l t e n s erfordert wird. So bezeichnet in ἀντίθεος die Präposition nicht ein Verhältnifs, in welchem sich die Gottheit befindet, sondern in welchem sich Jemand zu ihr verhält: ebenso ist es mit ἔκδημος, ἔνοικος, ἔννομος, ἐπίγαμος, ἐπίκαιρος, παράδοξος, delirus, deformis, exlex, exsul, extorris und ähnlichen. Viel seltener ist der Fall, dafs bei einem so componirten Adjectiv die Präposition das Verhältnifs des durch das Nomen der Composition angegebenen Gegenstandes zu dem Träger oder dem Subjecte des Adjectivs bezeichnet, wie z. B. ἀμφόδοντες gewisse Thiere heifsen, denen die Zähne rings umher stehen, oder ὑπόξυλον ἄγαλμα ein Bild, dem unter seiner Aufsenseite Holz sitzt, ὑπόχαλκον νόμισμα eine Münze, wo Kupfer unter der Oberfläche ist. Noch anders ist die Beziehung der Präposition in Compositis wie ὑπόδασυς, ὑπόγρυπος, ὑπέρυθρος, subruber, subniger, ὑπέρδασυς, ὑπέρμεγας, praemagnus, praelongus, wo das unter dem gewöhnlichen zurückbleibende oder dasselbe überschreitende Mafs der durch die

---

[1]) Den Anfang einer eingehenden Erörterung dieses Gegenstandes für das Lateinische hat J. Thoms gemacht, in dem Programm: Commentatio de significatione praepositionum in verbis compositis linguae latinae. Gryph. 1838. Leider hat d. Vf. es bei diesem Anfange bewenden lassen.

Adjectiva bezeichneten Beschaffenheiten angedeutet wird. Mehr anzuführen ist überflüssig.

Die Grammatiker unterscheiden gewöhnlich echte und unechte Präpositionen. Im Griechischen gelten als echte Präpositionen nur die achtzehn, ἐν, εἰς, ἐξ, πρό, πρός, σύν, ἀνά, κατά, διά, μετά, παρά, ἀντί, ἐπί, περί, ἀμφί, ἀπό, ὑπό, ὑπέρ, welche mit Verbis und Nominibus componirt werden können[1]), und sämmtlich ursprünglich locale Bedeutung haben, die aber durch Uebertragung auch in die temporale, causale, finale, conditionale, concessive übergehen kann. Alle anderen Wörter, die zwar in ähnlicher Bedeutung wie jene mit Nominibus construirt werden können, aber der Composition mit Verbis oder Nominibus widerstreben, werden nicht den Präpositionen, sondern entweder den Adverbien oder den Conjunctionen zugezählt, wie ἄνευ, ἕνεκα, ἄχρι, μέχρι, χωρίς, χάριν, ἐνδόν, ἐκτός, ἔξω u. s. w., die sich als Ableitungen theils von Präpositionen, theils von anderen Wörtern darstellen, wogegen die Präpositionen alle als thematisch erscheinen. Im Lateinischen wurden von Einigen angeblich nur folgende zehn, *ab, ad, praeter, pro, prae, in, ex, sub, super, subter* als eigentliche Präpositionen anerkannt[2]), von den Meisten jedoch werden auch alle übrigen Adverbia ähnlicher Bedeutung, die mit einem Casus der Nomina construirt werden, ohne Rücksicht darauf, ob sie der Composition fähig oder nicht, abgeleitete oder primitive sind, also Wörter wie *adversus, coram, iuxta, secundum, ultra* u. dgl. ohne Unterschied zu den Präpositionen gerechnet[3]), so daſs die Zahl derselben sich auf vierzig oder mehr beläuft.

Die Frage nach dem Ursprunge und der etymologischen Beschaffenheit der eigentlichen Präpositionen gehört zu den schwierigsten Aufgaben der vergleichenden Sprachwissenschaft, und daſs sie jemals befriedigend werde gelöst werden können, ist kaum zu hoffen. Es ist die Ansicht aufgestellt worden, daſs alle echten Präpositionen pronominalen Ursprunges seien und auf den verschieden modificirten Gegensätzen von h i e r und d a, d i e s s e i t s und j e n s e i t s

---

[1]) Dionys. p. 641. Schol. p. 927.
[2]) Z. B. von Suetonius, nach Charisius (der sich auf Julius Romanus beruft) II, p. 211 *P*. Doch ist die Aufzählung dort wohl nicht vollständig.
[3]) Vgl. Priscian XIV, 1, 4. 6, 53.

beruhen[1]); aber es läfst sich schwer begreifen, wie sich
hieraus die grofse Mannichfaltigkeit der örtlichen Verhältnisse, welche die Präpositionen angeben, habe entwickeln
können[2]. Ebensowenig aber ist es glaublich, dafs die
Präpositionen aus besonderen Wurzeln entstanden seien,
welche ebenso ursprünglich die Raumverhältnisse, als die
Pronominalwurzeln die Anschauungs- und Darstellungsver-
hältnisse, zu bezeichnen gedient haben. Denn man müfste
dann annehmen, dafs schon in der frühesten Sprachperiode
die Raumverhältnisse in abstracter Weise, d. h. für sich
allein und von der Vorstellung der Dinge, ohne welche
sie nicht da sind, abgesondert aufgefafst und bezeichnet
worden seien: eine Annahme, die mir durchaus unzulässig
scheint. Viel wahrscheinlicher ist es, dafs, auf ähnliche
Weise wie die Zahlwörter, auch die Präpositionen aus
Verbal- oder Nominalwurzeln entstanden seien, und dafs
erst später, da die durch sie bezeichneten Gegenstände
oder Thätigkeiten durch Uebertragung zur Bezeichnung
räumlicher Verhältnisse benutzt wurden, ihre ursprüngliche
nominale oder verbale Bedeutung verdunkelt und vergessen sei. Und zu dieser Ansicht bekennen sich denn
auch mehrere der vornehmsten Vertreter der etymologischen
Wissenschaft[3]. Wir unseres Theils können hier nicht näher
auf Erörterungen über einzelne Präpositionen eingehen:
nur dies wollen wir bemerken, dafs uns doch nicht alle auf
gleiche Weise aus Wurzeln der angegebenen Art entstanden
zu sein scheinen, sondern dafs wir für einige derselben,

---

[1]) Bopp, vgl. Gr. §. 995. S. 1465.
[2]) Vgl. Pott, Etymol. Forsch. II, S. 194. — Indessen hat Steinthal,
Charakteristik der hauptsächl. Typen des Sprachbaues, S. 280 ff. dies doch
nicht für unbegreiflich erklärt.
[3]) Vgl. Humboldt, üb. d. Entsteh. gramm. Formen, Ges. Werke, III,
S. 293. Weber, Ind. Stud. II, S. 406, und besonders J. Grimm, Vorrede
zum Wörterb. S. 50, dessen Worte ich hersetze: »Wer die rechte Witte-
rung von den Präpositionen hat, der wird auf Nominalbegriffe und leibliche
Substantiva stofsen. Dadurch, dafs man weifs, bei sei skr. *abi*, gr. *ἀμφί*,
ahd. umpi und pi, ist uns der eigentliche Sinngehalt der Partikel uner-
schlossen. Mir boten sich bei = bau, aus den neuen Sprachen vorerst
casa (*chez*) und altn. *hiá* dar; auch in strebt zu Inn, Haus, nicht umgekehrt darf Inn aus in gedeutet werden. [?] Unser nach gehört zu nahe,
beiwohnend; unser *and*, *ent* zu *andi*, *endi*, frons; unser *pah*, tergum,
ags. *bäk*, giebt den Schlüssel zum skr. *paçca*, a tergo, altn. *á bak*, alts.
te baka, retro, ags. *on bäc*, lat. *post* u. s. w.«

aber auch nur für einige, einen pronominalen Ursprung nicht in Abrede stellen möchten.

Den pronominalen Ortsadverbien zur Seite stehen die pronominalen Adverbia der Zeit, dann, wann, τότε, ὅτε, ποτέ, πότε, ἄλλοτε, τέως, ἕως, εἶτα, tum, quum, dum, quando, aliquando, iam, tandem, olim u. s. w., und bisweilen werden sie auch selbst durch jene vertreten, wie im Griech. τότε durch ἔνθα, im Lat. quum durch ubi (cubi), im Deutschen dann durch da, wann durch wo, wie denn überhaupt nicht selten Raumbezeichnungen durch Uebertragung auch zur Zeitbezeichnung dienen, und namentlich die Präpositionen auch zur Bezeichnung zeitlicher Verhältnisse gebraucht werden. Ja es giebt von Präpositionen abgeleitete Adverbien, die nur zeitliche Bedeutung haben, wie πρωΐ, πρίν, πάρος, und die aus Präpositionen und Pronominalien zusammengesetzten, wie antea, postea, interea, interdum, vorhin, vorher, nachher u. dgl. — Während nun alle pronominalen Zeitadverbia die Zeitverhältnisse nur hindeutend zu bezeichnen vermögen, dienen zur bestimmten namentlichen Angabe von Zeitpunkten oder Zeiträumen andere Adverbien, die sich zum Theil deutlich als Ableitungen von Nominibus oder als Composita aus Nominibus und Pronominibus mit Präpositionen erweisen, wie νύκτωρ, σήμερον, oder τήμερον, τῆτες, noctu, interdiu, hodie, pridie, heuer, heute, zum Theil aber thematisch oder aus Wurzeln entstanden zu sein scheinen, die offenbar nicht als pronominale, sondern als nominale oder verbale zu betrachten sind, aus denen aber zunächst nur jene Adverbien, und dann aus diesen bisweilen auch Nomina gebildet sind, wie νῦν, nunc, nun, πάλαι, woraus dann παλαιός, vielleicht auch χθές, woraus χθεσινός, heri, woraus hesternus, cras, woraus crastinus.

Auch die Qualitätsadverbien zerfallen in eine pronominale und eine nominale Classe, oder in solche, welche die Qualität nur hindeutend bezeichnen, und solche, welche sie benennen. Jene sind natürlich, ebenso wie die Pronomina, theils demonstrative und relative, theils indefinite und interrogative: οὕτως, ὡς, ὅπως, πὼς, πῶς, sic (von dem mit s anlautenden alten Demonstrativpronomen), ita von is (zu vergleichen mit εἶτα, wenn auch die Bedeutung anders gewendet ist), uti, utut, utique. Unübersehbar aber ist die

Menge der nominalen Qualitätsadverbien, ebenso wie die Qualitäten selbst und ihre verschiedenen Modificationen unübersehlich sind; und auch die Bildungsformen sind namentlich im Griechischen von grofser Mannichfaltigkeit. Zunächst bietet sich eine Anzahl von solchen dar, in denen wir nichts als Casusformen vollständig vorhandener Nomina erkennen, Accusative — aus einem unten zu erörternden Grunde — und Dative. Von manchen, wie z. B. ὄχα, τάχα, ist wohl anzunehmen, dafs sie Casus von Nominibus sind, deren andere Casus die Sprache aufgegeben hat. Daneben am häufigsten die Form auf ὡς, die man wohl mit Recht als einen dem lateinischen Ablativ entsprechenden alten Casus ansieht. Dann Bildungen auf ι oder ει, ἀμισθί, ἀνατί, ἀθεεί, ἀμαχεί u. dgl., in denen das Suffix an den Dativ erinnert. Ferner ις, wie μόλις, μόγις, λέχρις, wohin auch wohl die auf ξ, wie ὄδαξ, ὄκλαξ, πίξ, oder ψ, wie μάψ, gehören, in denen das ι ausgefallen. Endlich Bildungen, durch die mit dem demonstrativen δ oder auch τ anlautenden Suffixe: δον, wie χανδόν, σχεδόν, βοτρυδόν, κλαγγηδόν, δην, wie κρύβδην, μίγδην, δις, wie ἀμοιβηδίς, τι, wie μελεϊστί, μεγαλωστί, νεωστί, in welchen die Suffixe mit den Nominalendungen δων, δης, της, τος, τυς, τωρ zu vergleichen sind, und, wie diese, die sichtbar hervortretende Verwirklichung des jedesmaligen Thätigkeitsbegriffes anzudeuten scheinen[1]).

Als pronominale Quantitätsadverbien fungiren die Accusative und Dative gen. neutri der Quantitätspronomina, also τοσοῦτον, τόσον, ὅσον, τοσούτῳ, τόσῳ, ὅσῳ, ποσόν, πόσον, ποσῷ, πόσῳ. Ein numerisches Verhältnifs bei Thätigkeiten, die wiederholentlich vorkommen, oder bei Eigenschaften und Beschaffenheiten, die in numerischem Verhältnifs gesteigert gedacht werden, wird in pronominaler Weise durch die aus jenen Pronominibus mit dem Suffix κις (άκις) gebildeten Adverbia angegeben, wie τοσαυτάκις, τοσάκις u. s. w.[2]), und in nominaler Weise durch die aus den Mehrheits- oder Zahlwörtern mit demselben Suffix gebildeten, wie πολλάκις, ὀλιγάκις, τετράκις, πεντάκις u. s. w., wogegen für δυάκις und τριάκις die gekürzten Formen δίς,

---

[1]) Vgl. ob. S. 51 und 56.
[2]) In Inschriften auch ἑκαστάκις statt des sonst gewöhnlichen ἑκάστοτε.

τρίς üblich sind¹). Das Adverbium der Einheit lautet ἅπαξ, was man als Verkürzung aus ἁμάκις ansehen kann. Denn so, oder ἁμάκις, sagten z. B. die Kreter²), und man erkennt darin leicht das alte Pronomen ἁμός oder ἀμός, wovon sich Ueberreste in ἁμόθεν, ἁμῶς, ἁμοῖ, οὐδαμόθεν u. s. w. erhalten haben, und was aus einem ursprünglich demonstrativen, nach der früher gegebenen Erklärung, auch zum Einheitspronomen und zum Indefinitum werden konnte. Die Umwandelung des μ zu π in ἅπαξ für ἅμαξ ist zu vergleichen mit πεδά äol. f. μετά, Πίνδαρος = Μίνδαρος: der Pronominalstamm ἁμ erscheint auch in ἅμα:(ob aber die Endung ακις ebenfalls auf einen Pronominalstamm, denselben von welchem κοῖ, κῇ, κότε, mit eingeschobenem Bindevocal zurückzuführen oder von dem Verbalstamm, wovon κίω (gehen), abzuleiten sei, mag dahingestellt bleiben. Eine Empfehlung der letzteren Ansicht könnte man darin finden, dafs wirklich in einigen Sprachen, z. B. im Schwedischen, das Nomen gång (Gang) gebraucht wird, um diese Art von Adverbien zu ersetzen, wie två gångor, fyra gångor = zweimal, viermal. Auch unser deutsches Mal deutet auf eine durch ein Zeichen unterschiedene Wegestrecke, die zurückgelegt wird, und dieselbe Bedeutung hat ursprünglich das Englische time, wo sie aber später der übertragenen zeitlichen (eine Zeitstrecke, Zeitraum, Stunde) gewichen ist³). — Das Lateinische semel gehört, wie simul, zu dem mit s anlautenden Demonstrativstamm, von welchem wir oben sic und si abgeleitet haben, und zu welchem auch das deutsche so gehört. (Auch skr. sam gehört dahin.) Wie semel eigentlich dasmal bedeutet, woraus sich das einmal im Gegensatz gegen mehrere Male entwickelte, so bedeutet simul eigentlich dasselbe

---

¹) Schol. Dionys. p. 942, 20: τὸ δὲ δίς καὶ τρίς πέπονθε· τὸ γὰρ δυάκις καὶ τριάκις παρ' Ἀριστοφάνει. Ob bei dem Komiker, oder bei dem Grammatiker?

²) Nach Hesych. u. d. W.

³) Interessant ist die Vergleichung ähnlicher Ausdrucksweisen in deutschen Mundarten. »Für allemal sagt man in Westphalen allevart = alle Fahrt, in der Pfalz alleritt = alle Ritte, in Baiern allebüf = alle Stöfse, allestreich = alle Streiche, allschlag = jeden Schlag. Das mhd. hat alzoges = jeden Zug.« Kosegarten, Wörterb. d. niederd. Spr. S. 203 unter albot, was K. ebenfalls für = allebüf, alle Stöfse, erklärt. Vgl. auch Grimm, Deutsche Gr. III S. 232 f.

Mal, d. h. zugleich, und das davon abgeleitete Adjectiv
similis ist eigentlich soviel als derselbigen Art. — Dem
gr. *δίς* entspricht ganz das lat. *bis (duis); ter* und *quater*
scheinen abgestumpfte Formen: die folgenden Zahladverbien
werden durch das Suffix *ens* (oder *es*) gebildet, über dessen
eigentliche Natur wir noch im Dunkeln sind. — An sonstigen
Adverbialformen ist die lateinische Sprache weniger reich
als die griechische. Zunächst tritt uns am häufigsten die
auf langes *e* ausgehende entgegen, bei den von Adjectiven
der zweiten Declination abgeleiteten: sie wird von Einigen
für eine Art von Ablativ, oder aus einem Ablativ um-
gelautet, von Anderen für einen Accusativ aus einer ver-
alteten Declinationsform jener Adjective gehalten[1]), wie
denn die auf kurzes *e* ausgehenden Adverbia von Adjectiven
der dritten Declination wie *facile, impune, sublime* offenbar
nichts anders als Accusative sind. Den griechischen Ad-
verbialsuffixen *δον, δην, τι* entsprechen die lateinischen *ter*
und *tim*, wie *ἀγεληδόν* = *gregatim*, *γυναιχιστί* = *mulie-
briter*, *μελεϊστί* = *articulatim;* dem *θεν* entspricht *tus*, wie
πεδόθεν = *funditus*, *θεόθεν* = *divinitus*. Die übrigen
Adverbia stellen sich, mit Ausnahme einiger wenigen, in
unverkennbarer Accusativ- und Ablativform dar; und wo
diese Formen nicht zu erkennen sind, dürfen wir an ver-
altete oder im Lauf der Zeit entstellte casuelle Bildungen
denken.

Die bisher besprochenen Adverbia sind sämmtlich
Bestimmungswörter für die durch Verba oder Adjectiva
ausgesagten Begriffe: sie bezeichnen oder benennen den
Ort oder die Zeit, die Qualität oder Quantität desjenigen
Vorganges oder Verhaltens, welches jene aussagen, und
ihre casuelle oder den Casus analoge Form dient dazu,
die Beziehungen zwischen dem, was jene aussagen, und
dem, was sie selbst angeben, zu charakterisiren. Diese
Beziehungen sind aber von dreierlei Art. Entweder nämlich
es steht das Ausgesagte zu dem, was das Adverbium angiebt, in einem activen oder in einem passiven oder in
einem neutralen Verhältniß. Ein actives Verhältniß findet
statt, wenn das Ausgesagte eine Thätigkeit ist, die das
durch das Adverbium Angegebene zum Objecte hat, sei

---

[1]) Vgl. Grimm III S. 125.

es dafs sie es hervorbringe, sei es dafs es sich auf sie
erstrecke; ein passives Verhältnifs findet statt, wenn das
Ausgesagte als ein Verhalten aufgefafst wird, welches von
dem, was das Adverbium angiebt, entweder verursacht
oder bedingt oder vermittelt oder sonst davon abhängig
sei; ein neutrales Verhältnifs endlich nenne ich es, wenn
das Ausgesagte mit dem, was das Adverbium angiebt, nur
als in einer räumlichen oder zeitlichen Verbindung stehend
aufgefafst wird. Das Object einer activen Thätigkeit bezeichnet die Sprache durch die Accusativform; dasjenige,
was als Ursache, Bedingung, Vermittelung eines passiven
Verhaltens erscheint, wird im Lateinischen durch die Ablativform, im Griechischen durch die Dativform charakterisirt, für welche es aber in einer früheren Sprachperiode
ohne Zweifel auch noch andere später verlorene Bildungen
gab; dasjenige endlich, zu welchem das Ausgesagte zunächst
nur in zeitlicher oder räumlicher Verbindung aufgefafst
wird, charakterisirte die ältere Sprache durch eine eigene
Casusform, den Locativus, der aber späterhin eingegangen
ist und an dessen Stelle dann jene beiden getreten sind.
Die speziellere Erörterung dieses Gegenstandes mufs einem
besonderen Capitel über die Casuslehre vorbehalten bleiben:
für den gegenwärtigen Zweck kann das Gesagte genügen,
wenn wir nur noch hinzufügen, dafs im Griechischen auch
der Genitiv vielfältig sowohl die Function des Locativus
als die des Ablativus hat. — Was nun zunächst die Accusativadverbien betrifft, so ist zur Erklärung ihrer Anwendung auf den Begriff des schon oben beiläufig erwähnten
inneren Objectes zurückzugehen. In jedem Verbum nämlich und überhaupt in jedem Attributivum, welches einen
Thätigkeitsbegriff ausdrückt, lassen sich hinsichtlich dieses
Begriffes zwei Elemente unterscheiden, erstens der allgemeine Begriff des Thuns überhaupt, und zweitens der Begriff der besonderen Thätigkeitsform, die durch dieses Thun
hervorgebracht wird, weswegen denn auch diese im Verbum
verbundenen Elemente durch Umschreibung abgesondert
ausgedrückt werden können, indem man dem allgemeinen
thun als Object die besondere Thätigkeitsform, sei es durch
ein Verbalnomen, sei es durch den Infinitiv, der ja auch
eine Art von Verbalnomen ist, beifügt: einen Sprung
thun, er thut springen. Die Augen sanken, die

Augen thäten ihm sinken u. dgl., was sowohl im Deutschen, namentlich im Niederdeutschen, als im Englischen
häufig ist. Der besondere Thätigkeitsbegriff wird nun aber
öfters auch ausdrücklich neben dem Verbum, in dem er
schon enthalten ist, hervorgehoben, wie στάσιν ἱστάναι,
χαρὰν χαίρειν, vitam vivere, servitutem servire, und zwar
geschieht dies namentlich dann, wenn eine speziellere Bestimmung seiner Beschaffenheit durch ein Adjectiv angegeben werden soll, wie ἱστάναι στάσιν ἀσφαλῆ, χαρὰν μεγάλην χαίρειν, vitam solitariam vivere, duram servitutem
servire. Wo nun aber dieser besondere Thätigkeitsbegriff
nicht so durch ein beigesetztes Verbalnomen ausdrücklich
ausgesprochen, sondern nur seine Beschaffenheit angegeben
wird, da kann natürlich auch das dazu gebrauchte Adjectiv nicht in der bestimmten geschlechtlichen Form auftreten, welche etwa das Verbalnomen haben würde, sondern
nur in der geschlechtlich indifferenten, d. h. im Neutrum.
Also z. B. μέγα χαίρω, magnum clamo besagen in Wahrheit dasselbe wie μεγάλην χαρὰν χαίρω, magnum clamorem
clamo, und der innere Objectsbegriff, wenn auch durch
kein Nomen ausgesprochen, ist dasjenige, worauf die Adjectiva sich beziehen und der bei ihnen mitgedacht wird.
Man kann sagen, sie vertreten in dieser Anwendung zugleich die Verbalnomina, werden selbst zu einer Art von
abstracten Substantiven, welche die jedesmalige besondere
Thätigkeitsform, die das Verbum ausspricht, mit einem sie
charakterisirenden attributiven Merkmal zugleich enthalten,
und ihre Accusativform erklärt sich daraus, daß diese besondere Thätigkeitsform sich als Object, als Product und
Ergebniß zu dem allgemeinen Thätigkeitsbegriff verhält,
welcher dem Verbum, wie überhaupt jedem Attributivum
inwohnt, da, wie wir schon früher bemerkt[1]), jedes Verhalten, jede Eigenschaft, jede Beschaffenheit eines Gegenstandes als ein energisches Sein, als eine Art von Thätigkeit aufgefaßt wird, jedes Adjectiv sich gewissermaßen
als ein Participium betrachten läßt. Es versteht sich aber
von selbst, daß es außer dieser Art von adverbialer Nebenbestimmung des Thätigkeitsbegriffes, woraus sich die Accusativform der Adverbien erklären läßt, auch noch andere

---

[1]) S. oben S. 68.

geben kann oder geben mufs. Was sich von einer Seite
als Beschaffenheit der Thätigkeit selbst ansehen läfst, das
läfst sich von einer anderen Seite auch als ein bei ihrer
Ausübung wirksames, sie bedingendes und bestimmendes
Verhalten und Gehaben des thätigen Subjectes betrachten,
und demgemäfs durch eine zur Bezeichnung dieses Verhältnisses geeignete Adverbialform ausdrücken. Solche sind die
Dativ- und Ablativadverbien und die analogen Bildungen.
Sie drücken durch die Casusformen das Verhältnifs aus,
enthalten selbst aber den Begriff eines sich so oder so Verhaltens und Gehabens des Subjectes, und sind also ebenfalls, obgleich nicht ganz in gleicher Weise wie die Accusativadverbien, als eine Art von abstracten Substantiven
anzusehen. Wenn z. B. ταχὺ τρέχειν soviel ist als ταχὺν
τρόχον τρέχειν, so ist dagegen ταχέως τρέχειν soviel als
ταχύτητι (oder σὺν ταχύτητι) τρέχειν: jenes bezeichnet die
Beschaffenheit des Laufes, dieses bezeichnet das Verhalten
des Subjectes beim Laufen. Endlich die zu örtlichen und
zeitlichen Nebenbestimmungen der Thätigkeit dienenden
Adverbia sind ebenfalls in der Regel casuelle Formen von
Wörtern, welche den örtlichen oder zeitlichen Bereich, in
welchem die Thätigkeit stattfindet, benennen oder andeuten,
und haben daher nicht die Accusativform, sondern die des
Locativ oder des an dessen Stelle getretenen Ablativ oder
Dativ, im Griechischen auch bisweilen des Genitiv. Auch
sie sind, als Namen oder Bezeichnungen von Orten und
Zeiten, gleich Substantiven zu achten.

Aus dem Wesen des Adverbs ergiebt sich, dafs es
lediglich zur Nebenbestimmung eines attributiven Begriffes
dienen und sich also nur an Verba oder an Nomina attributiver Bedeutung anschliefsen, nie aber selbständig weder
als Benennung noch als Prädicat auftreten kann. Wenn
es nun doch öfters blos mit dem Verbum substantivum
zusammen das Prädicat bildet, so ist jenes Verbum in
solcher Verbindung nicht blos logische Copula, sondern es
drückt entweder als Verbum existentiae das Dasein, Vor-
handensein eines Subjectes aus, wie bei den Ortsadverbien,
Er ist hier, dort, ὁ ἀνὴρ οἴκοι ἐστίν, urbs procul est,
oder es wird das Sein selbst als eine Art von Thätigkeit,
als ein sich Verhalten des Subjectes gedacht, und deswegen
gleich anderen Verbis attributivis mit einer adverbialen

Nebenbestimmung versehen. Haase[1]) hat schon bemerkt,
wie im Munde des Volkes, namentlich in Norddeutschland,
auch ein Prädicatsnomen beim Verbum sein bisweilen im
Objectscasus ausgesprochen wird, wie Dein Freund ist
einen guten Mann, wo also das sein als ein thätiges
Verhalten aufgefaßt wird, welches das durch das Prädicatsnomen ausgesprochene verwirkliche oder darstelle; und
wenn eine Umschreibung durch das Verbum thun, ebenso
wie bei anderen Verbis, auch beim Verbum substantivum
möglich ist, er thut dort sein für er ist dort, so erscheint auch hier das jetzt in Rede stehende Sein als
das Ergebniß einer Thätigkeit des Subjectes. Demgemäß
wäre auch im Griechischen eine Zusammenstellung des
Verbums mit dem Verbalsubstantiv οὐσία, wenn auch nicht
gebräuchlich, doch logisch sehr wohl möglich, wie ὁ δεῖνα
ἔστι τοιαύτην τινὰ οὐσίαν, und wie wir oben die adverbial
gebrauchten Accusative gen. neutri der Adjectiva als bezüglich auf ein mitgedachtes Verbalsubstantiv erklärt haben,
so würde sich auch in Verbindungen wie ἐγὼ εἰμὶ τοῦτο
ἢ ἐκεῖνο, ego sum hoc vel illud, das Pronomen unter demselben Gesichtspunkte betrachten lassen[2]). Dieselbe Erklärung gilt denn auch für die Accusativadverbien nominaler Art, wenn sie mit dem Verbum substantivum verbunden werden, wie ἀκήν, ἀκέων, σῖγα, ἄτρεμα εἶναι: sie
beziehen sich auf die jedesmalige besondere Form des
Seins, die als Ergebniß des Verhaltens, also der Thätigkeit des Subjectes erscheint und deswegen im Objectscasus angegeben wird. Noch leichter erklären sich die
Dativ- und Ablativadverbien, wie καλῶς, ὀρθῶς, κακῶς,
ἡσυχῇ, bene, male, recte. commode in Verbindung mit dem
Verbum substantivum; um gar nicht von solchen Verbis
zu reden, welche, wie γενέσθαι, φῦναι und im Lateinischen die von fuo herkommenden Formen, den Thätigkeitsbegriff noch deutlicher erkennen lassen. Uebrigens ist die
Verbindung dieser Verba ebenso wie die des Verbum substantivum mit Adverbien doch nur selten, und die concrete

---

[1]) In d. Anmerk. zu Reisigs Vorles. S. 610.
[2]) Ich halte also in Verbindungen wie *nec tamen ille erat sapiens:
quis enim hoc fuit* (Cic. d. Fin. IV, 24) das *hoc* nicht für den Nominativ,
trotz des Nominativ sapiens, sondern für den Accusativ, so absurd das auch
Manchem vorkommen mag.

attributive Bedeutung der Worte, (wie stattfinden, geschehen, zu Stande kommen, sich verhalten, verfahren)
aus dem jedesmaligen Zusammenhange zu entnehmen[1]).

Es läfst sich nun aber auch eine Form des Adverbs
denken, wo es gänzlich flexionslos, ohne alle Bezeichnung
eines casuellen oder generischen oder numerischen Verhältnisses erscheint, dergleichen, wenn auch vielleicht nicht
in den beiden classischen Sprachen, doch in unserer Muttersprache sehr viele, und namentlich die nominalen Adverbia
sind, die den reinen Stamm des Wortes ohne charakte-
risirende Endungen darbieten, wie schön, gut, schnell
u. s. w. Da nun diese Formen nicht blos als Nebenbestimmungen im Anschlufs an ein Verbum gebraucht werden, z. B. der Morgenstern leuchtet schön, der
Wein schmeckt gut, das Pferd läuft schnell, sondern auch mit dem als Copula fungirenden Verbum substantivum den eigentlichen Prädicatsbegriff aussprechen,
wie der Morgenstern ist schön, der Wein ist gut,
das Pferd ist schnell, so liegt es sehr nahe, sie auch
in der letzteren Anwendungsart als Adverbia zu betrachten,
wie sie es in der ersteren unzweifelhaft sind. Diese Ansicht ist von achtungswürdigen und nichts weniger als ge-
dankenlosen Forschern, früher von Adelung, später von
G. Hermann und Thiersch[2]) gehegt worden, wofür sie denn
freilich von Anderen, und namentlich jüngst mit grofsem
Eifer, geschulmeistert worden sind. Man wirft ihnen vor
nicht gewufst zu haben, dafs jene Formen in der prädicativen Anwendung nichts anders als später entstandene Ab-
stumpfungen der vor Alters auch hier üblichen volleren
mit nominaler Endung versehenen Formen seien; und entstanden sind sie ohne Zweifel durch Abstumpfung der Endung. Aber es fragt sich doch, ob sie nun mit dem Verlust
ihrer nominalen Form nicht zugleich auch das Recht verloren haben, noch ferner als Nomina adjectiva zu gelten.
Sollte es denn logisch unmöglich sein, eine Wortgattung
in ihnen anzuerkennen, die weiter nichts als den ganz

---

[1]) Vgl. Lübker, grammat. Studien S. 64 ff. und andere von Haase zu
Reisig S. 394 angeführte: auch Krüger, gr. Gr. §. 62, 2 A. 3. 4.

[2]) Hermann de em. rat. gr. gr. p. 128. Thiersch, gr. Gr. S. 3 der
dritten Aufl. Auch Reisig würde nach dem, was er Vorles. S. 9 sagt, dieselbe Ansicht gebilligt haben.

abstracten Begriff einer Eigenschaft oder Beschaffenheit angebe, ohne weder einen substanziellen Träger derselben anzudeuten, noch auch sie selbst zu substantiviren, und die eben deswegen geeignet sei, nicht blos sich einem Attributivum als Nebenbestimmung anzuschliefsen, sondern auch durch das Verbum substantivum einem Subjecte als Prädicat beigelegt zu werden, womit ja doch in Wahrheit nichts anders ausgesagt wird, als dafs das Sein des Subjectes, welches ja immer auch durch die sogenannte Copula ist, war u. s. w. ausgesagt wird, ein so oder so modificirtes sei[1]). Und wenn dies logisch nicht unmöglich ist, warum soll denn diese Wortgattung durchaus Adjectivum und nicht lieber Adverbium genannt werden, mag sie auch immerhin früher Adjectivum gewesen sein, und sich von den Adverbien der beiden alten Sprachen durch den Mangel aller charakteristischen Form wesentlich unterscheiden?

Wir wenden uns nun zu den bisher aufser Betrachtung gelassenen Modalitätsadverbien, unter welchem Namen es erlaubt sein wird auch diejenigen zu befassen, die sich auf die in der Logik sogenannte Qualität der Aussage beziehen, also die Bejahungs- und Verneinungspartikeln. Von den Grammatikern wird eine Anzahl von Wörtern, welche die Modalität der Aussage bezeichnen, deswegen den Adverbien zugezählt, obgleich sie in der That einem anderen Redetheil angehören, wie z. B. die Imperative ἄγε, φέρε, ἴθι, die sie als ἐπιρρήματα παρακελεύσεως aufführen; andere sind eigentlich selbst Aussagen oder Sätze, wie scilicet, videlicet (für scire licet, videre licet), forsitan (für fors sit an), oder Abkürzungen von Sätzen mit ausgelassenem Verbum, wie nimirum (ni = non mirum est) und δηλαδή, wobei das Verbum substantivum, oder profecto (pro facto) wobei etwa dico hinzuzudenken ist. Andere, wie εἰ oder εἴθε, si (o si) utinam sind ursprünglich Pronominaladverbia der Art und Weise, also Adverbia qualitatis, und verdanken ihre Anwendung im Wunsche, weswegen sie als ἐπιρρήματα εὐχῆς σημαντικά aufgeführt werden, nur einer elliptischen Ausdrucksweise, indem ein ganzes Satzglied, an welches sie anknüpfen sollten, ausgelassen wird, worauf wir im folgenden Capitel zurück-

---

[1]) Vgl. auch Steinthal, Charakteristik u. s. w. S. 303.

kommen werden; der mit *utinam* ausgesprochene Wunsch aber ist eigentlich eine Frage, *utinam hoc fiat* = πῶς ἄν τοῦτο γένοιτο; Qualitätsadverbien sind auch die als ἐπιρρήματα εἰκασμοῦ aufgeführte *τάχα, ἴσως, fortasse*, die sich dann aber an das Verbum nicht in der Weise anschliefsen, dafs sie den attributiven Begriff desselben, oder den Thätigkeitsbegriff, näher bestimmen, sondern vielmehr so, dafs sie sich auf die im Verbum enthaltene Copula, d. h. die Verbindung des Prädicates mit dem Subjecte beziehen. Und ebenso verhält es sich mit dem zur Asseveration dienenden *sane* und den ebenfalls bisweilen den Adverbien zugezählten *pol, edepol, mehercle*, die übrigens gar nicht hierher gehören, sondern nur eingeschobene Anrufungen des Pollux (*e deus Pollux*) und des Hercules (*me hercle adiuva*)[1]), also eigentlich Schwurformeln sind.

Auch die Bejahungspartikeln, das griechische *ναί* und das deutsche j a sind keine eigentlichen Adverbia, sondern eher zu den Interjectionen zu stellen[2]). Sie unterscheiden sich von diesen nur dadurch, dafs sie nicht blos Empfindungslaute, Aeufserungen des erregten Gefühls sind, sondern Aeufserungen der Zuversichtlichkeit oder Aufforderungen an den Zuhörer, das Gesagte nicht zu überhören oder zu verschmähen. Auch schliefsen sie sich niemals in der Weise eines Adverbs an ein Verbum oder Adjectivum an, sondern stehen immer für sich allein, und wenn ein Verbum oder Adjectivum darauf folgt, so wird doch weder der attributive Begriff noch die Copula durch sie afficirt, sondern es wird blos das, was die Partikeln nur andeuteten, daneben noch ausdrücklich angegeben. Mit *ναί* ist offenbar das lateinische *nae* oder *ne* seinem Wesen nach eins, wenn auch von beschränkterer Anwendung, indem es nie, wie jenes, auch als Antwort auf eine Frage dient, und meistens, vielleicht immer, nur mit einem Pronomen zusammen auftritt. — Auffallend und der Beachtung werth ist die lautliche Aehnlichkeit der Verneinungspartikel *ne, νή* mit jener affirmirenden, mit der sie ursprünglich auch wohl eines Wesens war und nur später durch das Bedürfnifs zu dem

---

[1]) Andere wollen *me* als Vocativ für *mee* (statt *mi*) angesehen wissen.
[2]) Dafs j a in der älteren Sprache bisweilen blofses *o* auszudrücken scheine, bemerkt auch Grimm III S. 290.

entgegengesetzten gemacht worden ist. Sie schliefst sich
als Negation auch enger an das Verbum oder sonstige
Attributivum an, entweder um den in diesem enthaltenen
Begriff aufzuheben, wie *nequeo, nevolo (nolo), nescio, nefas,
nefandus, nefastus*, oder um die prädicative Verbindung
desselben mit dem Subjecte abzuwehren, so dafs sie mit
Recht den Adverbien zugezählt werden darf. Es findet
sich übrigens die mit *n* anlautende Negation in allen
Sprachen des indogermanischen Stammes, nur mit verschiedener Vocalisation *na, ne, ni:* auch im Griechischen
fehlt sie nicht, kommt aber hier nur noch in Compositis
vor, wie *νηλεής, νήγρετος, νηπενθής, νήποινος, νήκερως;*
aufserhalb der Composition wird die mit *μ* anlautende
Form *μή* gebraucht, wie auch im Sanskrit sich *má* findet,
doch hier, wenn ich recht unterrichtet bin, nur als pro-
hibitive Partikel, was übrigens auch das griechische *μή,*
ja überhaupt alle eigentlichen Negationen ursprünglich
sind: Abwehr einer Vorstellung. Aber neben der eigentlichen Negativpartikel findet sich nun im Griechischen noch
eine andere *οὐκ* oder *οὐ,* und im Lateinischen *hau* oder
haud. Das griechische *οὐκ* ist schon von älteren Sprach-
forschern[1] mit dem in den nordischen Sprachen vorkommenden *ecke, icke, egh, eigh, eighi, igh* zusammengestellt
worden, denen wir noch das niederdeutsche *ech*, das ober-
deutsche *iht* und *et* hinzufügen mögen, welche Formen alle
als Negationen verwandt werden. Buttmann[2] hat mit *οὐκ*
auch das lateinische *ec* zusammengestellt, welches sich
theils in Zusammensetzung mit dem Pronomen indefinitum
(*ecquis = num quis, ecquando = num quando* in fragenden
Sätzen), theils mit *ne* verbunden in Formeln wie *res nec
mancipi, tu dis nec recte dicis*, und in Compositis wie *ne-
copinus* oder, mit *g* für *c*, in *negligo, negotium* findet, und
sicherlich auch in *nego* anzuerkennen ist, dem aus *nec*
gebildeten Verbum der Verneinung[3]. Buttmanns Ansicht
hat zwar Widerspruch erfahren, dafs sie aber widerlegt
sei, kann ich nicht finden. Indessen mag man über das

---

[1] Von Ihre, Glossar. sviogoth. p. 390.
[2] In einem Excurs zur Midiana des Demosthenes S. 146.
[3] So urtheilt auch W. Weifsenborn, Lat. Gramm. S. 174. Die ältere
Sprache hatte auch *negumo*, nach Analogie des mit *aio* stammverwandten
autumo, worüber ich Opusc. ac. III p. 407 gesprochen habe.

lateinische *ec* denken wie man will, die Vergleichung des gr. *οὐκ* mit den angeführten germanischen Partikeln scheint durchaus gerechtfertigt, sowohl der Bedeutung als der Form nach. Denn sie entsprechen sich nicht blos im Auslaut auf einen Guttural, sondern auch in der bei beiden statt-findenden Anhängung des *i, οὐχί* und *οὐκί* wie *eighi*, und die Verschiedenheit der Vocalisation kann offenbar nicht als Beweis eines wesentlichen Unterschiedes angesehen werden. Die Bedeutung der germanischen Formen aber ist ohne allen Zweifel eigentlich die eines Unbestimmten und Unerkennbaren, eines Etwas, welches man weder nach Qualität noch nach Quantität zu bezeichnen im Stande ist, eines Irgendwas, von dem uns nichts bestimmt er-kennbares und unterscheidbares vorliegt. Das deutsche Etwas ist eben nichts anders als Ichtwat oder Ichtes wat, wie das Wort im Niederdeutschen lautet: das schlie-ßende *t*, welches auch in dem nicht componirten *icht, iht, et* erscheint, ist das pronominale, welches auch zu Sub-stantivbildungen verwandt wird: und *Icht* ist also eigent-lich eine unbestimmte und unbestimmbare Substanz[1]), wird aber, ebenso wie andere Substantivbildungen, auch zur adverbialen Nebenbestimmung verwendet. Es ist klar, daß ein Wort dieser Bedeutung an sich keine Negation enthält, sondern, um zu negiren, einer Verbindung mit dem ne-gativen *ne* bedarf, wie sie in nicht (niederd. auch nich) vorliegt, und daß, wenn es ohne *ne* als Negation gebraucht wird, dies ganz ebenso zu betrachten sei, als wenn im Französischen *rien* (*rem*) und *pas* (*passus*) für sich allein als Negationen auftreten. Auch das aus *ik einer* gewordene *keiner* ist nicht eigentlich und ursprünglich negativ, sondern

---

[1]) Mit labialem Anlaut auch *wicht, wiht*, was man wunderbar genug von *waian*, wehen, *spirare* abgeleitet, und für Geist, *flatus, aura* erklärt hat, woraus dann wohl gut die allgemeine Bedeutung der persönlichen Un-bestimmtheit, der Unperson und des Unwesens hervorgehen soll. Ich denke umgekehrt, es bedeutet nur ein weiter nicht zu benennendes Etwas, und daher auch ein Wesen, für das man keine Benennung hat oder das man nicht nennen mag, vorzugsweise also auch den bösen Geist, den Teufel. Auch den Griechen sind böse Dämonen, die sie nicht nennen mögen, *ἀνώ-νυμοι*. Und wie griechisch die Krankheit, die man vorzugsweise als Wir-kung eines bösen dämonischen Wesens ansah, *ἱερὰ νόσος* hieß, so haben möglicher Weise unsere Vorfahren, wenn sie das böse Wesen, Krämpfe u. dgl., Gichter nannten, etwas ähnliches dabei gedacht.

nur indefinitum, und erscheint in dieser Bedeutung bei den
Aelteren oft genug[1]): das eigentlich negative Pronomen ist
neiner, nener, wie es auch heutzutage noch in einigen
Volksmundarten gebräuchlich ist[2]). Die Verwendung eines
Wortes von nicht eigentlich negativer sondern indefiniter
Bedeutung zur Negation erklärt sich aber um so leichter,
je näher das Unbestimmte, Unerkennbare, Unbenennbare
dem gar nicht Vorhandenen steht. Brauchen die Sprachen
doch auch Ausdrücke, die eigentlich nur das Kleinste,
Geringste und deswegen nicht deutlich Wahrnehmbare bezeichnen, wie ἥκιστα, minime, ebenfalls als Negationen. Ist
nun die Gleichstellung des οὐκ mit jenen germanischen
Partikeln ecke, icke u. s. w. erlaubt, so sollte auch οὐκ
ebenso, wie das deutsche nicht (aus ne icht) und das lateinische non (nenu, noenu aus ne unum, Negation mit
dem auch als Indefinitum fungirenden Einheitspronomen)
eigentlich nicht ohne ein vorgesetztes μή auftreten, von
dem es sich aber, ebenso wie jene Partikeln in den germanischen Sprachen und Mundarten, emancipirt und die
negative Bedeutung für sich allein übernommen hat, so
daſs μὴ οὐκ nur noch in einigen besonderen Fällen üblich,
nirgends aber nothwendig ist, worüber, sowie über den
feinen Unterschied in der Anwendung von οὐκ und μή,
genauer zu reden hier nicht der Ort ist. Nur das mag
beiläufig bemerkt werden, daſs wir in μηκέτι ein ursprüngliches μὴ οὐκέτι zu erkennen, das κ also nicht für ein
blos euphonisches Einschiebsel zur Vermeidung des Hiatus
zu halten geneigt sind, wie Diejenigen meinen, denen auch
in οὐκ das schlieſsende κ nur ein Zusatz, die ursprüngliche Form aber οὐ gewesen zu sein scheint, die wir vielmehr für eine verstümmelte halten, und deswegen auch
der Ableitung aus dem Skr. ava = ab, von-weg, keinen
Glauben zu schenken vermögen[3]). Wohl aber dürfte sich

---

[1]) Zwei Beispiele wenigstens will ich hersetzen, aus Boner, Fab. 43:
Wen unser keine zuo im lief, darvm er nie gerürte sich (d. h. Wenn
irgend eine von uns zu ihm lief, rührte er sich darum niemals.) und aus
Heinrich dem Teichner: *Haet einer ein phenwert guots entzogen oder an
keiner stat betrogen* (d. h. Hätte Einer um eines Pfennigs Werth Gutes
entzogen oder in irgend einer Art betrogen).
[2]) Z. B. im Braunschweigischen nach Firmenich, I S. 180: *De het
nein Hart im Live* und *dat gefel ör in nener wise.*
[3]) Für diese Ableitung stimmen Bopp, vgl. Gr. II, 194. Pott, Zähl-

das lateinische *hau* aus Vergleichung mit diesem *ava* erklären lassen: denn das von-weg erscheint allerdings
ganz geeignet, um die Verneinung, die ἀπόφασις auszudrücken, die ja eben auch ein ab-sagen, oder, um es
mit Aristoteles' Worten anzugeben, eine ἀπόφανσίς τινος
ἀπό τινος ist. Den schliefsenden Consonant in *haud* oder
haut könnte man für ein demonstratives Suffix halten, zur
Hindeutung auf das jedesmal Vorliegende: weg da oder
weg das.

Werfen wir jetzt noch einen Blick auf die Lehre vom
Adverbium bei den Alten. Bei Aristoteles finden wir weder
den Namen ἐπίρρημα, der ohne Zweifel erst später erfunden ist, noch sonstige auf diese Wortgattung bezügliche
Angaben, mit der einzigen Ausnahme, dafs in einer Stelle
der Topika (VI, 10) Formen, wie ὠφελίμως, ποιητικῶς als
πτώσεις ὀνομάτων bezeichnet werden, was sie ja in der
That auch sind. Wir dürfen also nicht zweifeln, dafs Aristoteles alle Qualitäts- und Quantitätsadverbia, und ebenso
denn auch die Adverbien des Ortes und der Zeit zur
Classe des ὄνομα gerechnet habe, wie es auch seine Aus-
leger annehmen[1]). Von der Negativpartikel ist zwar öfters
bei Aristoteles die Rede, doch immer nur im logischen
Interesse. Dafs er sie so wenig zum ῥῆμα als zum σύνδεσμος rechnen konnte, ist klar; wenn er sie nicht als
eine ganz besondere Wortart betrachtete, so konnte er sie
nur unter das ὄνομα stellen, dessen Definition sowohl sie
als die anderen Adverbien zu umfassen geeignet ist.

Von den Stoikern haben wir, aufser der allgemeinen
Angabe, dafs sie das ἐπίρρημα zum ῥῆμα gerechnet, ein
sehr beachtenswerthes Zeugnifs des Priscian, II, 4, 16: *adverbia nominibus vel verbis connumerabant, et quasi adiectiva verborum ea nominabant*, woraus wir entnehmen
können, entweder dafs sie einige der von den Grammatikern den Adverbien zugezählten Wörter zu den Nominibus,

---

methode S. 136. Benfey Wurzellex. I S. 275. Es ist also zu erwarten,
dafs die Meisten sie als unbestreitbar ansehen und an meinem Zweifel ein
Aergernifs nehmen werden.
    [1]) Ammon. ad Ar. de interpr. p. 99 a 25: τῷ ἀπὸ τῆς Ἀφροδισιάδος
ἐξηγητῇ (d. h. dem Alexander von Aphr.) δοκεῖ καὶ τὰ ἐπιρρήματα ὀνόματα εἶναι, καθάπερ καὶ τὰς ἀντωνυμίας. Vgl. Boeth. introd. ad syllog.
p. 560 ed. Bas.

andere dagegen zu den Verbis gerechnet, oder auch, daſs
sie ein und dasselbe Wort, je nach der Art, wie es im
Satze zur Anwendung kam, bald als ὄνομα, bald als ῥῆμα
betrachtet haben, wie ja auch bei den Grammatikern oft
genug ein und dasselbe Wort, je nach seiner in der jedesmaligen Verbindung modificirten Bedeutung diesem oder
jenem Redetheile zugezählt wird[1]). Denn daſs die stoische
Schule keine aparte Abtheilung für die Adverbien gemacht
habe, wie es die Grammatiker thaten, ist ja gewiſs, wenn
auch, wie wir unten sehen werden, später Einige sich von
der Schultradition entfernten. Zum ῥῆμα aber konnte die
Schule das Adverbium deswegen rechnen, weil sie den
Begriff des ῥῆμα anders definirte als Aristoteles. Es war
ihr nicht, wie diesem, das Zeitwort, sondern das Prädicatswort überhaupt, ohne Rücksicht darauf, ob es für sich
allein zur Verbindung eines attributiven Begriffes mit dem
Subject genügte, oder sich nur als nähere Bestimmung eines
solchen Begriffes an ein anderes Prädicatswort anschloſs,
also nur mitprädicirend, als συγκατηγόρημα oder προσκατηγόρημα, auftrat; und weil ihr nun ῥῆμα und κατηγόρημα
dasselbe bedeutete, so konnte sie immerhin ein solches
συγκατηγόρημα oder προσκατηγόρημα auch ἐπίρρημα nennen. Die beiden uns überlieferten[2]) stoischen Definitionen
des ῥῆμα lauten: ῥῆμά ἐστι μέρος λόγου σημαῖνον ἀσύν-
θετον κατηγόρημα, und die andere: ῥῆμά ἐστι στοιχεῖον
λόγου ἄπτωτον σημαῖνόν τι συντακτὸν περί τινος ἢ τινῶν,
wo das συντακτόν sicherlich nichts anderes besagen soll,
als die Fähigkeit der syntaktischen Verbindung, wodurch
der in dem Worte enthaltene Begriff als Attribut einem
Subjecte zugesprochen wird: daſs aber beide Definitionen
das Adverbium nicht ausschlieſsen, ist klar: die Zeitan-
deutung, die Aristoteles als wesentliches Merkmal in die
Definition des ῥῆμα aufnahm, ist absichtlich weggelassen,

---

[1]) Vgl. Apollon. de constr. I, 19 p. 48, 6, wo er seinen Grundsatz
hierüber ausspricht: τὰ ἐκτὸς γινόμενα τῆς ἰδίας ἐννοίας, κἂν πάνυ τῆς
δεούσης ἀκολουθίας ἔχηται κατὰ φωνήν, οὐκ εἰς τὸν αὐτὸν μερισμὸν
καταλήψεται. II, 8 p. 109, 17: οὐ γὰρ μᾶλλον αἱ φωναὶ ἐπικρατοῦσι
κατὰ τοὺς μερισμούς, ὡς [= ἢ] τὰ ἐξ αὐτῶν σημαινόμενα. De pron.
p. 85 A: οὐ γὰρ φωναῖς μεμέρισται τὰ τοῦ λόγου μέρη, σημαινομένοις
δέ. Vgl. Egger, Apollon. p. 52 f.
[2]) Bei Diog. Laert. VII, 58.

weil eben die Definition nicht blos das Zeitwort umfassen
sollte. Man könnte nun gegen jene Definitionen einwenden,
dafs sie auch das Adjectiv, insofern es als Prädicat auftrete, nicht ausschliefsen, und dafs also, wenn in einem
Satze wie ταῦτα πάλαι ἐγένετο das Adverb πάλαι als
Theil des Prädicates ein ῥῆμα sei, dann auch παλαιά in
einem Satze wie ταῦτα παλαιά ἐστιν ein ῥῆμα heifsen
müsse, ja dafs selbst einem sogenannten Substantiv, z. B.
ἀσκός in einem Satze wie (bei Aristoph.) ἀσκὸς ἐγένεϑ᾽ ἡ
κόρη, diese Benennung zukommen würde. Ob den Stoikern
ein solcher Einwand gemacht worden sei, wissen wir nicht;
sie hätten aber, wenn er ihnen gemacht wäre, etwa so
darauf antworten können: die Definition einer Wortgattung
habe nur die den Wörtern speziell eigenthümlichen und
sie von allen anderen unterscheidenden Functionen zu
berücksichtigen; den Adjectiven und Substantiven aber
komme jene Function, als Prädicatswörter aufzutreten,
nicht als ihre eigenthümliche und sie von allen anderen
unterscheidende, sondern nur accidentell zu: sie seien
nicht, wie die Zeitwörter und die Adverbien, ihrer Natur
nach ausschliefslich und allein nur als Prädicatswörter zu
fungiren bestimmt, sondern sie dienen zur Benennung von
Dingen nach ihren Eigenschaften und Beschaffenheiten,
weswegen sie auch selbst als Subjecte einer Aussage auftreten, und wenn sie sich in gewissen Verbindungen mit
anderen Wörtern zur Prädicatsangabe verwenden liefsen,
so seien sie deswegen doch nicht der ausschliefslich nur
hierzu dienenden Wortclasse, dem ῥῆμα, zuzuzählen,
sondern hörten nicht auf ὀνόματα zu sein, wogegen ein
Wort wie πάλαι, immer nur in einer prädicativen Function
auftreten könne, und deswegen dem ῥῆμα zugezählt werden müsse. — Es wird berichtet, dafs die Adjectiva von
Einigen auch κατηγορικά genannt worden seien[1]): vermuthlich von den Stoikern zur Bezeichnung dieser ihrer acciden-
tellen, nicht ausschliefslichen und alleinigen Function, als
Prädicatswörter (κατηγορήματα), sei es mittels einer Copula von einem Subjecte ausgesagt, sei es in appositioneller
Nebenstellung ihm beigelegt zu werden: denn κατηγορεῖν,
κατηγόρημα bezeichnet sowohl das eine als das andere.

---

[1]) Schol. Dionys. p. 864, 25.

Gegen den zweiten Theil der Angabe Priscians, dafs nämlich von den Stoikern die Adverbia zum Theil wenigstens auch zum Nomen gerechnet seien, sind Bedenken erhoben worden[1]), die mir nur auf Verkennung des wahren Sachverhältnisses zu beruhen scheinen. Wenn Priscian Adverbia nennt, so meint er damit offenbar alle diejenigen Wörter, die von den Grammatikern, denen er folgt, zu dieser Wortclasse gezählt wurden; und dafs unter diesen sehr viele sind, die sich nicht blos als abgeleitet von Nominibus, sondern geradezu als Nomina im Accusativ oder Dativ oder Alativ darstellen, wie ἐτώσιον, ἄψορρον, ἀτρεκές, μακρά, ταχύ, ὠκύ, σιγῇ, σιωπῇ, σπουδῇ, ἰδίᾳ oder lat. nimium, primum, recens, forte, cito, sero, sponte, continuo u. dgl., springt ja in die Augen und konnte auch den Stoikern unmöglich entgehen[2]). Aber auch die anderen abgeleiteten Nominal- und Pronominaladverbien, in welchen die Casusformen nicht so erkennbar sind, z. B. die Adv. auf ως, als Nomina anzuerkennen, mufste ihnen ebenso nahe liegen, als dem Aristoteles[3]), und wenn sie alle dergleichen Adverbia als ἐπίθετα ῥημάτων bezeichneten, so drückten sie damit ganz treffend aus, dafs sie sich an die Verba in ähnlicher Weise anschliefsen, wie die Adjectiva an andere Nomina. Abgesondert vom ὄνομα aber und der Classe des ῥῆμα zugeordnet werden sie theils die von den Grammatikern zum ἐπίρρημα gezählten Imperative wie ἄγε, ἴθι, φέρε, aufser diesen aber auch wohl noch viele andere haben, deren nominale Natur und Herkunft nicht klar ist oder ihnen wenigstens nicht klar war.

Von einem späteren Stoiker, dem Antipater aus Tarsos, einem Schüler des Babyloniers Diogenes[3]), hören wir, dafs er das Adverbium weder zum ὄνομα noch zum ῥῆμα gerechnet, sondern es als eine eigene, zwischen beiden in

---

[1]) Schmidt, Beitr. S. 498.

[2]) Apollonius nennt dergleichen bisweilen πτωτικὰ σύνταξιν ἐπὶ ῥηματικήν ἀναδεξάμενα, aber, sagt er, ἐκαλεῖτο οὐκέτι πτωτικὰ ἀλλ' ἐπιρρήματα. De Adv. p. 529, 22. Vgl. 530, 18.

[3]) Wie sehr nahe dies liegen mufste, zeigen Stellen wie Plat. Protag. p. 332 B: Οὐκοῦν εἴ τι ἰσχύι πράττεται, ἰσχυρῶς πράττεται, καὶ εἴ τι ἀσθενείᾳ, ἀσθενῶς. und so viele andere, wo geradezu das Adverb. mit einem Dativ des Nomen vertauscht werden kann.

[4]) Ueber ihn vgl. G. Weigand, de Antipatro Sidon. et Thessal. (Vratisl. 1840) p. 19 sq. und Chr. Petersen. philos. Chrysipp. fund. p. 227.

der Mitte stehende Wortclasse betrachtet habe, die er deswegen μεσότης nannte[1]). Der Name fand auch bei Andern
Beifall[2]), ward aber von den späteren Grammatikern, z. B.
von den Bearbeitern und Erklärern des Dionysius und
anderen der byzantinischen Schule nicht richtig verstanden,
und statt auf das Wesen nur auf die Form bezogen. Sie
verstanden darunter nämlich die Adverbia auf ως, und
bildeten sich ein, diese hiefsen ἐπιρρήματα μεσότητος deswegen, weil sie von Pluralgenitiven auf ων herkämen,
welche beiden Geschlechtern gemeinsam zukämen also geschlechtlich indifferent wären[3]): als ob Mittelzustand oder
Mittelwesen und Indifferenz auf Eins herausliefen. Dafs
die älteren und gelehrteren Grammatiker der alexandrinischen Schule diesen Irrthum nicht getheilt haben, ergiebt
sich aus manchen aus ihnen geflossenen Bemerkungen,
welche zeigen, dafs sie Adverbia der verschiedensten Endungen als ἐπιρρήματα μεσότητος bezeichnet haben. Sie
gaben, soviel sich aus den erhaltenen Beispielen erkennen
läfst[4]), diesen Namen allen Adverbien des Ortes, der Zeit,
der Qualität und der Quantität, aber gewifs auch nur

---

[1]) Diog. L. VII, 57.

[2]) Vgl. Simplic. ad Aristot. Categ. p. 43 a 34: Πτώσεις γάρ τῶν ὀνομάτων οἱ παλαιοὶ ἐκάλουν οὐ μόνον τὰς πέντε ταύτας τὰς νῦν λεγομένας,
ἀλλὰ καὶ τὰς παρακειμένας ἐγκλίσεις, — — ὅθεν καὶ τὰς νῦν καλου-
μένας μεσότητας πτώσεις ἐκάλουν κτλ.

[3]) Schol. Dionys. p. 939, 18: μεσότητος ἐπιρρήματά ἐστιν ὅσα ἀπὸ
γενικῶν ὀνομάτων εἰς ως γεγόνασι· καὶ εἴρηνται μεσότητος παρ' ὅσον
εἰσὶ μέσα ἀρσενικῶν καὶ θηλυκῶν ὀνομάτων. Vgl. ib. v. 31. p. 940, 14.
941, 8. Dieselbe Ansicht tragen auch das Etym. M. p. 78, 24. 172, 42.
581, 9. 785, 20 u. Etym. Gud. p. 94, 50. 545, 50 vor, obgleich sie anderswo
aus besseren Quellen schöpfend das Richtige haben, wie es auch Orus ge-
lehrt hatte, nach Etym. M. p. 581, 9: ἀπὸ τοῦ μεταξὺ εἶναι ὀνόματος καὶ
ῥήματος. Denn dafs so zu lesen sei, für ὀνόματα καὶ ῥήματα, springt in
die Augen und ist schon von Sylburg und von Ritschl, de Oro et Orione
p. 68, bemerkt worden. Was aber der Etymol. gleich hinterher dazu setzt,
beruht wieder auf dem herkömmlichen Irrthum. Vgl. m. Abhandl. Animadv.
ad vett. gr. plac. de adv. Gryph. 1860. p. 10.

[4]) Ich führe folgende an: αἴγδην, συναίγδην, ἀκέων, ἀκήν, ἅλις,
ἀμφότερον, ἀπριάτην, ἀτρεκές, αὐτίκα, ἄφαρ, ἄψορρον, ἐπιδέξια, ἐπιμίξ,
δάξ, ἀλλάξ, ἑτώσιον, εὖ, ἰχῇ, ἦκα, μόλις, μακρά, ὄχα u. ἔξοχα, παγγενῆ
od. παγγενεῖ, παννύχι u. παννύχιον, σάφα, σιγῇ, σιωπῇ, σπουδῇ, συλ-
λήβδην, τριχθά, ὑπέρμορα, ὑπόδρα, ὕστατα, ὦκα u. ὠκύ, ποσσῆμαρ, ἐν-
νῆμαρ, worüber man die Belege in den beiden Etymologiken unter den
angef. W. und bei schol. A. zu Il. IV, 22. XIV, 418. XXIV, 657 u. Cramer,
Anecd. Paris. III p. 369 finden kann.

diesen, niemals den übrigen von der Schule ebenfalls zu
den Adverbien gezählten, in Wahrheit aber gar nicht dahin
gehörenden Wörtern, wie den Imperativen ἄγε, ἴϑι, φέρε
oder den Empfindungswörtern, wie φεῦ, παπαί und ähnlichen. Und diese hat denn ohne Zweifel auch Antipater
nicht zur Classe der μεσότης gezählt; wahrscheinlich auch
diejenigen nicht, die sich deutlich und unverkennbar nur
als Casus von Nominibus darstellen, wie σιγῇ, σιωπῇ,
σπουδῇ, obgleich von Grammatikern auch dergleichen als
ἐπιρρήματα μεσότητος bezeichnet werden. — Wenn nun
aber Antipater seine μεσότης als Mittelgattung zwischen
ὄνομα und ῥῆμα aufstellte, also sie nicht blos von jenem
sondern auch von diesem trennte, so müssen wir schliefsen,
dafs er auch den Begriff des ῥῆμα anders als die Stoiker
vor ihm definirt habe: denn sonst hätte er keinen Grund
gehabt, wenigstens die nicht zum ὄνομα zu rechnenden
Adverbia, die ja immer doch zur Prädicatsbezeichnung
dienen, von dem ῥῆμα, dem Prädicatsworte, zu trennen.
Es ist also anzunehmen, dafs er sich in der Definition
des ῥῆμα an den Aristoteles oder an die Grammatiker angeschlossen habe, über die wir im zweiten Capitel gesprochen haben.

Andere spätere Stoiker scheinen sich noch weiter als
Antipater von der Lehre der älteren Schulhäupter entfernt
zu haben, indem sie nicht nur das Adverbium ebenfalls
vom ῥῆμα trennten, sondern alle diejenigen Wörter darunter begriffen, die von den Grammatikern darunter begriffen zu werden pflegten, wozu denn nicht blos dergleichen Imperative, wie ἄγε, φέρε, ἴϑι, sondern auch die
Interjectionen gehören würden. Mit Gewifsheit läfst sich
dies freilich nicht behaupten, da die einzige Stelle, auf
die wir uns berufen können, bei dem Grammatiker Charisius, ihrer Verderbnifs und Verstümmelung wegen keine
sichere Deutung zuläfst[1]). Was wir sicher wissen ist nur

---

[1]) Charisius II p. 171 P. (190 K.) führt an, wie Julius Romanus es
getadelt habe, dafs man auch die Interjectionen zu den Adverbien rechnete:
dann heifst es (bei P.) *quorum si quis defensionem incat tamen, quod id-
circo* πανδίκης *ea pars orationis habeatur, eodem illo summoveri se
posse respiciat unde confidit. Nam cum* πανδίκης *iure dicatur, cur
non alliget consortium sui? Iam quoque interiectionis expertem vocavit
secretius nisi quod rideri metuerunt* — — Keil hat Einiges geändert, aber
ohne dafs die Stelle dadurch verständlicher geworden wäre.

dies, dafs dieser ganzen Wortclasse von jenen Stoikern der Name πανδέκτης sc. μερισμός (die allumfassende Classe) beigelegt worden, weil sie, wie der Berichterstatter sagt, *omnia in se capiat quasi collata per saturam, concessa sibi rerum varia potestate*[1]), d. h. es gebe keine Art von Begriffen, für die sich nicht auch ein Ausdruck unter den Adverbien finde, wenn nämlich die Nebenbezeichnungen der Beziehungen, welche die anderen Redetheile angeben, wegbleiben oder geändert werden[2]).

Was den Namen ἐπίρρημα betrifft, so vermögen wir nicht anzugeben, seit wann und durch wen er in Gebrauch gekommen sei. Er scheint mindestens ebenso alt zu sein, als die Lehre von den acht Redetheilen, deren einer das ἐπίρρημα ist, und von dem wir nicht hören, dafs er bei den Grammatikern jemals einen anderen Namen geführt habe: wie alt aber diese Lehre sei, ist freilich auch nicht mit Bestimmtheit anzugeben, worüber ich auf das oben im ersten Capitel Gesagte verweise. Haben die Grammatiker den Namen erfunden, wie es doch wohl wahrscheinlich ist, so haben sie ohne allen Zweifel damit ausdrücken wollen, dafs das so benannte Wort zum ῥῆμα, worunter sie nur das Zeitwort verstanden, als ein nebenbestimmendes hinzutrete, gleichsam eine Zugabe zum ῥῆμα sei. In diesem Sinne ist denn der Name auch ganz tadellos gebildet, und die Lateinischen Grammatiker, die ihn so verstanden und durch *Adverbium* nachbildeten, verdienen deswegen nicht als Ignoranten gescholten zu werden[3]). Diese

---

[1]) Id. p. 175 (194).

[2]) Das meint auch der Ausspruch bei Serg. in Donat. p. 1852 *P*: *Omnis pars orationis, cum desierit esse quod est, nihil aliud est nisi adverbium*, obgleich in der folgenden Erörterung dieses Satzes viel Verkehrtes mitunterläuft. Vgl. auch Etym. M. p. 78, 52: ἐκ ποίων μερῶν τοῦ λόγου γίνονται τὰ ἐπιρρήματα; ἐκ πάντων. was dann mit Beispielen belegt wird.

[3]) Wie es von Schmidt, Beitr. S. 486 ff. geschehen ist. — Wegen des griechischen Namens will ich an ähnliche Composita erinnern, wo das ἐπί eine Zugabe bedeutet, wie ἐπίμετρον, ἐπίδειπνον, ἐπιδορπίς, ἐπίβοιον. Möglich freilich wäre es auch, ἐπίρρημα als ein Decompositum zu nehmen und es als eine Art von ῥῆμα zu deuten, zu diesem sich verhaltend wie ἐπιπεῖν zu εἰπεῖν, und wenn die Stoiker, wie Hr. S. vielleicht meinte, den Namen erfunden hätten, so würde diese Deutung den Vorzug verdienen, weil den Stoikern das Adverb wirklich als eine Art von ῥῆμα galt, wie wir oben auseinandergesetzt und erklärt haben. Aber dafs die Stoiker den Namen erfunden haben, ist durch Nichts zu beweisen oder auch nur wahrscheinlich zu machen.

so gefafste Bedeutung von ἐπίρρημα macht es denn auch
erklärlich, dafs mitunter selbst das flectirte und mit einem
Substantiv congruirend auftretende Adjectivum, wenn es
sich dem Sinne nach (z. B. in der sogenannten prolepti-
schen Anwendung) zumeist an das Prädicatsverbum anschliefst, als ἐπίρρημα bezeichnet wird, wie z. B. über τότε
μοι χάνοι εὐρεῖα χϑών, wo εὐρεῖα nicht als charakteri-
sirende Merkmalsangabe der Erde, sondern als Bezeichnung
der Wirkung des χαίνειν genommen wird, (also nicht: die
weite Erde — sondern die Erde möge sich weit öffnen),
ein alter Erklärer sagt, εὐρεῖα sei hier ein ἐπίρρημα[1]).
Ja sogar das Verbum ἐστί, wenn es blos als logische Copula gilt und also lediglich zur Verknüpfung des eigentlichen Prädicatbegriffes mit dem Subjecte dient, — in welchem Falle es oft auch ganz ausgelassen werden kann, —
heifst beim Galenus, nicht dem berühmten, sondern dem
unbekannten Verfasser einer jüngst von M. Mynas bekannt
gemachten Εἰσαγωγὴ διαλεκτική, ein ἐπίρρημα[2]).

In seiner speziellen Bedeutung, als ein vom ὄνομα
und ῥῆμα verschiedener Redetheil, wird das ἐπίρρημα in
dem Büchlein des Dionysius so definirt: ἐπίρρημά ἐστι
μέρος λόγου ἄκλιτον κατὰ ῥήματος λεγόμενον ἢ ἐπιλεγόμενον ῥήματι, und es ist gegen diese Definition weiter
nichts auszusetzen, als dafs sie das Adverb allzueng nur
auf die Beziehung zum ῥῆμα beschränkt, weil unter diesem
Namen von den Grammatikern nur das Verbum verstanden
wird, das Adverbium aber sich nicht blos auf dieses, sondern auch auf das von Dionysius selbst nicht zum ῥῆμα
gerechnete Participium, und auf Nomina, sofern sie einen
attributiven Begriff haben, und selbst auf andere Adverbia
beziehen kann. Zu billigen dagegen ist die Andeutung
einer zwiefachen Art des Verhältnisses des Adverbium zum
Verbum: κατὰ ῥήματος λεγόμενον ἢ ἐπιλεγόμενον ῥήματι:
denn sie deutet darauf, dafs es sich bald auf den Thätigkeitsbegriff des Verbum selbst beziehe und eine nähere
Bestimmung desselben angebe, bald aber auch nur als eine

---

[1]) Schol. Il. IV, 182. Vgl. Cramer, Anecd. Paris. III p. 324.
[2]) Galenus sagt p. 7, in einem Satze wie »Δίων ἄνθρωπός ἐστιν«
ὑποκεῖσθαι μὲν ἐροῦμεν τὸν Δίωνα, κατηγορεῖσθαι δὲ τὸν ἄνθρωπον,
ἔξωθεν δὲ προσκατηγορεῖσθαι ἐπίρρημα τὴν κοινωνίαν τῶν ὅρων ἐν-
δεικνύμενον.

Art von Zugabe an das Verbum anschliefse. Jenes ist der
Fall bei denen, die die Handlung, sei es örtlich oder zeit-
lich oder qualitativ oder quantitativ, näher bestimmen, das
andere bei den von den Grammatikern ja ebenfalls zum
Adverb gerechneten Interjectionen, sowie bei denen, die
sie als ἐπιρρήματα παρακελεύσεως aufführen. Die Modalitätsadverbien gestatten eine zwiefache Ansicht. Insofern
sie sich auf die Copula beziehen, die im Verbum angedeutet
ist und auch durch die Form des Verbum selbst auf gewisse Weise modificirt wird, kann man sagen, was sich
auf sie beziehe, beziehe sich eben deswegen auf das Verbum: insofern aber die Copula doch etwas von dem eigentlichen Verbalbegriff, dem Thätigkeitsbegriff, Verschiedenes
ist, was sich auch trennen läfst ohne dafs jener geändert
wird, kann man sagen, die Modalitätsadverbia seien ebenso
wie die Copula nur eine Zugabe zum Verbum. Wenn z. B.
ἀνάσσει mit einem Adverb wie κακῶς verbunden wird, so
bezieht sich dies auf die Qualität der ausgesagten Thätigkeit selbst, die sich auch in Form eines Nomen durch
ἄναξ ausdrücken liefse, nicht auf die Copula, die durch
ἐστί zu ersetzen wäre; wenn aber ἀνάσσοις = ἄναξ εἴης
mit εἴθε, was ja den Grammatikern zufolge auch ein ἐπίρρημα ist, verbunden wird, so ist klar, dafs sich dies nicht
auf den Begriff ἄναξ, sondern nur auf εἴης beziehe, und
auch so vielmehr für eine freilich verdeutlichende aber
doch nicht wesentliche Zugabe des schon durch die Modal-
form angedeuteten Sinnes gelten könne. Denn es würde
ἀνάσσοις oder ἄναξ εἴης auch ohne εἴθε als Wunsch verstanden werden können, wogegen, wenn es darauf ankommt,
das Herrschen selbst näher zu bestimmen, ein Adverbium
unerläfslich ist. — Die Verneinungspartikeln können sich
bald auf die Copula, bald auf den eigentlichen Verbalbegriff beziehen: jenes, wenn das Prädicat dem Subjecte abgesprochen, dieses, wenn der Begriff des Prädicates auf-
gehoben wird.

Der Urheber jener Definition, mag es nun der alte
Dionysius oder ein Anderer sein, hat also sehr wohlgethan,
dem κατὰ ῥήματος λεγόμενον noch jenes ἢ ἐπὶ ῥήματι λεγόμενον hinzuzusetzen, und Apollonius, der eine andere
Definition aufstellt[1]), hat die Sache nicht besser, sondern

---

[1]) De adverb. p. 529, 6.

schlechter gemacht. Er sagt: ἔστιν ἐπίρρημα λέξις ἄκλιτος κατηγοροῦσα τῶν ἐν τοῖς ῥήμασιν ἐγκλίσεων καθόλου ἢ μερικῶς, ὧν ἄνευ οὐ κατακλείσει διάνοιαν[1]). Die ἐγκλίσεις sind die Modi des Verbum, und κατηγορεῖν τῶν ἐγκλίσεων kann nur bedeuten: etwas über die Modi aussagen, würde also nur auf diejenigen Adverbia wirklich passen, die die Modi als solche, d. h. als Ausdruck der Modalität der Aussage betreffen. Der Zusatz καθόλου ἢ μερικῶς bessert den Fehler nicht. Er soll offenbar bedeuten, daſs nicht alle Adverbia mit allen Modis verbunden werden, wie es auch Apollonius selbst nachher auseinandersetzt; aber es ist dagegen zu erinnern, daſs diejenigen Adverbia, die wirklich mit allen Modis verbunden werden können, dies eben deswegen können, weil sie die Modi als solche gar nichts angehen, sondern lediglich den eigentlichen Verbalbegriff

---

[1]) Auch der gründliche und verständige Skrzezka, Ueb. die Lehre des Ap. von den Redetheilen, (Progr. des Kneiphöf. Gymn. zu Königsberg. 1853.) S. 4 nimmt an jener Definition Anstofs, der schwerlich durch die Annahme beseitigt werden kann, daſs Ap. hier unter ἔγκλισις nicht den Modus, sondern ganz allgemein die flectirte Form des Verbum verstanden habe. Denn immer bliebe doch κατηγορεῖν τῶν ἐγκλ. ein unpassender Ausdruck, da es ja nicht die Form, sondern der Begriff ist, über den das Adverb etwas aussagt. Jedenfalls wäre ἐπιλέγεσθαι ein besserer Ausdruck gewesen als κατηγορεῖν. Ganz verkehrt aber ist, was Schmidt, Beitr. S. 493 ff. vorbringt, indem er nicht nur den Anstofs wegen der ἐγκλίσεις nicht beseitigt, sondern dem Apollonius überdies noch einen ihm durchaus fremden Gedanken unterschiebt, daſs das Adverbium ein Aussagewort wie das ῥῆμα, ja, wie Hr. S. sagt, geradezu ein ῥῆμα sei. Warum trennte es denn Ap. doch von ῥῆμα und betrachtete es als einen aparten Redetheil? Und wie ist es möglich ihm zuzutrauen, er habe in Wörtern wie ποῦ, πότε, δίς, τρίς, εἴθε, μάλα eine Aussage, ein ῥῆμα gefunden? Der Irrthum des Hrn. S. beruht lediglich auf der unrichtigen Meinung, daſs auch nach dem Sprachgebrauch der Grammatiker ebenso wie nach dem der Stoiker κατηγόρημα und ῥῆμα gleichbedeutend seien. Aber daſs κατηγορεῖν bei den Grammatikern von jeder Angabe über Etwas gebraucht werde, mag sie in Form einer Aussage, also als ῥῆμα, oder in Form einer Apposition auftreten, sollte man doch wissen. Wenn der von S. angeführte Scholiast zu Dionys. p. 932, 15 sagt: ὅπερ ἐστὶ τὸ ἐπίθετον ὄνομα ἐν τοῖς ὀνόμασι — τοῦτο καὶ τὸ ἐπίρρημα ἐν τοῖς ῥήμασιν, so ist dies ἐν τοῖς ῥήμασιν offenbar ungenau, oder vielmehr im Sinn der Stoiker als in dem der Grammatiker gesprochen, denen ja ausdrücklich das ἐπίρρημα nicht ἐν τοῖς ῥήμασιν, unter den Verben, sondern ein vom ῥῆμα verschiedener Redetheil war. Richtiger im Sinne der Grammatiker spricht ein anderes Scholion p. 933, 21: ἐπίκειται γὰρ ἀεὶ τῷ ῥήματι· ἄνευ γὰρ ῥήματος οὐ κατακλείει διάνοιαν. Eben weil es dies nicht thut, ist es den Grammatikern auch kein ῥῆμα, sowenig dem Apollonius als Anderen.

betreffen, der immer derselbe bleibt, der Modus mag sein welcher er wolle. In dem Schlufssatz der Definition bedeutet κατακλείειν διάνοιαν wohl nicht dasselbe wie κατακλείειν λόγον: denn dann wäre er wenigstens sehr überflüssig, da sich dies von jeder Wortgattung, aufser dem Verbum, von selbst versteht: er scheint sagen zu wollen, dafs das Adverbium für sich allein keinen abgeschlossenen Sinn habe, sondern sich immer an ein Verbum anschliefsen müsse, um richtig verstanden zu werden. Dann ist aber doch die Beschränkung auf das Verbum zu tadeln, ebenso wie in der Definition des Dionysius: und dafs diese Beschränkung unrichtig sei, erkennt auch Apollonius selbst bald nachher (p. 530, 25) wenigstens insoweit an, dafs er noch das Participium hinzu nimmt. Dafs aber, auch wenn er dies gleich in die Definition aufgenommen hätte, diese darum doch noch nicht tadellos sein würde, ist klar.

Aufser den besprochenen beiden Definitionen finden wir bei Charisius (II, 14, 24 p. 111 *K.*) noch eine dritte aus Julius Romanus angeführt: ἐπίρρημά ἐστι μέρος λόγου ἄκλιτον ἐπὶ τὸ ῥῆμα τὴν ἀναφορὰν ἔχον. Dabei wird sehr richtig bemerkt, dafs sich nicht absehen lasse, mit welchem Rechte, wenn diese Definition gelte, die Grammatiker auch die Interjection zum ἐπίρρημα gezogen haben. Denn eine ἀναφορά, d. h. eine Beziehung auf ein Verbum findet doch sicherlich bei Ausrufen wie φεῦ, αἰαί, παπαί u. dgl. nicht statt, und die Argumentation des Apollonius[1]), durch die er der Interjection ihren Platz unter den Adverbien zu vindiciren sucht, ist vielmehr spitzfindig als scharfsinnig zu nennen, und giebt einen Beweis unter vielen, wie es dem Apollonius öfters mehr darauf angekommen sei, die traditionellen Lehren seiner Schule gegen Andersdenkende mit Scheingründen zu verfechten, als um die Wahrheit. Er sagt, dergleichen Empfindungswörter sind doch Anzeigen, dafs derjenige, der sie ausstöfst, durch etwas afficirt worden sei: afficirt sein aber deutet auf ein Leiden (eine πεῖσις)[2]), welches durch eine auf den Afficirten aus-

---

[1]) De adverb. p. 531.
[2]) Τὸ δὲ παθεῖν πεῖσίν τινα τῶν ἐκ πράγματος δηλοῖ. Denn so ist mit Skrzezka zu lesen statt des von Bekker gegebenen πίστιν τινά. Schmidt, Beitr. S. 495, will freilich lieber διάθεσιν, weil, wie er meint, nicht gesagt werden könne, das Afficirtsein (παθεῖν) bedeute (δηλοῖ) eine

geübte Thätigkeit bewirkt sein mufs: deswegen kann man
sagen, die Empfindungswörter verrathen die erfahrene Einwirkung einer Thätigkeit, welche durch ein Verbum ausgedrückt werden könnte, und in Beziehung hierauf kann
man sie denn auch Adverbia nennen. Dabei beruft er sich
auch darauf, dafs ja wirklich anerkannte Adverbia, wie
κάλλιστα, ἥδιστα u. dgl., oft als eine Art von Ausruf gebraucht werden, um das Wohlgefallen an Etwas auszudrücken; er übersieht aber dabei nur, dafs diese Adverbia,
weil sie eine Beschaffenheit angeben, nothwendig auch ein
Urtheil anzeigen, welches vollständig, also mit einem Verbum, auszusprechen deswegen überflüssig ist, weil sich
ein passendes Verbum unter den jedesmaligen Umständen
von selbst hinzudenken läfst. Eine Empfindung aber, wie
die Interjection andeutet, ist kein Urtheil, die Interjection
giebt keine Beschaffenheit von Etwas, sondern blos eine
Affection des Redenden an, die freilich durch die Beschaffenheit eines Gegenstandes und die Einwirkung auf
den Redenden hervorgerufen sein mufs, und wobei möglicher Weise auch ein Urtheil und eine Aussage veranlafst
werden könnte, aber ebensogut auch nicht. — Es haben
also die lateinischen Grammatiker sehr recht gethan, dafs
sie die Interjection vom Adverbium getrennt und als einen
besonderen Redetheil aufgeführt haben, ja man könnte
sagen, sie sei gar kein eigentlicher Redetheil, kein inte-
grirender Bestandtheil einer Aussage, sondern werde nur
bisweilen in die Rede eingeschoben, bald zu Anfang, bald
ans Ende, bald in die Mitte gestellt. Den Namen Inter-
iectio mag man tadeln, wie er wirklich getadelt worden
ist; die Trennung der Interjection vom Adverbium hat kein
Verständiger getadelt.

　　　Julius Romanus definirte, nach Charisius a. a. O., das
Adverbium so: *Adverbium est pars orationis, quae adiecta
verbo significationem eius explanat atque implet;* Donatus
setzt dafür *significationem eius aut complet aut mutat aut
minuit,* und ähnlich lauten die sonstigen bald längeren

πεῖσις, sondern es s e i eine *πεῖσις.* Aber mit gleichem Rechte könnte man
sagen, es bedeute nicht eine *διάθεσις,* sondern es sei eine *διάθεσις:* denn
διάθεσις ist ja beides, sowohl das Leiden als das Handeln. Wahrscheinlich
hat S. das *δηλοῖ* mifsverstanden. Ap. will sagen: das *παθεῖν* deute an,
lasse erkennen, dafs eine *πεῖσις* durch ein *πρᾶγμα* stattfinde.

bald kürzeren Definitionen anderer lateinischen Grammatiker, welche sämmtlich anzuführen keinen Nutzen haben würde. Aber nicht übergehen dürfen wir, daſs manchen, wenn auch vielleicht nicht lateinischen, doch griechischen Grammatikern, die Definition des Adverbium als eines an das Verbum sich anschlieſsenden und den Begriff desselben näher bestimmenden Wortes auch den Infinitiv nicht auszuschlieſsen schien, und sie deswegen auch diesen vielmehr als ἐπίρρημα denn als ῥῆμα angesehen wissen wollten¹). Es ist offenbar, daſs dies Solche waren, die nur dasjenige Wort als ῥῆμα gelten lieſsen, welches vermöge der in ihm enthaltenen Copula sammt Person- und Numerusbezeichnung eine Aussage, einen Satz zu bilden fähig sei, also das Verbum finitum. Der Infinitiv tritt aber regelmäſsig im Satze nur in Verbindung mit und in Abhängigkeit von einem Verbum finitum auf, dessen Bedeutung eben dadurch, daſs es auf den Infinitiv bezogen wird, seine jedesmalige bestimmtere Geltung erhält. Von diesem Gesichtspunkte betrachtet konnte der Infinitiv denn auch wohl ein ἐπίρρημα heiſsen. Aber freilich konnte mit demselben Rechte auch das Nomen, wenn es als Object eines Verbum den Begriff desselben näher bestimmt, als ein ἐπίρρημα angesehen werden; und da überdies der Infinitiv oft genug nicht in Abhängigkeit von einem Verbum, sondern selbst als Subject einer Aussage auftritt, und in Sätzen wie ἐπὶ ξυροῦ ἵσταται ἀκμῆς ἢ μάλα λυγρὸς ὄλεθρος Ἀχαιοῖς ἠὲ βιῶναι ganz einem Nomen gleich steht, so ist nicht abzusehen, weswegen sie ihn nicht lieber als eine eigene Art des Nomen betrachtet haben. Oder galt ihnen, wie den Peripatetikern, überhaupt das ἐπίρρημα als eine Art von ὄνομα? Wir können wegen der Unvollständigkeit der Ueberlieferung darüber nicht entscheiden. — Daſs von griechischen Grammatikern auch die Verbalia auf τέον zu den Adverbien gezogen worden sind, haben wir schon früher bemerkt²). Eine rationelle Rechtfertigung dafür zu erdenken vermögen wir nicht, da auf einen Ausdruck wie οἰστέον τάδε u. dgl. keine von allen Definitionen des Ad-

---

¹) Apollon. de constr. III, 13 p. 226 ff. Macrob. de diff. et soc. verb. gr. et lat. c. 19 tom. 1 p. 263 Ian. Auct. de verbo c. 6, ib. p. 291. Priscian. VIII, 12, 64. Vgl. meine Animadv. ad gr. Gr. plac. de adverb. p. 12—16.
²) S. oben S. 63.

verbs Anwendung leidet Wir können uns die Sache nur aus der Verlegenheit erklären, in der sich die Grammatiker befanden, eine schicklichere Stelle für jene Verbalia zu finden. Nomina wollten sie sie nicht nennen, weil sie nicht, wie das Nomen, zur Benennung oder Charakterisirung von Gegenständen dienen, Verba ebensowenig, weil sie weder, wie das Verbum finitum, Person und Zahl des Subjectes bezeichnen, noch, wie der Infinitiv, den nackten Begriff der Thätigkeit aussprechen. Als Ableitungen von Verbis schienen sie ihnen wohl auch, wenn nicht ῥήματα, so doch ἐπιρρήματα heifsen zu dürfen, zumal da unter diesen auch andere Wörter Platz gefunden hatten, die ebenfalls nur sehr uneigentlich dazu gerechnet werden konnten, wie die sogenannten ἐπιρρήματα παρακελεύσεως, die in der That ja Imperative sind, ἄγε, φέρε, ἴθι, die nur deswegen den Adverbien zugezählt wurden, weil sie im Satze oft anderen Verbis vorantreten. Eine Art von παρακέλευσις liegt nun auch in jenen Verbalien, und da sie doch mit dem ῥῆμα ὑπαρκτικόν, dem Verbum substantivum ἐστί verbunden werden, so konnte man sie deswegen allenfalls als eine adverbiale Nebenbestimmung zu diesen ansehen, wie sie denn von Einigen auch als ἐπιρρήματα ποιότητος bezeichnet worden sind[1]), was schwerlich anders gemeint sein kann, als dafs sie die ποιότης der ὕπαρξις bestimmten. — Leichter zu begreifen ist, wie von einigen Grammatikern auch Formen wie *translatui, receptui, ostentui* den Adverbien haben zugezählt werden können[2]), da sie sich in der That als Nebenbestimmungen zu einem Verbum darstellen, wie *signum dare receptui*. Es leuchtet aber ein, dafs mit gleichem Rechte auch die Supina, wie *cubitum ire, venatu redire* hätten Adverbia genannt werden können.

Die Grammatiker haben sich Mühe gegeben, die gesammte Masse von zum Theil ganz verschiedenartigen Wörtern, die sie zu den Adverbien zählten, nach ihren

---

[1]) Etym. M. p. 479, 29. — Nach Charisius II p. 168 P. nannte auch Plinius die mit den gr. Verbalien zu vergleichenden Gerundia *Adverbia qualitatis*. Vgl. Priscian. XVIII, 25, 234: *Proprie autem in dum terminatio Atticum significat adverbium, quod omni genere et numero et personae et tempori potest adiungi, ut legendum est mihi, tibi, illi, nobis, vobis, illis, et legendum est, legendum fuit, legendum erit poetam, orationem, carmen.*

[2]) Charis. p. 170.

wirklichen oder scheinbaren Bedeutungen abzutheilen, und
jede Abtheilung nach ihrer Bedeutung zu benennen. Solcher Abtheilungen sind in dem Büchlein des Dionysius
nicht weniger als sechsundzwanzig. Rechnet man aber die
oben besprochenen *θετικά*, die früher behandelten *ἐπιρρ.*
μεσότητος und alle diejenigen ab, die entweder gar nicht
zu den Adverbien gehören, wie die sog. *ἐπιρρ. παρακελεύ-*
σεως, ferner die Bejahungs- und Verneinungswörter sammt
denen, die als Modalitätsadverbien gebraucht werden oder
betrachtet werden können, und endlich die in mehrere Abtheilungen gebrachten Interjectionen, so bleiben nur zwölf
Abtheilungen übrig, und diese lassen sich, wenn man dabei
nur auf die eigentlichen Grundbedeutungen sieht, auf vier
Abtheilungen reduciren, nämlich Adverbien des Ortes, der
Zeit, der Qualität und der Quantität, deren jede dann
wieder in nominale und pronominale Adverbien zerfällt. —
Andere Grammatiker, griechische und lateinische, haben
andere Abtheilungen und nicht ganz soviele als Dionysius
gemacht: es ist aber nicht der Mühe werth, genauer darauf
einzugehen. Nur wegen der Präpositionen, die ihrer eigentlichen Natur nach als eine besondere Art von Ortsadverbien
angesehen werden müssen, ist zu bemerken, dafs die alten
Grammatiker alle sie von diesen getrennt und als einen
eigenen Redetheil aufgestellt haben. Allein vom Varro
dürfen wir vermuthen, dafs er die Präpositionen oder, wie
er sie nannte, *Praeverbia*, als Adverbia localia erkannt
habe[1]). Die Stoiker zählten sie zu den *συνδέσμοις* oder
Verbindungswörtern, weil sie allerdings dazu dienen, die
Verbindung zwischen einer Thätigkeit und dem Gegenstande, auf den sie sich bezieht, oder zwischen zwei Gegenständen mittels einer ausgedrückten oder hinzuzudenken-
den Thätigkeit zu bezeichnen. Aus demselben Grunde, aus
welchem die Grammatiker sie *προθέσεις* nannten, nannten
die Stoiker sie *συνδέσμους προθετικούς*[2]), um sie durch

---

[1]) Scaur. de orthogr. p. 2262 *P.*: *Varro adverbia localia, quae alii*
praeverbia vocant, quattuor esse dicit, ex, in, ad, ab. Wenn Varro aber
diese vier als Adverbia localia erkannte, so ist anzunehmen, dafs er auch
die übrigen nicht anders werde betrachtet haben. Wegen *praeverbia* vgl.
Varr. L. L. VI, 38. 82.

[2]) Apollon. de constr. IV, 1 p. 305, 23. 5 p. 319, 13 de coni. p. 480,
5. wo auch der Ausdruck *συνδεσμοειδῆ μόρια* vorkommt. Priscian. 1, 4,
17 u. XIV, 2, 18 sagt *praepositiva coniunctio*.

dieses Adjectiv als eine besondere Art von den übrigen συνδέσμοις zu unterscheiden, mit denen wir uns im folgenden Abschnitt zu beschäftigen haben.

11. Die Conjunctionen.

Der einfache Satz, d. h. diejenige Satzbildung, welche nicht mehr als Eine Aussage oder nicht mehr als Eine Subjects- und Prädicatsverbindung enthält, ist zwar fähig zum genaueren Ausdruck der zum Subjects- oder Prädicatstheil gehörigen Begriffe eine Anzahl von Wörtern, die sich entweder in Apposition an ein Nomen, oder als Objectsangabe oder als adverbiale Bestimmung an ein Verbum anschliefsen, in sich aufzunehmen und so oft zu einem beträchtlichen Umfange anzuschwellen; er ist aber dennoch aufser Stande, jedem Bedürfnifs der Gedankendarstellung vollständig zu genügen. Fürs erste nämlich kann nicht selten der Fall eintreten, dafs zum scharfen und erschöpfenden Ausdruck der Begriffe, welche der Gedanke zusammenfafst, kein an das Nomen sich als Apposition, an das Verbum als Object oder adverbiale Bestimmung anschliefsendes Nomen (adjectiv.) oder Adverbium vorhanden ist, sondern dafs der erforderliche Ausdruck selbst nur in Form einer Aussage, also eines Satzes, gegeben werden kann: und in diesem Falle ist es denn natürlich und nothwendig, dafs ein solcher Satz, der eigentlich nur zur Vervollständigung eines andern dient, an diesen auch in solcher Form angeschlossen werde, die diesem Verhältnisse entspreche und es erkennbar mache. Zweitens aber, da nicht blos einzelne Gedanken, sondern auch Reihen von Gedanken darzustellen sind, in welchen jeder folgende zu dem vorhergehenden in einer gewissen Beziehung steht, so folgt hieraus, dafs die Sprache auch Mittel haben mufs, um solche Beziehungen zu bezeichnen. So ergeben sich also zwei Arten von Satzverbindungen, die eine, welche den einen Satz als die nöthige Vervollständigung des andern in entsprechender Form erkennen läfst, die andere, welche nur dazu dient, ein Gedankenverhältnifs zwischen auch für sich allein schon vollständigen Sätzen anzudeuten. Jene, weil sie darauf angelegt ist den einen Satz als nothwendigen Zubehör des andern, und beide zusammen als Glieder eines gröfseren Satzkörpers erkennen zu lassen, heifst deswegen mit Recht die eigentlich syntaktische; die andere, welche sich begnügen darf in der Aufeinanderfolge der zu einer Gedankenreihe gehörigen Sätze das Gedankenverhältnifs des einen zum anderen nur zu signalisiren, nennen wir die parataktische.

Für die syntaktische Satzverbindung dienen ausschliefslich Pronomina und Pronominalia, und zwar so, dafs in dem zur Vervollständigung dienenden Satze, dem Nebensatze, durch ein Pronomen oder Pronominaladverbium auf die in dem anderen Satze, dem Hauptsatze, enthaltene Andeutung des Begriffes, dessen vollständigeren Ausdruck der Nebensatz zu geben hat, hingedeutet wird. Je nachdem jene Andeutung im Hauptsatz durch ein Nomen oder ein Adverbium geschieht, wird der Nebensatz durch ein substantivisches oder adjectivisches Pronomen oder durch ein Pronominaladverbium angeschlossen, welche, weil sie dazu dienen, den im Hauptsatze angedeuteten Begriff gleichsam in die Vorstellung zurückzurufen und dadurch ihn als denjenigen zu bezeichnen, dessen vollständigen Ausdruck der nun folgende Nebensatz zu geben habe, Relativa oder Wiederholungswörter (gr. $\dot{\alpha}\nu\alpha\varphi\varrho\varrho\iota\varkappa\dot{\alpha}$) genannt werden. Sehr häufig wird auch im Hauptsatze die Andeutung des Begriffes durch ein Demonstrativum gegeben oder derselben ein solches hinzugefügt, um dadurch auf den vervollständigenden Nebensatz hinzudeuten, und man sagt dann wohl, die Demonstrativa im Hauptsatz und die ihnen entsprechenden Relativa im Nebensatze stehen in Correlation zu einander; dies ist indessen keinesweges immer nothwendig oder möglich. — Im Griechischen waren, wie es scheint, die Relativa ursprünglich nicht verschieden von den Demonstrativen, und die Correlation wurde einfach durch Wiederholung des Pronomen im Nebensatze bezeichnet ($\nu\alpha\grave{\iota}\ \mu\grave{\alpha}\ \tau\acute{o}\delta\varepsilon\ \sigma\varkappa\tilde{\eta}\pi\tau\varrho\sigma\nu,\ \tau\grave{o}\ \mu\grave{\varepsilon}\nu\ o\mathring{\upsilon}\pi\sigma\tau\varepsilon\ \varphi\acute{\upsilon}\lambda\lambda\alpha\ \varkappa\alpha\grave{\iota}\ \mathring{o}\zeta\sigma\upsilon\varsigma\ \varphi\acute{\upsilon}\sigma\varepsilon\iota$ —), späterhin aber hat der Sprachgebrauch die mit einem aspirirten Vocal anlautenden Formen, wenn nicht ausschliefslich, doch vorzugsweise als Relativa verwendet, obgleich daneben auch die mit τ anlautenden und meist nur als Demonstrativa auftretenden in relativer Anwendung keinesweges selten sind. Ebenso werden im Deutschen die

mit *d* anlautenden Demonstrativa häufig genug, und in der
älteren Sprache noch häufiger als jetzt, als Relativa gebraucht. Im Lateinischen dienen als Relativa diejenigen
Formen, welche mit *qu* oder *c* (*cu*) anlauten: sie haben
diesen Umlaut mit den Indefinitis und Interrogativis gemein, mit welchen sie auch sonst in der Form vielfach
ganz übereinstimmen. Wenn sie, was keinesweges undenkbar ist, ursprünglich ebenfalls Demonstrativa gewesen sind,
so müssen sie doch die Demonstrativbedeutung bereits in
einer sehr frühen aller Geschichte voraufliegenden Sprachperiode aufgegeben haben. Ebendasselbe gilt von den ihnen
entsprechenden deutschen jetzt mit *w* anlautenden Formen,
die sich mit dem Aufgeben der vorausgesetzten Demonstrativbedeutung noch weiter als jene von ihrer ursprünglichen Form entfernt haben.

Die Nebensätze beziehen sich entweder auf das Subject der Aussage im Hauptsatze, oder auf das Object des
Verbums in demselben, oder auf eine adverbiale Nebenbestimmung. In dem ersten und zweiten Falle wird, da
das Subject des Hauptsatzes durch ein Nomen angegeben
ist, die Beziehung des Nebensatzes auf dieses durch ein
Pronomen bezeichnet, welches, je nachdem die Beziehung
auf den als Subject oder Object angegebenen Gegenstand
selbst oder auf ein durch ein die Qualität oder Quantität
desselben bezeichnendes apponirtes Adjectiv oder ein demonstratives Qualitäts- oder Quantitätspronomen geht, entweder ein substantivisches Relativum (ὅς, *qui*), oder ein
adjectivisches (οἶος, ὅσος, *qualis, quantus*) ist, und natürlich in der Casusform auftritt, welche die Beschaffenheit
der Aussage des Nebensatzes bedingt. Ist es aber eine
adverbiale Bestimmung, auf welche sich der Nebensatz
bezieht, so wird diese Beziehung naturgemäfs auch durch
ein relatives Adverbium angedeutet. Uebrigens, da die
Adverbien, also auch die pronominalen, wesentlich nichts
anders als casuelle Bildungen sind, so kann es nicht befremden, wenn bisweilen auch statt des Casus eines Pronomen, namentlich wenn mit diesem noch eine Präposition
zu verbienden wäre, ein Pronominaladverbium eintritt, wie
ὅϑεν für ἐξ οὗ oder ἀφ' οὗ, *unde* für *a quo*, sowie umgekehrt auch statt eines Adverbiums der Casus eines Pronomens mit einer Präposition. Die nähere Erörterung

dieses Punktes sowie der sonstigen mannichfaltigen Formen
der relativen Nebensätze muſs einem anderen Orte vorbehalten bleiben: hier haben wir es nur mit den Pronominaladverbien oder mit den zu Adverbien gewordenen Casus
des Relativpronomens zu thun, welche von den Grammatikern theils Conjunctionen genannt, theils aber auch als
das, was sie wirklich sind, als Adverbia bezeichnet werden.

Die adverbialen Bestimmungen, die der Nebensatz
ausführt und umschreibt, beziehen sich zunächst auf das
locale, das zeitliche, das qualitative und das quantitative
Verhältniſs der im Hauptsatze ausgesagten Thätigkeit, dem-
nächst aber auch auf die Verhältnisse der Ursache (Causalität), der Wirkung (Effectivität), der Absicht (Finalität),
der Voraussetzung (Condition) und der damit verwandten
Einräumung (Concession); Verhältnisse, die nicht, wie jene
anderen, unmittelbar wahrgenommen, sondern nur durch
den denkenden Verstand erkannt werden, und zu deren
Bezeichnung die Sprache das Mittel dadurch gewinnt, daſs
sie Adverbien, die ursprünglich nur für jene andere Gattung von Verhältnissen dienten, durch Uebertragung auf
sie anwendet. Die Grammatiker pflegen dergleichen nur in
der übertragenen Bedeutung Conjunctionen, in der eigentlichen aber Adverbien zu nennen.

Der das örtliche Verhältniſs betreffende Nebensatz wird
durch die relativen Ortsadverbia angeschlossen, wie ἵνα,
οὖ, ὅπου, ὅποι, ὅϑεν u. s. w., lat. *ubi, quo, unde,* welche
den demonstrativen ἔνϑα (was indessen oft auch selbst
als Relativum dient) ἐνταῦϑα, ἐκεῖ, ταύτῃ — *ibi, eo, illic,
eo, illuc, unde* u. s. w. entsprechen. Daſs diese Demonstrativa im Hauptsatze wirklich gesetzt werden, ist nicht
nöthig: das Relativum des Nebensatzes kann genügen, indem es sie gleichsam repräsentirt, wie ἔπεσον ὅπου ἐμάχοντο
(nicht ἔνϑα, ὅπου), *ceciderunt ubi pugnaverant* (nicht *ibi,
ubi*). Auch versteht sich von selbst, daſs die Angabe des
Ortes im Hauptsatze durch ein Nomen mit einer Präposition geschehen kann, worauf dann das den Nebensatz
anschlieſsende relative Adverbium zurückdeutet, wie ἔπεσον
ἐν τῷ τόπῳ, ὅπου ἐμάχοντο, *ceciderunt in eo loco, ubi pugnaverant.*

Die Nebensätze für das zeitliche Verhältniſs werden
durch die relativen Zeitadverbia angeschlossen, wie ὅτε,

ἡνίκα, ὄφρα, ἕως, *quum, quando,* bisweilen auch *ubi,* da
häufig die Zeitverhältnisse unter dem Bilde von örtlichen
gefafst werden. Auch das griechische ἐπεί ist ein relatives
Zeitadverbium, εἰ (worüber später das Nähere) mit der
Präposition ἐπί zusammengesetzt. Aehnlich verhält es sich
mit dem lat. *postquam,* dessen vollständigere Form *postea-
quam* das Demonstrativum mit enthält, welches bei *postquam* hinzuzudenken ist, während in ἐπεί das Demonstrativum durch das εἰ mit repräsentirt wird. Auch entsprechen sich εἰ und *quam* insofern nicht, als das *quam*
nicht eigentlich Zeitadverbium ist, sondern eine Vergleichung andeutet in Beziehung auf das *post,* in welchem
ebenso wie in *prius* und *ante* ein comparativer Begriff
liegt. Vollständig würde der Ausdruck eigentlich *post quam
quum* sein, wie z. B. *adveni post quam quum ille abiit* =
ich kam nach (d. h. später) als da jener wegging;
aber die Verkürzung ist leicht erklärlich, ähnlich wie auch
im Deutschen nur nachdem, nicht, wie es vollständiger
sein würde, nach dem, da gesagt wird. Nur ist dieser
Unterschied zwischen nachdem und *postquam,* dafs in
jenem das dem nicht eine Vergleichung anzeigt, sondern
ein mit der demonstrativen Andeutung der Zeit zugleich
auch das relative Zeitadverbium vetretendes Pronomen ist.
Im Lateinischen hat *dum,* welches ursprünglich gewifs
ebenso wie *tum* ein dem relativen *quum* entsprechendes
Demonstrativum war[1]), auch die relative Bedeutung mit
übernommen, so lange bis, *mane dum exeo,* ἐπίμεινον
[τέως] ἕως ἂν ἐξέλθω. Das mit *dum* im Allgemeinen gleichbedeutende *donec* ist aus *donicum* abgekürzt, und in diesem
ist sicherlich nichts anderes als eine Zusammensetzung
aus *dum* und *cum* (quum) zu erkennen, mit euphonisch
eingeschobenem Vocal. Die griechischen Adverbia ἄχρι oder
ἄχρις, μέχρι oder μέχρις treten bald mit nachfolgendem
Relativ οὗ, bald ohne dasselbe auf; sie selbst sind aber
nicht pronominal, sondern aus Appellativen entstanden,
deren ursprüngliche Bedeutung freilich nicht mit Sicherheit

---

1) In den Versen des Attius bei Cic. d. n. d. II, 35, 89: *Ita dum inter-
ruptum credas nimbum volvier, dum quod sublime ventis expulsum rapi
saxum* — scheint *dum* — *dum* in gleicher Anwendung wie sonst *tum* —
tum zu stehen. Vgl. Opusc. acad. III p. 332.

zu ermitteln ist[1]). Sie sind zu Präpositionen geworden, die den Genitiv regieren, und wenn sie mit der relativen Genitivform οὗ auftreten, so ist das Demonstrativ τούτου hinzuzudenken, und μέχρι οὗ ist soviel als μέχρι τούτου ὅ oder ὅτε.

Die das qualitative oder quantitative Verhältnifs, d. h. die Beschaffenheit, die Art und Weise, den Grad oder die Frequenz der im Hauptsatz angegebenen Thätigkeit umschreibenden Nebensätze werden durch die relativen Qualitäts- und Quantitätsadverbien ὡς, ᾗ, ὅσον, ὁσάκις, ut, quam, quantum, quoties angeschlossen, unter denen einige nichts anders als Casus der Pronomina sind. Dafs statt der entsprechenden Demonstrativa im Hauptsatz auch Nomina eintreten können, und ebenso dafs, wenn dies nicht der Fall ist, jene darum doch nicht nothwendig gesetzt werden müssen, sondern die Relativa allein genügen, bedarf keiner weiteren Auseinandersetzung[2]).

Das Verhältnifs der Causalität zu bezeichnen bieten sich zunächst die Zeitadverbien ὅτε, ἐπεί, quum, quoniam (aus quum iam) quando, quandoquidem dar, welche, da zwischen der im Nebensatz angegebenen Ursache und der im Hauptsatze angegebenen durch sie verursachten Thätigkeit nothwendig auch das durch jene Adverbien angedeutete Zeitverhältnifs stattfindet, sich sehr natürlich auch zur Uebernahme der causalen Bedeutung eigneten. Daneben aber gebrauchen beide alte Sprachen als Causalconjunctionen auch die Accusative gen. neutr. des Relativpronomens ὅτι, quod, quia, die dann auch bisweilen im Hauptsatze durch ein demonstratives τοῦτο, τό, id, ideo, eo, propterea an-

---

[1]) Μέχρι wird auch mit den Präpositionen εἰς, πρός, ὑπό zusammengestellt, wie usque mit ad, u. scheint die Bedeutung des sich erstreckens zu haben, weswegen man es auch für stammverwandt mit μακρός gehalten hat. Ἄχρις hält Döderlein, Hom. Gloss. II. S. 230, für verwandt mit χρίω, χρίμπτω, und nimmt es in den homerischen Stellen, wie Il. IV, 522, ὀστέα λᾶας ἀναιδής ἄχρις ἀπηλοίησεν und ähnlichen, für berührend, treffend, wogegen man sonst es für gänzlich bis aufs äufserste nahm und an Verwandtschaft mit ἀκρός dachte.

[2]) Wohl aber verlangt die Anwendung der Adverbien ᾗ, auch ὡς, und quam nach Comparativen, wie μᾶλλον ᾗ, magis quam, eine genauere Erörterung, die aber, um ihrem Zweck zu entsprechen, ziemlich viel Raum erfordern würde. Ich unterlasse sie deswegen hier, und verweise dafür auf eine schon früher bekannt gemachte Abhandlung, die ich als Anhang auch der gegenwärtigen Schrift beizugeben gedenke.

Causalconjunctionen zu gebrauchen, dachte man gar nicht mehr an ihr ursprüngliches Wesen.

Die griechische Sprache gebraucht aber nicht blos ὅτι, sondern auch das mit der Präposition διά zusammengesetzte διότι als Causalconjunction. Die Erklärung ist sehr leicht. Wenn einmal das durch διά angedeutete räumliche Verhältnifs zur bildlichen Bezeichnung auch des ursachlichen Verhältnisses geeignet war, so wurde dasselbe sehr natürlich durch διὰ τοῦτο im Hauptsatz angedeutet, und diesem dann der umschreibende Nebensatz durch das dem τοῦτο entsprechende ὅτι angeschlossen, und die so gewöhnliche Auslassung des Demonstrativs und Vertretung desselben durch das Relativ ergab dann δι᾽ ὅτι = διὰ τοῦτο, ὅτι —. Und ganz ebenso verhält es sich denn auch mit den ebenfalls häufig als Causalconjunctionen angewandten Zusammensetzungen καθότι, καθό, auch καθά, παρό.

Das einfache Relativum ὅτι dient aber nicht blos als Causalconjunction, sondern fungirt noch in einer anderen Anwendung, in welcher es gewöhnlich und nicht unpassend als circumscriptive Conjunction bezeichnet zu werden pflegt, entsprechend dem deutschen dafs, nach den verbis sentiendi, cogitandi, dicendi. Auch hier entspricht es entweder einem voraufgegangenen Demonstrativ oder vertritt dasselbe zugleich. Es ist aber einleuchtend, dafs die Pronomina sich hier nicht, wie in der causalen Bedeutung, auf das innere Verbalobject, sondern auf das äufsere oder transitive Object der Thätigkeit, auf den Gegenstand der Wahrnehmung, der Empfindung, des Denkens, der Aussage beziehen.

Eine Causalconjunction ist auch das aus dem Genitiv des Relativpronomens und dem von den Grammatikern unter die Conjunctionen gezählten, eigentlich aber Adverbium zu nennenden ἕνεκα zusammengesetzte οὕνεκα, auf ein vorhergegangenes oder zu denkendes τούνεκα bezüglich. Die ältere Sprache brauchte übrigens in der Correlation mit τούνεκα wohl nur entweder ὅτι oder eine andere nicht mit ἕνεκα zusammengesetzte Conjunction, wie ἐπεί, εἰ; und wo οὕνεκα bei Homer vorkommt, steht es nicht in Correlation zu τούνεκα[1]). In der That ist auch die zweimalige

---

[1]) S. Lehrs de Aristarch. stud. Hom. p. 68. 69.

Hinzufügung des ἕνεκα, so daſs es nicht blos im Hauptsatz sondern auch im Nebensatz auftritt, nicht nur überflüssig, sondern selbst anstöſsig, ebenso wie im Lat. *propterea quapropter* für *quia* oder *quod*, oder im Deutschen
deswegen weswegen für deswegen weil störend sein
würde, wogegen ein οὕνεκα allein in dem Sinne von τούτου
ἕνεκα, ὅτι sich leicht als eine Art der sogenannten At-
traction erklärt, in welcher das Relativ für τούτου und ὅτι
zugleich fungirt. Aber schon in der hesiodischen Theo-
gonie, und häufig bei Späteren findet sich οὕνεκα, statt
ὅτι allein, als Correlat des demonstrativen τούνεκα. Ein
noch späterer Miſsbrauch ist es, wenn οὕνεκα, mit völliger
Nichtbeachtung des in ihm enthaltenen Relativpronomens,
für das einfache ἕνεκα gebraucht wird, wie es in den Handschriften auch der Tragiker oft genug vorkommt, und deswegen von Neueren, aus Ehrfurcht vor den Abschreibern,
gläubig angenommen, ja wohl auch vertheidigt zu werden
pflegt. Die alten Grammatiker, z. B. Apollonius, erwähnen
dieses Miſsbrauches nirgends[1]: er gehört aber offenbar in
schon ziemlich frühe Zeit[2], und sein Vorkommen in den
Handschriften ist deshalb zwar erklärlich, aber nicht hinreichend, um ihn selbst als eine besondere Eleganz zu
empfehlen. Wohl aber erwähnen die Grammatiker einer
anderen Anwendung des οὕνεκα, die man ebenfalls für
einen Miſsbrauch zu halten versucht werden könnte, nämlich daſs es öfters nicht als causale, sondern blos als
circumscriptive Conjunction gebraucht wird, wo nicht der

---

[1] Vgl. zu Isae. p. 481. — Ellendt, Lex. Soph. II p. 437, scheint zu
meinen, daſs Apollonius des οὕνεκα für ἕνεκα erwähne; dies ist aber ein
Irrthum. Apoll. de coni. p. 502, 30 kennt offenbar οὕνεκα nur in dem
Sinne von ὅτι, weil.

[2] Deswegen findet Ammonius unter οὕνεκα es nöthig, auf den Unterschied zwischen diesem und ἕνεκα aufmerksam zu machen und vor Irrthum zu warnen. Uebrigens haben die besseren Handschriften der Drama-
tiker oft genug, wo der Vers die erste Sylbe lang zu sprechen verlangt,
nicht jenes falsche οὕνεκα, sondern das allein richtige εἵνεκα, gegen welches unsere Kritiker den Attikern eine solche Abneigung zutrauen, daſs sie
dafür lieber zu οὕνεκα gegriffen hätten. Auf Inschriften kommt οὕνεκα für
ἕνεκα niemals vor, wohl aber εἵνεκα auch in solchen, die nicht im ionischen
Dialect geschrieben sind. Vgl. Keil, Analect. epigr. p. 98. Der umgekehrte
Miſsbrauch, daſs ἕνεκα auch für οὕνεκα, weil, gesetzt wird, findet sich
allerdings bisweilen bei Dichtern späterer Zeit. Vgl. Apollon. de coni. p. 505,
16. Naeke, Hecal. p. 33. 59. Baumeister ad hymn. Hom. p. 266.

Grund des im Hauptsatz Ausgesagten angegeben, sondern blos das Object eines verbi sentiendi, cogitandi, dicendi umschrieben wird, also ganz dem circumscriptiven ὅτι, dem deutschen dafs entsprechend. So kommt es schon in der Odyssee vor[1]), und es liefse sich wohl denken, dafs man, einmal an die Synonymie des οὕνεκα mit ὅτι in causaler Bedeutung gewöhnt, es nun auch überhaupt als synonym mit diesem angesehen und gebraucht habe, ohne sich an das in dieser Anwendung freilich ganz ungehörige ἕνεκα zu kehren, was ja auch in der correlativen Anwendung mit τούνεκα wenigstens überflüssig ist. Indessen beruht diese Ansicht doch nur auf der Voraussetzung, dafs dem ἕνεκα ursprünglich und von Hause aus die causale Bedeutung beiwohne. Es ist aber sehr wahrscheinlich, dafs es ursprünglich etwa das bedeutete, was wir im Deutschen durch in Betracht oder in Betreff der und der Sache ausdrücken, und dafs sich hieraus die causale Bedeutung als eine specielle Modification für solche Fälle entwickelt habe, wo das in Betracht kommende eben die Ursache des Andern ist. Wie also z. B. οὕνεκα τὸν Χρύσην ἠτίμασεν ἀρητῆρα eigentlich besagen würde, Apollon habe dem Agamemnon gezürnt in Betracht oder in Betreff dessen, dafs dieser den Chryses schlecht behandelt habe, so würde ein Satz wie πεύθετο γάρ — οὕνεκά οἱ πέπρωτο ἑῷ ὑπὸ παιδὶ δαμῆναι besagen: er hatte Kunde bekommen in Betreff dessen, dafs ihm verhängt sei u. s. w. und ἀγγέλλει οὕνεκα ἡ πόλις ἑάλωκεν, er bringt Botschaft in Betreff dessen, dafs die Stadt erobert ist. Uebrigens beschränkt sich diese Anwendung des οὕνεκα als circumscriptiver Conjunction lediglich auf die Dichtersprache; der Prosa ist sie fremd geblieben. Dagegen findet sich in der Prosa, schon bei Herodot[2]), bei den Attikern wohl erst seit Isokrates, das causale διότι auch ohne Causalbedeutung in blos circumscriptiven Sätzen angewendet[3]). Zur Erklärung könnte

---

[1]) S. Od. V, 216. VII, 300. XIII, 309. XV, 42. XVI, 330. 379. Vgl. Nitzsch. Th. I S. 20. II S. 33.

[2]) II, 50: διότι μὲν γὰρ ἐκ τῶν βαρβάρων ἥκει πυνθανόμενος οὕτω εὑρίσκω ἐόν. Etwas anders verhält sich II, 43.

[3]) Vgl. meine Anmk. zu Isae. p. 254. Poppo zu Thucyd. I, 77, p. 425. Mätzner zu Dinarch. p. 91. Jacobi im Index zu Meineke fragm. comic. V, 1 p. CCCXLVIII.

man etwa sagen, dafs das Wahrgenommene, Gedachte, Gesagte sich doch öfters auch als Ursache und Veranlassung des Wahrnehmens u. s. w. betrachten lasse. — Leicht erklärlich aber ist es, wie so häufig im Griechischen auch das relative Adverbium der Qualität $\underline{ὡς}$, welches ein demonstratives $\underline{ὧδε}$ oder $οὕτως$ voraussetzt oder vertritt, nach Verbis cogit. und dicendi den abhängigen Satz anfügt und also auch als Circumscriptivconjunction erscheint. Denn der Inhalt der Vorstellung, der Aussage bedingt zugleich ihre Beschaffenheit; auch im Deutschen sagt man: ich denke so, er sagt so für ich denke dies, er sagt dies, im Griech. $διανοοῦμαι\ οὕτως,\ ἔλεξεν\ ὧδε$, und so ist es denn ganz in der Ordnung, dafs ein diesem $οὕτως$ oder $ὧδε$ entsprechendes oder es zugleich vertretendes $ὡς$ auch zur Anknüpfung des abhängigen Satzes dient.

Die Anknüpfung finaler Nebensätze ist in dreifacher Weise möglich. Erstens durch ein relatives Adverbium der Zeit, $ὄφρα$, welches dem demonstrativen $τόφρα$ entspricht, es aber auch mit vertreten kann. Durch diese Satzbildung wird eigentlich die Fortsetzung oder Erstreckung der im Hauptsatze angegebenen Thätigkeit bis zu dem beabsichtigten im Nebensatz angegebenen Zwecke ausgedrückt; sie ist aber lediglich der Dichtersprache eigen. — Zweitens läfst sich die Beziehung einer Thätigkeit auf ihren Zweck unter dem Bilde einer auf ein Ziel hingerichteten Bewegung darstellen. Dazu dient das pronominale Localadverbium $ἵνα$, dem demonstrativen $ἔνθα$ (dahin) entsprechend und es zugleich vertretend. Als abgeleitet von $ἵ$ hatte es selbst ursprünglich auch demonstrative Bedeutung, wurde aber durch den Sprachgebrauch auf die relative Anwendung beschränkt. In der übertragenen Bedeutung als Finalconjunction, wo es das demonstrative Correlat immer zugleich mit vertritt, so dafs niemals im Hauptsatz $ἔνθα$ gesetzt zu werden pflegt, entspricht es dem deutschen auf dafs für darauf dafs oder dahin dafs für dahin, wo. Der Nebensatz, welcher dies dahin ausdeutet, giebt das Erstrebte in solcher Aussageform an, die es als ein nicht Wirkliches, sondern als Etwas, dessen Verwirklichung nur beabsichtigt sei, durch den Verbalmodus erkennen läfst. — Im Lateinischen wird die zum Localadverbium gewordene Ablativform des Relativpronomens *quo*, dem demonstr. *eo*

entsprechend, ebenso in Absichtsätzen gebraucht; doch tritt
hier auch im Hauptsatz bisweilen das demonstrative *eo*
ein, was im Griechischen ἔνϑα niemals thut. — Die dritte
Anknüpfungsform finaler Nebensätze geschieht durch die
Pronominaladverbien der Qualität ὡς, ὅπως, *ut*. Weil nämlich ein Zweck nur durch eine ihm angemessene Thätigkeit erreicht werden kann, die Beschaffenheit des Thuns
nothwendig dem beabsichtigten Zweck gemäfs sein mufs,
so ist leicht begreiflich, wie das Qualitätsadverbium zur
Anwendung auch als Finalconjunction geeignet war. Dafs
das demonstrative Correlat (οὕτως, *ita*) im Hauptsatze zu
setzen auch hier nicht nöthig sei, braucht kaum noch erinnert zu werden.

Eben diese Qualitätsadverbien dienen in beiden Sprachen auch zur Anknüpfung von Ergebnifssätzen, d. h. von
solchen Nebensätzen, in welchen nicht das nur erstrebte
Ziel, der Zweck, sondern das erreichte Ziel, der Erfolg,
die Wirkung der im Hauptsatz ausgesagten Thätigkeit angegeben wird. Auch diese Anwendung erklärt sich leicht.
Die Wirkung setzt eine ihr angemessene Ursache voraus;
wie die Wirkung, so mufs das Bewirkende sein; wenn jene
erkannt wird, so wird eben dadurch auch das Wie von
diesem erkannt.

Die Nebensätze der Bedingung oder Voraussetzung
werden durch Pronominaladverbien angeknüpft, welche entweder ebenfalls ein qualitatives oder auch ein zeitliches
Verhältnifs bezeichnen. Was unter der Voraussetzung ausgesagt wird, dafs ein Anderes stattfinde, von dem wird
angegeben, dafs es selbst nur so oder insofern, wie,
oder dafs es nur dann, wann jenes Andere statthabe,
auch seinerseits stattfinde. Das conditionale so (in unserer
Muttersprache früher mehr als jetzt gebräuchlich) oder insofern, wird im Griechischen durch εἰ, im Lateinischen
durch *si* ausgedrückt. Von diesem letzteren ist klar, dafs
es nichts anders ist als *sic*, nur ohne das demonstrative
Suffix, weil es in seiner Anwendung als Conditionalcon-
junction nur als Relativum, mit Vertretung des demonstrativen Correlates im Hauptsatze, zu fungiren hat. Bei
vollständiger Satzbildung würde dem *si* des Nebensatzes
ein *sic* oder das gleichbedeutende *ita* im Hauptsatze entsprechen. *Ei* ist ohne Zweifel alte Casusform eines Pro-

nomens, etwa ἴ, von dem sich auch ἴν und εἴν als Accusative finden[1]), und ist sicherlich ursprünglich auch demonstrativ gewesen, obgleich es in der uns bekannten Sprache ebenso wie das ihm ganz entsprechende *si* nur die relative, aber das Demonstrativ zugleich mit vertretende Bedeutung hat. — Die Anwendung der temporalen Adverbia ὅτε, *quum*, entsprechend dem deutschen wenn = wann, in conditionaler Bedeutung bedarf keiner weiteren Erklärung. Im Griechischen aber verschmelzen sowohl εἰ als ὅτε mit einem anderen ebenfalls pronominalen Adverbium ἄν oft zu Einem Worte, ἐάν, ὅταν. Wir werden auf dieses ἄν später noch zurückkommen; für jetzt genügt es zu bemerken, dafs seine Zusammensetzung mit εἰ oder ὅτε die durch diese eingeführte Voraussetzung als eine solche darstellt, welche unter den obwaltenden Verhältnissen wohl anzunehmen, deren Verwirklichung wohl zu erwarten sei.

Concessivsätze sind nichts anders als eine Art von Conditionalsätzen. Sie geben ebenfalls eine Voraussetzung an, aber eine solche, trotz welcher, nicht unter welcher, das im Hauptsatz Ausgesagte stattfinde. Zur Unterscheidung dieses Verhältnisses von anderen conditionalen dient ein hinzugesetztes καί, *et*, *etiam*, dem deutschen auch entsprechend, wodurch eben dies angedeutet wird, dafs das im Hautpsatz Ausgesagte gleichwohl d. h. ebensowohl stattfinde, wie das im Nebensatz ihm Gegenüberstehende. Es gehört also dies καί, *et*, *etiam* wesentlich dem Hauptsatze an, wird aber wegen seiner Beziehung auf das im Nebensatze Ausgesagte auch gerne zunächst an die diesen mit dem Hauptsatz verbindende Conjunction gerückt, und selbst in Eins mit ihr verschmolzen, κεἰ, κἄν, *etsi;* dem Hauptsatze aber wird zur ausdrücklicheren Andeutung des Verhältnisses der in ihm enthaltenen Aussage zu der des Nebensatzes auch oft noch ein das ebensowohl ausdrückende Adverbium ὅμως, poetisch auch ἔμπης, ἔμπας, ἔμπα, latein. *tamen* (aus *tam*) eingefügt. Die lateinischen

---

[1]) Bei Hesychius unter ἴν und εἴν, wo für ἐκεῖνος wohl ἐκεῖνον zu lesen sein dürfte. — Ueber εἰ, mundartlich auch αἰ, als pronominal vgl. auch Bopp's Abhandlung über einige Demonstrativstämme S. 25, und die wenigstens hinsichtlich des pronominalen Wesens übereinstimmende Ansicht von Ebel in d. Zeitschr. f. vergl. Sprachk. VI, 209 und Gerland, d. altgriech. Dativ (Marburg 1859) S. 15.

Concessivconjunctionen *quamquam* und *quamvis*, denen entsprechende sowenig im Griechischen als im Deutschen vorhanden sind, sprechen ebenfalls nichts anders aus, als dafs
so wirklich (*quamquam*) oder so sehr (*quamvis*) das
im Nebensatze, gleichwohl, d. h. ebenso wirklich oder ebensosehr auch das im Hauptsatze Ausgesagte stattfinde.

Wir wenden uns nun zu den parataktischen Verbindungswörtern, d. h. zu denen, die, ohne zwei Sätze zur
syntaktischen Einheit als Glieder eines gröfseren Satzkörpers zu verbinden, doch eine Beziehung des einen auf
den andern auszudrücken dienen. Es ist aber von selbst
klar, dafs eine parataktische Verbindung auch da gewählt
werden kann, wo der Inhalt der beiden Aussagen von der
Art ist, dafs es möglich sein würde, sie auch syntaktisch
zur Einheit zu verbinden: denn es kann sehr wohl der
Fall sein, dafs der Redende aus irgend welchem Grunde
diese Form der Satzbildung zu wählen entweder nicht vermag oder nicht zweckmäfsig findet. — Die erste und ge-
wöhnlichste Art der Parataxis ist nun die sogenannte Copulation, συμπλοκή, und die Conjunctionen, welche dabei
zur Anwendung kommen, heifsen deswegen Copulativconjunctionen, σύνδεσμοι συμπλεκτικοί, unter denen zunächst
die am häufigsten gebrauchten in Betracht zu ziehen sind,
griech. τέ und καί, lat. *et, que, atque, ac.* Bei genauerer
Prüfung wird es höchst wahrscheinlich, dafs diese Wörtchen ihre schlichte copulative Bedeutung erst allmählig bekommen und ihre ursprüngliche Kraft engerer syntaktischer
Verbindung eingebüfst haben. Bei τέ und καί indessen tritt
diese noch erkennbar genug hervor in ihrer so häufig vorkommenden Correlation, wo ein voraufgehendes τέ auf ein
nachfolgendes καί ganz in derselben Weise wie ein voraufgehendes Demonstrativ τό auf ein nachfolgendes Relativ
ὅ hindeutet. Und auch etymologisch lassen sich beide als
Pronominalformen erkennen, das eine von dem Demonstrativstamm, dem auch τό, τοῦτο, τότε u. s. w. angehören,
das andere aus dem Stamm der später freilich nur als
Indefinita und Interrogativa gebrauchten Formen κοῦ, κότε,
κῶς, von dem sich aber annehmen läfst, dafs er früher auch
Demonstrativa und Relativa gebildet habe, wie ja nach der
schon oben[1]) vorgetragenen Ansicht, die freilich von den

---

[1]) Seite 101—104.

Meisten wohl als Ketzerei verdammt werden wird, die
Indefinita und Interrogativa überhaupt aus ursprünglichen
Demonstrativen hervorgegangen sind. Die Bedeutung des
demonstrativen τέ schwankte zwischen *da* und *so*, die des
καί zwischen *wo* und *wie*, das heifst, sie wurden bald in
dem einen bald in dem andern Sinne gebraucht. In beider
Bedeutung gehören sie aber offenbar zu den syntaktischen
Conjunctionen. Auch dafs dem τέ oft statt des καί ein zweites
τέ folgt, dem καί nicht τέ, sondern ebenfalls καί voraufgeht, erklärt sich leicht, wenn man bedenkt, wie oft überhaupt in der alten Sprache eine und dieselbe Pronominalform in demonstrativer und relativer Bedeutung verwendet
zu werden pflegt. Ebensowenig kann es befremden, wenn
sie oft einzeln, d. h. ohne ihr entsprechendes Correlat auftreten; denn auch dies haben sie mit anderen correlativen
Pronominalien gemein. Aber eben aus dieser Vereinzelung
entstand die Folge, dafs nun auch ihre correlative Bedeutung verdunkelt und blos die aus ihr hervorgegangene copulirende festgehalten wurde, in welcher dann beide Wörter
auch in solchem Zusammenhange angewandt wurden, wo
eine Zurückführung auf die ursprüngliche, so — wie, sowohl — als auch, nicht mehr möglich war. Was das τέ
im besonderen betrifft, so erscheint es, namentlich in der
älteren Sprache, auch aufser der Correlation mit καί oder
einem folgenden τέ, noch in einer zwar ebenfalls zweifellos demonstrativen, aber doch leisen und abgeschwächten
Bedeutung, indem es sich an Pronomina, Pronominalien
und andere Conjunctionen anschliefst, wie ὅστε, οἷόστε,
ὦστε, ἵνα τε, ἔνθα τε, ὅτε τε, ἄρα τε, γάρ τε u. dgl.[1]). —
Die lateinischen Copulativconjunctionen *et, que* sind ohne
Zweifel ursprünglich ebenfalls correlativ gewesen, jenes demonstrativ, dieses relativ; doch läfst sich diese ihre ursprüngliche Bedeutung und der Procefs ihrer Abschwächung
zur schlichten Copulation nicht mehr nachweisen. Sie haben
sich aber in anderer Richtung als die griechischen ent-

---

[1]) Dafs in ὅστε die demonstrative Kraft in eine indefinite übergeht,
also ὅστε oft ganz = ὅστις, habe ich schon in d. Zeitschr. f. d. Wiss. d. Spr.
I S. 257 bemerkt und das *da* in Verbindungen wie: **selig sind die da
Leid tragen, wer da bittet, der empfängt** u. dgl. damit zusammengestellt. Vgl. auch Grimm Gr. 1 S. 305 d. ersten Aufl. — Ueber das angehängte τέ überhaupt vgl. Classen in d. Jahrb. f. Philol. f. 1859. S. 305.

wickelt. Denn während etymologisch *que* dem *καί* entspricht, stellt es seiner Anwendung nach sich vielmehr
dem *τέ* gleich und ist wie dieses nur enklitisch, wogegen
das dem *τέ* etymologisch entsprechende *et* selbständig wie
καί auftritt. Seine ursprüngliche Form war übrigens wohl
ete, also *te* mit vorgeschlagenem *e*, wie *enim* aus *nam* mit
demselben vocalischen Vorschlag, wie *ἐμοῦ* aus *μου*, wahrscheinlich auch *ἔτι* aus *τι*, und wie im Deutschen aus der
Negation *ne* — *ene*, und aus diesem dann auch *en* geworden[1]), ganz wie *te*, *ete*, *et*. — Die dritte Copulativconjunction *atque* ist ohne Zweifel aus der Präposition *ad* mit
que zusammengesetzt, und wird häufig auch *adque* geschrieben. Verkürzt lautet sie *ac*, zu vergleichen mit *nec*
und *neque*[2]).

Zur Gegenüberstellung zweier Aussagen dienen im
Griechischen *μέν* und *δέ*. Man hat in *μέν* den Pronominalstamm der ersten Person zu erkennen gemeint, und es für
eine Asseveration genommen, wobei der Redende auf sich
selbst als den Gewährsmann hinweise, gleichsam ein kurzes
mihi crede. Die Verwandtschaft mit dem Pronomen lassen
wir lieber auf sich beruhen; dafs es ursprünglich eine
asseverirende Kraft habe, ist zweifellos, ebenso wie, dafs
es nichts anderes als ein verkürztes *μήν*, oder *μήν* ein
gedehntes *μέν* sei; auch die enge Verwandtschaft mit dem
betheurenden *μά* wird schwerlich von Jemand verkannt
werden können. — Das dem *μέν* gegenüberstehende *δέ* ist
ebenso, wie die verlängerte Form *δή* und das deutsche *da*
ursprünglich ein demonstratives Deutewort: es dient zur
Hindeutung auf die Sache als eine vor Augen liegende.
Beide Wörtchen also, *μέν* und *δέ*, waren wohl geeignet
zu einer Gegenüberstellung zweier Aussagen, deren eine
der Redende zunächst asseverirend hervorhebt, dann aber
die andere als ebenfalls vor Augen liegend bezeichnet.
Vorzugsweise, aber keinesweges ausschliefslich, mufste eine
solche Gegenüberstellung dann passend scheinen, wenn
beide Aussagen einander mehr oder weniger zu wider-

---

[1]) Vgl. Grimm Gr. I S. 329 d. ersten Ausg. u. III S. 711.

[2]) Mit Grimm III S. 270 *ac* für ein umgekehrtes *ca* = *κε* (*καί*) zu
nehmen, wird sich schwerlich Jemand überreden lassen. Die ebendort vorgetragene Ansicht von Identität des *que* mit *καί*, *et* mit *τε* ist aber entschieden richtig.

sprechen schienen, also in einem concessiven Gedankenverhältnifs, wie ja auch im Deutschen die Concessivcon-
junction *zwar* nichts anders als eine Asseveration, *ze wäre*,
ist, der dann das demonstrative d o c h, aus d a, d o h, entstanden, ganz ebenso wie dem μέν das dem d o c h etymologisch gleiche δέ, gegenübertritt[1]). Das lateinische *quidem*
entspricht nicht etymologisch, wohl aber der Bedeutung
nach dem μέν, indem es wie dieses zur Hervorhebung
durch Asseveration dient. Es sind in ihm der mit dem
Kehllaut und der mit dem Zahnlaute beginnende Pronominalstamm vereinigt: *ce*, was auch *co* lautete, (wie heutzutage italienisch *ecco* für *ecce*), mit dem die Demonstration
noch lebhafter machenden Suffix *i*, und das demonstrative
de mit consonantischem Auslaute *dem*. *Quidem* ist also =
coïdem, deutsch h i e r d a. Zur Concessivbedeutung ist es
auf dieselbe Weise wie das griechische μέν gekommen; dafs
sie aber ebensowenig seine alleinige als seine ursprüngliche sei, braucht nicht erwiesen zu werden, da es Jeder
ohnehin wissen mufs. Dem griechischen δέ in der Gegenüberstellung gegen μέν entspricht das ebenso dem *quidem*
oft gegenübertretende *sed*, dann aber auch *autem* und
tamen; aber sie sind kräftiger als δέ, und treten daher
auch nicht so wie dieses bei schlichter Gegenüberstellung,
sondern bei Entgegensetzung ein, wo also ein concessives
Gedankenverhältnifs stattfindet und *quidem* gleich z w a r ist.

Aus μέν und δέ sind ἠμέν und ἠδέ geworden. In dem
vorgesetzten η ist schwerlich etwas anderes als eine Art
von Interjection zu erkennen, welche nur die Aufmerksamkeit des Zuhörers anrufen soll, wie etwa das deutsche
eh, he. Auch das oben besprochene präfigirte ε in ἔτι und
enim ist wohl nichts anderes als ein verkürztes und geschwächtes η. Im Lateinischen wird diesem *e* ein nasaler
Auslaut gegeben *en*, im Griechischen derselbe mit dem
lebhafter demonstrirenden ι, also ἠνί, wofür indessen auch
ἐνί nicht unerhört gewesen zu sein scheint[2]). — Es ist

---

[1]) Mit dem Zeitadverbium δήν, *diu* hat das demonstrative δέ, δή gar
nichts zu schaffen, obgleich Manche sich das eingebildet haben. Das Zeitadverbium lautete ursprünglich δϝήν, und macht deswegen bei Homer Po-
sition, was bei dem demonstrativen δή niemals der Fall ist.

[2]) Dies ist gewifs die probabelste Ansicht über Aristoph. Acharn. v.
617, wo nur ἐνί in ἐνή verschrieben ist: ἤδη πεπρέσβευκας σὺ πολιὸς ὤν;
Ἐνί, ἀνανεύει. d. h. *En, renuit.*

aber bei ἠμέν — ἠδέ die Function der Gegenüberstellung,
ebenso wie bei τέ — καί die der Vergleichung, auch zur
schlichten Copulation abgeschwächt, und namentlich tritt
ἠδέ ohne voraufgehendes ἠμέν oft als Copulativconjunction
auf, wo sich denn auch das η zu einem schwächeren Laute
verkürzt hat, der bei der Aufzeichnung der alten Lieder —
denn nur in diesen kommt es vor —, besser durch ι als
durch ε bezeichnet werden zu können schien, also ἰδέ.

Zur Entgegensetzung, wo das Zweite ausdrücklich als
dem Ersten widersprechend bezeichnet werden soll, eigenen
sich solche Wörtchen, die jenes Zweite mit starker und
lebhafter Demonstration gegen das Erste hervorheben. Es
kann freilich selbst μέν dazu verwendet werden, doch pflegt
es dann nicht allein aufzutreten, sondern noch eine andere
demonstrative Partikel τοί zu Hülfe zu nehmen, welche
sich ganz mit dem deutschen demonstrativen doch vergleichen läfst, und auf die wir später noch zurückkommen
werden. Wie im deutschen *jedoch* (f. *ja, doch*) die Einräumung des Ersten und dabei doch die Anerkennung des
Zweiten zugleich angedeutet werden, so auch in μέντοι,
welches jenem oder auch dem lateinischen *verum tamen*
vollkommen gleichbedeutend ist. Aber auch ohne solches
hinzutretende τοί genügt die stärkere Form des μέν, d. h.
μήν, allein für diesen Zweck; und auch *quidem* wird im
Lateinischen nicht immer nur als zwar, sondern öfters
auch als doch, aber im Gegensatze verwendet. — Das
griechische ἀλλά läfst sich unmöglich von dem Pronomen
ἄλλος trennen. und dafs es zur Ankündigung eines Entgegengesetzten zu dienen geeignet sei, kann schon die Vergleichung mit dem deutschen *andererseits* klar machen.
Seine sonstigen Anwendungen zu verfolgen ist nicht dieses
Ortes. — In dem nur der Dichtersprache eigenen αὐτάρ,
dessen schwächere Form ἀτάρ auch die Prosa, wenigstens
bisweilen, gebrauchte, erkennt man leicht denselben Pronominalstamm, aus dem auch αὐτε und αὐτός gebildet sind.
Dafs die Begriffe wieder (*iterum, rursus*) und wider
(*contra*) sich nahe berühren, kann schon das deutsche Wort
zeigen, welches nur die Schrift in beiden Bedeutungen
unterscheidet. Das Gemeinsame beider Begriffe ist eben
die Gegenüberstellung, welche stattfindet sowohl wenn der
Gegenstand, der einmal in Rede stand, nachher nochmals

in Rede kommt und also sich selbst gleichsam gegenüber gestellt wird, als auch wenn dem vorher gesagten ein Anderes
entgegengestellt wird. Indessen tritt die Entgegensetzung
bei αὐτάρ weniger entschieden hervor als bei ἀλλά: es
wird oft nur als Zeichen des Ueberganges zu etwas anderem gebraucht, wie es auch mit δέ der Fall ist. Ueber
den zweiten Bestandtheil, das ἄρ, wird weiter unten zu
reden sein. — Von dem lateinischen *autem* springt die
Verwandtschaft mit αὖτε, also auch mit αὐτάρ, von selbst
in die Augen; und auch in der Anwendung dient es nicht
ausschliefslich der entschiedenen Entgegensetzung, sondern
ist oft nur einem ferner, aufserdem, ebenfalls gleich-
geltend. — Die Conjunction *sed* entspricht am meisten
unserm *sondern,* doch mit dem Unterschiede, dafs sie nicht,
wie dieses, nur nach negativen, sondern auch nach positiven Vordersätzen auftritt. *Sed* kommt von der insepa-
rabeln Präposition *se* her, die den Begriff von Trennung,
Scheidung, Absonderung enthält[1]): in der älteren Sprache
wurde dieser das demonstrative Suffix *dum* angehängt,
und *sed* ist nur die Abkürzung von *sedum.* Der Uebergang aber von der Absonderung zur Entgegensetzung ist
leicht zu begreifen. — Endlich *at* verhält sich etymologisch zu *autem* wie ἀτάρ zu αὐτάρ, insofern wenigstens,
als es die gleiche Schwächung der ersten Sylbe desselben
zeigt; das ursprünglich in *autem* wie in αὐτάρ vorhandene
F ging aber auch in *s* übr, so dafs nicht blos *at,* sondern
auch *ast* gesprochen wurde[2]).

Eine spezielle Art der Entgegensetzung ist die Disjunction, welche stattfindet, wenn zwei Aussagen von der
Art sind, dafs sie nicht beide neben einander bestehen
können, sondern eine die andere ausschliefst. Die lateinische Sprache hat hiefür die Conjunction *aut,* für die es
nicht nöthig ist, eine andere Etymologie aufzusuchen als
die sich zunächst darbietende. *Aut* ist also aus demselben
Pronominalstamm wie *autem* entstanden, und nachdem die
Sprache diesem einmal die Bedeutung der Entgegenstel-
lung übertragen hatte, lag es nahe, ihm auch die fernere

---

[1]) Nach Corssen I S. 334 soll *sed* mit dem Personalpronomen der
dritten Person zusammenhängen und eigentlich **für sich** bedeuten!
[2]) Nach Corssen II S. 278 ist *ast* aus *at set* geworden.

der Ausschliefsung zu übertragen. Zur ausdrücklicheren
Bezeichnung des entschiedenen Gegensatzes, der zwischen
den sich gegenseitig ausschliefsenden Dingen stattfindet,
wird die Conjunction gerne auch bei beiden gesetzt: *aut
vincere aut mori:* auf der einen Seite Sieg, auf der
andern Seite Tod[1]). — Die griechische Sprache hat keine
dem lateinischen *aut* etymologisch entsprechende Disjunctiv-
conjunction; sie gebraucht dafür ἤ, welches Hermann[2]) für
identisch mit dem bald fragenden bald affirmirenden ἤ
erklärt hat, wogegen sich denn auch logisch nichts einwenden läfst. Dafs dieselbe Partikel in der Versicherung
wie in der Frage gebraucht werde, ist deswegen möglich,
weil aus der Art, wie der Satz betont wird, die eine wie
die andere Bedeutung sich erkennen läfst. Ebenso aber
ist auch begreiflich, wie das, was einem Anderen als ein
solches, mit dem zugleich es nicht bestehen könne, entgegengestellt wird, eben deswegen auch als ein diesem
gegenüber fragliches bezeichnet werden kann[3]). Was nun
aber dieses ἤ etymologisch eigentlich sei, mag den Lin-
guisten zu ermitteln überlassen bleiben. Einstweilen bin
ich geneigt, es ebenso wie das oben besprochene η in ἠμέν
und ἠδέ für eine Art von Interjection zu halten, einen
Anruf an den Zuhörer, der zunächst nur die Aufmerksamkeit auf die Aussage, sei dies nun eine Versicherung,
sei es eine Frage, in Anspruch nehmen sollte. — Uebrigens ist häufig die Disjunction sowohl bei *aut* als bei ἤ
weniger streng, das heifst, sie will nicht entschieden die
Ausschliefsung des Einen durch das Andere bezeichnen,
sondern läfst es unentschieden oder unterstellt es dem Urtheil des Angeredeten, ob Eines nicht auch neben dem
Anderen bestehen könne. Es giebt aber Partikeln, die
dieser Art von Disjunction ausschliefslich dienen, und deswegen von den Grammatikern *coniunctiones subdisiunctivae,*

---

1) Einige, denen Hartung, Lehre v. d. Partik. II S. 81, zustimmt, haben
durch die Lautähnlichkeit verleitet *aut* mit *haut* oder *haud, hau* zusammen-
gebracht, und die Disjunction aus der Negation erklären zu können gemeint.
Wenn *aut — aut* weder — noch bedeutete, so wäre das möglich; da
es aber entweder — oder bedeutet, so ist es unmöglich.

2) Opusc. I p. 209.

3) Auch das niederdeutsche *of* für oder ist dasselbe mit dem fragenden *of* = ob.

σύνδεσμοι παραδιαζευκτικοί genannt werden: im Lateinischen *vel* oder enklitisch *ve*, dessen Herkunft von dem
Verbalstamm, der auch *velle* bildet, wohl allgemein anerkannt wird, und dem auch die Conjunction *si* vortritt:
sive = sofern man will. Im Griechischen wird in gleicher Weise εἴτε gebraucht, meist in beiden Gliedern εἴτε —
εἴτε, ob nun dies — ob auch jenes.

Die letzte Classe der parataktischen Verbindungswörter
sind solche, welche, indem sie einen Satz an den andern
anreihen, zugleich ihn als Vervollständigung, weitere Ausführung, Erläuterung und Begründung dessen, was in jenem
gesagt worden, oder als Folgerung, die aus ihm zu ziehen
sei, bezeichnen. Eines der häufigsten dieser Classe ist
ἄρα, wegen der häufigen Anwendung auch in ἄρ und in
ῥά gekürzt, auch in Zusammensetzung mit τέ oder τοί zu
τάρ oder τάρ, mit γέ zu γάρ verschmolzen. Die Etymologie ist freilich nicht ganz gewiß, aber es ist doch höchst
wahrscheinlich, daß wir in ἄρα dieselbe Wurzel zu erkennen haben, aus der auch das Verbum ἄρω erwachsen
ist, welches die allgemeine Bedeutung des paßlichen, an-
gemessenen Anfügens und Zusammenfügens hat. Eine Fuge
zwischen den Sätzen füllt nun auch ἄρα aus: es deutet
an, daß der Satz, in dem es steht, um des vorhergehenden willen da sei, und es ist deswegen in der That kein
einziges Gedankenverhältniß, bei dem es nicht gebraucht
werden könnte, eben weil es keines ausschließlich bedeutet. Deswegen verbindet es sich auch so gerne theils
mit Relativen theils mit anderen Conjunctionen, und weil
keine andere Sprache ein Fugenwort von so allgemeiner
und umfassender Bedeutung hat, muß es bald durch dieses
bald durch jenes andere übersetzt werden, ist auch oft
ganz unübersetzbar. Wenn es z. B. Il. 1, 430 heißt: τὸν
δ' ἔλιπ' αὐτοῦ χωόμενον κατὰ θυμὸν ἐϋζώνοιο γυναικός,
τήν ῥα βίῃ ἀέκοντος ἀπηύρων, so konnte das ῥά auch
wegbleiben; nun es aber dasteht, macht es bemerklich,
wie der Relativsatz hinzugefügt sei, um den Grund des
vorher erwähnten Zornes anzugeben, und wenn es XV, 461
heißt: ἀλλ' οὐ λῆθε Διὸς πυκινὸν νόον ὅς ῥ' ἐφύλασσεν
Ἕκτορα, so ist auch hier klar, daß der angefügte Satz
den Erklärungsgrund des vorhergehenden andeutet. Dergleichen Beispiele des ῥά oder ἄρ oder ἄρα mit dem Re-

lativpronomen giebt es unzählige. Ebenso tritt dieselbe
Bedeutung der Partikel in Verbindung mit anderen Conjunctionen zu Tage, wie Il. I, 56: *κήδετο γὰρ Δαναῶν, ὅτι
ῥα θνήσκοντας ὁρᾶτο*, XXIV, 288: *εὔχεο οἴκαδ᾽ ἱκέσθαι
ἂψ ἐκ δυσμενέων ἀνδρῶν, ἐπεὶ ἄρ σέ γε θυμὸς ὀτρύνει
ἐπὶ νῆας*. Oft aber ist es nicht sowohl die Aussage des
zunächst vorhergegangenen Satzes allein, worauf das *ἄρα*
sich bezieht, als vielmehr der ganze Zusammenhang der
Darstellung, in welche das mit *ἄρα* Angegebene sich einfügt als etwas, was zur Vervollständigung derselben diene.
sei es dafs es zur Begründung gehöre, sei es dafs es sich
als eine natürliche und unter den obwaltenden Verhältnissen zu erwartende Folge darstelle. Oft auch bezieht
es sich auf etwas vorher gar nicht ausdrücklich Gesagtes,
auf eine Thatsache, die der Redende im Sinne hat ohne sie
auszusprechen, aus der er aber nun eine Folgerung ab-
leitet, einen Schlufs zieht, wie gleich zu Anfang des He-
siadischen Lehrgedichtes, *οὐκ ἄρα μοῦνον ἔην ἐρίδων γένος*.
Mit diesen Andeutungen müssen wir uns begnügen, da eine
speciellere Ausführung an diesem Orte nicht möglich ist.

Aehnlicher Art, doch von beschränkterer Bedeutung, ist
οὖν. Es dient vorzugsweise die Aussage als eine das Vorhergehende weiter verfolgende zu bezeichnen, und zwar
auf zwiefache Weise, erstens als blofse Fortsetzung, weshalb es namentlich auch bei der Wiederaufnahme eines
durch Parenthesen unterbrochenen Satzes angewandt wird,
zweitens als eine Folgerung aus dem Vorhergegangenen.
Beide Anwendungen beruhen natürlich auf einer allgemeinen
Grundbedeutung, die sich aber freilich nur beschreiben,
nicht durch Uebersetzung wiedergeben läfst. Es ist nur
zu sagen, *οὖν* signalisire das Ausgesagte als ein solches,
auf welches eben jetzt in diesem Zusammenhange die Aufmerksamkeit zu richten sei, und es scheint mir nicht
zweifelhaft, dafs es von einem demonstrativen Pronominalstamm herkomme, demselben der auch dem Pron. *αὐτός*
zu Grunde liegt[1]). Unter den lateinischen Conjunctionen

---

[1]) So meinen auch Bopp II S. 194 u. Christ, gr. Lautlehre S. 264.
Andere haben an das Particip von *εἶναι* gedacht, also *ἰόν*, wie noch jüngst
Rost, Ueb. Ableit. u. Gebr. d. Partikel *οὖν*. Gotha 1859. Dafs die folgernde
Bedeutung nicht als die eigentliche und ursprüngliche aufzustellen sei, be-
merkt R. mit Recht: dafs es aber eigentlich Bekräftigung sei, wirk-
lich, in Wahrheit bedeute, ist nicht zuzugeben.

steht ihm *igitur* am nächsten: wenigstens könnte überall, wo im Lateinischen *igitur* eintritt, im Griechischen οὖν gesetzt werden. Dafs *igitur* ebenfalls aus einem Pronominalstamm erwachsen sei, ist unverkennbar. Es ist wohl das demonstrative *i* (in *is*) mit dem demonstrativen *ce* oder *ci* verbunden, und die Endung zu vergleichen mit dem *ter* anderer Adverbien. — Οὖν aber dient keinesweges blos als Conjunction um Sätze anzufügen, sondern es beschränkt sich ebensooft darauf, nur innerhalb Eines Satzes ein einzelnes Wort der Aufmerksamkeit besonders zu empfehlen, obgleich allerdings diese Empfehlung ihren Grund immer in einer Gedankenbeziehung dieses Satzes zu dem Vorhergegangenen haben mufs.

Mit οὖν und ebenso mit ἄρα oder der gekürzten Form ἄρ verbindet sich die Partikel γέ zu den Compositis γοῦν und γάρ. Die Kraft des γέ aber ist lediglich die der Hervorhebung des Wortes oder der Wortverbindung, auf die es sich bezieht, und die der Redende als dasjenige markiren will, worauf er besonderes Gewicht lege. Unsere an dergleichen Partikeln weniger reiche Sprache mufs sich meistens begnügen, diese Hervorhebung durch die Betonung merklich zu machen; bisweilen läfst sich aber das enklitische *ja* für γέ setzen, mit dem es die hervorhebende Kraft gemein hat, und ohne Zweifel auch wohl etymologisch zusammenzustellen ist[1]). Im Lateinischen entspricht meist das ebenfalls enklitische *quidem*, dessen zwei Sylben übrigens in der Aussprache auch wohl in Eine zusammengezogen wurden, ja welches bei den Komikern vor vocalisch anlautenden Wörtern bisweilen gar nicht als eigentliche Sylbe, sondern als ein consonantischer Anlaut mit einem dem hebr. *schwa* zu vergleichenden kaum hörbaren Vocallaut erscheint[2]). Was im Griechischen ἔγωγε, εἴγε, ὅτεγε, ἐπείγε, ὅς γε, καί γε, dasselbe sind im Lateinischen *ego quidem, siquidem, quandoquidem, quum quidem, qui quidem, et quidem.* — Es ist nun leicht zu begreifen, wie sich in einem Satze, der den Grund des Vorhergehenden angiebt, so gerne auch das γέ einstellt, um diesen Satz als einen solchen, der von Gewicht sei, hervorzuheben. Namentlich

---

[1]) Vgl. Christ, Lautlehre. S. 107.
[2]) Vgl. Fleckeisens Rec. der Ritschelsen Ausg. d. Plautus, Jahrb. für Philol. Bd. 60. S. 260.

wird es dann auch mit *μέν* zusammengestellt, indem es
das *μέν*, dessen asseverirende Kraft wir oben besprochen
haben, hervorhebt und so dasjenige, worauf sich dies bezieht, um so mehr geltend macht, z. B. ὡς ἥδομαί σοι
πρῶτα τὴν χροιὰν ἰδών· νῦν μέν γ' ἰδεῖν εἶ πρῶτον ἐξ-
αρνητικός: ich freue mich deiner Farbe: du siehst
ja fürwahr nun recht leugnerisch aus[1]). Auch ohne
solches *μέν* aber steht *γέ* oft in Sätzen, die zum Belege
des Vorhergehenden dienen, wie ὄρνιν τε νομίζετε πάνϑ'
ὅσα περ περὶ μαντείας διακρίνει· φήμη γ' ὑμῖν ὄρνις ἐστίν,
πταρμόν τ' ὄρνιϑα καλεῖτε: ihr nennt ja die *φήμη*
einen *ὄρνις* u. s. w.[2]). — In dieser Bedeutung wird dem
γέ denn nun auch das die Beziehung auf das Vorhergehende recht ausdrücklich bezeichnende *ἄρ* beigesellt, und
so entsteht *γάρ*. Nicht weniger häufig aber nimmt es auch
οὖν zu sich, und wird also *γοῦν*. Der Unterschied zwischen
beiden ist dieser, dafs *γοῦν* vorzugsweise dann gesetzt
wird, wenn gerade das Einzelne, worauf das *οὖν* die Aufmerksamkeit hinweist, als ein besonders deutlicher Beleg
zu dem vorher Gesagten angeführt werden soll, aufser welchem auch wohl noch andere weniger wichtige angeführt
werden könnten; wogegen bei *γάρ* lediglich die Beziehung
auf das Vorhergehende ohne solche Nebenandeutung bemerklich gemacht wird.

Im Lateinischen dienen *nam* und *enim* in gleicher Bedeutung, ihrem eigentlichen Wesen nach aber sind sie ebensowohl Asseveration, wie das griechische in der Anwendung freilich verschiedene *μέν*. Am deutlichsten erhellt die
asseverative Kraft des *enim* in seiner Zusammenstellung
mit *vero: enim vero*, ja in Wahrheit[3]). *Nam* scheint
durch seinen Anlaut die nächste Verwandtschaft mit dem
betheurenden, versichernden *ne* oder *nae* zu verrathen[4]),

---

[1]) Aristoph. Nub. v. 1172.

[2]) Aristoph. Av. v. 721.

[3]) Auch *quia enim* gehört hierher; ebenso *sed enim, at enim* (ἀλλά
γάρ), *quippe enim* u. dgl. Für *enim vero* steht auch *hercle vero* (Plaut.
Curc. III, 1, 5), und bei Terent. Phorm. III, 1, 18 wird *enim* durch *videlicet* erklärt.

[4]) Daher erklärt sich auch seine Anwendung in der Frage, die das
auf die wahre und zuverlässige Angabe des Fraglichen gerichtete Verlangen
andeutet. Auch der Wunsch *utinam* ist eigentlich eine Frage, mit πῶς ἄν
zu vergleichen, z. B. πῶς ἄν ὀλοίμαν; *utinam peream*. Eur. Med. v. 97.

das auslautende *m* dient nur als consonantische Stütze für den kurz gesprochenen Vocal, wie in *iam, tam, quam*, oder in der demonstrativen Anhängsylbe *dem* od. *tem* in *idem, item, quidem, tandem* u. dgl. Häufig wird auch *que* angehängt, *namque*, was eigentlich **und wahrlich** bedeutet und wohl die ursprüngliche Form war, einen Causalsatz anzufügen. Auch *nempe* ist entschieden aus *nam-pe* zusammengesetzt: es bedeutet ebenfalls **sicherlich, wahrlich**, obwohl mit gewissen Modificationen, die zu verfolgen hier zu weitläufig sein würde. Das angehängte *pe*, welches auch in *quippe* (eigentl. *quidpe*) erscheint, ist mit Sicherheit nicht zu erklären[1]. — Ob aber auch *enim* aus *nam* geworden sei, was Manche unbedenklich annehmen, scheint mir wenigstens zweifelhaft. Da *nam* Sätze beginnt, so würde ein mit dem Präfix verstärktes *enim* um so mehr diesen Platz behaupten, nicht, wie es bei weitem am häufigsten der Fall ist, als enklitischer Nachtreter erscheinen, während das enklitisch nachtretende *quidem* durch das gleiche Präfix verstärkt die Kraft gewinnt auch an die Spitze des Satzes zu treten. Ich möchte lieber *enim* für ein verlängertes *en*, **siehe!**, erklären, also *ene* mit dem schliefsenden *m*, was wir auch in *nam* gefunden haben[2]. Dafs ein solches **siehe!** wohl geeignet sei, auch einen den Grund oder die Bestätigung des vorangehenden Satzes einzuführen, sieht Jeder wohl von selbst ein: und auch das oft noch vorgesetzte *et*, also *etenim*, erklärt sich von diesem Gesichtspunkt aus sehr leicht. Es ist nichts weniger als ein blofses Hülfsmittel um die enklitische Partikel an den Anfang des Satzes bringen zu können, sondern es fungirt wirklich um den Satz an den vorhergehenden augenfälliger anzuschliefsen, ganz wie das *que* in *namque*, und wie auch im Griechischen dem γάρ häufig ein καί vorgesetzt wird.

Ein Paar ganz eigenthümliche zur Satzverbindung die-

---

[1] Es für ein oscisches *que* zu nehmen scheint bedenklich. S. Corssen, II, 273. Dafs *quippe* eigentlich fragend sei (**warum?**) ist anerkannt und seine fernere Anwendung aus dieser Grundbedeutung ungezwungen zu erklären.

[2] Oscisch lautete *enim* — *inim* oder auch einsylbig *in*. S. Mommsen, Unterital. Dialecte. S. 264. Auch die Lateiner sprachen *enim* im gemeinen Leben meist als **eine** Sylbe, wie die Komiker zeigen. S. Fleckeisen a. a. O. S. 259.

nende Partikeln sind im Griechischen ἄν und κέ, κέν, do-
risch und äolisch κά mit langem Vocal. Beide, obgleich verschiedenen Ursprungs, übernehmen doch dieselbe Function
ohne erkennbaren Unterschied, nämlich das Ausgesagte als
ein Bedingtes, als Apodosis einer entweder ausgesprochenen
oder auch nur vorausgesetzten Hypothesis zu bezeichnen.
In was für Fällen sie so gebraucht werden — denn der
Sprachgebrauch hat hiefür scharfe Grenzen gezogen —
dies genauer zu erörtern ist Aufgabe der Syntax; was
aber ihren Ursprung betrifft, so haben die gründlichsten
Forscher mit Recht beide aus Pronominalstämmen abgeleitet, und zwar κά, κέ, κέν, aus demjenigen, aus welchem
wir oben auch καί abgeleitet haben, ἄν aber aus dem anderen, zu welchem auch εἰ, εἶν, ἐν, ἴν gehören, so dafs
also ἄν und εἰ sich als ein engverbundenes Geschwister-
paar darstellen. Wenn εἰ sich durch so oder wenn wiedergeben läfst, so entspricht ἄν so ziemlich dem da oder
dann des Nachsatzes[1]). Κά aber ist mit der copulativen
Conjunction, wie etymologisch, so auch dem Sinne nach
verwandt. Man mufs sich nur erinnern, dafs καί, ehe es
zur schlichten Copulativconjunction wurde, ursprünglich
Correlat von τέ war, also vergleichende Bedeutung hatte,
τέ — καί, so — wie, sowohl — als auch. Nun aber
lieben die Griechen auch bei Gegenüberstellung von Ursache und Wirkung, von Voraussetzung und Folge, die
Vergleichung beider, die ja auch im Wesen des Verhältnisses begründet ist. Sie sagen auf der einen Seite ὥσπερ
καί, auf der andern οὕτω καί, z. B. ὥσπερ καὶ τοῦτό ἐστι,
οὕτω κἀκεῖνο εἶναι δεῖ. ἐπεὶ καὶ τοῦτο ἦν, ἔσται κἀκεῖνο.
εἴ τι καὶ ἥμαρτες, δεῖ σε καὶ κολασθῆναι u. dgl.[2]). Doch
wird die vergleichende Partikel in allen solchen Fällen
meist nur in einem Gliede, sei es im vorderen sei es im
hinteren gesetzt. Aus solchem im hinteren Gliede der
conditionalen Satzverbindung gesetzten καί ist nun κά, κέ

---

[1]) Es wird goth. auch durch *dhau*, d. i. da ausgedrückt. S. Grimm, Gr.
III, 176, der nur nicht von einem unbestimmten halb fragenden ἄν reden
sollte, wobei vielleicht die Vergleichung mit dem lat. *an* das Urtheil ver-
wirrt hat, wie es Manchem auch aufser Grimm ergangen ist. *An* und ἄν
haben gar nichts mit einander zu thun.
[2]) Vgl. Wex, de Plat. loco mathem. p. 64. Hartung, Partik. I S. 126 f.
Haase ad Xenoph. de r. p. Lac. p. 50.

entstanden, und so zum Zeichen der Bedingtheit geworden, welches dann der Sprachgebrauch auf gewisse Fälle, ebenso wie das apodotische ἄν, beschränkt hat. Bei der ursprünglichen Verschiedenheit beider Partikeln kann es aber auch nicht befremden, wenn sie in der älteren Sprache bisweilen neben einander auftreten. In solchen Fällen zeigt das κέ noch die vergleichende Bedeutung, a u c h, und ἄν die eigentlich apodotische, die sich durch d a n n wiedergeben läfst. Aber auch das ist nicht zu verwundern, dafs bisweilen im Nachsatz einer Hypothesis καί und κέ neben einander erscheinen, indem das erstere dann der Vergleichung dient, das andere aber, dessen ursprünglich ebenfalls vergleichende Bedeutung aus dem Bewufstsein entschwunden war, blos noch als apodotisch, als Zeichen der Bedingtheit gilt.

Ein Paar andere Partikeln gewinnen zwar niemals die Kraft, für sich allein als satzverbindende Conjunctionen zu fungiren, werden aber häufig gebraucht um sich an andere theils Conjunctionen theils Verba und sonstige Attributiva anzuschliefsen und deren Bedeutung bald zu verstärken bald auf diese oder jene Weise zu modificiren. Die wichtigsten sind τοί, δή und πέρ. — Was nun zunächst τοί betrifft, so ist dies sicherlich nichts anders als ein durch das lebhaft deutende ι verstärktes τό, dieses τό aber ist nicht als Casus des Demonstrativpronomens zu betrachten, sondern lediglich als Demonstrativpartikel, eine aus τ und dem vocalischen Auslaut bestehende Lautgeberde, nicht wesentlich verschieden von τέ, bevor dies zur Conjunction geworden, wie denn auch noch späterhin bei den Aeoliern τό für τέ gesagt wurde in solchen Fällen, wo τέ nicht als Copula sondern als Expletivpartikel erschien[1]). Zur Verstärkung und Modification der Bedeutung schliefst sich τοί namentlich gerne an μέν, an ἤ oder ἦ, an καί, an γάρ und an ἄρ. Mit μέν wird es dann verbunden,

---

[1]) Hellad. chrestom. p. 11 Meurs. oder bei Phot. bibl. p. 532, 2 (1585 Hoesch.): οἱ Αἰολεῖς ἄν μὲν ὡς συμπλεκτικὸν παραλαμβάνουσιν ὁμοίως ἡμῖν ἐκφωνοῦσι τὸν τέ· ἄν δὲ παραπληρωματικῶς, εἰς ὁ τρέπουσι τὴν συλλαβὴν καὶ τό λέγουσιν ἀντὶ τοῦ τέ. — Ein aus dem Pronomen der zweiten Person τύ entstandenes τοί = σοί neben jenem andern anzunehmen, wie Naegelsbach geneigt war, Anmerk. zur Ilias S. 177 d. erst. Ausg., ist ganz unnöthig.

wenn dieses nicht im Vordersatz, als zwar, sondern im
Nachsatz, als doch, auftritt, worüber wir schon oben gesprochen haben[1]). — *Καίτοι* entspricht vollkommen dem
deutschen und doch, da in diesem doch ursprünglich
auch nichts anderes als eine demonstrative Hervorhebung
des Ausgesagten liegt. — Mit dem asseverirenden $\tilde{\eta}$ wird
τοί namentlich bei den Epikern häufig verbunden, indem
sie beim Uebergang der Darstellung von Einem zum Anderen, bevor sie dies Andere folgen lassen, noch auf das
Vorhergegangene mit einer gewissen Versicherung hindeuten: *ἤτοι ὅγ᾽ ὣς εἰπὼν κατ᾽ ἄρ᾽ ἕζετο*: Ja so sagte
er und setzte sich nun, oder Siehe so sagte er —.
Die Grammatiker haben nicht Unrecht, wenn sie ein solches *ἤτοι* durch *μέν* erklären[2]). Es könnte in dem obigen
Satze unbedenklich gesagt sein: *οὗτος μὲν ὣς εἰπών* —,
nur mit geringerer Lebendigkeit. Man wird nie fehlgreifen,
wenn man dies *ἤτοι* in allen ähnlichen Stellen durch Siehe
wiedergiebt, was am besten geeignet ist, uns seine Kraft
zu vergegenwärtigen. Mit dem disjunctiven $\tilde{\eta}$ verbunden
(*ἤτοι*) steht es regelmäfsig, obwohl nicht ohne einzelne
Ausnahmen[3]), nur im ersten Gliede, also *ἤτοι* — $\tilde{\eta}$, nicht
umgekehrt $\tilde{\eta}$ — *ἤτοι*. Dies erklärt sich daraus, dafs in der
Regel bei solcher Gegenüberstellung der einander ausschliefsenden Angaben diejenige, auf die man das meiste Gewicht legt, auch zuerst gestellt zu werden pflegt. Mit *γάρ*
endlich wird *τοί* nur dann verbunden, wenn jenes nicht
als ätiologische (od. grundangebende) Conjunction fungirt,
sondern nur die nahe Beziehung des folgenden Satzes auf
den vorhergehenden andeutet, eine Beziehung, welche nicht
blos bei der Begründung des Einen durch das Andere,
sondern auch bei der Folgerung des Einen aus dem Anderen stattfindet. In diesem Falle tritt nun das *τοί* voran,
und *τοίγαρ* bedeutet demgemäfs. Das *τοί* deutet auf das
Vorhergehende hin, und *γάρ,* d. h. *γέ ἄρ,* stellt das Folgende eben als mit jenem in genauem Zusammenhange
stehend dar. Endlich mit *ἄρ* wird entweder *τοί* oder auch
das kürzere aber wesentlich gleichbedeutende *τέ* zu *τάρ*

---

[1]) S. oben S. 189. 190.
[2]) Vgl. Apollon. de constr. I, 3 p. 9, 23. — De adv. p. 551, 1 heifst
es *ἤτοι* und *μέν* stehen *ἐκ παραλλήλου.*
[3]) S. Nauck, de trag. gr. fragm. obs. Berol. 1855.

verbunden, was oft unrichtig τ' ἄρ geschrieben wird[1]). Die
alten Grammatiker sahen es als thematisch an[2]). Dafs
auch dem volleren ἄρα dasselbe τέ oder τοί vortreten
könne, ist von selbst klar[3]).

Dafs auch δή eine demonstrative, auf Etwas als deutlich und sichtbar vorliegend hindeutende Kraft habe, ist
schon oben bemerkt und von den Meisten anerkannt. Es
ist nur ein gedehntes δέ, oder δέ ein gekürztes δή[4]), und
wie δέ in ὅδε, τόδε auf den Gegenstand als einen vor
Augen liegenden hindeutet, so deutet auch δή auf das
Ausgesagte als etwas Bekanntes, Gewisses, Thatsächliches
hin, was nicht in Zweifel gezogen werden kann. Demgemäfs eignet es sich zum Anschlufs an andere satzverbindende Conjunctionen, hat aber in sich selbst keine satzverbindende Kraft.

Πέρ erinnert durch seinen Laut an die Präposition
περί und an das lateinische *per*. Seine Kraft läfst sich so
definiren: es bezeichne, dafs der Redende das Wort oder
die Aussage, auf welche das πέρ sich bezieht, im ganzen
Umfange ihres Sinnes genommen wissen wolle. Daher entspricht bisweilen das deutsche s c h i e r, v ö l l i g, g a n z u n d
g a r, bisweilen auch s i c h e r l i c h, wenn dies nichts anders
als die volle und ganze Geltung des daneben stehenden
Ausdrucks affirmiren will[5]). Unter den satzverbindenden
Conjunctionen sind es namentlich εἰ und καί, die am häufigsten mit πέρ verbunden werden. Mit εἰ drückt es aus,
dafs der Redende das, was er als Bedingung hinstellt, im
vollen Sinn der Worte verstanden haben wolle; mit καί
verbunden wird es bei Participien gesetzt, welche eine Annahme, Fallsetzung enthalten, und deutet an, dafs das von
der Voraussetzung Abhängige a u c h dann stattfinde, wenn

---

[1]) Vgl. Buttmann, grofse Gr. I S. 124.
[2]) So auch Apollon. de coni. p. 522, 4.
[3]) Vgl. Ellendt, Lex. Soph. II p. 839.
[4]) In einer arkadischen Inschrift aus Tegea, mitgetheilt von Th. Bergk,
Ind. schol. Hal. hib. 1860 steht p. X v. 17 u. 27 κατ' εἰ δέ τινα τρόπον,
und v. 34 κατ' εἰ δέ τι μή . . .
[5]) Der Stamm περ erscheint auch in περάω, πείρω, πέραν, περί, hier
freilich auch mit anders gewandter Bedeutung. Auch das lat. *per* in Verbindungen wie *permagnus*, *perbonus*, *perquam* gehört hierher. Nicht unpassend wird auch das franz. *très* verglichen, welches von *trans*, nicht von
dem Zahlworte abzuleiten ist, wie jetzt wohl allgemein anerkannt wird.

die Voraussetzung im vollen Umfange eintrete. Aufserdem
schliefst sich πέρ oft an Relativa aller Art an, und bezeichnet auch hier, dafs der Begriff, den das Relativ wiederholt, in vollem Umfange zu denken sei. Eigentlich geht
die Kraft des πέρ nicht auf das Relativum, sondern auf
das vorher entweder ausdrücklich angegebene oder ver-
standene; es wird aber in den Relativsatz gesetzt, dem
Relativum angehängt, weil es gerade für diesen Satztheil
darauf ankommt, dafs jener Begriff, auf den das Relativum
deutet, in vollem Umfange gedacht werde.

Von den Grammatikern werden diese Wörtchen, die
sich an andere Wörter anschliefsen, σύνδεσμοι παραπληρωματικοί, latein. coniunctiones expletivae oder completivae
genannt. Das Beiwort ist vollkommen angemessen: denn
sie füllen in der That eine Art von Lücke der Darstellung
aus und geben zu den Worten, mit denen sie verbunden werden, eine Nebenandeutung oder verstärken, beschränken,
modificiren die Aussage in einer Weise, wie es ohne sie
nicht füglich geschehen könnte. Auch den Namen Conjunctionen kann man ihnen allenfalls gönnen, insofern man
nämlich dabei nicht blos an Verbindung von Sätzen und
Satzgliedern, sondern auch an Verbindung der Wörter in
einem und demselben Satztheile denkt. Denn alle jene
Begriffsmodificationen sind doch solche, welche die Wörter
nur in diesem oder jenem Zusammenhange erleiden sollen,
und beziehen sich also immer auf ihren Zusammenhang
mit anderen. Besser indessen ist es sie Adverbien, und
zwar, insofern sie die Modalität der Aussage afficiren,
Modalitätsadverbien zu nennen[1]). Unserm Zwecke genügte
es, sie nur in ihren wichtigsten Anwendungen zu betrachten, und das sind die, wo sie auch als satzverbindende Conjunctionen fungiren oder sich solchen anschliefsen. Die
übrigen, welche nicht so vorkommen und für die Beziehung

---

[1]) Dafs auch unter den Alten nicht Alle sie συνδέσμους genannt wissen
wollten, erhellt aus Apoll. de coni. p. 515, 13. — »Am besten wohl« sagt
Bäumlein im Philolog. XVI p. 144, »würde alles, was auch im einfachen
Satze stehen, also diesen an und für sich bestimmen kann, zu den Adverbien
gerechnet werden, auch wenn es, wie ἄρα, weiterhin zur Verknüpfung von
Sätzen dient; dagegen wäre den Conjunctionen zuzuzählen, was nie ohne
Beziehung auf einen andern Satz steht, wie οὖν.« Das ist auch meine Mei-
nung, obgleich sich wegen des οὖν wohl Bedenken erheben lassen möchten.

der Sätze oder Satztheile zu einander gleichgültig sind, wie *νύ, πού, πώ,* bedurften keiner näheren Erörterung. Es springt in die Augen, dafs die beiden letzteren nichts anders als indefinite Ort- oder Zeit- oder Qualitätsadverbien sind, *νύ* aber ein geschwächtes *νῦν,* wobei die eigentliche Zeitbedeutung zurücktritt und nur auf die jedesmal obwaltenden Umstände hingedeutet wird.

Die lateinische Sprache ist an solchen kleinen Füllwörtern weit ärmer als die griechische. Von den Grammatikern werden freilich als coniunctiones expletivae *quidem* und *equidem, quoque, saltem, enim, nam, quamquam, quamvis, licet, denique, utique, proinde, profecto, nimirum, nempe, vero, prorsus, dumtaxat* aufgeführt, wenigstens in gewissen Verbindungen[1]); aber es ist unverkennbar, dafs die lateinischen Grammatiker zur Aufstellung dieser ganzen Classe nur dadurch veranlafst worden sind, dafs sie bei den griechischen Grammatikern eine solche vorfanden. Sie nannten nun Expletiv- oder Completivconjunctionen alle jene Wörter in den Fällen, wo sie ihnen für das Verständnifs der Aussage oder des Zusammenhanges zweier Aussagen nicht wesentlich nothwendig zu sein schienen; wo aber dies der Fall war, da galten sie ihnen auch nicht als Expletiva, sondern wurden, je nachdem sie ihre Bedeutung auffafsten, mit anderen Namen benannt und anderen Classen der Conjunctionen oder auch Adverbien zugetheilt.

Unter ihnen allen sind nur zwei oder drei, über deren eigentliche Bedeutung und ihre Herleitung zu reden nöthig wäre: von einigen ist auch schon oben gesprochen worden. — In *quoque* erkennt wohl Jeder nur ein doppeltes und also ein verstärktes *que,* dessen etymologische Uebereinstimmung mit *καί* sich auch in dieser Verdoppelung dadurch erweist, dafs es dem schärfer betonten *καί,* auch, gleichbedeutend ist, während *τέ* niemals für auch steht. — *Saltem,* welches Einige gar wunderlich als eine Ableitung von *salire,* Andere noch abgeschmackter für den synkopirten Accusativ *salutem* angesehen haben, ist schon im Alterthum von Nigidius[2]) richtiger beurtheilt worden, we-

---

1) Vgl. Charis. p. 199 *P.* Diomed. p. 409. Donat. p. 1763. Max. Vict. p. 1952. Valer. Prob. p. 1425. Priscian. XVI, 13.
2) Bei Gellius XII, 14.

nigstens insofern, als er eine Zusammensetzung aus *si* mit
anderen Wörtern darin erkennt. Das *s* ist offenbar ein
elidirtes *si*, wie in *sodes* aus *si audes*, *sis* aus *si vis*, *sultis*
aus *si vultis;* das *al* ist aus *alid*, was für *aliud* noch Lu-
cretius gebraucht, das *tem* endlich ist ein gekürztes *tamen*,
welches selbst ja nur aus *tam* verlängert ist. *Saltem* ist
also = *si alid, tamen*, wenn auch anderes, so doch —,
d. h. wenn auch immerhin anderes, so doch nichts desto
weniger auch dieses, z. B. *eripe mihi hunc dolorem, aut
saltem minue:* nimm mir diesen Schmerz, oder wenn anders
(d. h. wenn du ihn nicht nehmen kannst), so mindere ihn
doch. — Zusammengesetzt ist auch *dumtaxat* aus *dum* und
taxat, wenn einer es genau betrachtet, genau genommen, woraus sich die verschiedenen Anwendungen,
in denen man es bald durch nur oder blos bald durch
wenigstens wiederzugeben pflegt, leicht ableiten lassen.
Das Verbum *taxare* (aus *tangere*) ist aus der Volkssprache,
in der es gewiss längst üblich war, erst später in die
Schriftsprache übergegangen. Es bedeutet eigentlich durch
Betasten untersuchen. *Taxat* ist nicht für ein gekürztes *taxatur* zu nehmen, sondern es ist, wie es lautet,
die dritte Person des Activ, wobei das unbestimmte Subject
aliquis, hinzugedacht wird, wie auch sonst öfters[1]).

Zum Beschluss werfen wir jetzt noch einen kurzen
Blick auf die Lehren der Alten über die Conjunctionen, soweit uns ihre Ansichten von wissenschaftlichem Interesse zu
sein scheinen[2]). Dass der Name σύνδεσμος sich zuerst bei
Aristoteles findet ist schon früher bemerkt worden. Er umfasste bei diesem alle diejenigen Wortarten, welche nicht,
wie das ὄνομα und das ῥῆμα, zur Bezeichnung realer oder
idealer Substanzen und der Attribute und Thätigkeiten
derselben dienen, und ohne welche keine Aussage, kein
Satz möglich ist, sondern diejenigen, welche entweder im

---

[1]) So in den XII Tafeln, *si in ius vocat* — u. dgl. Vgl. Madvig Gr.
§. 388*b* A. 2. u. Weifsenborn Gr. §. 153 A. 3.
[2]) Vollständigere Angaben findet man bei J. G. E. Sterk, de paraple-
romaticis, in den Symbol. litt. vol. VII p. 3—63 u. VIII p. 3—71. Einiges
auch bei C. F. Jahn, Grammat. Graec. de coniunctionibus doctrina. Gryph.
1847.

einzelnen Satze mehrere zur vollständigeren Subjects- oder
Prädicatsangabe erforderliche Wörter mit einander verbinden, oder im zusammengesetzten Satzkörper die Verbindung der Glieder, in einer Aufeinanderfolge von Sätzen
die Anknüpfung des einen an den andern vermitteln, für
sich allein aber weder einen Gegenstand bezeichnen noch
ein Attribut angeben, also nicht Begriffe sondern nur Beziehungen von Begriffen oder von Sätzen ausdrücken, und
deswegen nicht selbst eigentlich bedeutungsvoll, σημαίνοντα,
sondern nur mitbedeutend, συσσημαίνοντα heifsen dürfen.
Wie Aristoteles das ἄρθρον bald unter dem σύνδεσμος mit-
begreifen, bald auch es als eine besondere Art von Ver-
bindungswort daneben nennen konnte, ist ebenfalls schon
früher bemerkt worden. Die Präpositionen, die ja ebenfalls nicht σημαίνοντα sondern nur συσσημαίνοντα sind,
oder wenigstens zu sein scheinen, mufs er natürlich auch
zu den σινδέσμοις gerechnet haben, obgleich sich keine
ausdrückliche Angabe hierüber vorfindet. Die ältesten
Stoiker, Zeno und Kleanthes, schlossen sich in dieser Hinsicht ganz an den Aristoteles an; denn sie rechneten nicht
blos die Präposition zu den συνδέσμοις, sondern auch das
ἄρθρον[1]), wenn sie es auch als eine besondere Art desselben unterschieden, was ja Aristoteles ebenfalls gethan
hat. Die Trennung des ἄρθρον, als einer eigenen Wortclasse, von dem σίνδεσμος mag Chrysippus eingeführt
haben. Sie beruht ohne Zweifel darauf, dafs sich das
ἄρθρον durch seine Fähigkeit, die Casusverhältnisse, den
Numerus und das Genus zu bezeichnen, als etwas mehr
denn als eine lediglich zur Wort- oder Satzverbindung
dienende Wortclasse, als ein blofses συσσημαῖνον erweist,
nämlich als eine Bezeichnung von Gegenständen, nicht blos
von Verhältnissen, wenn auch in anderer Weise als das
Nomen. Dafs aber nun die Stoiker den Namen ἄρθρον
auch den nicht correlativen, also nicht zur Satzverbindung
dienenden Pronominen beilegten, ist freilich nicht zu loben,

---

[1]) Dies folgere ich aus der Angabe des Priscian de XII vers. Aen. IX,
173, wo es von den pronominibus dubiis, d. i. den relat. indefinit. u. interrog. heifst: *quae Stoici quidem antiquissimi inter articulos cum praepositionibus ponebant.* Wenn sie die articulos mit den praepositionibus in
eine Classe stellten, so kann der Gesammtname dieser Classe nur σίνδεσμος gewesen sein.

läfst sich aber wohl entschuldigen[1]). — Als stoische Definition des σύνδεσμος wird angegeben: σύνδεσμός ἐστι
μέρος λόγου ἄπτωτον συνδοῦν τὰ μέρη τοῦ λόγου, die,
wie man sieht, das ἄρθρον ausschliefst, aber nicht nur
die Präpositionen sondern auch die correlativen Pronominaladverbia zu umfassen geeignet ist.

Von den Grammatikern, die sich von den Stoikern
darin entfernten, dafs sie die Präpositionen, die von diesen
προθετικοὶ σύνδεσμοι genannt wurden, als eine besondere
Wortclasse unter dem Namen προθέσεις ausschieden, werden die correlativen Pronominaladverbia des Ortes, der Zeit,
der Qualität, der Quantität bald als Adverbien bald als
Conjunctionen bezeichnet, und zwar als Adverbien dann,
wenn sie in ihrer eigentlichen, als Conjunctionen, wenn sie
in der übertragenen Bedeutung fungiren, also nicht das
locale, temporale, qualitative oder quantitative Verhältnifs
bezeichnen, sondern zur Angabe der Ursache, des Zweckes,
des Ergebnisses, der Voraussetzung, der Einräumung dienen.
So ist z. B. ἵνα in einem Satze wie ὄφρ' ἐς Ὄλυμπον ἵκω-
μαι, ἵν' ἀθανάτων ἕδος ἐστίν, oder ἵνα γάρ σφιν ἐπέφρα-
δον ἠγερέεσθαι ein ἐπίρρημα τοπικόν, aber in ἐξαύδα, μὴ
κεῦθε νόῳ, ἵνα εἴδομεν ἄμφω oder ἄλκιμος ἔσσ', ἵνα τίς
σε καὶ ὀψιγόνων εὖ εἴπῃ ein σύνδεσμος αἰτιολογικός oder
ἀποτελεστικός[2]). — Die Definition des σύνδεσμος lautet in
dem Büchlein des Dionysius so: σύνδεσμός ἐστι λέξις συνδέουσα διάνοιαν μετὰ τάξεως καὶ τὸ τῆς ἑρμηνείας κεχηνὸς
πληροῦσα[3]). Der Ausdruck διάνοιαν ist wohl absichtlich
gewählt, um dadurch zu bezeichnen, dafs die Verbindung,
welche die Conjunction andeutet, eine Gedankenverbindung
sei, d. h. eine solche, welche nicht sinnlich wahrgenommen
sondern nur von dem denkenden Verstande gemacht oder
aufgefafst werde. Es wird also diejenige Art von Verbindung, welche die in ihrer eigentlichen Bedeutung gebrauchten Pronominaladverbia angeben, durch jenen Ausdruck
ausgeschlossen, und es ist nur jene andere gemeint, welche
eben dieselben in ihrer übertragenen Bedeutung, und neben

---

[1]) S. oben S. 117.
[2]) Vgl. Apollon. de coni. p. 480, 19. 510, 8 u. 26 über ὅπως, 511, 9
über ὄφρα, auch de constr. IV, 10 p. 336, 1.
[3]) Spätere, wie Schol. Dion. p. 953, 17. 954, 6 lasen δηλοῦσα für
πληροῦσα, offenbar unrichtig, wie schon Egger, Apollon. p. 210 erkannt hat.

ihnen die übrigen zur Andeutung des Gedankenverhält-
nisses und der Gedankenverbindung dienenden Wörter bezeichnen. Den Zusatz μετὰ τάξεως werden wir weiter
unten besprechen, der letzte Theil der Definition aber, καὶ
τὸ τῆς ἑρμηνείας κεχηνὸς πληροῦσα, soll gewiſs nichts anderes besagen, als daſs die Conjunction eine Lücke des
Ausdruckes ausfülle, d. h. daſs sie etwas angebe, was zum
ganzen und vollständigen Ausdruck des Gedankens gehöre
und ohne sie vermiſst werden würde; und das geht denn
keinesweges blos auf die sogenannten Expletivconjunctionen,
sondern auf alle ohne Ausnahme. In diesem Sinne richtig verstanden ist die Definition tadellos, und ich finde
keinen Grund, weswegen sie nicht dem alten Dionysius
selbst sollte zugeschrieben werden dürfen. Ein späterer
byzantinischer Grammatiker würde wahrscheinlich eine Fassung gewählt haben, wie wir sie jetzt in den Scholien
p. 952, 7 vorgetragen und als Verbesserung gepriesen finden:
σύνδεσμός ἐστι μέρος λόγου ἄκλιτον, συνδετικὸν τῶν τοῦ
λόγου μερῶν οἷς καὶ συσσημαίνει ἢ τάξιν ἢ δύναμιν παριστῶν. Die Verbesserung soll zunächst in dem Zusatz
ἄκλιτον, indeclinabel, bestehen, dessen Weglassung dem
Dionysius zum Vorwurf gemacht wird. Allerdings, die Conjunctionen sind indeclinabel; aber man darf doch fragen,
ob es gerade nothwendig gewesen sei, dies auch in die
Definition aufzunehmen. Nothwendig würde es nur dann
genannt werden dürfen, wenn ohne diesen Zusatz der übrige
Theil der Definition nicht blos auf die Conjunctionen, sondern auch auf andere nicht zu dieser Classe gehörige Wörter
paſste, was doch keinesweges behauptet werden kann. Denn
es giebt keine declinablen Wörter, welche so, wie die Conjunctionen, blos und allein die Gedankenverbindungen angeben, das logische Verhältniſs des Verbundenen andeuten,
die Mangelhaftigkeit des Ausdruckes ergänzen. Die de-
clinabeln Satzverbindungswörter sind die correlativen Pronomina; aber diese thun doch nicht das, was jene Definition
besagt, sondern etwas anderes. Sie enthalten eine Bezeichnung von Gegenständen, deren Begriff in einem Satztheil
wiederholt werden soll; darin allein besteht ihre Function.
Eine bestimmte Gedankenverbindung aber und ein logisches
Verhältniſs zwischen den Satztheilen lassen sie an und für
sich selbst ganz unbezeichnet, und wenn man auch z. B.

für ein Relativpronomen eine causale oder finale Conjunction
mit einem Demonstrativ setzen kann, so geschieht dies doch
nur deswegen, weil sich das causale oder finale Verhältnifs
des durch das Relativpronomen angeknüpften Satzes aus
der Beschaffenheit der Sache selbst ergiebt, nicht aber
weil das Pronomen es wirklich auch bezeichnete. Was das
Pronomen thut ist nur dies, dafs es den durch Andeutung
des Anschauungsverhältnisses, in dem er steht, kenntlich
bezeichneten Gegenstand wieder vergegenwärtigt; dies Anschauungsverhältnifs aber, dessen Andeutung zu seiner
Kenntlichmachung genügt, ist etwas ganz anderes, als das
Gedankenverhältnifs eines Satzgliedes zum andern, welches, wenn es einer besonderen Bezeichnung dafür bedarf,
nur durch eine Conjunction bezeichnet werden kann. Die
Pronomina sind darum declinabel oder flexibel, weil sie
nicht blos Verhältnisse, sondern Gegenstände in Verhältnissen bezeichnen, und weil die Gegenstände nothwendig
auch, aufser dem Anschauungsverhältnifs, ein geschlecht-
liches, numerisches und casuelles Verhältnifs haben müssen,
so haben deswegen auch die Pronomina Flexionsformen
für Genus, Numerus und Casus. Aber die Gedankenverhältnisse, welche die Conjunctionen andeuten, sind keine
Gegenstände, bei ihnen sind Genus, Numerus und Casus
ganz unmöglich, und deswegen, wenn die Conjunctionen
weiter nichts als nur die Gedankenverhältnisse andeuten,
folgt daraus mit Nothwendigkeit, dafs sie auch keine Formen für Genus u. s. w. haben können, sondern inflexibel
sein müssen, und dies nun auch in der Definition ausdrücklich zu bemerken war wenigstens ganz überflüssig.
Hätte der alte Dionysius voraussehen können, dafs man
ihn wegen jener Unterlassung tadeln würde, so möchte er
vielleicht gesagt haben μόνον συνδέουσα διάνοιαν, um durch
dies μόνον eben die Andeutung der Gedankenverbindung
als die einzige Function der Conjunction zu bezeichnen,
die, weil sie keinem flexiblen Worte beiwohnt, und die
Flexibilität nothwendig ausschliefst, auch jenen Zusatz unnöthig macht.

Die zweite Differenz zwischen der neuen und jener
älteren Definition besteht darin, dafs für λέξις συνδέουσα
διάνοιαν gesetzt ist μέρος λόγου συνδετικὸν τῶν τοῦ λόγου
μερῶν. Ich will auf die Vertauschung von λέξις und μέρος

λόγου kein Gewicht legen, weil ja auch Dionysius selbst
vorher (p. 634) den σύνδεσμος unter die acht μέρη τοῦ
λόγου gezählt hat, und also schwerlich anzunehmen ist,
dafs er jetzt etwas anderes gemeint und etwa mit Aristoteles[1]) die Conjunction nicht als einen eigentlichen Bestandtheil des Satzes habe bezeichnen wollen. Aber das συνδετικὸν τῶν τοῦ λόγου μερῶν sagt etwas anderes als das
συνδέουσα διάνοιαν, und ist keine Verbesserung. Es besagt
Verbindung der Satztheile, nicht Gedankenverbindung, und
würde daher auch auf die correlativen Pronomina bezogen
werden können, wenn nicht das ἄκλιτον vorher gesetzt
wäre, was nun freilich nothwendig, in der Definition des
Dionysius aber entbehrlich war. — Die letzten Worte, οἷς
καὶ συσσημαίνει ἢ τάξιν ἢ δύναμιν παριστῶν, besagen dafs
die Conjunction, indem sie Satztheile verbinde, zugleich
auch etwas zur Bedeutung dadurch beitrage, dafs sie die
τάξις oder die δύναμις dessen, was sie verbindet, anzeige.
Dies ist nun allerdings ganz richtig, aber es ist in der
That auch schon in den Worten des Dionysius μετὰ τάξεως
καὶ τὸ τῆς ἑρμηνείας κεχηνὸς πληροῦσα enthalten. Unter
τάξις nämlich ist das logische Verhältnifs der in Gedanken-
zusammenhang stehenden Sätze oder Satzglieder zu verstehen, die entweder einander coordinirt sind, oder das
subordinirte Verhältnifs des einen zum andern, wie des
Ergebnisses zum Grunde, der Wirkung zur Ursache, des
Zweckes zum Mittel, des Bedingten zum Bedingenden
darstellen[2]). Die δύναμις aber, welche die Conjunctionen
andeuten, besteht darin, dafs sie die Geltung erkennen
lassen, in welcher das jedesmal Ausgesagte zu verstehen

---

[1]) S. oben S. 7. 8.

[2]) Vgl. Schol. Dion. p. 964, 26, wo es von den Conditionalconjunctionen
heifst, οὗτοι σημαίνουσι τάξιν ἡγουμένου πρὸς ἑπόμενον. Das ἡγούμενον,
auch πρῶτον genannt, ist der Vordersatz, die Voraussetzung, das ἑπόμενον,
auch δεύτερον, ist der Nachsatz oder die Folge, wobei es aber auf die
Stellung, die die Sätze in der Rede gegen einander einnehmen, nicht ankommt, indem das ἑπόμενον auch voran, das ἡγούμενον hinterher gestellt
werden kann. Das deutet auch Apollonius an II, 18 p. 132, 14. Noch ausdrücklicher Sext. empir. adv. math. VIII, 109 ff. bei Prantl, Gesch. d. Logik
I S. 447. — Dafs τάξις auch von Coordination der Sätze gesagt werde,
ist von selbst klar. — Der Schol. zu Dion. p. 953, 1 braucht σύνταξιν für
τάξιν, wenn nicht vielmehr zu lesen ist: ὁ εἰ σύνδεσμος τάξιν μὲν δηλοῖ
f. ὁ εἰ σύνταξιν μ. δ. Bei Apoll. de adv. p. 543, 33 ist für ἐξετάζοντες
zu lesen ἑξῆς τάσσοντες.

sei, z. B. ob ein Optativ als blofse Annahme oder als Wunsch, ein Conjunctiv als Angabe des Erwarteten oder des Bezweckten, ein Indicativ als Angabe einer realen und erfahrungsmäfsigen oder einer blos fingirten nicht wirklich vorhandenen Thätigkeit zu gelten habe[1]). Denn den Verbalformen allein ist dies nicht anzusehen; es bleibt also der Ausdruck (ἑρμηνεία), wenn nur sie allein gesetzt werden, mangelhaft, und dieser Mangel, diese Lücke (τὸ κεχηνός) wird durch die Conjunction ergänzt. Man darf deswegen mit Recht sagen, dafs das δύναμιν παριστῶν der späteren Definition auch in dem τῆς ἑρμηνείας τὸ κεχηνὸς πληροῦσα des Dionysius schon enthalten sei, welches freilich von den Meisten gar sehr mifsverstanden worden ist. Man bildete sich nämlich ein, es gebe unter den Conjunctionen einige, welche eigentlich nichts bedeuteten (σημασίαν τινὰ οὐ ποιοῦνται), dies seien die sogenannten parapleromatischen, und Dionysius habe durch jene Worte eben auch nur ihre Bedeutungslosigkeit andeuten wollen. Selbst Apollonius[2]), der dieser Meinung von der Bedeutungslosigkeit mit Recht widerspricht, scheint doch die Worte des Dionysius ebenso verstanden zu haben; denn er sagt: οὐ γὰρ ἀληθές ἐστιν, ὥς τινες ὑπέλαβον, μόνον αὐτοὺς ἀναπληροῦν τὸ κεχηνὸς τῆς ἑρμηνείας καὶ διὰ τοῦτο εἰρῆσθαι παραπληρωματικούς.

---

[1]) In den Schol. zu Dionys. p. 953, 5 u. 965, 4 heifst es, die conditionalen Conjunctionen deuten zwar die τάξις, d. h. hier die Subordination, aber nicht die δύναμις an, insofern es nämlich unentschieden bleibt, ob das Ausgesagte wirklich oder nicht wirklich sei. Wenn es aber heifst, οὐκέτι καὶ δύναμιν, ὅ ἐστιν ὕπαρξιν τοῦ πράγματος, so klingt das freilich ganz so, als ob δύναμις und ὕπαρξις einerlei seien, eine Meinung, die auch sonst öfters zum Vorschein kommt, wie p. 952, 25. 956, 22. — P. 966, 3 heifst es von den παρασυναπτικοῖς, wie ἐπεί, in dem Satze: ἐπεὶ ὁ ἥλιος ὑπὲρ γῆς ἐστιν, ἡμέρα ἐστίν, dafs sie auch δύναμιν τοῦ πράγματος παριστῶσιν, was allerdings richtig ist, indem in einem solchen Satze an der Geltung des Indicativ als Ausdruck der Wirklichkeit nicht gezweifelt werden kann. Wenn aber auch dieser Schol. zu meinen scheint, dafs nur die ὕπαρξις auch δύναμις sei, so ist er in gleichem Irrthum befangen, wie die obigen, und wenn er nachher sagt, dafs sie auch die τάξις bezeichnen, so ist auch das nicht unrecht, aber der Zusatz ῥράσεως δηλονότι scheint doch zu verrathen, dafs der Mann τάξις nur von der Stellung im Satze verstanden habe. Die Worte, ὅσοι μεθ' ὑπάρξεως, τουτέστι μετὰ πράγματος δύναμιν ἐμφαίνοντος, καὶ τάξιν — δηλοῦσι, sind vollkommen unverständlich und gewifs corrumpirt. Vielleicht schrieb der Mann: τουτέστι τὴν τοῦ πράγματος δύναμιν ἐμφαίνοντες.

[2]) De coni. p. 515. de constr. III, 28 p. 266, 20.

In dem Ausdruck aber $\pi\lambda\eta\varrho o\tilde{v}\nu$ oder $\mathring{a}\nu a\pi\lambda\eta\varrho o\tilde{v}\nu$ $\tau\grave{o}$ $\varkappa\epsilon$-$\chi\eta\nu\acute{o}\varsigma$ liegt doch in Wahrheit kein Grund, demjenigen, der ihn zuerst gebrauchte, mag es nun Dionysius oder ein Anderer gewesen sein, jene verkehrte Meinung zuzuschreiben. Eine Lücke des Ausdruckes ausfüllen kann vernünftiger Weise nichts anders heifsen, als etwas Fehlendes in ihm ergänzen, und dies Fehlende mufs doch wohl etwas zum vollständigen Ausdruck des Gedankens Erforderliches sein, und folglich irgend eine Bedeutung haben. Der alexandrinische Grammatiker Tryphon[1]) scheint freilich schon das Richtige verkannt zu haben, wenn er die Expletivconjunctionen mit dem Werg oder ähnlichen Dingen verglich, die man beim Zusammenpacken zerbrechlicher Geräthe dazwischen stopfe, um zu verhüten, dafs sie nicht aneinander stiefsen und zerbrächen: indessen für gänzlich bedeutungslos kann er sie schwerlich angesehen haben, da er sie wenigstens doch für eigene Wörter ($\lambda\acute{\epsilon}\xi\epsilon\iota\varsigma$) erklärte, nicht, wie Einige gethan zu haben scheinen, für blofse Anhängsylben anderer Wörter[2]), dem $\sigma\iota$ oder $\sigma\iota\nu$ der dritten Person, dem ϑa der zweiten Person der Verba vergleichbar. Denn er selbst hat ausgesprochen: $\epsilon\grave{\iota}$ $\lambda\acute{\epsilon}\xi\epsilon\iota\varsigma$, $\mathring{o}\varphi\epsilon\acute{\iota}\lambda o\nu\sigma\acute{\iota}$ $\tau\iota$ $\delta\eta\lambda o\tilde{v}\nu$, dann aber freilich unterlassen oder nicht vermocht, diese Bedeutung näher zu bezeichnen, und sich der obigen jedenfalls unpassenden Vergleichung bedient, worin ihm denn auch Spätere gefolgt sind[3]). Im Allgemeinen war die Ansicht diese, dafs die Expletivconjunctionen, wenn auch nicht bedeutungslos, doch sehr häufig nicht eigentlich nothwendig wären, sondern mehr dazu dienten dem Satz eine gewisse Färbung oder dem Numerus, besonders im Verse, Fülle und Abrundung zu geben, als ein wirkliches und unumgängliches Bedürfnifs des Gedankenausdruckes zu be-

---

[1]) Ueber seine Ansichten s. Apollon. de coni. p. 515, 5. 516, 27. Vgl. Sterk de paraplerom. I p. 45 ff.

[2]) Bei Apollon. p. 515, 32 ist für $\varkappa a\grave{\iota}$ $a\grave{\iota}$ $\mu\grave{\epsilon}\nu$ $\sigma\upsilon\lambda\lambda a\beta a\acute{\iota}$ — zu lesen: $\varkappa a\grave{\iota}$ $\epsilon\grave{\iota}$ $\mu\grave{\epsilon}\nu$ $\sigma\upsilon\lambda\lambda a\beta a\acute{\iota}$.

[3]) Z. B. Diomedes in Schol. ad Dionys. p. 970, 20: $\delta\acute{\iota}\varkappa\eta\nu$ $\sigma\tau o\iota\beta\tilde{\eta}\varsigma$ $\mathring{\eta}\tau o\iota$ $\sigma\varphi\eta\nu a\varrho\acute{\iota}\omega\nu$ $\pi a\varrho\epsilon\iota\sigma\delta\upsilon\acute{o}\mu\epsilon\nu o\iota$. Denn $\sigma\varphi\eta\nu a\varrho\acute{\iota}\omega\nu$ ist ohne Zweifel mit Geel bei Sterk p. 44 für $\sigma a\varphi\eta\nu\eta\varrho\acute{\iota}\omega\nu$ zu lesen. Der Ausdruck soll wohl andeuten, dafs diese Wörtchen nicht blos als $\sigma\tau o\iota\beta\acute{\eta}$ dienten, sondern dafs sie durch Ausfüllung der Fugen auch zur besseren Verbindung des Satzgefüges beitrügen.

14 *

friedigen[1]). Und dabei konnte man sich denn auch wohl beruhigen.

Von den lateinischen Grammatikern ist nur zu sagen, dafs sie sich in der Definition der Conjunction theils an die des Dionysius theils an die in den Scholien zu diesem vorgetragene anschliefsen, für deren Urheber oder angesehensten Vertreter wir ohne Zweifel den Apollonius anzusehen haben, und die als die in der späteren Schule herkömmliche bezeichnet wird[2]). Bei Charisius, p. 198 *P.*, heifst es: *Coniunctio est pars orationis nectens ordinansque sententiam*, worin man die Definition des Dionysius wiedererkennt, nur dafs der Schlufs derselben weggelassen ist. Wenn aber nachher gesagt wird: *coniunctioni accidunt figura, ordo, potestas*, und dann: *ordo est, quo apparet, an praeponi tantum possit, ut et, an supponi ut que, an utrumque, ut itaque, namque*, so sieht man, dafs hier *ordo* in ganz anderem Sinn genommen ist, als das griechische τάξις, und blos die Stelle der Conjunction im Satze bedeuten soll. Auch die Definition der *potestas*, die in fünf *species* getheilt wird, je nachdem die Conjunctionen entweder *copulativae* oder *disiunctivae* oder *expletivae* oder *causales* oder *rationales* seien, entspricht nicht dem Begriff der δύναμις. Denn während diese die Geltung des Wortes bedeutet, die durch die dabei gesetzte Conjunction angedeutet wird, ist dem Charisius *potestas* die in der Conjunction liegende Kraft, vermöge welcher sie das logische Verhältnifs der Satztheile zu einander, also dasjenige, was den Griechen τάξις heifst, zu bezeichnen vermag. — Diomedes, p. 409, hat dieselbe Definition wie Charisius, mit der Be-

---

[1]) Vgl. Apollon. p. 517, 23. 519, 31. besonders p. 521, 6: ἐδείχϑη τὰ προχείμενα μόρια ὁτὲ μὲν ἕνεχα δηλουμίνου παραλαμβανόμενα, — ὁτὲ δὲ ἕνεχα εὐφωνίας. Bei Dionys. p. 643, 11 rührt die Erklärung, παραπληρωματιχοὶ δέ εἰσιν, ὅσοι μέτρου ἢ κόσμου ἕνεχεν παραλαμβάνονται wohl nur von den späteren Bearbeitern des Buches her: denn der Ausdruck des D. selbst, τὸ τῆς ἑρμηνείας κεχηνὸς πληροῦν, hat sicherlich nicht diesen Sinn. Dumm ist Schol. p. 970, 24: ὅσοι παρόντες οὐδὲν ὠφελεῖν δύνανται, οὔτε μὴν χωρισϑέντες λυμαίνονται. Etwas vernünftiger heifst es bei Priscian. XVI, 3, 13: *ornatus causa vel metri nulla significationis necessitate ponuntur:* denn unerläfslich nothwendig sind sie in den meisten Fällen nicht zu nennen.

[2]) Schol. Dionys. p. 952, 9. Dafs Apollonius sie vorgetragen, ist darum anzunehmen, weil auch Priscian, der sich überall als einen Nachtreter des Ap. bekennt, dieselbe hat.

merkung, daſs er sie beim Palaemon gefunden habe: vorher
aber giebt er die andere[1]), von Apollonius entweder zuerst
aufgestellte oder doch empfohlene, die in der Schule die
herrschende war, und die wir auch beim Priscian XVI, 1
wörtlich übersetzt lesen: *Coniunctio est pars orationis inde-*
clinabilis, coniunctiva aliarum partium orationis, quibus con-
significat, vim vel ordinationem demonstrans. Daſs die *vis*
vor der *ordinatio* genannt wird, während im Griechischen die
τάξις der δύναμις vorangeht, ist sehr gleichgültig: aber die
folgende Erläuterung der beiden Ausdrücke verräth, daſs
Priscian über ihre wahre Bedeutung nicht weniger im Un-
klaren gewesen sei als Andere. *Vim*, sagt er, *quando simul*
esse res aliquas significat, ut et pius et fortis fuit Aeneas.
Ist nun damit gemeint, daſs hier die Conjunction das Zugleich und Nebeneinander der beiden Prädicate anzeige,
so ist das freilich richtig; aber dies fällt dann unter den
Begriff der τάξις, nicht der δύναμις, und die Copulativconjunction, indem sie jenes anzeigt, übt eine ihr vermöge
ihrer potestas zukommende Function aus; aber die potestas
der Conjunction ist doch etwas anderes, als das von ihr,
vermöge derselben, angezeigte logische Verhältniſs der Prädicate, wobei die δύναμις ganz aus dem Spiele bleiben
kann. Ist aber gemeint, daſs die Conjunction in jenem
Beispiel die Wirklichkeit, das *esse* der beiden Prädicate
anzeige, so ist das offenbar unrichtig: denn ebendieselbe
Conjunction kann ja auch denn eintreten, wenn nicht Wirkliches sondern Fingirtes, Gewolltes, Erwartetes u. dgl. zu
copuliren ist. — Den zweiten Ausdruck *ordinem* soll das
Beispiel erläutern: *si ambulat, movetur,* in welchem die
Conjunction *consequentiam aliquarum* [*aliquam?*] *demonstrat*
rerum: sequitur enim ambulationem motus. Dies ist nun
allerdings vollkommen richtig, insofern wir das *sequitur*
im logischen Sinne, nicht von der Stellung der Worte im
Satz verstehen, da diese ja auch umgekehrt sein könnte,

---

[1]) Die Stelle lautet in den Ausgaben so: *Coniunctio est pars ora-*
tionis indeclinabilis copulans sermonem et coniungens vim et ordinem
partium orationis. Es ist aber offenbar, daſs die letzten beiden Accusative
nicht von *coniungens* abhängen können, und daſs also entweder *demonstrans*
am Schluſs, wie bei Priscian, hinzuzusetzen, oder *coniungens* in *demostrans*
zu ändern sei. Vielleicht steckt auch *consignificans* darin; wo denn freilich
demonstrans immer noch hinzugesetzt werden müſste.

movetur, si ambulat; aber ganz anders faſst nachher, §. 15.
16., Priscian selbst den Begriff des *ordo*, wenn er sagt:
ordo accidere dicitur conjunctionibus, qui communis est
paene omnibus dictionibus, und weiterhin: *similiter igitur*
coniunctiones pleraeque tam praeponi quam supponi pos-
sunt: sunt tamen quaedam, quae semper praeponuntur —
aliae, quae semper supponuntur: wo, wie man sieht, blos
an die Stelle der Conjunctionen in der Wortfolge gedacht
wird, wie freilich auch unter den späteren griechischen
Grammatikern Viele die τάξις gemiſsdeutet haben.

Wie bei den Adverbien, so haben auch bei den Conjunctionen die Grammatiker sich bemüht, eine auf den verschiedenen Bedeutungen beruhende Eintheilung in Classen
zu machen. Sie gingen dabei von den verschiedenen Gedankenverhältnissen der Sätze oder Satztheile aus, welche
durch Conjunctionen mit einander verbunden werden, und
da sie nun fanden, daſs sehr häufig eine und dieselbe Conjunction in mehr als e i n e m Gedankenverhältnisse zur Anwendung komme, so konnten sie nicht umhin, dergleichen
Conjunctionen auch zu mehr als e i n e r Classe zu rechnen[1]).
Der Grund jener vielfachen Anwendung bei verschiedenen
Gedankenverhältnissen liegt aber ganz natürlich darin, daſs
die Conjunctionen ursprünglich gar nicht für bestimmte
einzelne Verhältnisse erfunden, sondern nur in Folge ihrer
stärkeren oder schwächeren Demonstration, lebhafteren
oder milderen Asseveration, oder ihrer correlativen Orts-,
Zeit-, Qualität- und Quantitätsbezeichnung geeignet befunden worden sind, in diesem oder jenem Gedankenverhältnisse theils ausschlieſslich theils vorzugsweise benutzt
zu werden. Dabei verkannten übrigens die Grammatiker
nicht, daſs bei einer Anzahl von Conjunctionen eine Ein-
ordnung in diese oder jene der nach den Gedankenverhältnissen aufgestellten Classen sich wegen der groſsen Mannichfaltigkeit ihrer Anwendung und ihrer kaum definirbaren
Bedeutung nicht durchführen lasse: sie warfen deswegen
diese alle in Eine Klasse zusammen, die sie nicht, wie
die übrigen, nach den angedeuteten Gedankenverhältnissen
benannten, sondern nur ganz allgemein als paraplerroma-
tische, d. h. als solche bezeichneten, die irgend eine Lücke

---

[1]) Das bemerkt auch Priscian XVI, 1, 2.

des Ausdruckes zu ergänzen dienten[1]). Ueber diese, und wie das Wesen dieser Conjunctionen und der wahre Sinn der Benennung vielfältig mifsverstanden sei, haben wir nach dem schon oben über sie gesagten nichts weiter hinzuzufügen. Ueber die anderen würde eine genauere und auf Vollständigkeit ausgehende Relation viel Raum in Anspruch nehmen und doch von wenig wissenschaftlichem Interesse sein. Wir begnügen uns deswegen nur das Beachtenswertheste herauszuheben, indem wir die Bemerkung voraufschicken, dafs es besonders die Stoiker waren, an die sich die Grammatiker in der Classification der Conjunctionen und der Benennung der Classen anschlossen[2]).

Die Stoiker nannten das hypothetische Urtheil ein ἀξίωμα συνημμένον, weil es aus zwei Sätzen, der Voraussetzung (ἡγούμενον) und der Folge (ἑπόμενον) besteht, die so eng mit einander verknüpft sind und zusammenhangen, dafs die Wahrheit des zweiten nur unter Voraussetzung des ersten stattfindet, oder B nur insofern gilt, als auch A gilt. Deswegen hiefsen ihnen die Conjunctionen, welche in diesem Zusammenhange zur Anwendung kommen, σύνδεσμοι συναπτικοί[3]): wir nennen sie *conditionale* oder *hypothetische*, welche Benennungen bei den Alten nicht üblich sind; die Lateiner sagten dafür *coniunctiones continuativae*. — Im hypothetischen Urtheil kann der Vordersatz unentschieden lassen, ob das Vorausgesetzte wirklich sei oder nicht; die Conjunction geht blos auf die τάξις der beiden Sätze, und die δύναμις bleibt dahin gestellt. Wird aber im Vordersatze Etwas als wirklich seiend ausgesagt, und im Nachsatz ein Anderes zwar nicht als nothwendige Folge desselben, aber doch als durch dasselbe bewirkt und veranlafst angegeben, so nennen die Stoiker das Urtheil dieser Art ein ἀξίωμα παρασυνημμένον (ein nebenverbundenes), und die Conjunctionen, die hier eintreten, heifsen ihnen σύνδεσμοι παρασυναπτικοί, latein. *subcontinuativae*. Diese bezeichnen also nicht blos die τάξις, sondern auch

---

[1]) Vgl. Apollon. de coni. p. 521, 10 ff.
[2]) Apollon. de coni. p. 479. 11.
[3]) Vgl. Diog. L. VII, 71 u. Prantl, Gesch. d. Logik S. 447. Bei demselben finden sich auch die Belege für die folgenden Angaben, weshalb ich es unterlasse, jedesmal aufs neue auf ihn zu verweisen.

die *δύναμις*[1]). Es gehören dahin *ἐπεί* und die zusammengesetzten *ἐπείπερ, ἐπειδή, ἐπειδήπερ*. — Wird dagegen das
im Vordersatz Ausgesagte ausdrücklich als Ursache, das
im Nachsatz Ausgesagte als Ergebnifs derselben bezeichnet,
so ist das Urtheil ein *ἀξίωμα αἰτιῶδες,* und die hier eintretenden Conjunctionen *σύνδεσμοι αἰτιώδεις,* auch *αἰτιολογικοί,* wie *ὅτι, διότι, οὕνεκα*. — Werden ein Paar Aussagen schlicht aneinander gereiht, so heifsen sie *συμπε-
πλεγμένοι,* und die Conjunctionen *σύνδεσμοι συμπλεκτικοί,*
lat. *coni. copulativae*. Die *δύναμις* des Ausgesagten, ob es
als wirklich zu gelten habe (*ὕπαρξις*), oder als ungewifs
und zweifelhaft (*δισταγμός*) aufgestellt werde, wird durch
die Conjunction nicht angedeutet; die *τάξις* oder ihr logisches Verhältnifs ist nur das schlichte Nebeneinander oder
Gegenüber. Werden aber zwei Aussagen als solche bezeichnet, die nicht nebeneinander bestehen können, sondern
sich gegenseitig ausschliefsen, so heifst das Urtheil ein
ἀξίωμα διεζευγμένον, ein disjunctives Urtheil, und die
Conjunctionen *συνδ. διαζευκτικοί, coniunct. disiunctivae*. Auch
hier wird durch sie die *δύναμις* unbezeichnet gelassen, und
nur die *τάξις* angedeutet. — Wird die Ausschliefsung des
Einen durch das Andere nicht mit Entschiedenheit gesetzt,
sondern auch das Nebeneinanderbestehen als möglich zu-
gelassen[2]), so heifst das Urtheil ein *ἀξίωμα παραδιεζευγ-
μένον,* die Conjunction *συνδ. παραδιαζευκτικός, coni. sub-
disiunctiva*[3]). Endlich wenn beide Aussagen in der Weise
zusammengestellt werden, dafs dabei zugleich das Eine als
in höherem oder geringerem Grade als das Andere gültig
bezeichnet wird, das Urtheil also auf Mehr oder Minder

---

[1]) Dionys. p. 643, 2: *μεθ' ὑπάρξεως καὶ τάξιν δηλοῦσιν*. Die *ὕπαρξις*
ist hier eben die *δύναμις*.

[2]) Joann. Alex. *τον. παρ.* p. 41, 8: *ἢ γὰρ τὸ ἕν, ἢ τὸ ἕτερον, ἢ καὶ
ἀμφότερα*.

[3]) Von diesen kommt sowenig bei Diogenes Laert. als bei Dionysius
etwas vor; die ältesten Zeugen sind, soviel ich finden kann, Apollonius de
coni. p. 485, Gellius XVI, 8, 14, Galen. vol. VII p. 331. VIII p. 90. XVIII,
1 p. 109. Es ist also anzunehmen, dafs erst die späteren Stoiker diesen
Unterschied zwischen *διεζευγμ.* und *παραδιεζευγμ.* gemacht haben, und da
bei Dionysius die *συνδ. παραδιαζ.* nicht vorkommen, so kann dies wohl
als Moment für die ursprüngliche Abfassung des freilich später sehr um-
gearbeiteten Büchleins von dem Alten, dessen Namen es trägt, angesehen
werden. Ein Byzantiner würde die von Apollonius anerkannten *παραδιαζευκτικοί* schwerlich ausgelassen haben.

lautet, so heifst dies ein *ἀξίωμα διασαφοῖν*, weil durch
die eine Aussage die andere gewissermafsen erläutert, das
Mehr oder Minder, was sie angiebt, durch Angabe dessen
worauf es sich bezieht ausgedeutet wird. Die hier zur
Anwendung kommenden Conjunctionen heifsen daher *συνδ.
διασαφητικοί*[1]), *coni. disertivae*, oder auch *electivae*, in dem
Falle nämlich, dafs die Aussage ein *ῥῆμα προαιρετικόν,
verbum voluntativum*, enthält und eine Wahl des Einen vor
dem Andern ausspricht[2]).

In dem Büchlein des Dionysius werden weder die
παραδιαζευκτικοί noch die *διασαφητικοί* genannt, und es
scheint mir keinesweges unglaublich, dafs er diese letzteren
mit *μᾶλλον* und *ἧττον* zusammen nicht als *σύνδεσμοι* sondern als *ἐπιρρήματα συγκρίσεως* angesehen habe, obgleich
sie gegenwärtig p. 642, 11 nicht mit jenen aufgeführt
werden. Er hätte daran offenbar besser gethan als diejenigen, die auch *μᾶλλον* und *ἧττον* für Conjunctionen erklärten[3]). — Als *αἰτιολογικοί* aber werden bei Dionysius
nicht blos diejenigen, welche die Ursache, sondern auch
diejenigen, welche den Zweck bezeichnen, aufgeführt, d. h.
die von Anderen sogenannten *ἀποτελεστικοί*, lat. *effectivae*.
Apollonius begriff unter dem Namen *αἰτιολογικοί* nicht blos
diejenigen, welche eine Ursache oder einen Zweck und
Erfolg, sondern auch diejenigen, welche eine Bedingung
und Voraussetzung anzeigen, schied aber diese wieder in
fünf Abtheilungen, deren erste die *συναπτικοί* (lat. *conti*-

---

[1]) Apollon. de coni. p. 487, 24 meint, dafs in Sätzen wie *βούλομαι
πλουτεῖν ἢ πένεσθαι* oder dem homerischen p. 489 angeführten *βούλομ'
ἐγὼ λαὸν σόον ἔμμεναι ἢ ἀπολέσθαι*, die Conjunction deswegen *διασαφη-
τικός* heifse, weil sie *τοῦ μὲν προτέρου ὕπαρξιν διασαφεῖ, τοῦ δὲ ἐπι-
φερομένου ἀναίρεσιν*. Das ist schwerlich der Grund der Benennung gewesen, wenn auch das Wesen der angeführten Beispiele richtig anerkannt
ist. Denn es wird in Sätzen dieser Art allerdings das zweite Glied gewissermafsen negirt, und *ἤ* könnte mit *οὐ* vertauscht werden. Vgl. Buttmann, Excurs zu Demosth. Mid. p. 144 f. Deswegen, weil auch hier das
Eine durch das Andere ausgeschlossen erscheint, hielten die alten Grammatiker auch dies vergleichende *ἤ* für identisch mit dem disjunctiven, was
ich nicht für richtig halte. S. d. angeh. Abhandl.

[2]) Für *disertivae* ward bei Priscian. XVI, 2, 9 früher *discretivae* gelesen. Den andern Namen *electivae* erklärt Priscian selbst so wie ich oben
angegeben. Bei den Griechen hiefsen diese Conjunctionen deswegen *ἐκλεκτικοί*,
sicherlich aber nicht *ἐλεγκτικοί*, wie Schmidt Stoic. gramm. p. 49 und Lersch
II S. 39, durch einen Fehler der Abschreiber getäuscht, arglos angeben.

[3]) S. Apollon. de coni. p. 488, 2.

nuativae), die zweite die παρασυναπτικοί (*subcontinuativae*),
die dritte die αἰτιώδεις oder αἰτιολογικοί im engeren Sinne
(*causales*), die vierte die ἐπιζευκτικοί (*adiunctivae*), die
fünfte endlich die ἀποτελεστικοί (*effectivae*) ausmachten.
Ἐπιζευκτικοί hiefsen ihm diejenigen sowohl conditionalen
als causalen Conjunctionen, welche zur Anwendung kommen, wenn das als Bedingung oder Ergebnifs Angegebene
zugleich als nicht thatsächlich und gewifs, sondern als
muthmafslich und ungewifs bezeichnet werden soll, was,
wie er meint, in Bedingungssätzen durch ἐάν, in Causal-
sätzen durch ἵνα und alle sonst noch mit dem Conjunctiv
construirten Causal-, oder wie wir jetzt auch zu sagen
pflegen, Finalconjunctionen ausgedrückt wird, obgleich diese
letzteren auch ἀποτελεστικοί genannt werden, welcher Name
ihnen also mit denen, die den Erfolg, das Ergebnifs ausdrücken, gemeinschaftlich ist[1]).

Die beiden zur Bezeichnung der Bedingtheit dienenden Cojunctionen ἄν und κέν werden von den Grammatikern bald δυνητικοί bald ἀναιρετικοί σύνδεσμοι genannt,
und zwar δυνητικοί (*potentiales*) dann, wenn sie mit dem
Optativ als dem Modus potentialis dasjenige bezeichnen,
was als bedingter Weise möglich gedacht wird, ἀναιρετικοί[2]) aber, wenn sie mit dem Indicativ eines Präteritum
auftreten und diesem die Bedeutung der Wirklichkeit ent-
ziehen, so dafs er nur das, was unter gewissen Bedingungen wohl stattfinden oder stattgefunden haben würde,
angiebt, in welchem Sinne die neueren Sprachen, ital. und

---

[1]) Das Hauptzeugnifs über diese Lehre des Apollonius ist eine Stelle
des Priscian XVI, 1, 4, da uns des A. eigene Schrift περὶ συνδέσμων nur
in einem überdies lückenhaften Auszuge vorliegt. Ueber Einzelnes vgl. de
coni. p. 481, 12. 501. 505, 31. 507, 5. 510, 12. 511, 31. de adv. p. 565, 1.
de constr. III, 28 p. 265, 27 ff. 268, 21 ff. c. 30 p. 272.

[2]) Priscian a. a. O. §. 11 übersetzt ἀναιρετικοί durch *abnegativae;* von
Andern scheinen sie *ablativae* genannt zu sein, welchen Namen Pr. in der
Aufzählung §. 1 ebenfalls nennt, ohne jedoch weiterhin etwas darüber zu
sagen. Dafs es den Schein gewinnt, als seien abnegativae und ablativae
zwei verschiedene Arten von Conjunctionen, beruht sicherlich nur auf einem
Versehen Priscians, wie schon C. F. Jahn p. 22 erkannt hat. Egger, Apollon.
p. 209, hat für *ablativae* den griechischen Namen περιγραφικοί ersonnen,
und sich eingebildet, dafs z. B. das limitirende γέ dazu gehöre, und p. 210
übersetzt er *abnegativa* ohne Bedenken durch δυνητικός. Das Richtige über
ἀναιρετικός und δυνητικός ist aus Apollon. de constr. III, 6 p. 205 u. Schol.
Dionys. p. 972, 25 zu ersehen.

franz., den Conditionel, lat. und deutsch den Conjunctiv
des Imperfectes oder Plusquamperfectes gebrauchen. Bei
Dionysius werden beide unter die parapleromatischen Conjunctionen gerechnet, was man sich immer gefallen lassen
kann, sobald man nur diesen Namen in der früher angegebenen richtigen Bedeutung nimmt.

Die Conjunctionen, welche zur Einführung sei es der
Schlußfolgerung als Ergebniß vorhergegangener Beweis-
gründe, sei es der sogenannten Assumption in einem Syl-
logismus, anwendbar sind, werden bei Dionysius unter dem
Gesammtnamen συλλογιστικοί begriffen. Genauer unterschied man die der Assumption (πρόσληψις) dienenden als
προσληπτικοί[1]), und die Conjunctionen des Schlußsatzes
(der ἐπιφορά) als ἐπιφορικοί. Bei Priscian XVI §. 11. 12.
werden die letzteren *coniunctiones collectivae* oder auch *il-
lativae* genannt; die anderen, welche *assumptivae* heißen
sollten, nennt er *praesumptivas*, wahrscheinlich durch einen
Schreibfehler bei seinem griechischen Vorgänger, προληπτι-
κοί für προσληπτικοί, getäuscht[2]). Der allgemeine Name
für beide Arten ist *coniunctio rationalis*.

Die Partikeln, welche in einer concessiven Satzverbindung der Einräumung den trotz derselben dennoch stattfindenden Gegensatz gegenüberstellen, wie ὅμως und ἔμπης,
werden bei Dionysius am Schluß des Abschnittes über die
Conjunctionen erwähnt mit der Bemerkung, daß Einige
sie diesem Redetheil zugerechnet haben. Sie nannten sie
συνδέσμους ἐναντιωματικούς, welchen Namen auch Apollonius hat, jedoch mit der Bemerkung, daß wenigstens
ἔμπης auch Adverbium sei[3]), was sich mit gleichem Rechte
ebenfalls von dem nur durch die Zurückziehung des Ac-
centes von ὁμῶς verschiedenen und auf eine spezielle Anwendung beschränkten ὅμως (gleichwohl) sagen ließ.

---

[1]) Apollon. de coni. p. 518, 8. 519, 20.
[2]) Der Name kommt nur in der Aufzählung §. 1 vor, ohne daß
weiterhin davon die Rede wäre. Die im Texte vorgetragene Ansicht haben
auch Egger, Apollon. p. 209 und Sterk I p. 50. Weniger wahrscheinlich
ist mir die Meinung L. Lange's, Philolog. VII p. 566, daß Pr. durch *prae-
sumptivae* ein griechisches ὑποληπτικοί übersetzt habe, und daß darunter
die hypothetischen Conjunctionen zu verstehen seien, die meines Wissens
nie so genannt werden, wenn auch ὑπόληψις für Annahme, Voraussetzung allerdings vorkommt.
[3]) De adverb. p. 564, 28. vgl. Schol. Dionys. p. 972, 32.

Demselben Apollonius ist auch πέρ ein σύνδεσμος ἐναντιωματικός[1]), obgleich sich die Kraft dieser Partikel vielmehr auf die Einräumung als auf den dieser gegenüber behaupteten Gegensatz bezieht. Von Priscian werden nicht blos die den Gegensatz sondern auch die die Einräumung oder Concession bezeichnenden Partikeln *coniunctiones adversativae* genannt, also nicht blos *tamen*, sondern auch *quamquam, quamvis, etsi* u. s. w., die man jetzt mit einem bei den Alten nicht vorkommenden Namen Concessivconjunctionen zu nennen pflegt[2]).

Auch βεβαιωτικοί oder διαβεβαιωτικοὶ σύνδεσμοι, lat. *coniunctiones approbativae*, werden erwähnt, und man verstand darunter diejenigen Partikeln, die in einer asseverirenden Aussage die Asseveration verstärkten oder zu verstärken schienen, welche Kraft Apollonius selbst dem ὅτι in gewissen Fällen zuschreiben zu dürfen meint[3]). Wir haben übrigens schon oben bemerkt, dafs manche der unter den parapleromatischen aufgeführten Partikeln ursprünglich keine andere als eine asseverirende Kraft haben, und nur in Folge dieser auch in solchen Satzverbindungen zur Anwendung kommen, wo ihre Function mit spezielleren Namen bezeichnet zu werden pflegt. So werden z. B. in einem Satze wie καί μοι ὄμοσσον ἦ μήν μοι πρόφρων ἔπεσιν καὶ χερσὶν ἀρήξειν die beiden Partikeln ἦ μήν schicklich als βεβαιωτικοί bezeichnet, während beide auch in andere Verbindungen auftreten, wie μήν in Entgegensetzungen, ἦ, mit derselben Betonung, in der Frage, und mit anderer Betonung in der Disjunction[4]). Von Priscian §. 6 werden als c. approbativae nicht blos *equidem* und *quidem*, sondern in gewissen Verbindungen auch *si* betrachtet[5]).

Endlich σύνδεσμοι διαπορητικοί oder ἀπορηματικοί

---

[1]) De coniunct. p. 518, 26. 525, 21.
[2]) Nach Diomedes p. 410 P. nannte Plinius sie *coniunct. illativas*, welchen Namen wir oben beim Priscian in ganz anderer Bedeutung gefunden haben. — Die von uns sogenannten Adversativconjunctionen, wie δέ, ἀλλά, αὐτάρ, *at, sed, autem*, werden bei den Alten mit zu den copulativis oder συμπλεκτικοῖς gezogen.
[3]) De constr. III, 19 p. 245, 6, 9. — Der Scholiast zu Dionys. p. 964, 2 nennt nur ἦ μήν.
[4]) Vgl. oben S. 192.
[5]) Priscian nennt §. 12 auch *ne*, bei Horat. Sat. II, 3, 97, was die neueren Erklärer als Fragewort fassen, was ihm aber versichernd zu sein schien, c. *confirmativa*, womit wohl dasselbe wie mit *approbativa* gemeint ist.

heifsen den Grammatikern die Fragepartikeln, wie ἆρα, μῶν, aber daneben auch das aus καὶ εἶτα verschmolzene κᾆτα, wenn sie eine Frage zugleich als veranlafst und begründet durch etwas Vorhergegangenes bezeichnen. Oft freilich geht dem ἆρα oder μῶν nichts vorher, was als Veranlassung der Frage betrachtet werden könnte, und Manche trugen deshalb wenigstens in diesem Falle Bedenken, sie als συνδέσμους gelten zu lassen[1]); Apollonius aber, um der Tradition seiner Schule nichts zu vergeben, weist dies Bedenken mit der Ausrede zurück, dafs sie doch immer auf eine hinzuzudenkende Gegenfrage, ἤ οὔ, deuteten[2]). Priscian §. 12 übersetzt διαπορητικοί durch *dubitativae*, und nennt als solche *an* und das enklitische fragende *ne*. Dies letztere ist ohne Zweifel nichts anders, als die abgeschwächte Form derselben Partikel, die wir früher[3]) in der Bedeutung der Asseveration gefunden haben, und ihre Anwendung in der Frage erklärt sich leicht, wobei ihr denn freilich der Sprachgebrauch bestimmte Fälle zugewiesen hat, die hier nicht weiter zu erörtern sind. *An*, dessen von Manchen beliebte Vergleichung mit dem griechischen ἄν ganz unzulässig ist, scheint mir seinem ursprünglichen Wesen nach mit dem allgemein als Interjection anerkannten *en* gleichartig zu sein. Es dient also eigentlich nur dazu, den Hörenden zur Aufmerksamkeit auf die Frage aufzufordern, ist dann aber ebenfalls durch den Sprachgebrauch auf bestimmte Arten der Anwendung beschränkt worden.

Dafs überhaupt mehrere der von den Grammatikern theils den Adverbien theils namentlich den Conjunctionen zugezählte Partikeln sich als eine Art von Interjection betrachten lassen, ist schon oben mehrmals bemerkt worden[4]). Sie unterscheiden sich von den eigentlich sogenannten Interjectionen aber dadurch, dafs, während diese nur Ausdrücke des lebhafter erregten Gefühls sind, sie dagegen

---

[1]) Apollon. de coni. p. 491, 23, wo freilich nur von ἆρα die Rede ist; doch läfst sich kaum zweifeln, dafs μῶν (aus μὴ οὖν od. μὴ ὦν. Apoll. p. 496, 6) ebenso beurtheilt worden sei. Ueber ἆρα, bei Nichtaltikern ἦρα, als entstanden aus ἦ ἄρα, s. Apoll. p. 490 u. Ahrens, de crasi et aphaeresi (Stolberg 1845) p. 7. — [2]) L. l. p. 493, 4. — [3]) S. oben S. 153.
[4]) S. S. 153. 188. 192. 199. Mit den Interjectionen sind sie auch vom Praxiphanes verglichen worden (Demetr. de elocut. 57); doch wie er es mit dieser Vergleichung eigentlich gemeint habe, ist nicht deutlich zu erkennen.

zwar nicht selbst Begriffe oder Gedanken aussprechen, aber
doch auf den anderweitig ausgesprochenen Begriff oder
Gedanken hindeuten und in nächster Beziehung zu ihm
stehen. Es kann keinem Zweifel unterliegen, daſs manche
der hieher gehörigen Wörtchen sich auf Pronominalstämme
zurückführen lassen, und das ist um so leichter erklärlich,
weil auch die Pronominalstämme selbst eigentlich nur als
Lautgeberden zu betrachten sind, die nicht zum Ausdruck
von Begriffen, sondern nur zur Hindeutung auf Gegenstände
dienen, und wir mögen deswegen immerhin allen derartigen
Partikeln, insofern sie sich nicht mit Wahrscheinlichkeit
auf Verbalstämme zurückführen lassen, einen pronominalen
Ursprung zuschreiben, auch wenn die Sprache neben ihnen
keine eigentlichen aus denselben Stämmen entwickelten
Pronomina aufzuweisen hat. Wie und in welchem Sinne
es sich allenfalls vertheidigen lasse, daſs sie von den alten
Grammatikern unter die Conjunctionen gerechnet werden,
haben wir oben angegeben[1]), dabei jedoch nicht unbemerkt
gelassen, daſs sie richtiger den Adverbien zugezählt werden dürften, und zwar deswegen, weil sie sich immer auf
einen prädicativen Begriff beziehen, mag nun dieser in
Form eines Aussagewortes ausgesprochen sein, oder mag
er sich in nominaler Form als Apposition an das Subject
oder Object, oder als Nebenbestimmung an ein Verbum
oder anderes Attributivum anschlieſsen. Von Neueren sind
die Wörtchen dieser Art, die sie weder zu den Conjunctionen
noch zu den Adverbien rechnen mochten, bisweilen als eine
aparte Classe behandelt worden, die sie, weil sich kein pas-
senderer Name für sie darbot, mit dem allgemeinen Namen
Partikeln benannt haben; eine sie bestimmt von jenen
beiden Classen unterscheidende Definition erinnere ich mich
bei Keinem gefunden zu haben. Rechnet man sie zu den
Adverbien, so muſs man sie als Modalitätsadverbien von
den Adverbien des Ortes, der Zeit, der Qualität und der
Quantität unterscheiden, und der Unterschied von diesen
ist denn allerdings auch ein so bedeutender, daſs man es
nicht allzusehr tadeln darf, wenn Einer oder der Andere
sie deswegen überhaupt gar nicht als Adverbia sondern
als eine besondere Classe angesehen wissen wollte.

---

[1]) S. oben S. 202.

ANHANG.

Ueber die Comparativpartikeln.

(Zu Seite 177).

In zweigliedrigen comparativen Sätzen verwendet bekanntlich die griechische Sprache zur Anknüpfung des
zweiten Gliedes vorzugsweise oder, nach der gewöhnlichen
Ansicht, ausschliefslich die Conjunction $\check{\eta}$, und das dem in
gleicher Anwendung im Deutschen gebräuchlichen a l s, dem
lateinischen *quam* entsprechende ώς wird von den namhaftesten Grammatikern für unstatthaft gehalten. Was es
aber mit jenem $\check{\eta}$ eigentlich für eine Bewandtnifs habe,
welches seine ursprüngliche Bedeutung sei und wie man
seine Anwendung in Comparativsätzen zu erklären habe,
darüber sucht man vergebens eine befriedigende Erklärung.
Mir sind überhaupt nur zwei Erklärungsversuche bekannt,
der eine von G. Hermann in der Abhandlung de ellipsi et
pleonasmo (Opusc. I p. 209), der andere von G. W. Nitzsch
in der Abh. de comparativis graecae linguae modis hinter
seiner Ausg. des Platonischen Ion. p. 76. Hermann ist der
Meinung, das comparative $\check{\eta}$ sei hervorgegangen aus dem
ursprünglich asseverirenden $\tilde{\eta}$. Er sagt: $\check{\eta}$ *nihil aliud est
quam* $\tilde{\eta}$, *mutato cum significatione accentu.* Aus der asse-
verativen Bedeutung nämlich erkläre sich zunächst die
Anwendung in der Frage, zu vergleichen mit dem deutschen w o h l: $\check{\eta}$ ῥα νύ μοί τι πίθοιο; daraus gehe dann
mit einer kleinen Modification der Bedeutung das dem lateinischen *an forte* entsprechende $\check{\eta}$ in zweifelnder Frage
hervor, wofür im Deutschen ebenfalls w o h l, auch e t w a
gesagt wird. Weiter entwickele sich hieraus die disjunctive
Bedeutung, e n t w e d e r — o d e r, *quia hoc ipsum est du-*

bitantis et quasi semet, utrum hoc an illud malit, inter-
rogantis, und dann in weiterer Anwendung ein blofses
oder, auch da, wo von zweifelnder Frage nicht mehr die
Rede sein kann. Aus der disjunctiven Bedeutung endlich
gehe die Anwendung in Comparativsätzen hervor, zuerst
in der Weise, dafs der den Comparativ enthaltenden Protasis eine disjunctive Frage gegenübergestellt werde, wie
τοῖο βέλτιόν ἐστιν· ἢ ἐκεῖνο; Dies ist besser: oder (ist)
jenes (besser)? Dann aber natürlich auch in weiterer
Anwendung und mit Verdunkelung der ursprünglichen Bedeutung. — Nitzsch dagegen geht gleich von der disjunctiven Bedeutung aus, ohne sich darüber zu erklären,
ob er diese für die ursprüngliche der Partikel oder für
eine erst späterhin in sie hineingelegte ansehe; ihre Anwendung aber in Comparativsätzen leitet er nicht, wie
Hermann, aus einer dem Comparativ gegenüber gestellten
Frage, sondern aus dem Wesen der Disjunction selbst ab,
welches er ganz allgemein als ein Auseinanderhalten des
Gegenübergestellten fafst, wie es nicht blos bei der im
engeren Sinne sogenannten Disjunction stattfinde, wo wir
oder sagen, sondern auch bei der vergleichenden Gegenüberstellung des Verschiedenen, wo wir als gebrauchen.

Müfste nothwendig eine dieser beiden Ansichten gewählt werden, so würde ich meines Theils mich für die
Hermannische erklären. Denn bei dieser sieht man doch
die Möglichkeit, wie das ἢ zur disjunctiven und von dieser
aus dann weiter zur comparativen Bedeutung gekommen
sein könne, wogegen Nitzsch von einer so allgemeinen
und abstracten Bedeutung ausgeht, die in keiner Sprache
ihres gleichen hat, und die für die eigentliche und ursprüngliche zu halten durchaus unmöglich ist. Denn das
ist ja doch wohl keinem Zweifel unterworfen, dafs auch
solche syntaktische Wörter, welche die ausgebildete
Sprache zur Bezeichnung von Gedankenverhältnissen und
Beziehungen, als blofse συσσημαίνοντα, die nur in Verbindung mit anderen etwas bedeuten, verwendet, von
Hause aus wirkliche σημαίνοντα für sich gewesen sind,
oder zum Ausdruck von Begriffen, in nominaler, oder
zur Bezeichnung von Gegenständen, in pronominaler Weise
gedient haben, und nur allmählig mit Verdunkelung ihrer
ursprünglichen Bedeutung zu blos abstracten syntakti-

schen Wörtern geworden sind. Aber auch gegen Hermanns Ansicht erhebt sich ein meines Erachtens nicht gering anzuschlagendes Bedenken, wenn wir die Analogie der verwandten Sprachen in Betracht ziehen. Hermann selbst hat es nicht unbemerkt gelassen, wie wesentlich verschieden die Comparativpartikeln im Deutschen und Lateinischen von dem griechischen $\check{\eta}$ sind, wenn dies nach seiner Deutung gefaßt wird; und in der That, die Verwendung der Disjunction zur Comparation wäre eine der griechischen Sprache ganz eigenthümliche Erscheinung, die in keiner der verwandten Sprachen ihres gleichen hätte; und ich denke dieser Umstand dürfte es wohl rechtfertigen, wenn wir versuchten, ob nicht auch dem Griechischen eine andere Ansicht abzugewinnen sei, die nicht in solchem Widerspruche mit der Analogie der anderen Sprachen stände.

Alle Vergleichung beruht auf Zusammenstellung der verglichenen Dinge, wie denn auch der lateinische Ausdruck *comparare* eben dieses Zusammenstellen zweier andeutet. Diese Zusammenstellung soll ein Urtheil ermöglichen, und das durch sie ermöglichte Urtheil bezeichnet die griechische Sprache durch συγκρίνειν. Hier, wo wir nur von den nach dem Comparativ eines Adjectivs oder Adverbs anzuwendenden Partikeln reden, haben wir es auch nur mit derjenigen Vergleichung zu thun, welche sich auf die Attribute von Gegenständen bezieht, und den Zweck hat, das Maß des Attributes eines Gegenstandes gegen das des anderen, oder zweier Attribute eines und desselben Gegenstandes zu beurtheilen. Das Urtheil kann nun entweder auf Gleich oder auf Ungleich lauten, und in letzterem Falle wieder auf Mehr oder auf Minder. Lautet es auf Gleich, so ist der natürliche Ausdruck dafür der Positiv des Attributivum mit den correlativen Adverbien des Maßes verbunden, auf der einen Seite demonstrativ, auf der anderen relativ, τοσοῦτον — ὅσον, οὕτως — ὡς, *tam — quam,* so — wie. Lautet es auf Ungleich, so sind verschiedene Ausdrucksweisen möglich. Entweder es kann das Mehr oder Minder durch besondere dem Positiv des Attributivs zugesetzte Wörter angezeigt werden, und so machen es die romanischen Sprachen: *più — meno forte, plus — moins fort:* oder es kann das Mehr oder Minder durch eine Formveränderung des Attributivs selbst

bezeichnet werden, und dies geschieht in den beiden alten
und in der deutschen Sprache, jedoch nur für das Mehr,
während sie für das Minder nur die gleiche Ausdrucksweise wie die romanischen Sprachen haben. Die Form
des Attributivs für das Mehr ist der Comparativ. Da
aber das Mehr oder Minder immer nur beziehungsweise
gilt, so muſs natürlich auch dasjenige, in Beziehung worauf
das Mehr oder Minder gelte, so oft es sich nicht von
selbst versteht, dabei angegeben, und zwar so angegeben
werden, daſs dadurch eben jene Beziehung klar werde,
wofür sich die Sprachen mehrerer Ausdrucksweisen bedienen. Entweder nämlich benutzen sie dazu eine Casusform, die griechische den Genitiv, die lateinische den Ablativ, welche beide, obwohl nicht ganz in gleicher Weise,
dazu dienen, den Begriff des vorhergehenden gesteigerten
oder geminderten Attributes durch die Angabe des Gegenstandes, in Beziehung auf welchen jenes zu denken sei,
zu bestimmen, oder sie bedienen sich einer Präposition,
welche diesen Gegenstand als den gegenüberstehenden bezeichnet, wie παρά im Griechischen, *prae* im Lateinischen,
gegen im Deutschen; oder endlich sie bedienen sich der
Comparativpartikeln, welche der Gegenstand unserer Unter-
suchung sind.

Die ältere deutsche Sprache gebraucht nach dem
Comparativ regelmäſsig die Partikel *thanne, danne, denne,
denn,* also das pronominale Adverbium der Zeit, welches,
gleich anderen Pronominen und Pronominalien, ursprünglich ebensowohl relativ als demonstrativ war, und demnach
in beiden Gliedern eines correlativen Satzes stehen konnte,
wie z. B.: *thanne ir iz findet, thanne cundet iz mir:* wann
ihr es findet, dann verkündigt es mir. Sehr gewöhnlich wird nun in solcher Correlation das Pronomen
oder pronominale Wort nur einmal gesetzt, und deutet
dann sein unausgesprochenes Correlat mit an, wie: *findet ir
iz, thanne cundet iz mir,* oder *thanne ir iz findet, cundet
iz mir.* Als correlatives Zeitadverbium bezeichnet es das
zeitliche Zusammensein des Einen mit dem Anderen, und
deswegen konnte es auch bei der Vergleichung nach dem
Comparativ angewandt werden, um anzudeuten daſs dem
Einen, wenn es mit dem Anderen zusammengestellt oder
zugleich gedacht werde, das Attribut in gesteigertem Maſse

zukomme. Würde die Structur in solchen Comparativsätzen
vollständig ausgeführt, so müfste das zweite Glied, welches durch das correlative Adverbium mit dem ersten verknüpft wird, auch sein Verbum haben; aber wie überhaupt
in correlativen Sätzen nichts gewöhnlicher ist, als dafs im
zweiten Gliede das Verbum ausgelassen wird, wenn der
Begriff desselben aus dem ersten zu ergänzen ist, so auch
in diesem Falle. Ein vollständiger Satz ist z. B.: So war
er gar vil besser dan du bist, und dies heifst eigentlich nichts anders als: er wäre dann wann du da bist,
(d. h. wenn du mit ihm zusammengestellt wirst, also im
Vergleich mit dir,) gar viel besser. Ein abgekürzter
Satz ist: Die Schlange war listiger denn alle
Thiere, wo das Verbum, waren, im zweiten Gliede zu
ergänzen ist, d. h. die Schlange war, wenn alle Thiere mit
ihr zusammengestellt wurden, (also im Vergleich mit allen
Thieren) listiger. Es begreift sich hiernach, wie das Adverbium zu der comparativen Bedeutung gekommen ist,
und wie es dann auch in weiterer Anwendung überall gebraucht werden konnte, wo die Präposition gegen (für in
Vergleich mit) oder griechisch παρά, lateinisch *prae*
anwendbar sein würde: ὁ ὄφις ἦν πανουργότερος παρὰ
πάντα τὰ θηρία: *serpens callidior erat prae omnibus ani-
malibus:* die Schlange war listiger gegen alle
Thiere. — Ganz in derselben Weise wird nun auch,
namentlich im Niederdeutschen, das relative Correlat des
denn, nämlich wan oder wenn gebraucht, z. B. *En veddere
is beter wen du bist:* eine Feder ist besser (schwerer)
als du bist. *Se sind mägtiger wan ik alleine.* Daneben ist
aber auch im Niederdeutschen die Anwendung des dan
keinesweges selten, und in den beiden angeführten Beispielen[1]) könnte unbedenklich eines mit dem anderen vertauscht werden[2]).

---

[1]) Das erste ist aus der Erzählung van Alexander bei Bruns, Romant.
u. and. Ged. (Berl. 1793) S. 366, das zweite aus dem Reineke Vos. Als
Beispiele aus dem Hochdeutschen mögen folgende dienen: *Inwendig im
turn man uffhin klam vil höcher wan sie waren.* aus Veit Webers Lied
auf den Pontarlier Zug. *Er begeret mer fabeln zuo hören wan seyn ge-
wonheit wafs.* aus H. Steinhöwers Aesop. *Es ist noch swärer wan ein
bli.* aus Wackernagel D. Leseb. I S. 751.

[2]) Aus dieser ganz gleichmäfsigen Anwendung des dan und seines
Correlates wan in Vergleichungssätzen erhellt übrigens, dafs es ein Irrthum

15*

Die neuere hochdeutsche Sprache hat den comparativen Gebrauch des denn fast ganz aufgegeben, und wendet es entweder nur im edleren poetischen Stile, oder zur Vermeidung eines gehäuften als an, z. B.: Er war gröfser als Krieger denn als Herrscher. Im Niederländischen dagegen und im Englischen hat es sich behauptet: *minder dan dit: smaller than those;* und das von uns jetzt auch nach dem Comparativ gebrauchte als wird in beiden Sprachen nie so, sondern nur bei der Gleichstellung gebraucht: *zo groot als dit: as great as those.* Ebenso diente im Altnordischen nach dem Comparativ *dhen*[1]), wofür jetzt im Schwedischen *än* (dänisch *end*) gesagt wird, ein ebenfalls pronominales Adverbium, dessen Anwendungen sehr mannichfaltig, dessen ursprüngliche Bedeutung aber erweislich die des demonstrativen dann oder des relativen wann ist. Die Deutschen, wenn sie schwedisch sprechen, begehen durch ihre Muttersprache verleitet häufig den Fehler, nach dem Comparativ das dem als oder wie entsprechende Adverbium *som* zu gebrauchen, z. B. *han är yngre som jag,* statt, wie es heifsen mufs, *yngre än jag*; wogegen richtig ist *han är så gammal som jag.*

Das in unserer Sprache jetzt nach dem Comparativ vorherrschend gebrauchte als ist bekanntlich aus also verkürzt, und seine eigentliche und natürliche Anwendung wäre also bei Gegenüberstellung nicht des Ungleichen, sondern nur des Gleichen: er ist ebenso alt als ich, aber nicht: er ist älter als ich. Uebrigens war ursprünglich auch als ebensowohl demonstrativ wie relativ, (wie noch jetzt im Englischen *as*); später hat es der Sprachgebrauch auf die relative Anwendung beschränkt, dem demonstrativen *so, ebenso* gegenüber. Noch im 16. Jahrhundert sagte man z. B.: Er zeigte sich als hart als Stein für so hart als Stein, oder unten als grofs

---

sei, wenn man das dan in dieser Anwendung für *deinde* nimmt, wie Hermann a. a. O. Doch finde ich dieselbe Ansicht auch bei Wackernagel im WB. zum AD. Leseb. S. 52, wo er sagt, dan stehe nach Comparativen vor dem kleineren also im Range nachfolgenden Gliede der Vergleichung. Das wan nach dem Comp. aber hält er, S. 363, gar nicht für das Correlativum von jenem, sondern für ein aus dem Adj. *wan* = *vanus* gewordenes Adverb. Wie sich daraus die Anwendung in Comparativsätzen erklären lasse, gestehe ich nicht zu begreifen.

[1]) Ihre, Glossar. suio-goth. I p. 29.

als oben u. dgl. worüber m. s. Grimm, WB. I, S. 251. Die
Anwendung des als beim Comparativ, also bei Gegenüberstellung des Ungleichen, beginnt, nach Grimm, nicht vor
der zweiten Hälfte des 16. Jahrh., und Fischart kann für
den ersten hervorragenden Schriftsteller gelten, bei dem
es, neben dann, nach dem Comparativ angewandt wird.
Man könnte nun vielleicht geneigt sein, diese Anwendung
für eine Verirrung zu halten, zu welcher die Sprechenden
verleitet seien, indem sie den wesentlichen Unterschied
zwischen beiden Arten der Vergleichung, der des Gleichen
und der des Ungleichen, nicht gebührend beobachteten.
Ich bin aber geneigt zu glauben, dafs ebensosehr oder
noch mehr der Einflufs des Lateinischen und der romanischen Sprachen wirksam gewesen sei, in welchen *quam*
und das doch wohl hieraus entstandene *che, que,* welche
ihrer Natur nach ebenso wie unser als nur bei Gegenüberstellung des Gleichen anwendbar zu sein scheinen
mögen, doch auch beim Comparativ, also bei Gegenüberstellung des Ungleichen gebraucht werden[1]). Ist nun auch
hier eine Verirrung des Sprachgebrauches anzunehmen?
Manche möchten sich dazu entschliefsen, und am bequemsten
wäre das allerdings. Ich bin aber der Meinung, dafs man
mit dergleichen Annahmen nicht allzurasch bei der Hand
sein dürfe, und dafs der Sprachgebrauch sehr häufig vernünftiger sei als die Meinungen der Grammatiker. Die Anwendung des als erscheint mir vollkommen gerechtfertigt
durch das Wesen der Comparativsätze, welches immer
darin besteht, dafs im zweiten Gliede ein Mafs für das
im ersten Gliede Gesetzte angegeben wird. Der Satz also
hic ditior est quam ille (scil. *dives est*) bedeutet: das Reich-
sein des Einen geht über das Mafs hinaus, welches das
quam (d. h. quantum) *ille dives est* angiebt, wie umgekehrt
bei Gleichheit beider: *hic tam dives est quam ille:* das Reich-
sein des Einen findet in demselben Mafse statt, welches

---

[1]) Im Italienischen und Spanischen ist *che* und *que* selbst ausschliefslich für die Anwendung beim Comparativ üblich geworden, wogegen bei
Gegenüberstellung des Gleichen *come, como* (aus quomodo entstanden) gebraucht wird: *cosi ricco come quello — tan oscuro como la noche;* aber
più ricco che quello — mas oscuro que la noche. Im Französischen dient
jetzt *que* für beide Fälle, aber die ältere Sprache hatte auch hier bei Gegenüberstellung des Gleichen öfters *comme.* S. Dietz, Gr. d. rom. Spr. III, 360.

das *quam ille* (*dives est*) anzeigt. Also auch beim Comparativ deutet *quam* blos ein Mafs, eine Quantität des Attributes an. über welches hinaus die durch den Comparativ ausgedrückte Steigerung gehe. Dafs diese Steigerung nur in Beziehung auf dieses daneben angegebene Mafs zu verstehen sei, ist eben aus der Zusammenstellung der beiden Satzglieder zu erkennen, und es bedarf dazu keiner ausdrücklicheren Hindeutung, die allerdings sonst nicht unmöglich wäre, z. B. *hic ditior est prae quam ille* (scil. *dives est*), wo die Präposition jene Hindeutung enthält, indem sie angiebt, dafs das Eine in Gegenüberstellung gegen das Andere, d. h. in Vergleich zu dem Anderen zu nehmen sei. Und so findet sich denn auch wirklich diese Ausdrucksweise mitunter bei den alten Schriftstellern, z. B. Gellius N. A. XVI, 1, 3: *quae* (sententia) *laxioribus paullo longioribusque verbis comprehensa est prae quam illud graecum.* Plaut. Most. V, 2, 25: *Iam minoris omnia alia facio prae quam quibus modis me ludificatus est.* In ähnlicher Art steht *prae ut* für *prae quam*, Menaechm. V, 5, 33: *modestior nunc quidem est de verbis prae ut dudum fuit:* ferner *prae hoc quod*, Gell. I, 3, 5: *visum est id quod feci prae hoc quod erant alia toleratu facilius*, für *prae quam erant alia* oder *prae ut erant alia.* Ganz ähnlich reden die Neugriechen. z. B. ηὗρε περισσοτέρους φίλους παρ᾽ ὅτι ἐστοχάζετο: αὐτὸς εἶναι πλουσιώτερος παρ᾽ ὅτι νομίζεται: ebenso wenden die Spanier und Portugiesen die Formel *de lo que* an, z. B. *aquel es mas rico de lo que se piensa*, und auch im Italienischen findet sich so *di quel che*, z. B. *lucente più di quel ch' ell' era:* nur dafs in diesen Formeln die Präposition (*de, di*) nicht, wie *prae* und παρά, die Gegenüberstellung andeutet, sondern den Abstand des Einen vom Anderen.

Wenden wir uns nun zur Betrachtung des griechischen comparativen ἤ, so wird, wenn anders dies nicht gänzlich aus der Analogie der besprochenen Comparativpartikeln in den verwandten Sprachen heraustreten soll, zu untersuchen sein, ob es nicht ebenso wie diese sich als ein ursprünglich pronominales Adverbium, sei es des Ortes oder der Zeit, gleich dem deutschen *thanne*. *than, denn, wan, än*, sei es der Art und Weise oder des Mafses, gleich dem lateinischen *quam*, dem *che* oder *que* der Tochter-

sprachen, dem deutschen als und wie und folglich auch
dem gr. ὡς gleichbedeutend betrachten lasse.

Die vocalisch anlautenden Correlativa der griechischen
Sprache erscheinen freilich in der Regel aspirirt, wie ὅς,
ὡς, ὅτε, und es würde demnach, wenn das comparative ἤ
zu diesem Pronominalstamm gehören sollte, eine Umwand-
lung des sp. asper in den lenis anzunehmen sein, ἤ also
aus ἥ geworden. Dieses ἤ als Adverbium in der Bedeutung von ὡς erkannten bekanntlich die alten Grammatiker
in der homerischen Formel ἤ θέμις ἐστί an, worüber die
Stellen von Lehrs, Quaestt. ep. p. 44, gesammelt sind. Sie
nehmen es als Nebenform von ὡς, wie sich πάντη neben
πάντως, πῆ neben πῶς, διχῆ neben διχῶς finden, Formen,
welche zwar häufig, doch nicht immer, und, wie es mir
scheint, ohne zwingenden Grund, mit dem ι subscr. geschrieben werden. Von den Neueren ist diese Ansicht der alten
Grammatiker theils nicht richtig verstanden, indem sie das
von jenen geschriebene ἤ für den Nominativ des Relativpronomens nahmen, theils verworfen, indem sie dafür ἧ
als adverbialen Dativ vorzogen. Wie man nun auch hierüber denken möge, der Analogie wenigstens widerstrebt
ein ἤ als Nebenform von ὡς offenbar nicht. Ebensowenig
aber würde auch eine Umwandelung des sp. asper in den
lenis ohne Analogie unter den von demselben Pronominalstamm herkommenden Wörtern sein. Ich erinnere zunächst
an das äolische ὅττι für ὅττι, was freilich Ahrens, de dial.
aeol. p. 26, nicht für zusammengesetzt aus ὅ und τι gelten
lassen will, worin aber doch jedenfalls wohl ebensogut,
wie in den von ihm verglichenen ὅπως, ὅπη (äol. ὅππως,
ὅππα) der Pronominalstamm anzuerkennen ist. Nicht anders verhält es sich wohl auch mit dem attischen ἅττα
für ἅτινα, obgleich hier die Relativbedeutung aufgegeben
ist, die in dem entsprechenden ἅσσα noch stattfindet. Aber
näher noch liegt die Analogie der Conjunction, oder vielmehr des relativen Adverbs ἠύτε: denn dafs dies aus ἤ
(oder ἧ, wenn Einer dies lieber will) entstanden sei, leidet
ja wohl keinen Zweifel[1]), wie es denn auch, wenn nicht
die allgemeine, doch die vorherrschende Ansicht der alten

---

[1]) Vgl. Apollon. de adverb. p. 559, 15 (cl. 558, 16). Etymol. M. p. 440,
11. Lobeck. Patholog. elem. I p. 477.

Grammatiker war. Wenn z. B. der Scholiast zu Il. II, 87
sagt, τὸ ἠύτε ἐκ τοῦ ὡς γίνεται, so meint er damit, wie
er es gleich nachher deutlicher ausspricht, aus ὡς sei die
Nebenform ἤ, und aus ἤ dann wieder ἤτε, wie ὥστε aus
ὡς, und mit eingeschobenem ῡ ἠύτε entstanden. Die Psilosis erklärt er freilich als eine Wirkung eben dieses ν,
nach dem Kanon des Herodian, Ἰλ. προσ. p. 293 Lehrs.:
ἀεὶ γὰρ τὸ η πρὸ φωνήεντος ψιλοῦται; daſs sie aber auch
ohne dies nicht unmöglich gewesen sein würde, ist wohl
klar[1]). Auch in ἦμος, welches als relatives Correlat des
demonstrativen τῆμος eigentlich ἥμος lauten sollte, findet
sie sich.

Hiernach dürften wir also wohl wagen, auch das comparative ἤ, als aus ἤ (oder ᾗ) entstanden, in die Classe
der pronominalen Adverbia einzureihen, und seine Anwendung nach dem Comparativ, wenn wir von der localen
Bedeutung (ᾗ = wo) ausgehen, mit der des deutschen
denn (than, dan, än) zu vergleichen, von dem ich zu
zeigen versucht habe, wie es aus einem temporalen Adverb
zur Comparativconjunction habe werden können, dessen
temporale Bedeutung aber offenbar nur abgeleitet aus der
ursprünglichen localen ist, wie ja überall die Zeitbezeich-
nungen von Raum- und Ortsbezeichnungen entlehnt werden. Gehen wir aber von der Bedeutung der Art und
Weise, oder des Grades und Maſses aus (ᾗ = wie), so
würde ἤ ganz dem deutschen als, was ja ebenfalls =
wie ist, entsprechen, und wie gröſser als dieser und
gröſser wie dieser in Wahrheit gleichbedeutend sind,
so auch μείζων ἢ οὗτος und μείζων ὡς οὗτος. Wie nahe
übrigens die Begriffe wo und wie aneinander grenzen ist
von selbst klar: von den beiden deutschen Adverbien ist
das wie nur eine Nebenform des wo, welches ursprünglich in beiden Bedeutungen fungirte, bis es von jenem aus
der einen verdrängt wurde, und auch das griechische ὡς
war in localer Bedeutung (wo — in welcher Richtung)
wenigstens bei den Sikelioten üblich, wie die Inschrift von

---

[1]) Ich möchte vermuthen, daſs auch in der Formel ἤ θέμις ἐστί Manche
ᾗ statt ἤ geschrieben haben. Darauf scheint die Berichtigung zu deuten in
den Scholien zu Il. II, 73 p. 51 a 40: τὸ ἤ δασυντέον· οὐ γάρ ἐστι σύνδεσμος, ἀλλ᾽ ἰσοδυναμοῦν τῷ ὡς ἐπίρρημα. Vgl. die ähnliche Bemerkung
der Scholien zu IX, 134.

Halaesa im C. I. no. 5594 beweist, und wie es auch Theo-
krit einige Male gebraucht, den demonstrativen Correlaten
τᾷδε, ὧδε und τουτεί gegenüber. Dafs aber für ἤ oder ᾗ
nach dem Comparativ die durch Psilosis und andere Betonung modificirte Form ἦ vorgezogen wurde, geschah ohne
Zweifel deswegen, weil ein solches Mittel die Modificationen
der ursprünglichen Bedeutung auch durch Modificationen der
ursprünglichen Form zu bezeichnen den Sprachen überall
willkommen ist.

Dafs nun ferner der Sprachgebrauch nach dem Comparativ fast ausschliefslich ἤ, nicht ὡς, anwende, ist ebenso
unbestreitbar und unbestritten, als dafs im Deutschen zwar
weniger ausschliefslich, aber doch bei weitem am häufigsten als, nicht das synonyme wie, angewandt wird. Aber
gleichwie auch bei uns die besten Schriftsteller nach dem
Comparativ bisweilen wie statt als gebrauchen, und dieser
Gebrauch in der That nur aus dem Grunde getadelt wird,
weil er weniger gewöhnlich ist, logisch aber vollkommen
ebensogut berechtigt genannt werden mufs als jener (oder
wie jener), so ist es wenigstens keinesweges unglaublich,
dafs auch bei den Griechen ὡς nach dem Comparativ nicht
so gar unerhört gewesen sei, als Manche sich einbilden.
Die Grammatiker sind nur allzuleicht geneigt, die Sprache
in strenge Regeln einzuzwängen, und was sich nur in ver-
einzelten Beispielen findet zu verdächtigen und nach dem
vorherrschenden Gebrauche zu corrigiren; und so haben
sie es denn auch mit diesem ὡς gemacht. Bei Aeschylus
zum Beispiel, Prometh. v. 630 Herm., geben die Handschriften: μή μου προκήδου μᾶσσον ὡς ἐμοὶ γλυκύ, und
offenbar liegt auf den ersten Blick nichts näher, als dies
für gleichbedeutend mit μᾶσσον ἤ zu nehmen. Aber schon
alte Erklärer des Aeschylus haben sich gegen diese Annahme gesträubt. Ein Scholiast nimmt ὡς für ὅτι, ergänzt
nach ἐμοὶ γλυκύ aus dem Vorhergehenden τοῦτο μαθεῖν,
und nimmt μᾶσσον, ohne Beziehung auf das Folgende, für
μᾶλλον ἤ δεῖ, so dafs die Worte bedeuten sollen: Sei
nicht über Gebühr um mich besorgt, da es mir
erwünscht ist (zu hören nämlich, was du mir aus all-
zugrofser Besorgnifs verschweigen willst), und dies ist von
Blomfield, Wellauer und Matthiä (gr. Gr. S. 846 d. zweiten
Ausg.) gebilligt worden. Andere dagegen haben mit Recht

eine so gekünstelte Erklärung verworfen, aber dafür der
Stelle durch Emendation helfen zu müssen gemeint, indem
sie entweder, mit zwei unbedeutenden Handschriften, μᾶσσον ἤ ὡς, oder μασσόνως ἤ 'μοί, oder endlich μᾶσσον ὦν
schrieben. Und in ähnlicher Weise wie diese aeschyleische
Stelle hat man auch die übrigen sämmtlich entweder durch
Interpretation oder durch Aenderung beseitigt, und zwar
letzteres um so unbedenklicher, als bei der Aehnlichkeit
der Schriftzüge für ὡς und ἤ in den Handschriften eine
Vertauschung des einen mit dem andern sehr leicht war,
und, wo man solche nicht annehmen mochte, es überall
nur auf Hinzusetzung eines einzigen Buchstaben ankam.
Eine Classe von Stellen jedoch ist von den Gegnern des
ὡς verschont worden, solche nämlich, wo der vor dem ὡς
voraufgehende Comparativ mit einer Negation verbunden
ist, wie z. B. μηδενὶ καθήκειν μᾶλλον τὴν ἀρχὴν ὡς
ἐκείνῳ (Polyb. VII, 4, 5), oder οὐδενὶ μᾶλλον ἔπρεπε τη-
ρεῖν χάριν ὡς σοί (Plut. Coriol. c. 36). Zu der letzteren
Stelle bemerkt Corais: οὐδὲ τὸ ὡς, εἰ καὶ μακρῷ σπανιώ-
τερον τοῦ ἤ, τὴν συγκριτικὴν ἀποστρέψεται σύνταξιν, ἐπὶ
τῶν ἀποφατικῶν ἤ ὡς ἀποφατικῶν μάλιστα προτάσεων,
womit er offenbar andeutet, dafs ihm ein solches ὡς zwar
vorzugsweise nach einer negativen Protasis, aber doch
nicht ausschliefslich nur nach solcher statthaft scheine.
Hermann dagegen, zu Aeschyl. Prom. p. 114, will die Anwendung des ὡς auf diesen Fall allein beschränkt wissen:
nam, sagt er, id genus significat nihil aeque ut: das heifst
mit andern Worten, weil sich für οὐδὲν μᾶλλον auch οὐχ
οὕτως, für οὐδὲν ἄμεινον auch οὐδὲν οὕτως ἀγαθόν meist
ohne wesentlichen Nachtheil denken läfst, so haben die
Schriftsteller, obgleich sie jenes geschrieben, doch dieses
gedacht, und demgemäfs ὡς und nicht ἤ gesetzt. Wir
hätten also auch hier wieder die bekannte confusio duarum
locutionum, von welcher Hermann so häufig zur Erklärung
syntaktischer Schwierigkeiten Gebrauch zu machen liebte.
Die Möglichkeit dieser Erklärungsweise für den vorliegenden Fall wollen wir nicht bestreiten; aus der Möglichkeit
folgt aber noch nicht die Richtigkeit; und Nitzsch, auf
welchen Hermann selbst uns verweist, hat in der o. a. Abhandlung eine ganz andere und gewifs richtigere Erklärung
vorgetragen. Er bemerkt, dafs in Stellen der angegebenen

Art der Comparativ eine Steigerung des Einen über das Maſs des Andern anzeige, und daſs dieses Maſs durch ὡς angegeben werde. Dasselbe haben auch wir oben als das wahre Wesen der Comparativsätze angegeben. Wenn aber dem so ist, so läſst sich auch gar nicht absehen, warum denn ein solches das Maſs anzeigende ὡς nur nach negativen und nicht ebensogut auch nach positiven Vordersätzen sollte stattfinden können. Denn ein Hinausgehen über ein gewisses Maſs drückt ja der Comparativ jedenfalls aus, mag dies nun behauptet oder mag es geleugnet werden, und wenn also οὐδενὶ μᾶλλον πρέπει ὡς ἐκείνῳ den Sinn hat: es gebührt Keinem über das durch ὡς ἐκείνῳ angezeigte Maſs hinaus, warum sollte nicht auch gesagt werden dürfen πᾶσι μᾶλλον πρέπει ὡς ἐκείνῳ: es gebührt Allen über jenes Maſs hinaus? Was für ein Grund läſst sich denken, weshalb, während ἤ in beiden Fällen stehen kann, sowohl nach positiver als nach negativer Protasis, ὡς nur auf diesen zweiten Fall beschränkt sein sollte? In dem Wesen des ὡς, wenn dies richtig als Anzeige des Maſses gefaſst wird, kann der Grund offenbar nicht gefunden werden: es bliebe also nur die Annahme einer ohne nachweisbaren Grund durch den Sprachgebrauch einmal eingeführten Beschränkung übrig, die dem ὡς eine engere Sphäre der Anwendung nach dem Comparativ angewiesen hätte, ganz wie im Deutschen das als seinen von rigoristischen Grammatikern behaupteten Vorzug vor dem wie nur dem vorherrschenden Sprachgebrauch, nicht einer in seiner eigenen Bedeutung begründeten gröſseren Berechtigung verdankt.

So wenig wir nun auch denen zustimmen können, welche das comparative ὡς nach einem Comparativ entweder gar nicht oder nur bei einer negativen Protasis dulden wollen, so verkennen wir doch keinesweges, daſs auch die Vertheidiger des ὡς mitunter zu weit gegangen sind und ihrer Sache dadurch geschadet haben, daſs sie manche Stellen für ihre Meinung angeführt, die in der That nichts beweisen, sondern nur nicht richtig von ihnen verstanden sind. Dahin gehören z. B. die von Schneidewin, Götting. Anz. 1843. I. S. 117, angeführten Verse des Solon:

κέντρον δ' ἄλλος ὡς ἐγὼ λαβὼν
κακοφραδής τε καὶ φιλοκτήμων ἀνήρ,
οὔτ' ἂν κατέσχε θυμὸν οὔτ' ἐπαύσατο.

Diese Stelle ist nicht deswegen zurückzuweisen, weil sie nicht einen Comparativ sondern ἄλλος darbietet: — denn dieselbe Partikel, die nach ἄλλος stehen könnte, würde auch nach dem Comparativ stehen können; — sondern deswegen, weil gar nicht ἄλλος ὡς ἐγώ (ein anderer als ich) zu verbinden ist, sondern ὡς ἐγὼ λαβών, d. h. λαβὼν ὡς ἐγὼ ἔλαβον, oder mit anderen Worten εἴ τις ἄλλος ἔσχε τὴν αὐτὴν δύναμιν (sc. ἥνπερ ἐγώ), wie Plutarch Sol. c. 16 den Sinn ausdrückt. — Bei Xenophon Hell. II, 3, 16: εἰ δὲ ὅτι τριάκοντα ἐσμὲν καὶ οὐχ εἷς, ἧττόν τι οἴει ὥσπερ τυραννίδος ταύτης τῆς ἀρχῆς χρῆναι ἐπιμελεῖσθαι, ist weder mit Einigen ὥσπερ für ἥπερ zu nehmen, noch mit Anderen, zu denen auch Hermann ad Aesch. Prometh. p. 114 gehört, ἤ vor ὥσπερ einzuschieben, sondern der Comparativ ἧττον nur in Beziehung auf das Vorhergehende zu verstehen: weniger als im entgegengesetzten Falle, d. h. als wenn wir nicht Dreifsig sondern nur Einer wären — wie ja μᾶλλον, ἧττον und andere Comparative häufig genug in solcher Weise vorkommen, dafs man dasjenige, worauf sie sich beziehen, aus dem Zusammenhange entnehmen mufs; — ὥσπερ aber dient hier nur zur Vergleichung von ταύτης τῆς ἀρχῆς mit τυραννίδος (unserer Gewalt, gleichwie einer Tyrannis), und nichts ist bekanntlich häufiger, als dafs der zur Vergleichung dienende Gegenstand mit ὥσπερ demjenigen, der mit ihm verglichen wird, voraufgeht[1]). — In der ersten R. g. Aristogiton unter den Demosthenischen, §. 53 p. 786 R. lesen die Handschr.: τοῦτον ὑμεῖς ἀδικοῦντα λαβόντες οὐ τιμωρήσεσθε, ἀλλά καὶ μειζόνων ἀξιώσαντες δωρεῶν ἀφήσετε ὡς τοὺς εὐεργέτας, und wer sich einmal vorgenommen hat, ὡς nach dem Comparativ nicht zu dulden, der kann freilich auch hier entweder μειζόνων, ohne Beziehung auf das folgende ὡς τοὺς εὐεργ., für sehr grofse, ungewöhnlich grofse Belohnungen nehmen, oder, wie Schäfer vorschlug, ὧν für ὡς schreiben, oder endlich mit

---

[1]) S. m. Anmk. zu Plutarch. Ag. p. 108.

Hermann a. a. O. ἀφήσετε ὡς τοὺς εὐεργέτας erklären für
den Wohlthätern zugesellen, sowenig auch eine solche
Ausdrucksweise sich durch ähnliche Beispiele belegen oder
mit der sonstigen Bedeutung von ἀφιέναι vereinigen läfst.
Wer aber ohne vorgefafste Meinung die Stelle betrachtet,
der wird schwerlich anders urtheilen, als dafs hier ὡς
nach dem Comparativ statt des gewöhnlicheren ἤ anzuerkennen sei. Und ebendasselbe dürfte denn auch von folgenden beiden Stellen des Lysias gelten, Or. VII §. 12:
ὅσοι με φάσκοιεν δεινὸν εἶναι καὶ ἀκριβῆ — ἠγανάκτουν
ἄν, ἡγούμενος μᾶλλον λέγεσθαι (scil. δεινὸς καὶ ἀκριβής)
ὡς μοι προσῆκεν. und ebend. §. 31: τὰ ἐμοὶ προστεταγμένα
ἅπαντα προθυμότερον πεποίηκα ὡς ὑπὸ τῆς πόλεως ἠναγκα-
ζόμην, obgleich es auch hier an allerlei Verbesserungs-
vorschlägen nicht gefehlt hat, und allerdings nichts leichter
ist, als entweder ὡς in ὢν zu ändern, oder ἤ vor ὡς einzuschieben. Ob aber dergleichen Verbesserungen doch nicht
blos leicht, sondern auch leichtfertig genannt zu werden
verdienen[1])? — In einem von Athenaeus XII p. 526 A. angeführten Distichon des Xenophanes haben die besten Handschriften:

ἦεσαν εἰς ἀγορὴν παναλουργέα φάρε᾽ ἔχοντες
οὐ μείους ὥσπερ χίλιοι εἰς ἐπίπαν,

ein Paar andere dagegen ἤπερ χίλιοι, was die Herausgeber
trotz der geringeren handschriftlichen Auctorität dennoch
als allein richtig vorgezogen haben. Doch hat Schneidewin,
der früherhin, im Delectus poet. eleg. p. 44, ebenfalls ἤπερ
gegeben hatte, nachher in den Götting. Anz. a. a. O. sich
für ὥσπερ entschieden, und, wie ich denke, mit Recht.

---

[1]) In der von Einigen angef. Stelle aus dem Pythagoreer Dius bei
Stobaeus Flor. 65, 16. Vol. II p. 497 Gaisf.: τοίτως γὰρ (gemeint sind die
durch Körperschönheit ausgezeichneten) ὡς ἑνὶ μασσύτερον οἱ πλεῦνες ὡς
θεὼς ἢ θεῶν ἰδρύματα ὑποτρέχοντι καὶ θεραπεύοντι, wollte Hermann mit
einigen Hdschr. ὡς ἑνί für ὡς ἕνι lesen, und erklärte jenes für ut uno
verbo dicam, was sicher falsch ist; und damit nun nicht μασσότερον ὡς
θεώς verbunden würde, schob er ἢ vor ὡς ein, was er sich jedenfalls hätte
sparen können. Gewifs ist ὡς ἕνι richtig, und wer sich erinnert, wie häufig
von den Abschreibern die Endungen des Comparativ und Superlativ verwechselt sind, der wird kein Bedenken tragen auch hier μασσότατον zu
schreiben, was, wie ich sehe, auch Meineke gethan hat. So mufs denn
freilich diese Stelle bei der Frage über ὡς nach dem Comparativ ganz aus
dem Spiel bleiben.

Wie nah es Abschreibern oder klügelnden Correctoren ge-
legen habe, statt des Selteneren überall das Gewöhnlichere
einzuschwärzen, springt in die Augen. Der Fall ist ähnlich wie wenn in lateinischen Texten für *atque* nach dem
Comparativ *quam* geschrieben wurde, z. B. Horat. Sat. I,
1, 46, wo Bentley zu vergleichen, obgleich hier nicht einmal die Aehnlichkeit der Schriftzüge die Vertauschung be-
günstigte. Wie oft also mag in griechischen Texten ein ὡς
mit ἤ vertauscht worden sein, wovon uns unsere Varianten-
sammlungen nichts mehr verrathen. Dafs aber ὡς nach
dem Comparativ wenigstens rationell ebenso gut berechtigt
sei als ἤ oder das gleichbedeutende deutsche als und wie,
kann vernünftiger Weise nicht bestritten werden.

Zusätze und Berichtigungen.

S. 4 Z. 4. Man kann zweifeln, ob die Schrift des Demokrit ὀνοματικόν oder ὀνομαστικόν geheifsen habe. Ich habe, mit Fabricius Bibl. gr. II c. 23, das erstere vorgezogen, obgleich in den Hdschr. des Diog. das andere steht. Ein ὀνομαστικόν in dem Sinne wie das des Julius Pollux ist dem Demokrit schwerlich zuzutrauen, dagegen ein Buch περὶ ὀνομάτων neben dem περὶ ῥημάτων sehr glaublich. Dergleichen aber pflegen ὀνοματικά zu heifsen. Wie leicht beide Benennungen verwechselt werden konnten springt in die Augen. Vergl. auch Hemsterhuis praef. ad Iul. Poll. p. 35.

S. 9 Anm. 1. Ich bemerke nachträglich, dafs Θεαγένους für Θεογένους wirklich in Cramer's Anecd. Ox. IV p. 311 geschrieben ist, wo die Stelle aus den Scholien zu Dionysius in einem freilich schlechten Auszuge steht. — Ueber einen jüngeren Grammatiker Theagenes vergl. Sengebusch, Dissert. Hom. I p. 211.

S. 14 Z. 1 v. u. ist ἰδίως für ἴδιον zu schreiben.

S. 41. Die zweite Anmerkung gehört nicht hierher, sondern zu S. 42 Z. 18.

S. 109 Anm. 2. Hier hätte auch der Anwendung des Possess. ἑός für alle drei Personverhältnisse gedacht werden können.

S. 150 Z. 15 ist für das Semikolon ein Komma, und Z. 16 nach οὐσίαν ein Kolon zu setzen.

S. 159 Z. 2. Anstatt g e g e n j e n e D e f i n i t i o n e n sollte es heifsen g e g e n d i e e r s t e j e n e r D e f i n i t i o n e n, und Z. 4 a u s s c h l i e f s e für a u s s c h l i e f s e n. Denn dafs die besprochene Einwendung gegen die zweite Definition nicht hätte erhoben werden können ist klar, sobald man das ἄπτωτον in dieser nicht übersieht, was übersehen zu haben mir freilich mit Recht als ein Beweis von Unachtsamkeit vorgeworfen werden kann.

S. 160 Anm. 3. Für *Protog.* schreibe *Protag.*

S. 188 Z. 6. Hier hätte *enim* wegbleiben oder wenigstens nicht ohne Andeutung eines Zweifels an der allerdings gewöhnlich gebilligten Ansicht angeführt werden sollen, da ich selbst S. 197 eine andere Ansicht als wahrscheinlicher vorgetragen habe.

S. 200 Anm. 2 wäre es vielleicht nicht überflüssig gewesen, neben ἤτοι auch der gewöhnlich für richtiger gehaltenen Betonung ἤτοι zu erwähnen, wenn auch die Gründe, warum ich jene andere vorziehe, hier nicht Platz finden konnten.

S. 220 Z. 25 schreibe a n d e r e n für andere.

S. 224 Z. 8 schreibe τοῦτο für τοιο.

Verbesserte oder erklärte Stellen.

Wort- und Sachregister.

16

Berlin, Druck von Gustav Schade.
Marienstrasse No 10